グローバル下の地域金融

岸　真清
黒田　巖 編著
御船　洋

中央大学企業研究所
研究叢書35

中央大学出版部

は し が き

　本書は，中央大学企業研究所の「グローバル下の地域経済活性化と金融システム」研究会が，2011年4月から2013年秋にかけて行った研究活動の成果をまとめたものである．

　本研究会の目的は，グローバル化と地域経済の活性化を両立させることによって，家計，市民の福祉を高める金融システムを求めることにあった．今後，日本経済は，一層，グローバル展開を重視することになろうが，その前提となるのが家計，市民の福祉にとって不可欠な地域金融の整備であると思われる．というのも，アジア域内のクロスボーダー債券市場を整備したとしても，また，TPPに参加したとしても，地域経済の活性化，各国の家計・市民の生活水準の向上につながらなければ，さらなる成長への途が閉ざされてしまうからである．地方分権化や共助社会という考え方が示唆するように，家計と地域ビジネスを直接的，効率的に結ぶ資金チャンネルの構築が喫緊の課題になる．

　この視点の下で，本書は，日本とアジア諸国の地域と地域を結ぶ途を念頭に置きながら，地域発のグローバル化とでもいうべき新しい経済・社会をめざす金融システムのあり方を，考察，提案することにする．

　本研究会のメンバーは，中央大学企業研究所研究員を中心として構成されているが，研究活動の一環として開催した公開研究会において，メンバーの報告だけでなく，本学および他大学・研究機関の先学に講演を依頼して意見交換と勉学を重ねた．そして，17編の論文を得て，本書を出版することになった．

　本書は，全般的な構想および日本の金融・資本市場を対象とした第1部「地域経済活性化の考え方」，アジア諸国の金融・資本市場を対象とした第2部「アジア諸国の地域金融と国家」，地域発グローバル化の可能性を問う第3部「地域と地域を結ぶ途」によって構成される．

第1部は，地方分権やインフォーマル・共助社会の考え方を論じる第1章「グローバル化と地方分権—政治経済学的分析—」，第2章「共助社会とインフォーマル部門」，第3章「コミュニティビジネス活性化の金融システム—地域発グローバル化の視点—」，第4章「Alternative Financial Services and "Social" Finances」と，日本の金融・資本市場や金融商品を論じる第5章「銀行の貸出業務とイノベーション」，第6章「住宅ローン媒介業務の法規制とビジネス・スキーム」，第7章「クラウドファンディングの可能性」，第8章「生命保険会社におけるテール・リスクへの対応—資産負債最適配分概念の下におけるその基本的な枠組みのあり方について—」を所収している．

　第1章は，経済のグローバル化が国内の地方分権（自治体合併や分離独立），国や地域の政治的統合等にどのような影響を及ぼすかについて，政治経済学的な観点から考察する．EUの市場統合の動向に象徴されるように，グローバル化の流れを受けて国家間の交渉や同盟の動きが活発化している．一方で，ソ連やユーゴスラビアで起きた国家の分裂，カナダやスペインで進められている一地方の国家からの分離独立運動，さらには日本の三位一体改革による地方制度改革等，地方分権を促進する動きも世界的潮流になっている．このような時代の趨勢を，政治経済学的なモデルを構築し，理論的にどのように説明できるかを探る．

　第2章は，福祉ミックスの視点から，共助社会の役割と課題を論じる．共助の概念は，最近，注目されるようになったが，東日本大震災がそのきっかけとなっている．そこでは，政府，市場以外に第3のシステムともいうべき家族やボランティアを核とするインフォーマル部門（互助部門）すなわちコミュニティが重視されることになる．福祉国家の方向性は政府，市場，インフォーマル部門の3つの主体の組み合わせ方によって異なってくる．社会保険にみられるように，政府による公助・自助・共助の考え方も福祉ミックスのそれに近いが，共助が目的とする人間的価値を実現する政策手段が明示されていない．この課題の克服にとって，スウェーデン型のポリシーミックスが参考になると主張する．

第3章は，一層のグローバル化と地域経済活性化の実現可能性を，共助社会の推進者であるコミュニティビジネスとそれを支援する資金チャンネルから考察する．コミュニティビジネスの資金調達が厳しい状況にあることに着目して，信用金庫と農業協同組合の役割と課題を展望した後で，NPO・NGO，企業，地方公共団体との協業の可能性を考察する．そして，① コミュニティ・クレジットや NPO バンクなどの間接金融タイプ，② ミニ公募債やコミュニティ・ファンドなどの直接金融タイプ，さらに③ 社会貢献債など地域発のグローバルなタイプ，これらの事例から新しい資金チャンネルのあり方を論じる．

　第4章は，「代替的金融サービス（AFS）」とマイクロファイナンスの2つの型の金融サービスに着目する．米国などの先進国では，大手銀行等を中心とした伝統的・在来型金融とは異なる AFS と呼ばれる営利目的のビジネスが拡大する一方，金融資本市場が未発達な途上国等にはマイクロファイナンスに代表されるような屡々非営利で貧者救済的な性格を持つ社会的金融があるが，この2つの類型を比較検討し，各々どう評価すべきかを考える．そして，AFS でも顧客保護の重要性は在来型金融と同様であり，社会的金融でも営利事業者の参入で市場が拡大したことから，将来的には両市場の統合も視野に入れて，特に規制や消費者保護の問題を全体感的に捉えることが重要だと結論づける．

　第5章は，銀行の貸出業務にはさまざまなイノベーションが起こりつつあることに着目する．電子債権，シンジケート・ローン，ABL，コベナンツ，リレーションシップ・バンキング，地域密着型金融など従来のわが国の銀行では考えられなかったような貸出や顧客支援の取組みが行われつつある．地域の銀行の健全性と地域の中小企業の健全性には連動性，相関性がある．つまり，地域経済の活性化が地域金融機関の繁栄につながるのであり，いかに地域経済を発展させるかは地域の問題であると同時に地域金融機関の問題と思われる．その問題の中核となるのは，中小企業への貸出業務とそれに関連する着実なイノベーションであると主張する．

　第6章は，わが国における銀行代理業，貸金業法を中心とする法規制の下で，地域活性化の一端を担うと考えられる住宅ローンの媒介業務がどのような形で

可能となるのかを，その業務主体に即してその内容を実務面にまで掘り下げて検討する．まず，「媒介」の適用法を「銀行のために行う銀行代理業」，「顧客のために行う貸金業の媒介」としたうえで，その類似業務である「取次」，「コンサルティング」との相違を明らかにする．またそれに対応する業務スキームの具体的内容を，登録貸金業者とその外部者に即して，外部者の単純顧客紹介，登録貸金業者の媒介，外部者への調査・デューディリジュンス業務委託等の遵法性とその留意点を含めて示す．

第7章は，クラウドファンディングという，ネット上で一般の個人から小口の資金を集め注目されつつある新しい金融手法に目を向ける．クラウドファンディングは，ネット上のプラットホームが取引市場の役割を果たす市場型の直接金融である．クラウドファンディングは，IT技術の活用，集合知の利用，また金額の小口化により，資金の需要者と供給者間の情報の非対称性を軽減し，リスクに対するリターンという従来の金融とは異なる「共感」という資金供給のインセンティブを導入し，更には地理的制約を克服することにより，従来の金融手法では資金調達が困難であった全く新しいアイデアや事業に対して資金供給を可能にしている．

第8章は，現行の保険業法では，危険団体概念が基礎にあることなどの理由から，生命保険会社のテール・リスクに対して十分な対応がなされていないことに着目する．しかし，今後，南海トラフ巨大地震等の大地震，新型インフルエンザのパンデミックなどのテール・イベントが想定され，その場合にも生命保険会社の健全性が確保されることが不可欠である．そこで，著者が提言した資産負債最適配分概念を拡張し，2パラメータ・アプローチに代えて，確率論的シナリオ法によって最適な資産負債の配分を求めるようにすることによって，発生確率を想定することができるテール・イベントであれば，組み込むことができる．そうすれば，合理的にテール・イベントへの対応を行うことができるようになる．

第2部は，それぞれ，中国，韓国，インドネシア，マレーシア，カンボジ

ア，クウェートを対象として，その経済発展方式と金融政策・金融システムをグローカルな視点から論じる第9章「中国の銀行システムの安定性―特に国有銀行と非国有銀行の比較を通して―」，第10章「韓国の金融システムの再編と地域金融」，第11章「グローバル化とインドネシア金融部門―中央と地方の銀行部門―」，第12章「How Did Malaysia Go Global — Emphasis on the Role of Growth Enclaves —」，第13章「カンボジアのドル化と経済発展―制度形成のメカニズムと展望―」，第14章「社会開発も担うクウェート政府系ファンド」を所収している．

第9章は，中国における国有銀行と非国有銀行の融資活動の違いについて考察する．すなわち，国有企業は国有銀行から融資を受ける一方で，小企業や民営企業は国有企業の融資を受けられず，正規の銀行融資とは別ルートのシャドウバンキングから融資を受けざるをえないという批判の妥当性について検討する．著者の考察によれば，国有銀行の融資対象は国有銀行に特化しているとか，国有銀行以外の部門は国有銀行の融資を受けられないといった批判は証明されない．また，非国有銀行の不良債権率が近年若干上昇しているものの，シャドウバンキング問題は銀行部門全体で生じており，その規模は他国に比べても異常に高いものでないうえに，当局による規制が近年強化されつつある．

1997年の韓国経済危機は，規制緩和，米・欧などとのFTAの締結など市場開放とグローバル化を推進した．この結果，立地上，比較優位にあるソウルなど首都圏とそれ以外の地域との経済格差が拡大した．こうしたグローバル化の下での金融システムと地域金融にいかなる変化が生じたのかを分析し，大手銀行の大型化と少数行への集約，地域金融機関（地方銀行）と地域密着金融機関（相互貯蓄銀行，信用協同組合など）の半減などにより，地域への金融仲介機能が低下し，ソウルなど首都圏への資金流出が生じたことを明らかにし，一方，貸金業依存の増加と「韓国型マイクロファイナンス」が補完的な金融仲介機能としてその役割を高めていることを指摘するのが，第10章である．

1997年のアジア金融危機は，インドネシアの金融部門をほぼ崩壊させ，その後2010年に至るまで金融部門の機能不全を長引かせ，経済回復を遅らせる

結果となった．これが著者の確認した第1の点である．第2の点は，金融機能が長引いたのは主としてジャカルタであり，地方では金融機能は徐々にではあるが順調に回復していることである．インドネシアの金融機能回復の遅れはジャカルタにある大手金融機関の仲介機能不全にある．第3の点は，インドネシアの県別データ化からは，金融的発展度と所得水準の間に顕著な正の関係が見いだせなかったということである．このある意味で驚くべき結果は，インドネシアではジャカルタ以外の地方では石油・ガスなどの一次産品に依存し，その結果，金融の発展と経済発展の間の関係が明瞭に見いだせないのではないのかと考えるのが，第11章である．

第12章は，マレーシア国家経済のグローバル化の過程を検討する．マレーシアは，アジア諸国の中で，過去40年間にわたって，シンガポールやイスラエルに続いて著しいグローバル化を実現してきた．絶対優位のある第1次産業生産物の輸出から国際化が始まったマレーシアではあったが，やがて，輸出志向型経済発展政策の下で多国籍企業や海外企業の直接投資や近代的技術の導入などの国際化プロセスが始まった．すなわち，比較優位のある第2次産業の輸出が始まる一方，工業団地，輸出加工区や自由貿易区などの成長地域開発が外国資本，多国籍企業や外国技術のマレーシアへの進出を加速させた．これらのマレーシア政府の各種施策に支えられた経済発展パターンが，マレーシアを世界一流のグローバル化国に押し上げた．

第13章は，きわめて自由な規制環境の下で，自然発生的に通貨・金融制度が形成されてきたカンボジアのドル化を事例として，グローバル化した世界経済において開放的な途上国の金融システムがどのように形成されるのかについて，制度経済的な視点を援用して考察を試みる．カンボジアのドル化のミクロ的およびマクロ的な経済合理性を検討し，今後のカンボジアがこれまでどおりドル化の過程をたどるのか，あるいは一定範囲で非ドル化が始まるのか，複数の経路選択の可能性がありうることを指摘する．さらにドル化からの制度転換を図る場合を想定し，そのための政策的な課題について言及する．

第14章は，クウェート投資庁についての事例研究である．財務省から主に

石油収入である歳入の10％が移転され，将来世代に備えた長期の運用がなされている．積極的に外部マネージャーに運用委託を図り，最近の運用では中国など新興国への投資ウエイトを高めながら，株式投資全体のウエイトを低下させている．不動産やプライベート・エクィティなどで超過収益を獲得している．クウェート投資庁は1990年代初めのイラクによる侵攻による油田の破壊で，将来に備えて資金を蓄積することの重要性を示した意義がある．そしてもう1つは，自国の若者を対象にして海外著名ビジネススクールや，同じイスラーム圏で資金不足に陥りやすいパキスタンへの投融資という経済・社会開発の原資にも利用されていることである．

第3部は，グローカル展開の可能性とそれを実現する条件を論じる第15章「グローバルな地域発展戦略と原子力発電の市場アプローチ」，第16章「アジア通貨統合への道—1990年代と2000年代の比較より—」，第17章「金融のグローバル・スタンダードについて」を所収している．

第15章は，グローバル経済社会の拡大は国境を越えた市場競争の激化とそれに伴う市場の失敗に対応する国際的な合意形成の仕組み作りが世界規模の重要課題になっていることに着目する．この課題への方策を確立する過程で，地域の持続可能性を実現することが，民主主義的な社会で求められる．そこで，著者は英国での金融産業とロンドン市とのイノベーション戦略を紹介して，経済社会のイノベーションの意味を考察する．日本の事例として，原子力発電の政策における社会的費用が市場機構において国民の間で分担される可能性が論じられる．そして，原子力発電事故による社会的混乱による社会的費用の発生を抑制しながら，市場均衡と住民の合意が両立する解決方法の存在を論証する．

第16章は，Goto and Hamada (1994, 2001) と同様に，最適通貨圏の理論を基礎とし主成分分析という手法を用いて，アジア地域における通貨統合の経済的前提条件を考察することを目的としているが，①中国および日本を想定される通貨統合のメンバーに加えていること，②世界金融危機などを経験した

激動の2000年代における状況を1990年代と比較して分析していることなどの点で，従来の研究を発展させるものである．分析の結果，(1) アジア地域経済の同期性は2000年代に強くなり，通貨統合の経済的前提条件がさらに高まっていること，(2) 想定されたメンバー（アジア8カ国）は概ね同質的であるが，中国とフィリピンだけが他のアジア諸国と異なった動きを示していることなどを観察する．

グローバル・スタンダードという言葉がしばしば使われるようになって久しい．言葉だけでなく，実際に，金融の世界においても，その重要性が急速に高まっており，今や金融市場，金融機関もこれに取り囲まれた状態で活動するようになった．これは，産業のあり方は無論，国のあり方にも大きな影響を与えている．しかし，この大きな変化に対する日本の認識は，これまで必ずしも十分とはいえなかったように思われる．より自覚的，積極的な対応が求められているといえよう．グローバル・スタンダードにはきわめて多くの分野のものがあるが，非物理的な事項を対象とするグローバル・スタンダードをいくつか取り上げて論じるのが，第17章である．

本書の構成と要旨は上述のとおりであるが，出版に漕ぎつけることができたのも研究会の活動を支援して下さった諸先生と研究所合同事務室スタッフのご厚意の賜物である．改めて，御礼申し上げる．特に，企業研究所担当の宮川美智子氏には，3年間にわたるチーム活動だけでなく，本書のとりまとめと出版のお世話をいただいた．さらに，出版部の菱山尚子氏には種々ご苦労をお掛けしてしまった．この場をお借りして，厚く御礼申し上げる．

　　　　2014年2月

　　　　　　　　　　　　　　　　　　　　岸　　真　清
　　　　　　　　　　　　　　　　　　　　黒　田　巖
　　　　　　　　　　　　　　　　　　　　御　船　洋

目次

はしがき

第1部　地域経済活性化の考え方

第1章　グローバル化と地方分権
　　　　──政治経済学的分析──

御船　洋

1. はじめに……………………………………………………… 3
2. グローバル化と地方分権の関係に関する先行研究………… 4
3. 基本モデル…………………………………………………… 6
4. 地方分権の政治経済学的分析……………………………… 11
5. グローバル化と地方分権，地域統合……………………… 18
6. むすび……………………………………………………… 27

第2章　共助社会とインフォーマル部門

丸尾直美

1. はじめに…………………………………………………… 33
2. 共助が要請される理由…………………………………… 37
3. ポリシー・ミックスと福祉ミックス…………………… 40

4．社会経済システムの最適配分の原理……………………… 41
5．むすび………………………………………………………… 44

第3章　コミュニティビジネス活性化の金融システム
――地域発グローバル化の視点――

岸　　真　清

1．はじめに……………………………………………………… 47
2．コミュニティビジネスの可能性…………………………… 48
3．コミュニティビジネスの活動資金………………………… 53
4．新しい資金チャンネル……………………………………… 59
5．むすび――市民主役の金融システムへの提案…………… 66

第4章　Alternative Financial Services and "Social" Finances

野　末　裕　史

1．Introduction ………………………………………………… 71
2．Institutional versus alternative financial services ……… 72
3．"Social" finances : microfinance and financial inclusion …… 81
4．Possibilities of market integration and limitations ……… 85
5．Conclusion …………………………………………………… 87

第5章　銀行の貸出業務とイノベーション

藤　波　大三郎

1．はじめに……………………………………………………… 95
2．銀行の貸出業務について…………………………………… 96
3．新しい貸出手法……………………………………………… 108

4．中小企業向け貸出について……………………………… 114
　　　5．む　す　び……………………………………………………… 119

第6章　住宅ローン媒介業務の法規制と
　　　　　　ビジネス・スキーム
井　村　進　哉

　　　1．は じ め に……………………………………………………… 123
　　　2．「媒介」・「取次」・「コンサルティング」の定義 …………… 124
　　　3．「顧客紹介」・「媒介」・「調査・デューデリ」と業務スキーム… 131
　　　4．む　す　び……………………………………………………… 145

第7章　クラウドファンディングの可能性
油　谷　博　司

　　　1．は じ め に……………………………………………………… 153
　　　2．クラウドファンディング概説………………………………… 154
　　　3．クラウドファンディングの特性……………………………… 157
　　　4．集合知の利用…………………………………………………… 158
　　　5．異なるインセンティブの導入………………………………… 159
　　　6．地理的制約の克服……………………………………………… 160
　　　7．む　す　び……………………………………………………… 162

第8章　生命保険会社におけるテール・リスクへの対応
　　　　　──資産負債最適配分概念の下におけるその基本的な
　　　　　　　枠組みのあり方について──
宇　野　典　明

　　　1．は じ め に……………………………………………………… 165
　　　2．現行保険業法における通常の予測の範囲内のリスク……… 166

3．現行保険業法における通常の予測を超えるリスク………… 168
4．テール・イベント………………………………………………… 170
5．テール・リスクへの対応のあり方……………………………… 174
6．むすび…………………………………………………………… 182

第2部　アジア諸国の地域金融と国家

第9章　中国の銀行システムの安定性
――特に国有銀行と非国有銀行の比較を通して――

谷口洋志

1．はじめに………………………………………………………… 195
2．シャドーバンキング問題……………………………………… 196
3．国有銀行の融資活動…………………………………………… 208
4．非国有企業の融資活動………………………………………… 219
5．むすび…………………………………………………………… 225

第10章　韓国の金融システムの再編と地域金融

伊東和久
柳　在廣

1．はじめに………………………………………………………… 233
2．金融システム再編と地域金融機関…………………………… 235
3．地域への脆弱な資金供給とその原因………………………… 239
4．地域金融の縮小による庶民金融の変化……………………… 246
5．むすび…………………………………………………………… 250

第11章　グローバル化とインドネシア金融部門
──中央と地方の銀行部門──

小　松　正　昭

1. はじめに …………………………………………………………… 255
2. 金融自由化とグローバル化の始まり
   ── 1980年代初めからアジア金融危機まで ……………… 256
3. グローバル化とアジア金融危機 ……………………………… 259
4. アジア危機の中央（ジャカルタ）金融部門と
   地方金融部門に与えた影響 ………………………………… 261
5. むすび ……………………………………………………………… 272

第12章　How Did Malaysia Go Global
──Emphasis on the Role of Growth Enclaves──

ラハマン，コンダカル M.

1. Introduction ……………………………………………………… 277
2. Causes and Strategies for Going Global:
   Theoretical Aspect ………………………………………… 278
3. Malaysia's Globalization: Some Facts and Figures ………… 280
4. Advantages of Malaysia and its Globalization ……………… 288
5. Growth Enclaves as a Strategy for Economic
   and Business Globalization ………………………………… 296
6. A Case of Multimedia Super Corridor Industrial Park ……… 299
7. Conclusion and Remark ………………………………………… 301

第13章 カンボジアのドル化と経済発展
―― 制度形成のメカニズムと展望 ――

奥田 英信

1. はじめに …………………………………………………… 305
2. カンボジア金融発展とドル化 …………………………… 307
3. ドル化の制度形成メカニズム ―― ミクロの合理性 …… 311
4. ドル化の損失と持続可能性 ―― マクロ的な合理性 …… 316
5. むすび ―― リエル使用の拡大と経路移行の可能性 …… 321

第14章 社会開発も担うクウェート政府系ファンド

小原 篤次

1. はじめに …………………………………………………… 327
2. 「政府系ファンド」の定着 ……………………………… 328
3. クウェート投資庁を中心とする事例研究 ……………… 330
4. むすび ……………………………………………………… 338

第3部 地域と地域を結ぶ途

第15章 グローバルな地域発展戦略と原子力発電の市場アプローチ

田中 廣滋

1. はじめに …………………………………………………… 347
2. ロンドン原則とロンドン・アコード …………………… 350
3. 2008～2009年の世界金融危機と経済社会の再構築 …… 351

 4．エネルギー供給と市場メカニズム……………………………353
 5．む　す　び……………………………………………………358

第16章　アジア通貨統合への道
——1990年代と2000年代の比較より——
後　藤　純　一

 1．はじめに………………………………………………………361
 2．方法論について………………………………………………362
 3．データと分析結果……………………………………………365
 4．む　す　び……………………………………………………369

第17章　金融のグローバル・スタンダードについて
黒　田　巖

 1．はじめに………………………………………………………371
 2．スタンダードということ……………………………………371
 3．グローバル・スタンダードの例……………………………373
 4．グローバル・スタンダードと向き合う……………………379

第1部
地域経済活性化の考え方

第1章　グローバル化と地方分権
——政治経済学的分析——

1. はじめに

　経済のグローバル化現象は，いまや現代の経済システムの大前提になっている．国境を超えてモノ，カネ，ヒト，情報が自由に移動し，国内市場が国際市場に統合され，企業が国内の企業だけではなく海外の企業との競争を視野に入れて行動し，海外の消費者のニーズにも応えられるような戦略を立てるようになって久しい．また，EU，NAFTAなどから最近のTPPまで，そうした流れを積極的に作り出そうとする国際間の交渉や同盟化の動きが加速しており，経済のグローバル化に対応したルール作りと相互監視のための国際機関（たとえばIMF，WTO）の権限強化の動きもみられる．

　経済のグローバル化は世界的な動向であり，国家の主権を超えた意思決定や調整を行う機関の重要性と必要性を強く認識させるが，その一方で，世界各国では，国の権限を地方に移譲する地方分権化の動きが増大している．地方分権化を幅広く捉えれば，次のような形態がある．すなわち，①国の分裂（ソビエト連邦，ユーゴスラビアなど），②地方の国からの独立（運動）（カナダのケベック州，スペインのカタルーニャ州など），③国内での地方制度再編（日本の「三位一体の改革」や道州制など）である．

　このようなグローバル化と地方分権化の動きは，現代世界の2大潮流といえるが，両者の間にはどのような関係があるのだろうか．グローバル化は必然的に地方分権化につながるものなのであろうか．本章では，この点について政治経済学的な考察を行う．

議論は以下の順序で行う．次の2節では，グローバル化と地方分権に関する先行研究を展望する．3節で，基本モデルの構築を行い，それを用いて4節で自治体の合併，地域の国からの独立，中央集権化等のケースについて分析し，どのような条件があればこうして政治的決定が実現するか，政治経済学的検討を行う．5節では，グローバル化の視点を加えた場合，4節での分析結果がどのように修正されるかを考察する．そして，「むすび」で議論の要約と残された課題について述べる．

2．グローバル化と地方分権の関係に関する先行研究

経済学の観点から地方分権の望ましさを説明した理論としては，Tiebout (1956) の「足による投票 (voting with one's feet)」理論と Oates (1972) の「地方分権化定理 (decentralization theorem)」が有名である．「足による投票」理論は，各自治体が地方公共財の供給競争を行い，住民は，各自治体が提供する地方公共財の種類，供給量，負担額等を勘案し，自分の効用を最大化する自治体に移住することで自らの選好を表明するため，結果的に，地方公共財の最適供給条件が満たされる，と主張した．足による投票により，公共財供給にまつわる最大の問題であるフリーライダー問題を回避することができるとされた．一方，「地方分権化定理」では，自治体の方が国よりも住民の選好をよく知っているので，地方公共財は国が供給するよりも自治体が供給する方が住民の経済厚生が高くなるという結論が導かれ，地方分権の中央集権に対する優位性が説かれた．

ただし，地方分権のデメリットを指摘する議論もある．スピルオーバー効果の存在と規模の経済性の問題がその代表例である．自治体が供給する地方公共財の場合，その便益（プラスの便益の場合もマイナスの便益すなわちコストあるいは被害の場合もある）が当該自治体の境界線を越えて他の自治体の住民の効用に影響を及ぼすことがあり，その場合には，望ましい資源配分は達成されない．また，規模の経済性の問題とは，自治体の人口が地方公共財を供給の1人当たり

費用が最小となる人口規模に一致しない場合に起こる問題で，費用が割高なコストで提供されるという事態を招く問題である．

さて，こうした初期の地方分権の経済分析には，現在の政治経済状況から振り返ると大きな制約が存在する．第1に，「足による投票」理論にせよ「地方分権化定理」にせよ，国内での人口移動の議論であり，国内での分権化の議論である．これらの理論においては，経済が開放経済か閉鎖経済かは問題にされていない．第2に，これらの議論においては，自治体あるいは地域の境界線は所与とされていて，なぜ境界線がそのように引かれているのか，あるいは国内の自治体の数がなぜ現在の数になったのか，といった点については不問に付されている．すなわち，旧来の議論では，グローバル化した経済の下での地方自治体の行動やパフォーマンス，地方分権のありようについて分析できない．また，自治体の合併や地域の政治的統合の問題を分析できない．

ところが1990年代以降，こうした分析の穴を埋めるべく，経済のグローバル化と政治的な分権・主権の関係を取り上げて検討する議論が活発に行われるようになった．新たな問題意識は，経済のグローバル化は地方分権化を促進するだろうか，それとも地方分権化を抑制し，中央集権化を進めるだろうか，といった議論であり（Bolton and Roland, 1997），経済のグローバル化は国や地域の政治的統合を進めるだろうか，抑制するだろうか，といった論点である（Alesina, Spolaore and Waczirg, 2000 ; Etro, 2003）．また，そもそも，国の大きさや数はどうやって決まり，その規模や数は望ましい水準であるといえるか（Alesina and Spolaore, 1997, 2003），経済の開放の程度と政府の規模の間にはどのような関係があるのか（Alesina and Waczirg, 1998）といった問題関心に基づく議論も展開された[1]．

これらの議論において，経済のグローバル化は地方分権を促進するという見解と，反対に中央集権を促進するという見解が表明されている．

前者は次のように考える．経済がグローバル化した結果，市場が拡大し，企業の利益が増え，地域経済が活性化し，税収が増え，自治体の財政活動が活発化し財政運営にゆとりができるようになると，自治体は次第に国の関与を嫌

い，国の権限の地方への移譲を強く求めるようになる．また，ある地域が国際競争力のある企業や産業を擁していたり，人種や宗教などの面で共通する住民が当該地域に住んでいるような場合，あるいは天然資源などを独占的に保有している場合には，グローバル化の進展に伴い，地方の権限強化の要求，あるいは国から分離独立する要求が高まる．その結果，地方分権が進むというのが1つの見方である（Alesina and Spolaore, 1997 ; Bolton and Roland, 1997）．

反対に，後者は次のような論理で考える．経済のグローバル化は市場の統合を意味するので，各自治体は好むと好まざるとにかかわらず，国際的な経済変動の動きに影響を受ける．グローバル化した市場は，地球の反対側で起きた現象の影響を自国まで運んで来る．リーマン・ショックのようなグローバルな経済現象が起きると，自治体レベルの対応だけでは限界が生じる．大事故や大災害が起きると自治体では対応できない．そこで，国全体でリスクをプールし，いわば保険者としての機能を国に委ねる方が妥当だとする考え方を取ると，グローバル化の結果，中央集権化が進むということになる．また，グローバル化の結果，国際競争に破れ，企業利益が減少し，雇用が縮小し，地域経済が停滞し，税収が減少し，財政状況が悪化するという自治体が現れたとき，これらの自治体は，グローバル化政策を取った国に対し，補助金の増額や補償を求めるかもしれない．これは国の財政規模を膨張させる要因となる一方で，自治体の国依存を強める効果をもたらす．その結果，かえって国の権限を強化することになる（Garrett and Rodden, 2003）．

これらの先行研究の成果を踏まえつつ，次節では，簡単な政治経済モデルを構築し，経済のグローバル化と地方分権，地域の政治統合などとの関係について理論的に考察する．

3．基本モデル

以下では，Bolton = Roland (1997)，Alesina = Spolaore (2003)，Hiscox (2003) などで用いられたモデルを援用するが，このモデルにおいては，グローバル化

の程度が各地域の所得の大きさに反映するとみなす．すなわち，グローバル化の波に乗って国際市場に進出し，利益を伸ばす企業を抱える地方の生産額ひいては所得は増加する一方で，国際競争に敗れた企業を抱える地方の所得は減少するだろう．

ある地域 i の住民 v の効用関数は U_{vi} は，次式のように表せるとする．

$$U_{vi} = c_{vi} + G_{vi}(g_i) + F_{vi}(f) \tag{1}$$

ここで，c_{vi} は私的消費，G_{vi} はこの地域の地方政府が当該地域の全住民に均等に提供する財（「地方公共財」と呼ぶ）g_i がもたらす効用，F_{vi} は同じく中央政府が全国民に均等に提供する財（「国家公共財」と呼ぶ）f から得る効用を表す[2]．中央政府は，国家公共財を供給するにあたり，その財源として全国民から比例所得税で集めた税収を充当する．国民1人当たり所得を $\bar{y}$ とし，所得税率を $t(0<t<1)$ とする．そして，簡単化のため，国家公共財の費用関数を af で表せるとしよう（a は定数で $a>0$）．このとき，中央政府の予算制約式は

$$t\bar{y} = af \tag{2}$$

となる．

同様に，地方政府は，地方公共財を供給するにあたり，その財源として，地域の住民から比例所得税（地方所得税）で集めた税収を充当する．住民1人当たり所得を $\bar{y}_i$ とし，所得税率を $\tau_i(0<\tau_i<1)$ とする．そして，簡単化のため，地方公共財の費用関数を bg_i で表せるとしよう（b は定数で $b>0$）[3]．このとき，地方政府の予算制約式は

$$\tau_i \bar{y}_i = bg_i \tag{3}$$

となる．

地域 i の住民 v の地方公共財の効用関数（G_{vi}）については全住民共通の関数形で，次のように表されると仮定する．

図 住民の地方公共財の効用関数

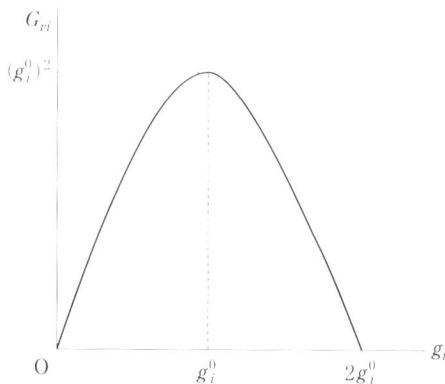

$$G_{vi} = -g_i(g_i - 2g_i^0) \tag{4}$$

上式中の g_i^0 は，当該地域の住民の効用が最大になる地方公共財の数量を表す．すなわち，$g_i = g_i^0$ のとき G_{vi} は最大値 $(g_i^0)^2$ を取る（図を参照）．しかし，地方公共財の水準は政治的意思決定（投票）で決められるため，通常，g_i^0 の水準は実現しない．各住民の効用は，g_i^0 の水準からの乖離の大きさに応じて低下するということが (4) 式に表されている．

地域 i の住民 v の国家公共財の効用関数 (F_{vi}) についても，地方公共財の場合と同様，全国民共通の関数形で次のように表されると仮定する．

$$F_{vi} = -f(f - 2f^0) \tag{5}$$

式の意味は (4) 式と全く同様である．

私的消費 c_{vi} は税引き後の所得に等しいので

$$c_{vi} = (1 - \tau_i - t)y_{vi} \tag{6}$$

となる．(4) (5) (6) 式を (1) 式に代入すると，次式が得られる．

$$U_{vi} = (1 - \tau_i - t)y_{vi} - g_i(g_i - 2g_i^0) - f(f - 2f^0) \tag{7}$$

このとき，(7)式を最大化する地方公共財の水準 (g_i^*) および国家公共財の水準 (f^*) は次のように表せる．

$$g_i^* = g_i^0 - \frac{b}{2}\frac{y_{vi}}{\bar{y}_i} \tag{8}$$

$$f^* = f^0 - \frac{a}{2}\frac{y_{vi}}{\bar{y}} \tag{9}$$

さて，地方所得税の税率は，当該地域の住民投票で決められるとし，投票の結果，全住民を希望する税率の高い順に並べたときに，ちょうどまん中（中位）に位置する住民（投票者）の選好する税率が選ばれるという「中位投票者定理 (median voter theorem)」が成立すると仮定する．中位投票者の選択する税率を τ_m と書こう．このとき，中位投票者の選好する地方公共財の水準を g_m と書くと，(3)式より，

$$g_m = \frac{\tau_m}{b}\bar{y}_i \tag{10}$$

となる．一方，所得税の税率は，全国民の国民投票で決められるとし，全国民の中位投票者の選好する税率（これを t_m と書く）が選択されると仮定する．このとき，国家公共財の水準（これを f_m と書く）も中位投票者の選好によって (2)式から

$$f_m = \frac{t_m}{a}\bar{y} \tag{11}$$

と表せる．(2)(3)式が示しているように，税率の選択は公共財供給量の選択を意味する．すなわち，各地域で提供される地方公共財は当該地域の中位投票者により，また国家公共財は全国民の中位投票者により決定されているとみなすことができる．したがって，(8)式と (9)式で表されている地方公共財と国家公共財の供給量は，それぞれ次のように表せる．

$$g_{mi}^* = g_i^0 - \frac{b}{2}\frac{y_{mi}}{\bar{y}_i} \qquad (12)$$

$$f_m^* = f^0 - \frac{a}{2}\frac{y_m}{\bar{y}} \qquad (13)$$

ここで，g_{mi}^* は地域 i の中位投票者の選好する地方公共財の量，y_{mi} は地域 i の中位投票者の所得，f_m^* は国民全体の中位投票者が選好する国家公共財の量，y_m は国民全体の中位投票者の所得を表す．(2)(3)式あるいは(10)(11)式からわかるように，地方公共財の量を選択することは，地方所得税を選択することを意味する．そこで，中位投票者が選択した地方公共財の量 g_{mi}^* に対応する地方所得税率を τ_{mi}^* と書くと，

$$\tau_{mi}^* = \frac{b}{\bar{y}_i}\left(g_i^0 - \frac{b}{2}\frac{y_{mi}}{\bar{y}_i}\right) \qquad (14)$$

と書ける．また，中位投票者が選択した国家公共財の量 f_m^* に対応する所得税率を t_m^* と書くと

$$t_m^* = \frac{a}{\bar{y}}\left(f^0 - \frac{a}{2}\frac{y_m}{\bar{y}}\right) \qquad (15)$$

と書ける．これらの関係を用いて，地域 i の中位投票者の効用関数を U_{mi} と書くと，U_{mi} は次式のように表せる．

$$\begin{aligned} U_{mi} &= (1-\tau_{mi}^*-t_m^*)y_{mi} - \frac{\tau_{mi}^*}{b}y_{mi}\left(\frac{\tau_{mi}^*}{b}y_{mi}-2g_i^0\right) - \frac{t_m^*}{a}y_m\left(\frac{t_m^*}{a}y_m-2f^0\right) \\ &= \left\{1-\frac{b}{\bar{y}_i}\left(g_i^0-\frac{b}{2}\frac{y_{mi}}{\bar{y}_i}\right) - \frac{a}{\bar{y}}\left(f^0-\frac{a}{2}\frac{y_m}{\bar{y}}\right)\right\}y_{mi} + \left\{(g_i^0)^2 - \left(\frac{b}{2}\frac{y_{mi}}{\bar{y}_i}\right)^2\right\} \\ &\quad + \left\{(f^0)^2 - \left(\frac{a}{2}\frac{y_m}{\bar{y}}\right)^2\right\} \qquad (16) \end{aligned}$$

4. 地方分権の政治経済学的分析

 以上の簡単なモデルを用いて，地方分権の政治経済学的分析を行おう．ここで取り上げるケースは次の3つである．

① 自治体間の合併（地域間の政治的統合）のケース
② ある地域が国から分離独立して新たな国家を作るケース
③ 中央集権を強化するケース

(1) 自治体間の合併（地域間の政治的統合）

 いま，ある国の中の2つの自治体（AとBと呼ぶ）を分析対象としよう．自治体AとBは，どのような条件が整えば合併に合意するだろうか．各自治体の意思決定は，住民投票により多数決で行われるとし，3節で述べたように「中位投票者定理」が成立し，結果的に中位投票者の選択が自治体全体の選択となると考える．したがって，この場合，自治体Aの中位投票者と自治体Bの中位投票者がともに合併に賛成すれば合併が実施されると考えるのである．

 では，各自治体の中位投票者は，いかなる場合に合併に賛成するだろうか．各自治体の中位投票者は，合併後の効用が合併前の効用よりも大きくなれば賛成するだろうし，合併前よりも合併後の方が効用が低下すれば合併に反対するだろう．

 われわれのモデルでは，比例地方所得税の税収を全部地方公共財の供給に充当するという状況を前提にしているが，各自治体の中位投票者が何を選択しているかといえば，地方所得税の税率である．ただし，(3)式から明らかなように，地方公共財供給の限界費用（平均費用）を一定と仮定しているので，税率を選択するということは実は地方公共財の供給水準を選択していることにもなっているのである．

 さて，3節で設定した基本モデルを，ここで考察しようとしている状況に当てはめるために，改めて記号を次のように定めよう．自治体 i の中位投票者の効用を U_{mi}（i＝A, B）と書くと，合併前の中位投票者の効用は，3節で導出した (16)式と同じものである．

もし2つの自治体が合併して新たな自治体ができるとして，その新自治体名をCと呼ぶことにすると，自治体Cにおける政治的意思決定は，自治体Cの住民の中の中位投票者の選択に従って行われることとなる．自治体Cの中位投票者が選択した地方所得税の税率（これをτ_C^*と書く）が自治体Cの税率に決まる．合併前の元の自治体A（あるいは自治体B）の中位投票者と合併後の自治体Cの中位投票者は，一般に異なるから，彼らが選択する地方所得税の税率の水準も異なる．すなわち

$$\tau_A^* \neq \tau_B^* \neq \tau_C^*$$

である．したがって，合併後の旧自治体A（または旧自治体B）の中位投票者の効用をV_{mi} (i = A, B) と書くと，V_{mi}は次のようになる．

$$\begin{aligned}V_{mi} &= (1-\tau_C^*-t_m^*)y_{mi} - \frac{\tau_C^*}{b}y_{mC}\left(\frac{\tau_C^*}{b}y_{mC}-2g_C^0\right) - \frac{t_m^*}{a}y_m\left(\frac{t_m^*}{a}y_m-2f^0\right)\\ &= \left\{1-\frac{b}{\bar{y}_C}\left(g_C^0-\frac{b}{2}\frac{y_{mC}}{\bar{y}_C}\right)-\frac{a}{\bar{y}}\left(f^0-\frac{a}{2}\frac{y_m}{\bar{y}}\right)\right\}y_{mi} + \left\{(g_C^0)^2-\left(\frac{b}{2}\frac{y_{mC}}{\bar{y}_C}\right)^2\right\}\\ &\quad + \left\{(f^0)^2-\left(\frac{a}{2}\frac{y_m}{\bar{y}}\right)^2\right\}\end{aligned} \quad (17)$$

ここで，y_{mC}は自治体Cの中位投票者の所得を表し，$\bar{y}_C$は自治体Cの住民1人当たり平均所得を表す．g_C^0は合併後の新自治体Cの住民の効用が最大になる地方公共財の数量を表す．自治体Cの住民とは，旧自治体Aの住民もしくは旧自治体Bの住民に他ならないので，

$$g_C^0 = \max(g_A^0, g_B^0)$$

の関係が成立すると考えられる．

自治体A（またはB）の中位投票者は，合併前の効用と合併後の効用とを比較して，

$U_{mi} > V_{mi}$ (i = A, B) ならば，合併しない

$U_{mi} = V_{mi}$ （i ＝ A，B）ならば，無差別

$U_{mi} < V_{mi}$ （i ＝ A，B）ならば，合併する

という選択を行うのである．したがって，合併が実現するのは，$U_{mA} < V_{mA}$ および $U_{mB} < V_{mB}$ が同時に成立するときのみである．いま，各自治体の中位投票者の合併前後の効用の差を Δ_i^M と書こう．すなわち $\Delta_i^M = V_{mi} - U_{mi}$ （i ＝ A，B）である．(16)式と(17)式から実際に Δ_i^M (i ＝ A，B) を計算すると

$$\Delta_i^M = (\tau_{mi}^* - \tau_C^*)y_{mi} - \frac{\tau_{mi}^*}{b} y_{mi} \left(\frac{\tau_{mi}^*}{b} y_{mi} - 2g_i^0 \right) - \frac{\tau_C^*}{b} y_{mC} \left(\frac{\tau_C^*}{b} y_{mC} - 2g_C^0 \right)$$

$$= \left\{ \frac{b}{\bar{y}_i} \left(g_i^0 - \frac{b}{2} \frac{y_{mi}}{\bar{y}_i} \right) - \frac{b}{\bar{y}_C} \left(g_C^0 - \frac{b}{2} \frac{y_{mC}}{\bar{y}_C} \right) \right\} y_{mi}$$

$$+ \left\{ (g_C^0)^2 - \left(\frac{b}{2} \frac{y_{mC}}{\bar{y}_C} \right)^2 \right\} - \left\{ (g_C^0)^2 - \left(\frac{b}{2} \frac{y_{mC}}{\bar{y}_i} \right)^2 \right\} \quad (18)$$

となる．

さて，(18)式において $g_A^0 = g_B^0 = g_C^0$ であるならば，

$$\Delta_i^M = bg_C^0 \left(\frac{1}{\bar{y}_i} - \frac{1}{\bar{y}_C} \right) y_{mC} - \frac{b^2}{4\bar{y}_i^2 \bar{y}_C^2} \{ (\bar{y}_C y_{mi} - \bar{y}_i y_{mC})^2$$

$$+ 2\bar{y}_i y_{mi} y_{mC} (\bar{y}_C - \bar{y}_i) \} \quad (19)$$

という結果が得られる．いま，$\bar{y}_A = \bar{y}_B = \bar{y}_C$ のケースを考えると，(19)式の第1項がゼロとなるので，$y_{mi}/\bar{y}_i = y_{mC}/\bar{y}_C$ の場合を除いて，$\Delta_i^M < 0$ となる．この結果は，ほとんどすべての場合に各自治体の中位投票者の効用が合併の前に比べて合併後に低下することを意味している．換言すれば，合併の前後で所得分配（分布）が変わらないならば，自治体Aでも自治体Bでも住民投票において多数決により自治体の合併は否決され，各地域の住民は現状維持（地方分権）を選択する，ということを意味している．

　それでは，どのような場合であれば，自治体の合併が選択されるであろうか．

(19)式の第2項は非正であるから，$\Delta_i^M>0$ となるには必ず $\bar{y}_C>\bar{y}_i$ (i = A，B) にならなければならない．ところで，合併前の2つの自治体の住民1人当たり平均所得に差があり，$\bar{y}_A<\bar{y}_B$ であるとしよう．このとき，合併後の住民1人当たりの平均所得 $\bar{y}_C$ は，必ず $\bar{y}_A$ と $\bar{y}_B$ の間の値となる．すなわち $\bar{y}_A \leq \bar{y}_C \leq \bar{y}_B$ が必ず成立するのである．したがって，$\bar{y}_C>\bar{y}_A$ と $\bar{y}_C>\bar{y}_B$ は同時には成立しない．$\bar{y}_C>\bar{y}_A$ の場合に (19)式が正になり，$\Delta_A^M>0$ となる可能性があるが，その場合には必ず $\bar{y}_C\leq\bar{y}_B$ が成立しているから，$\Delta_B^M<0$ となってしまう．

したがって，この場合，自治体Aは合併に賛成するが，自治体Bは反対するので，結局合併は実現しない．

以上をまとめると，次のようになる．

① 2つの自治体の平均所得が同じであるならば，どの自治体も合併に反対する．
② 2つの自治体の平均所得が異なる場合，平均所得の低い自治体は合併に賛成することがあるが，平均所得が高い自治体は合併に反対する．

(2) 国からの分離独立

次に，ある地域（地域iと呼ぶ）が国から分離独立して新たな国家を作るケースを検討しよう．この場合当該地域が分離独立をするかどうかは，住民投票で多数決により決めるとしよう．したがって，この場合にも意思決定の鍵を握っているのは中位投票者である．議論の出発点として，地域iが分離独立する前と後との違いについては，ここでは，分離独立前には国が供給していた国家公共財を分離独立後には地域i（新国家）が自ら供給することになるという点のみに求めよう．そうすると，国家公共財の供給量は地域iの中位投票者の選好で決まることとなり，(13)式は次式のように変更される．

$$f_{mi}^* = f_i^0 - \frac{a}{2}\frac{y_{mi}}{\bar{y}_i} \tag{20}$$

ここで，f_{mi}^* は地域iの中位投票者の選択する国家公共財の量，f_i^0 は地域iの

住民が最も望ましいとみなす国家公共財の量を表す．また，地域 i の中位投票者が選択した国家公共財の量 f_{mi}^* に対応する所得税率を t_{mi}^* と書くと

$$t_{mi}^* = \frac{a}{\bar{y}_i}\left(f_i^0 - \frac{a}{2}\frac{y_{mi}}{\bar{y}_i}\right) \tag{21}$$

となる．地域 i の独立後における中位投票者の効用を W_{mi} で表すと，W_{mi} は次式のように書ける．

$$\begin{aligned} W_{mi} &= (1-\tau_{mi}^*-t_{mi}^*)y_{mi} - \frac{\tau_{mi}^*}{b}\,y_{mi}\left(\frac{\tau_{mi}^*}{b}y_{mi}-2g_i^0\right) - \frac{t_{mi}^*}{a}\,y_{mi}\left(\frac{t_{mi}^*}{a}y_{mi}-2f_i^0\right) \\ &= \left\{1-\frac{b}{\bar{y}_i}\left(g_i^0-\frac{b}{2}\frac{y_{mi}}{\bar{y}_i}\right)-\frac{a}{\bar{y}_i}\left(f_i^0-\frac{a}{2}\frac{y_{mi}}{\bar{y}_i}\right)\right\}y_{mi} \\ &\quad + \left\{(g_i^0)^2-\left(\frac{b}{2}\frac{y_{mi}}{\bar{y}_i}\right)^2\right\}+\left\{(f_i^0)^2-\left(\frac{a}{2}\frac{y_{mi}}{\bar{y}_i}\right)^2\right\} \end{aligned} \tag{22}$$

地域 i の中位投票者は，分離独立前の効用と独立後の効用とを比較して，

$U_{mi} > W_{mi}$ （i = A, B）ならば，分離独立しない

$U_{mi} = W_{mi}$ （i = A, B）ならば，無差別

$U_{mi} < W_{mi}$ （i = A, B）ならば，分離独立する

という選択を行うのである．いま，地域 i の中位投票者の合併前後の効用の差を Δ_i^S と書こう．すなわち $\Delta_i^S = W_{mi} - U_{mi}$ である．(16)式と (23)式から実際に Δ_i^S を計算すると

$$\begin{aligned} \Delta_i^S &= (t_m^* - t_{mi}^*)y_{mi} + \frac{t_m^*}{a}\,y_m\left(\frac{t_m^*}{a}y_m - 2f^0\right) - \frac{t_{mi}^*}{a}\,y_{mi}\left(\frac{t_{mi}^*}{a}y_{mi}-2f_i^0\right) \\ &= \left\{\frac{a}{\bar{y}}\left(f^0-\frac{a}{2}\frac{y_m}{\bar{y}}\right)-\frac{a}{\bar{y}_i}\left(f_i^0-\frac{a}{2}\frac{y_{mi}}{\bar{y}_i}\right)\right\}y_{mi} \\ &\quad +(f_i^0)^2-\left(\frac{a}{2}\frac{y_{mi}}{\bar{y}_i}\right)^2-(f^0)^2+\left(\frac{a}{2}\frac{y_m}{\bar{y}}\right)^2 \end{aligned} \tag{23}$$

簡単化のために $f_i^0 = f^0$ と仮定しよう．そうすると，

$$\Delta_i^S = af^0\left(\frac{1}{\bar{y}} - \frac{1}{\bar{y}_i}\right)y_{mi} - \frac{a^2}{4\bar{y}^2\bar{y}_i^2}\{(\bar{y}y_{mi} - \bar{y}_i y_m)^2 + 2y_m y_{mi}\bar{y}_i(\bar{y} - \bar{y}_i)\} \quad (24)$$

となる．(25)式の符号は，一般的には確定しない．ただし，$\bar{y}=\bar{y}_i$ の場合には必ず正になることだけはいえる．すなわち，分離独立しても，1人当たり住民所得が独立前の水準を維持できるのであれば，多数決により住民は地域の分離独立に賛成するということが指摘できる．

(3) 中央集権の強化

最後に，中央集権を強化するケースを検討しよう．一般に中央集権とは，行財政に関する意思決定の権限を国が持つことを意味するが，ここでは，地方公共財の供給水準（それと連動するが，地方所得税の税率）の決定を地方ではなく国が行う場合を指すと考える．これは，従来地方が行ってきた地方公共財に関する決定権限を剥奪されることを意味する．そして，この場合もこれまでの議論と同様に，従来どおり（地方分権）か中央集権かの選択を，住民投票で多数決により決めるとしよう．地域iの中位投票者の効用関数は(16)式で表されるとする．地方分権と中央集権の違いについては，(12)式と(14)式の変更に反映される．すなわち

$$g_m^* = g^0 - \frac{b}{2}\frac{y_m}{\bar{y}} \quad (25)$$

$$\tau_m^* = \frac{b}{\bar{y}}\left(g^0 - \frac{b}{2}\frac{y_m}{\bar{y}}\right) \quad (26)$$

地方公共財の供給水準（地方所得税の税率）を国が決めるということは，全国民の中位投票者の選択に委ねるということである．地域iの中位投票者の集権体制下の効用を R_{mi} で表すと，R_{mi} は次式のように書ける．

$$R_{mi} = (1 - \tau_m^* - t_m^*)y_{mi} - \frac{\tau_m^*}{b} y_m \left(\frac{\tau_m^*}{b} y_m - 2g^0 \right) - \frac{t_m^*}{a} y_m \left(\frac{t_m^*}{a} y_m - 2f^0 \right)$$

$$= \left\{ 1 - \frac{b}{\bar{y}} \left(g^0 - \frac{b}{2} \frac{y_m}{\bar{y}} \right) - \frac{a}{\bar{y}} \left(f^0 - \frac{a}{2} \frac{y_m}{\bar{y}} \right) \right\} y_{mi} + \left\{ (g^0)^2 - \left(\frac{b}{2} \frac{y_m}{\bar{y}} \right)^2 \right\}$$

$$+ \left\{ (f^0)^2 - \left(\frac{a}{2} \frac{y_m}{\bar{y}} \right)^2 \right\} \tag{27}$$

地域 i の中位投票者は，地方分権体制下の効用と中央集権体制下の効用とを比較して，

$U_{mi} > R_{mi}$ (i = A, B) ならば，中央集権に反対

$U_{mi} = R_{mi}$ (i = A, B) ならば，無差別

$U_{mi} < R_{mi}$ (i = A, B) ならば，中央集権に賛成

という意思表示を行う．いま，地域 i の中位投票者の地方分権体制下の効用と中央集権体制下の効用の差を Δ_i^C と書こう．すなわち $\Delta_i^C = R_{mi} - U_{mi}$ である．(16)式と (27)式から実際に Δ_i^C を計算すると

$$\Delta_i^C = \frac{b^2 y_m y_{mi}}{2\bar{y}^2} + \frac{b^2}{4 \bar{y}_i^2 \bar{y}} (\bar{y}_i y_m + \bar{y} y_{mi})(\bar{y}_i y_m - \bar{y} y_{mi}) \tag{28}$$

となる．この場合も，一般に Δ_i^C の符号は定まらないが，右辺第1項は正なので，もし $\bar{y}_i y_m - \bar{y} y_{mi} \geq 0$ ならば，$\Delta_i^C > 0$ となる．この不等式は

$$\frac{y_m}{\bar{y}} - \frac{y_{mi}}{\bar{y}_i} \geq 0$$

と書き換えられるから，この不等式は，$\bar{y} \geq \bar{y}_i$ のときに $y_m \geq y_{mi}$ であれば，あるいは $\bar{y} < \bar{y}_i$ のときに $y_m < y_{mi}$ であれば成立する．このことは次のことを含意している．

① 地域の所得水準が全国水準よりも低い地域は，中央集権体制下の所得分布の不平等度が改善されれば中央集権化に賛成する．

② 地域の所得水準が全国平均よりも高い地域は,中央集権体制下の所得分布の不平等度が改善されない限り中央集権化に賛成する.

5. グローバル化と地方分権,地域統合

(1) グローバル化と地方分権

地方分権に関する住民(中位投票者)の意思決定に焦点を当てた前節の分析を踏まえ,本節では,グローバル化の視点を加えて地方分権(あるいは地域の政治的統合)について再考察する.すでに述べたように,本章ではグローバル化をヒト,モノ,カネ,情報が国境を越えて自由に行き来する状況と定義している.これを言い換えれば,国内市場が国際市場とつながる現象,あるいは国内市場が国際市場に吸収される現象といってよい.こう考えると,国民の所得の大きさおよび所得分配(所得分布)をグローバル化の影響の指標とみなすことは許されるだろう.

すでに述べたように,自治体間の合併が,各自治体の住民の多数決で決められる場合,それは中位投票者の意向によって決定されるとみなすことができるのであった.4節で議論したが,自治体 i (i = A, B) の中位投票者の合併後の効用は (17) 式で表された.ただし,前節の議論においては,グローバル化を考慮していないので,自治体合併の前後に当該中位投票者の所得は不変としては取り扱われている.しかし,グローバル化は各自治体の住民の所得を変動させる.グローバル化による所得の変化が起きるとき,各自治体 i は,合併に賛成するだろうか,それとも現行体制(地方分権)の維持に賛成するだろうか.ここではこの問題を検討しよう.

グローバル化の前には自治体 i の中位投票者の所得は y_{mi} であったが,同じ住民のグローバル化後の所得 y_{mi}^G に変化したとする.このとき,各自治体がグローバル化後に合併したとして,自治体 i の中位投票者だった住民の効用を V_{mi}^G と書くと

$$V_{mi}^G = \left\{ 1 - \frac{b}{\bar{y}_C^G}\left(g_C^0 - \frac{b}{2}\frac{y_m}{\bar{y}_C^G}\right) - \frac{a}{\bar{y}^G}\left(f^0 - \frac{a}{2}\frac{y_m^G}{\bar{y}^G}\right) \right\} y_{mi}^G$$
$$+ \left\{ (g_C^0)^2 - \left(\frac{b}{2}\frac{y_{mC}^G}{\bar{y}_C^G}\right)^2 \right\} + \left\{ (f^0)^2 - \left(\frac{a}{2}\frac{y_m^G}{\bar{y}^G}\right)^2 \right\} \tag{29}$$

となる．ここで，y_m^G はグローバル化後の国民全体の中位投票者の所得，$\bar{y}_i^G$ はグローバル化後の自治体 i の住民 1 人当たりの平均所得，$\bar{y}^G$ はグローバル化後の国民 1 人当たりの平均所得を表す．また，y_{mC}^G はグローバル化後に合併してできた新自治体 C の中位投票者の所得を表し，$\bar{y}_C^G$ は同じく新自治体 C の住民 1 人当たりの平均所得を表す．そこで，グローバル化による所得の変動を考慮に入れた場合の合併前後の効用の変化を見よう．効用の差を Δ_i^G と書くと，ここで考えているのは $\Delta_i^G = V_{mi}^G - U_{mi}$ である．(17)式と (29)式を用いて実際に Δ_i^G を計算すると

$$\Delta_i^G = y_{mi}^G - y_{mi} + bg_C^0\left(\frac{y_{mi}}{\bar{y}_i} - \frac{y_m}{\bar{y}_C^G}\right) + \frac{b^2}{2}\left\{\frac{y_{mC}^G y_{mi}^G}{(\bar{y}_C^G)^2} - \frac{y_{mi}^2}{\bar{y}_i^2}\right\}$$
$$+ \frac{b^2}{4}\left\{\frac{y_{mi}^2}{\bar{y}_i^2} - \frac{(y_{mC}^G)^2}{(\bar{y}_C^G)^2}\right\} + af^0\left(\frac{y_m}{\bar{y}} - \frac{y_m^G}{\bar{y}^G}\right) + \frac{a^2}{2}\left\{\frac{y_m^G y_{mi}^G}{(\bar{y}^G)^2} - \frac{y_m y_{mi}}{\bar{y}^2}\right\}$$
$$+ \frac{b^2}{4}\left\{\frac{y_m^2}{\bar{y}^2} - \frac{(y_m^G)^2}{(\bar{y}^G)^2}\right\} \tag{30}$$

となる．(30)式の符号は一般的には確定しない．そこでいま，

$$\frac{y_{mi}}{\bar{y}_i} = \frac{y_{mC}^G}{\bar{y}_C^G}, \quad \frac{y_m}{\bar{y}} = \frac{y_m^G}{\bar{y}^G}, \quad \frac{y_{mi}}{\bar{y}} = \frac{y_{mi}^G}{\bar{y}^G},$$

が成り立つと仮定すると，すなわち，

① グローバル化の前後で，各自治体内の中位投票者の所得の当該自治体の平均所得に対する比率が変わらない

② グローバル化の前後で，国全体の中位投票者の所得の全国の平均所得に

対する比率が変わらない
③ グローバル化の前後で，各自治体内の中位投票者の所得の全国の平均所得に対する比率が変わらない

という条件が満たされると，(30)式は $\Delta_i^G = y_{mi}^G - y_{mi}$ と簡略化される．以上より，条件①〜③が満たされている場合に，すべての自治体の中位投票者の所得が上昇すれば，各自治体は合併に賛成し，合併が実現する，と結論づけられる．

(2) グローバル化と地域統合

これまでのモデルに若干の修正を加えれば，同じモデルで，国際的な地域統合についても分析することができる．A国とB国が市場統合あるいは市場開放について交渉を行うケースを取り上げよう．統合後の公共財の供給については，上級政府か共同意思決定機関を設けて，そこで意思決定が行われるとしよう．このとき，各国はこの統合に賛成するだろうか．これまでと同様，統合についての意思決定は国民投票によって決められるとすると，中位投票者の選択が決定的な役割を果たす．3節で構築し，本節でグローバル化の視点を入れて再構築したモデルを，国家間の統合のモデルとして取り扱うには，これまで，地方公共財としていたものを各国の国家公共財と読み替え，国家公共財としていたものをモデルから除く必要がある．すなわち，基本モデルにおいて，$F_{vi} = 0$ とする．このとき，i国の中位投票者の効用を $\mathring{U}_{mi}$ と書くと，$\mathring{U}_{mi}$ は次式で表される．

$$\mathring{U}_{mi} = \left\{ 1 - \frac{b}{\bar{y}_i} \left(g_i^0 - \frac{b}{2} \frac{y_{mi}}{\bar{y}_i} \right) \right\} y_{mi} + \left\{ (g_i^0)^2 - \left(\frac{b}{2} \frac{y_{mi}}{\bar{y}_i} \right)^2 \right\} \tag{31}$$

A国とB国の地域統合後，この住民（i国の中位投票者であった住民）の効用を $\mathring{V}_{mi}$ と書くと，$\mathring{V}_{mi}$ は次式で表される．

$$\mathring{V}_{mi} = \left\{ 1 - \frac{b}{\bar{y}_C} \left(g_C^0 - \frac{b}{2} \frac{y_{mC}}{\bar{y}_C} \right) \right\} y_{mi} + \left\{ (g_C^0)^2 - \left(\frac{b}{2} \frac{y_{mC}}{\bar{y}_C} \right)^2 \right\} \tag{32}$$

ここで，$\bar{y}_C$ は統合後の地域の平均所得，y_{mC} は統合後の地域の中位投票者の所得を表す．さらに，グローバル化の中で地域統合が進められた後のこの住民の効用を $\mathring{V}_{mi}^G$ と書くと

$$\mathring{V}_{mi}^G = \left\{1 - \frac{b}{\bar{y}_C^G}\left(g_C^0 - \frac{b}{2}\frac{y_{mC}^G}{\bar{y}_C^G}\right)\right\} y_{mi}^G + \left\{(g_C^0)^2 - \left(\frac{b}{2}\frac{y_{mC}^G}{\bar{y}_C^G}\right)^2\right\} \tag{33}$$

と書ける．グローバル化後における地域統合の結果，元の中位投票者の効用の変化を $\mathring{\Delta}_i^G = V_{mi}^G - U_{mi}$ と書くと

$$\mathring{\Delta}_i^G = (y_{mi}^G - y_{mi}) + bg_C^0\left(\frac{y_{mi}}{\bar{y}_i} - \frac{y_{mi}^G}{\bar{y}_C^G}\right) + \frac{b^2}{2}\left\{\frac{y_{mC}^G y_{mi}^G}{(\bar{y}_C^G)^2} - \frac{y_{mi}^2}{\bar{y}_i^2}\right\}$$
$$+ \frac{b^2}{4}\left\{\frac{y_{mi}^2}{\bar{y}_i^2} - \frac{(y_{mC}^G)^2}{(\bar{y}_C^G)^2}\right\} \tag{34}$$

となる．(34)式の符号は一般的には確定しない．そこでいま，

$$\frac{y_{mi}}{\bar{y}_i} = \frac{y_{mC}^G}{\bar{y}_C^G} = \frac{y_{mi}^G}{\bar{y}_C^G}$$

が成り立つと仮定すると，すなわち

- グローバル化の下で，地域統合前の各国の中位投票者の所得の平均所得に対する比率と，地域統合後の中位投票者の所得の平均所得に対する比率が同一になる
- グローバル化の下で，地域統合前の各国の中位投票者が，地域統合後も中位投票者となる

という2条件が満たされると，(34)式は $\mathring{\Delta}_i^G = y_{mi}^G - y_{mi}$ となる．そこで，この2条件が満たされている場合に，地域統合後に各国の中位投票者の所得が増加すれば（$y_{mi}^G > y_{mi}$），各国は地域統合に賛成し，逆に減少すれば（$y_{mi}^G < y_{mi}$），反対する，といえる．すなわち，地域統合の前と後で，所得分布も変わらず，中位投票者となる人も変わらない場合には，中位所得者の所得が増えなければ地

域統合は実現しない.

次に,

$$y_{mi}^G = y_{mi} \quad かつ \quad \frac{y_{mi}}{\bar{y}_i} = \frac{y_{mC}^G}{\bar{y}_C^G}$$

が成り立つ場合.このとき(34)式は,

$$\Delta_i^G = by_{mi}\left(g_C^0 - \frac{b}{2}\frac{y_{mi}}{\bar{y}_i}\right)\left(\frac{1}{\bar{y}_i} - \frac{1}{\bar{y}_C^G}\right) \tag{35}$$

となる.(35)式の第1括弧内は正であるから((8)式,(12)式を参照),同式の符号は第2括弧内の符号によって定まる.すなわち

- グローバル化の下で,地域統合の前後で,各国の中位投票者の所得が不変
- グローバル化の下で,地域統合前の各国の中位投票者の所得の平均所得に対する比率と,地域統合後の中位投票者の所得の平均所得に対する比率が同一になる

という条件に加えて,

- グローバル化の下で,地域統合後の平均所得が地域統合前の各国の平均所得よりも大きい

という条件が満たされれば,その国は地域統合に賛成する,といえる.逆にいえば,地域統合後の平均所得が地域統合前の各国の平均所得よりも小さくなれば,その国は地域統合に反対する.地域統合後の平均所得が地域統合前の国の平均所得よりも大きくなるのは低所得国であり,地域統合後の平均所得が地域統合前の国の平均所得よりも小さくなるのは高所得国であるから,要するに,上記2条件が成立する状況下では,低所得国は地域統合に賛成し,高所得国は地域統合に反対する,という結論が得られる.

さらに,

$$y_{mi}^G = y_{mi} \quad かつ \quad \bar{y}_C^G = \bar{y}_i$$

が成り立つ場合，このとき(34)式は

$$\overset{\circ}{\Delta}_i^G = -\frac{b^2}{4\bar{y}_i^2}(y_{mi}-y_{mC}^G)^2 \tag{36}$$

となる．(36)式の符号は必ず非正となる．すなわち，

- グローバル化の下で，地域統合の前後で，各国の中位投票者の所得が不変
- グローバル化の下で，地域統合後の平均所得と地域統合前の各国の平均所得が等しい

という条件が満たされる場合には，仮に地域統合により所得分布が平等化しても（$y_{mi}<y_{mC}^G$），不平等化しても（$y_{mi}>y_{mC}^G$），各国は地域統合に反対する．

(36)式から明らかなように，この場合，地域統合によって各国の中位投票者の所得のギャップが大きいほど効用低下の度合いが大きくなることがわかる．これは，各国の中位投票者が最も望ましいと考える地方公共財の水準と地域統合後に供給される地方公共財の水準のギャップが大きいことを示している．ちなみに $y_{mi}<y_{mC}^G$（$y_{mi}>y_{mC}^G$）の場合には，地域統合後の地方公共財供給が各国の中位投票者が最も望ましいと考える水準よりも過剰（過小）であることを示している．

(3) グローバル化と最適地方分権度

いま，公共財の総供給量（国家公共財の供給量と地方公共財の供給量の合計）に対する地方公共財の供給量の割合を，地方分権がどの程度進んでいるかを測る尺度とみなし，それを「地方分権度」と呼ぶことにしよう．われわれのモデルでは，各自治体（地域）の中位投票者が効用最大化するときの地方公共財の需要量が実際に供給され，また，全国の中位投票者が効用最大化するときに需要する国家公共財の量が実際に供給される．その水準が(12)式および(13)式で表されるのであった．このときの地方公共財総供給量の公共財総供給量に対する比率を「最適地方分権度」[4]と呼ぶこととし，それを β と書く．そうすると，

$$\beta = \frac{\sum_{i=1}^{N} g_{mi}^{*}}{\sum_{i=1}^{N} g_{mi}^{*} + f_{m}^{*}} = \frac{\sum_{i=1}^{N} \left(g_i^0 - \frac{b}{2} \frac{y_{mi}}{\bar{y}_i} \right)}{\sum_{i=1}^{N} \left(g_i^0 - \frac{b}{2} \frac{y_{mi}}{\bar{y}_i} \right) + f^0 - \frac{a}{2} \frac{y_m}{\bar{y}}} \tag{37}$$

と表せる．ここでNは，自治体の数を表す．以下，いくつかのケースを取り上げ，最適地方分権度の大きさがどのように変化するかを検討する．最適地方分散度 β を各変数で偏微分すると，次の1)～8)のようになる．

1) 自治体の中位投票者の所得が増加する場合は，次の結果が得られる．

$$\frac{\partial \beta}{\partial y_{mi}} = \frac{-\frac{b}{2\bar{y}_i}\left(f^0 - \frac{a}{2}\frac{y_m}{\bar{y}}\right) + \frac{a}{2\bar{y}}\frac{\partial y_m}{\partial y_{mi}}}{\left\{ \sum_{i=1}^{N}\left(g_i^0 - \frac{b}{2}\frac{y_{mi}}{\bar{y}_i}\right) + f^0 - \frac{a}{2}\frac{y_m}{\bar{y}} \right\}^2} \tag{38}$$

となり，一般に符号は定まらない．

2) 自治体の平均所得が増加する場合を検討するにあたっては，自治体の住民1人当たり平均所得 ($\bar{y}_i$) と国全体の国民1人当たりの平均所得 ($\bar{y}$) との間に一定の関係がある点に留意する必要がある．各自治体の人口を L_i，国の総人口を L とすると，$\bar{y}_1 L_1 + \bar{y}_2 L_2 + \cdots + \bar{y}_N L_N = \bar{y} L$ だから，次式の関係が成り立つ．

$$\bar{y} = \frac{\sum_{i=1}^{N} \bar{y}_i L_i}{L}$$

この関係を考慮しつつ β を yi で偏微分すると

$$\frac{\partial \beta}{\partial \bar{y}_i} = \frac{\frac{b y_{mi}}{2 \bar{y}_i^2}\left(f^0 - \frac{a}{2}\frac{y_m}{\bar{y}}\right) - \frac{a L_i y_{mi}}{2 L \bar{y}^2}\left(g_i^0 - \frac{b}{2}\frac{y_{mi}}{\bar{y}_i}\right)}{\left\{ \sum_{i=1}^{N}\left(g_i^0 - \frac{b}{2}\frac{y_{mi}}{\bar{y}_i}\right) + f^0 - \frac{a}{2}\frac{y_m}{\bar{y}} \right\}^2} \tag{39}$$

となるが，この式の符号は定まらない．

3) 国全体の中位投票者の所得が増加する場合には，次の結果が得られる．

$$\frac{\partial \beta}{\partial y_m} = \frac{\dfrac{a}{2\bar{y}}\left(g_i^0 - \dfrac{b}{2}\dfrac{y_{mi}}{\bar{y}_i}\right)}{\left\{\sum_{i=1}^{N}\left(g_i^0 - \dfrac{b}{2}\dfrac{y_{mi}}{\bar{y}_i}\right) + f^0 - \dfrac{a}{2}\dfrac{y_m}{\bar{y}}\right\}^2} > 0 \tag{40}$$

4) 国全体の平均所得が増加する場合には，

$$\frac{\partial \beta}{\partial \bar{y}} = \frac{\sum_{i=1}^{N}\dfrac{b_i y_{mi}}{2\bar{y}_i^2}\dfrac{\partial \bar{y}_i}{\partial \bar{y}}\left(f^0 - \dfrac{a}{2}\dfrac{y_m}{\bar{y}}\right) - \dfrac{a y_m}{2\bar{y}^2}\sum_{i=1}^{N}\left(g_i^0 - \dfrac{b}{2}\dfrac{y_{mi}}{\bar{y}_i}\right)}{\left\{\sum_{i=1}^{N}\left(g_i^0 - \dfrac{b}{2}\dfrac{y_{mi}}{\bar{y}_i}\right) + f^0 - \dfrac{a}{2}\dfrac{y_m}{\bar{y}}\right\}^2} \tag{41}$$

となる．この式の符号は一般には定まらない．

5) 地方公共財生産の限界費用（平均費用）が増加する場合には，次の結果が得られる．

$$\frac{\partial \beta}{\partial b} = \frac{-\sum_{i=1}^{N}\dfrac{y_{mi}}{2\bar{y}_i}\left(g_i^0 - \dfrac{b}{2}\dfrac{y_{mi}}{\bar{y}_i}\right)}{\left\{\sum_{i=1}^{N}\left(g_i^0 - \dfrac{b}{2}\dfrac{y_{mi}}{\bar{y}_i}\right) + f^0 - \dfrac{a}{2}\dfrac{y_m}{\bar{y}}\right\}^2} < 0 \tag{42}$$

6) 国家公共財生産の限界費用（平均費用）が増加する場合には，次の結果が得られる

$$\frac{\partial \beta}{\partial a} = \frac{\dfrac{y_m}{2\bar{y}}\left(g_i^0 - \dfrac{b}{2}\dfrac{y_{mi}}{\bar{y}_i}\right)}{\left\{\sum_{i=1}^{N}\left(g_i^0 - \dfrac{b}{2}\dfrac{y_{mi}}{\bar{y}_i}\right) + f^0 - \dfrac{a}{2}\dfrac{y_m}{\bar{y}}\right\}^2} > 0 \tag{43}$$

7) 自治体の住民が望む地方公共財の最大量が増加する場合には，次の結果が得られる．

$$\frac{\partial \beta}{\partial g_i^0} = \frac{N\left(f^0 - \dfrac{a}{2}\dfrac{y_m}{\bar{y}}\right)}{\left\{\sum_{i=1}^{N}\left(g_i^0 - \dfrac{b}{2}\dfrac{y_{mi}}{\bar{y}_i}\right) + f^0 - \dfrac{a}{2}\dfrac{y_m}{\bar{y}}\right\}^2} > 0 \tag{44}$$

8) 全国の住民が望む国家公共財の最大量が増加する場合には，次の結果が得られる．

$$\frac{\partial \beta}{\partial f^0} = \frac{-\sum_{i=1}^{N}\left(g_i^0 - \frac{b}{2}\frac{y_{mi}}{\bar{y}_i}\right)}{\left\{\sum_{i=1}^{N}\left(g_i^0 - \frac{b}{2}\frac{y_{mi}}{\bar{y}_i}\right) + f^0 - \frac{a}{2}\frac{y_m}{\bar{y}}\right\}^2} < 0 \quad (45)$$

以上の結果を用いて，グローバル化の下での最適地方分権度の変化についてまとめると，次の諸点が指摘できる．

(1) 各自治体の中位投票者の所得が増加し，かつ国全体の中位投票者の所得が減少する場合には，最適地方分権度は低下する．なぜこのようなことが起きるのか．この場合には，各自治体の住民全体の所得も国民全体の所得も不変であるから，その中で中位所得者の所得が増加するということは，所得再分配が行われ，所得分配が平等化したとみなすことができる．加えて，(12)式および (13)式をみると，このモデルでは，各自治体（あるいは国）の中位投票者の所得が増加すると地方公共財（あるいは国家公共財）の需要は減少するという構造になっていることがわかる．別言すれば，

・ グローバル化の下でも各自治体の住民全体の所得は以前と変わらない
・ 再分配政策により各自治体の中位投票者の所得が増加する
・ 国全体の中位投票者の所得は減少する

という条件の下では，各自治体の地方公共財供給量が減少し，国家公共財供給量が増大するので，最適地方分権度は低下する，といえる．

同様の論理で上記3) のケース（(40)式）も説明できる．各自治体の中位投票者の所得が不変で，国全体の中位投票者の所得（のみ）が増加する場合，国家公共財供給量だけが減少するから，最適地方分権度は上昇する．しかし，グローバル化の下で各自治体の住民全体の所得がグローバル化以前と変わらないということはまずありえないので，このケースは参考にならない．

(2) グローバル化の下で各自治体の住民全体の所得が変化する場合に最適地

方分権度が大きくなるか小さくなるかについては，(39)式からは何もいえない．最適地方分権度が上昇することもあり低下することもある．
③ グローバル化の下で，公共財生産のコストが上昇する場合には，他の条件が不変であれば，供給量は低下する．地方公共財の生産コストの上昇は最適地方分権度を低下させ（(41)式），国家公共財の生産コストの上昇は最適地方分権度を上昇させる（(42)式）．
④ グローバル化の下で，地方公共財に対する住民の選好が強まれば，最適地方分権度は上昇し，国家公共財に対する国民の選好が強まれば，最適地方分権度は低下する．

6．む　す　び

　以上，本章では，国家公共財（あるいは地方公共財）の供給に関する国（あるいは自治体）の意思決定が中位投票者の選好に左右されるという「中位投票者定理」を織り込んだ政治経済モデルを用いて，経済のグローバル化が国内の地方分権化（あるいは中央集権化）にどのような影響を及ぼすのか，あるいは市町村合併や地域の政治的統合を促進するのかどうか，といった論点について理論的に考察した．モデルの構造はきわめて簡単で，政治的意思決定を左右する中位投票者の効用に注目し，グローバル化の前後で中位投票者の効用が大きくなるか小さくなるかを検討して，経済のグローバル化の影響を評価しようというものである．

　グローバル化の議論に先立ち，① 自治体の合併，② 国からの分離独立，③ 中央集権の強化といったケースについて，自治体の政治的意思決定がどのようになるかを検討した．

　まず，① 2つの自治体が合併するかどうかのケースを取り上げて検討したが，2つの自治体に所得格差がある場合（これが一般的であるが），いわゆる豊かな自治体が合併に反対するので，合併は実現しないことが示された．② ある地域が国から分離独立して新しい国を作るというケースでは，分離独立した後

の住民の平均所得が変わらなければ、住民は分離独立案に賛成するという結論が得られた。(3) 各自治体の住民が地方分権ではなく、中央集権の強化に賛成するかどうかについても検討したが、全国平均よりも所得水準が低い自治体は、中央集権の強化により所得分配の不平等度が改善されれば中央集権の強化に賛成する一方で、全国平均よりも所得水準が高い自治体は中央集権の強化による所得分配の不平等度の改善に反対する、という結論が得られた。

続いて、以上の議論を踏まえて、グローバル化と地方分権、地方統合の関係を考察した。本章のモデルでは、グローバル化は、各自治体（地域）の住民の所得の変化および所得分配（分布）に反映されるとみなして分析を進めた。

グローバル化と地方自治体の合併（広域化）の関係については、グローバル化の前後で、各自治体内の所得分配（分布）も国全体の所得分配（分布）も変わらないなどの条件が満たされれば、すべての自治体の中位投票者の所得が上昇すれば、各自治体は合併に賛成し、合併が実現する、という結論が得られた。逆にいえば、合併相手の自治体の中位投票者の所得が低下すれば、合併は実現しないといえる。グローバル化の後では、住民の所得が変動するから、合併相手の自治体の中位投票者の所得が低下する可能性も高くなる。

一方、グローバル化は地域統合を誘引するか、という問題については、次のような分析結果が得られた。

第1に、グローバル化の下、地域統合の前後で、所得分布も変わらず、中位投票者となる人も変わらない場合には、各国の中位所得者の所得が増えなければ地域統合は実現しない。

第2に、グローバル化の下、地域統合の前後で、各国の中位投票者の所得が不変、かつ所得分配（分布）も変わらない場合には、低所得国は地域統合に賛成し、高所得国は地域統合に反対する。

第3に、グローバル化の下、地域統合の前後で、各国の中位投票者の所得が不変、住民の平均所得も変わらない場合には、各国は地域統合に反対する。

さらに、グローバル化の下、各自治体で供給される地方公共財の総供給量と国家公共財の供給量の大きさはどのように変化するかを検討した。各自治体の

中位投票者が選択する地方公共財の総供給量と国全体の中位投票者が選択する国家公共財の供給量の和に対する地方公共財の総供給量の割合を「最適地方分権度」と呼び，最適地方分権度が各変数の変化によりどのように動くかについて分析した．自治体の中位投票者の所得が増える場合や自治体の住民の平均所得が増える場合には，「最適地方分権度」の増減は確定しないことが確認された．その一方で，国全体の中位投票者の所得が増加する場合には最適地方分権度は大きくなることがわかった．その他，地方公共財の生産コストの上昇は最適地方分権度を上昇させるという関係も導出された．

以上の分析から，多数決による政治的意思決定の下では，地方分権の維持に向けた力が強く作用し，地域統合へ向けた動きや中央集権化へ向けた動きは実現が困難であることが示された．

ただし，本章は理論分析であり，簡単化の仮定を置いて進めているので，分析の限界や仮定の現実妥当性の面で多くの課題が残存している．最後にそれらの点を指摘して本章を閉じよう．

第1に，本章の分析対象はグローバル化した経済であるが，グローバル化を「モノ，カネ，ヒト，情報が自由に国境を越えて行き来する状況」と定義したにもかかわらず，その特徴が分析に必ずしも適切に反映されていないという点が指摘できる．本章のモデルでは，たとえば国全体の人口も，各自治体の人口も変化しないという前提を置いて議論を展開した．

第2に，特定の自治体あるいは特定の国の中位投票者の効用最大化行動に焦点を当てて分析しているため，自治体の合併にせよ国と国との政治的統合にせよ，そうした制度上の変更により，自治体全体のあるいは地域全体の経済厚生が改善されるのか低下するのかについては何もいえない．また，中位投票者の選択した公共財の供給水準がパレート効率的な水準になる保証もない．

第3に，住民の効用関数の関数形，公共財の費用関数の関数形，公共財供給の財源調達方法等に関する諸設定がアドホックなことである．

最後に，本章では，グローバル化と地方分権や地域統合の関係について理論分析を行ったが，実態について検証する必要があるのはもちろんである．既存

研究で実証研究を行ってるのもいくつかある[5]．理論分析では曖昧な結果しか得られなかった論点やケースについて，今後実態を検証していきたい．

1) これらのほか，経済のグローバル化と地方分権や地域の政治的統合の関係を取り扱った文献の展望については，Stegarescu (2006)，Hiscox (2003)，Garrett and Rodden (2003) などを参照せよ．
2) ここで取り上げている財は，公的に供給する財 (publicly provided good) であり，厳密には純粋公共財と呼べない．しかしながら，等量消費であり，非排除性，非競合性等の性質は満たされているとも解釈できるので，公共財とみなしてもよいであろう．
3) 一般に地方公共財の限界費用 (b) は各地域によって異なるが，ここでは簡単化のため，全地域で同一であると仮定する．
4) ここでいう「最適」とは，中位投票者の効用を最大化するという意味であって，パレート最適の意味とは異なる点に注意されたい．
5) Panlzza (1999)，Alesina, Spolaore and Wacziarg (2000)，Garrrett and Rodden (2003)，Stegarescu (2006) などがある．

参考文献

Alesina, A. and E. Spolaore (1997), "On the Number and Size of Nations", *The Quarterly Journal of Economics* 112(4), pp.1027-1056.

Alesina, A. and R. Wacziarg (1998), "Openness, Country Size and Government", *Journal of Public Economics* 69(3), pp.305-321.

Alesina, A., E. Spolaore and R. Wacziarg (2000), "Economic Integration and Political Disintegration", *American Economic Review* 90(5), pp.1276-1296.

Alesina, A. and E. Spolaore (2003), *The Size of Nations,* MIT Press.

Bolton, P., G. Roland and E. Spolaore (1996), "Economic Theories of the Break-up and Integration of Nations", *European Economic Review* 40, pp.697-705.

Bolton, P. and G. Roland (1996), "The Break-up of Nations: A Political Economy Analysis", *The Quarterly Journal of Economics* 112(4), pp.1057-1090.

Etro, F. (2003), Globalization and Political Economy, CESIfo Working Paper No.986.

Garrrett, G. and J. Rodden (2003), "Globalization and Fiscal Decentralization", in Kahler, M. and D. A. Lake (Eds.), *Governance in a Global Economy: Political Authority in*

Transition, Princeton University Press, pp.87-109.

Hiscox, M. J. (2003), "Political Integration and Disintegration in the Global Economy", in Kahler, M. and D. A. Lake (Eds.), *Governance in a Global Economy: Political Authority in Transition,* Princeton University Press, pp.60-86.

Oates, W. E. (1972), *Fiscal Federalism,* Harcourt Brace Javanovich.

Panizza, U., (1999), "On the Determinants of Fiscal Centralization: Theory and Practice", *Journal of Public Economics* 74(1), pp.97-139.

Stegarescu, D. (2006), *Decentralised Government in an Integrating World,* Physica-Verlag.

Tiebout, C. (1956), "A Pure Theory of Local Expenditures", *Journal of Polittical Economy* 64 (5), pp.416-424.

第2章　共助社会とインフォーマル部門

1．はじめに

(1)　公助，自助，共助と福祉ミックス

　最近，日本で「公助，自助，共助」という言葉がよく用いられるようになり，特に人間行動の中での共助の役割が見直されている．それは1つには政府が民主党政権のときからこの用語を使い始め，自由民主党が政策の1つ方針として重視し始めたからであろう．特に社会保障改革推進法で日本の社会保障改革の理念として掲げられ，社会保障制度改革国民会議報告書で社会改革推進法の基本的な考えとして取り上げられ，さらに「日本の社会保障は，「自助を基本としつつ，自助の共同化としての共助（＝社会保障制度）が自助・共助で対応できない場合に公的扶助等の公助が補完する仕組み」（「社会保障制度改革国民会議報告書」，2013）である」と述べられてから，よく用いられるようになった．

　公助，自助，共助のうち，最近，特に注目されるのは共助という概念である．この公助，自助，共助に似た概念は古くから日本にあった概念で，江戸時代の米沢藩主上杉鷹山が，政治の基本として自助，近隣社会が助け合う互助，藩の行政が支援する扶助の三助を制定していたという．最近，共助が非常に注目されるようになったのは，第1に，2010年の東日本大災害の後に市場も機能せず，政府の支援（公助）も届かないとき，近隣の人々の助け合いやボランティアの重要性が自覚され，これが「絆」の意義が自覚されるきっかけになったが，絆は利己心で動く市場とも民主主義で決定する政治とも異なる人間行動の動機である「思いやり」とか「共感」とか市場の利己心とは逆ともいえる行動の動機で動く．岸真清教授は最近『共助社会の金融システム―生活者と投資家の視点

一』(2013) という，金融における特に共助の役割を重視するユニークな本を出版された．福祉や環境の分野では共助の役割が指摘されるが，経済の金融部門でも共助の役割が強調されたことが注目される．おそらく岸教授は地域の金融の役割に注目されたので，そこに共助の役割を見出されたのであろう．地域には「コミュニティ」(共同体) の要素が残っているからである．

第2に，日本の経済社会が，この概念が再登場する発展段階にあるためである．共助はどんな社会にもみられた相互の助け合いであったが，産業革命後，市場と政治が発達すると，その役割は忘れ去られた感があった．政治とも市場とも異なる共助の役割が見直されたのは，古くは社会学者フェルディナント・テンニースの『ゲマインシャフトとゲゼルシャフト』(1887) という著書においてであった．この中で，テンニースは社会の形態をゲマインシャフト (Gemeinschaft) (地縁，血縁，友情などにより自然発生した有機的な社会集団のこと) とゲゼルシャフト (Gesellschaft) に分けた．代表的なゲゼルシャフトは営利法人つまり通常の企業であり，ゲマインシャフトは英語でいうコミュニティに通ずる．

(2) イギリスでのコミュニティ論

また1950年代に，カール・ポラニーは『大転換』(1953) の中で，より根本的なシステムとして，政府の計画部門と民間の市場部門に加えて第3のシステムとしてのインフォーマル部門の役割を再発見した先駆者の1人であった．ポラニーは，互恵（あるいは互酬 reciprocity）と地縁的再分配によって成り立つ共同体のような社会が経済や政治に先立って存在したと主張する．当時の経済社会の体制論では，市場原理によって動く経済と計画原理によって動く政府が対象とされ，それ以前から存在した互恵とインフォーマルな再分配によって成立している社会が軽視されていたが，ポランニーは，互恵とインフォーマルな再分配によって成立している社会こそがそれ以前から存在していた基本の社会システムであることを強調した．

1960年代後半のイギリスでは社会福祉政策の分野で政府と市場に加えてイ

ンフォーマル部門が重視されるようになった．社会福祉サービスに関する政府のシーボーム委員会報告書で公的な福祉サービスと市場に加えてインフォーマル部門の役割について述べられた．経済社会システムを，市場，政府，インフォーマル部門の3つに分ける福祉ミックス論よりも早く，市場あるいは商業部門，政府に加え，インフォーマル部門を家族・親族などと，ボランティア部門の2つに分けて，4つの部門として表す複合福祉社会論とも呼ぶべき論を提唱した文書がイギリスでは，1960年代後半にいくつか現れた．1940年代にボランティア部門に注目した論を発表したのは，W.ベバリッジであったが，1968年のシーボーム委員会とその報告，さらに1976年のイギリスのウルフェンデン報告『ボランタリーな社会サービスの人的資源』などがこの時代に出版された．これらの報告書でいうインフォーマル部門はコミュニティ部門であり，日本でいう互助あるいは共助に通ずる概念である．

(3) リチャード・ロウズとエスピン-アンデルセンの福祉国家の類型化

インフォーマル部門重視論は福祉サービスの分野から始まったが1980年代には福祉国家論にも現れた．福祉ミックス論を最初に提唱したリチャード・ロウズ・白鳥令編著の『福祉国家：東と西』(1986) は，世界の福祉国家を，① 社会保障など政府部門の比重が高い北欧型と，② 市場重視のアメリカ型と，③ 家族などインフォーマル部門の役割りが大きい日本などのアジア型の3つに分けた．エスピン-アンデルセンの『福祉資本主義の三つの世界』(1990年) も同様に，世界の先進資本主義国は，① 社会民主主義で政府の比重に大きい北欧型福祉資本主義と，② 自由主義的なアメリカ型資本主義と，③ 保守的要因の大きいドイツなどの3つの福祉資本主義群に分けられるという．

リチャード・ロウズなどは，福祉国家と呼び，エスピン-アンデルセンは福祉資本主義と呼ぶが，この2つの著書は，① 政府，② 市場，③ 家族・近隣などのインフォーマル部門という3つの部門のウエイトと組み合わせによって今日の最先進工業国は3つの型の福祉社会に分けられるとみる点で共通する．筆者がそれ以前の1984年に著した『日本型福祉社会』でも政府，市場，イン

フォーマル部門（互助部門）の組み合わせが，福祉社会の性格を決めるとして，日本型福祉社会の特徴は伝統的インフォーマル部門が多く残っていることであるとした．

今後の福祉国家あるいは福祉社会の方向は，この3つの部門をどう組み合わせる社会を選ぶかで決まる．また，超高齢化と長期経済停滞で財政難に苦しむ日本の福祉政策の行方は，社会保障を財政的に持続可能にできるかどうかにかかっている．

(4) アメリカでのコミュニティ論

さらに近年ではアメリカでピーター・ドラッカーが『現代ポスト資本主義社会』(1993)の中で，かつてのコミュニティが失われていることを嘆きコミュニティの復活を提唱した．コミュニティとは，利害関係で結ばれるアソシエーションと異なり，情によって結ばれ，共感とか相互性の動機で動く共助社会のことである．

さらに1990年代にはアメリカでロバート・D.パットナムの著した『孤独なボウリング：アメリカにおけるコミュニティの崩壊と再生』(2000)が出版されて，ベスト・セラーになり，コミュニティ再興の必要性を自覚させるのに役立った．かつての日本では会社が社員にとって一種の「コミュニティ」の性格を持っていたが，日本的経営の衰退とともに多くのサラリーマンはコミュニティを喪失した．

このように欧米では，日本でいう共助に見合う社会のシステムがインフォーマル部門とかコミュニティという名で重視されるようになっていたが，少し遅れて日本では東日本の大災害が，人々が絆で結ばれるコミュニティの重要性を想起させることになったのである．経済発展段階からしても，日本はそういう段階にあったのである．

(5) 各社会システムの統合原理

インフォーマル部門には，家族，近隣，コミュニティなどが含まれているの

で，家族とコミュニティの4つの社会システムに分けることは，1960年代のシーボーム委員会報告とウルフェンデン報告でもみられる．政府と市場に加えて，第3のシステムを家族といっては狭すぎるし，かといってコミュニティをも含めてインフォーマル部門というためには，そこに共通する統合原理がなくてはならない．政治面では人々の意思を統合する原理と方法は政治的民主主義である．民主主義によって異なる人々の意思が統合され，秩序が保たれる．市場の場合には，政治における投票にかわるものは市場における交換であり，市場原理の需給と市場メカニズムによる配分（allocation）と分配（distribution）によって，秩序が維持される．インフォーマル部門でのこれに見合う統合原理は，相互性（reciprocity）と連帯感である．共助の統合原理もインフォーマル部門と同様である．

2．共助が要請される理由

(1) 共助部門はなぜ必要か

岸真清教授もこの共助に注目されて，金融部門特に地域金融における共助の意義に注目されて，次のように述べている．

> 「共助社会とは，政府などが行う公助に過度に依存することなく，また個人の努力，自助だけでは実現が難しい課題を，地域住民，市民グループの連帯によって解決する社会のことであった．そこでは，市場の失敗と政府の失敗を補う市民，家計，NGO，NPO，ボランティアの活動が期待されている．」（岸，2013）．

かつては，市場が「失敗する」（market failure）場合には政府がそれを補えばよいと考えられていたが，公共選択論は政府も失敗する事例があることを示した．筆者も環境政策の分野で，市場も政府も失敗する事例をいくつか挙げて，環境分野では，「アメニティ財の場合の最適供給には市場が失敗するだけでなく，政

表1 公助,自助,共助と政府,市場,インフォーマル部門の関係

公助,自助,共助 福祉ミックス論	公　助	自　助	共　助
政府,計画	立法,社会保障,国の計画作成,等		
市　場		民間市場取引	
インフォーマル部門			NPO,ボランティア,家族・近隣の相互扶助,

(注) 政府の「公助,自助,共助論」では社会保険は共助に分類されている.
(出所) 筆者作成.

府もともに失敗するので,第三の部門ともいえるボランティアや非営利組織が活躍することが長期的資源配分最適化のために必要になる」(丸尾・西ヶ谷・落合著,1997,262-263ページ)と述べた.筆者ほか著の『Ecoシティ』(2010)でも同様なことを述べている.市場と政府がともに失敗することが福祉部門と環境部門で起こることは筆者もたびたび指摘してきたが(丸尾・西ヶ谷・落合著,1997),岸教授は経済の金融分野で市場と政府がともに失敗する領域を指摘して,そこに共助の金融システムが要請されることを示していられることが注目される.

　政府の公助,自助,共助と福祉ミックス論の違いは,第1に,日本政府の公助,自助,共助論では「自助を基本としつつ,自助の共同化としての共助(=社会保障制度)が自助・共助で対応できない場合に公的扶助等の公的扶助等の公助が補完する仕組み」(「社会保障制度改革国民会議報告書」,2013)と自助を土台に図1(後出)のC図のような印象である.これに対して福祉ミックス論では,政府の「公」が生存にかかわる基本的財のサービスのナショナル・ミニマムを保障する建て前になっており,市場供給がウエイトでは最も多く,インフォー

マル部門はそれを補完するような印象を受ける．

(2) 福祉ミックスの図解

福祉ミックスを3つの円のベン図で表した1984年の筆者の図1のような図解（丸尾，1984）以降，いくつかの福祉ミックス論がそれぞれ少しずつ異なる観点から登場して，いろいろな形でその概念を表そうと試みた．Googleのインターネットで福祉ミックス論を英語で検索すると1980年代にはわずかの項目しかヒットしなかったが，最近では4000万項目以上がヒットする．

福祉ミックス論が登場した1986年のリチャード・ロウズと白鳥令編の『福祉国家：東と西』では，筆者も執筆に参加させていただき，「日本における福祉ミックス」という章を担当させていただいた．リチャード・ロウズ教授は福祉ミックスを「政府＋市場＋インフォーマル部門の代表として家族」という形で表した．

図1　マクロ経済情勢と金融発展

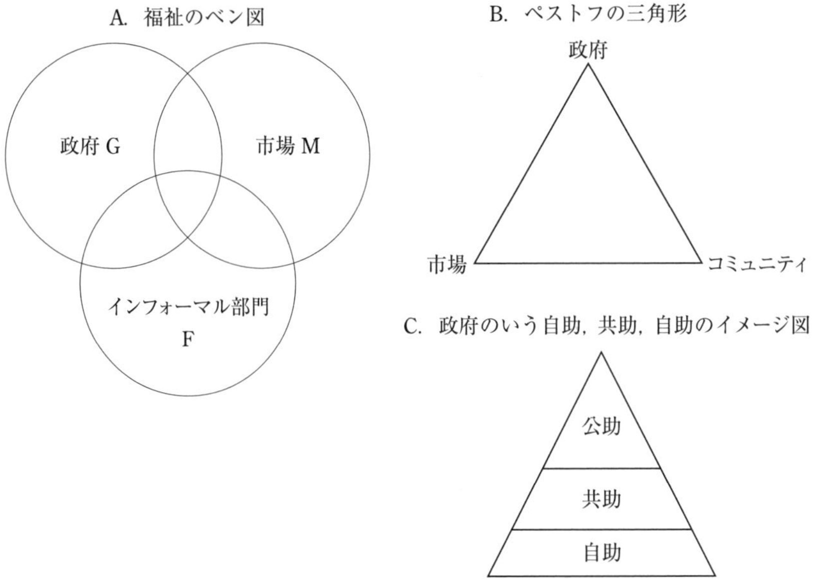

A．福祉のベン図

政府 G　市場 M
インフォーマル部門 F

B．ペストフの三角形

政府
市場　コミュニティ

C．政府のいう自助，共助，自助のイメージ図

公助
共助
自助

（注）　図1Aの○の重複する部分は両方の性格を持つことを意味する．
（出所）　A, Cは筆者作成．Bはペストフ（2000）．

その後，いろいろな論者が福祉ミックスをいろいろな形で表してきた．筆者は福祉ミックス論が現れる以前の1984年に『日本型福祉社会』（日本放送協会，1984）以来図1のA図のように，3つの〇のベン図で表してきた．

2000年にはペストフが，政府，市場，市民社会を図1のBのように3つの頂点とする三角形で福祉ミックスを表してから，三角形で福祉ミックスの概念を表す人が多くなった．さらには福祉ミックス論を経済社会体制の分類にではなく，福祉サービスの型を表す図形として福祉の三角形で表す論者が増えた．さらには福祉サービスを三角形でなく，国家，市場，家族に加えて，コミュニティを加えた円と4角形で表す福祉のダイヤモンド論も出てきた（落合恵美子，2010）．

(3) 共助とインフォーマル部門

福祉ミックス論でいうインフォーマル部門あるいはコミュニティは，日本でいう共助と共通するところを多く持っている．しかし，異なるところもある．政府の文書によると，日本で共助という場合には，社会保障のうち政府の費用（公費）でなく，社会保険で賄われる部門も共助であるとされている．福祉ミックス論では社会保障部門は政府の公費で賄われる部門も社会保険で賄われる部門も政府部門に分類される．したがってその点では政府のいう共助部門とインフォーマル部門とは同じではない．

3. ポリシー・ミックスと福祉ミックス

公助・自助・共助論と筆者の提唱した福祉ミックス論との大きな違いは，福祉ミックス論がポリシー・ミックス論の社会システムへの適用でもあるという点である．ポリシー・ミックス論は，J. ティンバーゲンが提唱し，その後，J. E. ミードやマンデル，フレミングによって経済モデルに用いられてきた経済学のモデルである．その特徴は，ティンバーゲンがいったように「複数の未知数の値を解くには未知数と同数の方程式が必要なように，複数の政策目的を効果的に達成するには政策目的と同数の政策手段の組み合わせが必要である」という

表2　福祉ミックスの政策目的変数と政策手段変数

主な政策手段 \ 主な政策目的	公　正	効　率	人間的価値
政　府	生活基本財の平等分配 機会の均等，ルール制定		
市　場		資源配分の最適化 競争による効率	
インフォーマル部門			相互性・信頼 人間的ふれあい

(出所)　筆者作成.

点である．公助・自助・共助論にはそのような論理はない．

　福祉ミックス論では，表2のように効率という目的達成には市場という手段を割り当て，公正という目的には特に最低生活の保障するための分配という目的には政府の計画を割り当て，人間相互の思いやり等の人間的価値の維持という目的にはインフォーマル部門を割り当てる．

　ポリシー・ミックス論と福祉ミックス論で大切なことは，この目的－手段関係の割り当てが，目的を効果的に達成するために大切だとして重視されることである．たとえば，効率という目的には市場を割り当てるが，効率を目的とする市場の分野に政府が恣意的介入をして，市場メカニズムの働く領域を狭くしたり，その機能を歪めないことが大切である．

4．社会経済システムの最適配分の原理

(1)　社会経済システム配分の原理

　このことが大切なことを筆者はスウェーデンの経済福祉政策をみてきて実感した．

表3 ポリシー・ミックスとしてのスウェーデンの労働市場政策

政策手段＼政策目的	経済安定（物価・雇用の安定）	分配の公正	経済効率化
マクロ総需要拡大と労働市場政策（職業紹介と雇用給付付き職業訓練、雇用助成など）	A. 完全雇用、職がない場合は給付付きの職業訓練、または失業手当		
連帯賃金制の維持（労組）		B. 同一労働同一賃金賃金格差是正	
貿易自由化			C. 貿易の自由化により低生産性企業の淘汰、経済全体の効率化

(注) A, B, Cは手段的政策目標.
(出所) 筆者作成. 丸尾稿前掲012年より引用.

　このポリシー・ミックスを実際に適用した成功例の1つは1960年代にスウェーデンが導入した積極的労働市場政策というポリシー・ミックスであった．当時のスウェーデンは表3のような3つの政策の組み合わせで，経済の効率化と分配の公正と雇用と経済の安定という3つの目的を同時に達成した（丸尾稿『スウェーデンの経済と経済政策』，レグランド塚口俊子編，2012所載）．

　ポリシー・ミックスとは，単に政策を組み合わせるという意味ではない．ポリシー・ミックスは，複数の政策目的を同時に達成するために，それぞれの目的を効果的に達成できる複数（目的数と同数）の政策手段を効率的に組み合わせることによって，政策目的を効果的に達成するというJ. ティンバーゲンの定理を政策に適用した政策手法として知られる．経済政策に適用したポリシー・ミックスはJ. ティンバーゲンやJ. E. ミードが提唱し，財政政策と金融政策と為替レート操作の組み合わせで，財政収支安定，金融の安定，国際収支

改善という3つの目的を達成するマンデル=フレミングのポリシー・ミックス・モデルや，実際の政策としては減税と財政金融政策の組み合わせを行ったレーガノミックスが有名である．レーン=メイドナー・モデルも表3が示すような形での先駆的なポリシー・ミックスだったといえるであろう．アベノミクスもレーガンのポリシー・ミックスであったように，安部のエコノミックスという意味ではなく，安部のポリシー・ミックスの意味であろう．

　ポリシー・ミックスが政策の最適組み合わせであるとすれば，福祉ミックスはシステムの「混合」というよりも社会経済システムの最適「組み合わせ」，あるいは最適「配分」(allocation) である．すなわち市場システムと，計画システムとインフォーマル・システムの最適組み合わせが福祉ミックスである．スウェーデンは政府の比重が高い国であるが，この原理を公的部門にも適用して市場経済の長所と政府の計画の長所を両立させるのに成功している．

(2)　良い銀行と悪い銀行の分離

　その1つの例が1993年の金融危機のときに導入した『良い銀行』と『悪い銀行』との分離政策である．このとき，スウェーデンの大銀行が不良債権を抱えて債務超過に陥り破産に直面した．スウェーデン政府は，それらの債務超過に陥った銀行を国有化して，不良債権を引き受けてそれを処理する「悪い銀行」と不良債権を持たない「良い銀行」に分けて，不良債権処理はもっぱら「悪い銀行」に委ね，「良い銀行」は業務に復帰させて市場原理で通常業務を行った．こうして政府の介入の行われる部門を『悪い銀行』に限定し，市場原理が機能する領域をできるだけ維持してその銀行の不良債権を処理し，健全な銀行に戻して，再び民営に戻し，市場に復帰させた．

(3)　公費で保証年金，市場原理で報酬比例年金の運用

　公的な社会保障の年金制度でも最低生活を保障する保証年金は公費で計画原理で運営するが，報酬比例部分の年金は公的年金ではあるが市場原理に近い運用をしており，競争的に運営成績を競っている．これも1つの制度を公的な計

画原理と競争的な市場原理を活かす領域を使い分けて,市場の機能する領域を拡大するように工夫している例である.

(4) 発送電分離の電力供給

電力供給を発送電分離で行うべしとの考えも,大規模設備を必要とする公益事業型の電力の送電網部門を計画原理で公的に行い,発電部門は市場で競争的に行うべしとの発想であり,市場競争に適した部分は市場に委ね,計画に適した部分と分離して行うべしとの考えである.スウェーデンの場合は,グリーン・サーティフィケートという制度もある.それはグリーン・エネルギーをボランタリーに選択できる制度である.グリーン・サーティフィケートを加えた制度は,公助と自助の制度に加えて共助のシステムを備えた制度であるといえる.

福祉ミックスは社会制度の最適配分の制度である.公助,自助,共助の制度にもこれに似た制度の組み合わせの工夫があれば,より有効な政策となるであろう.

5. むすび

先進工業国では,コミュニティの復活が提唱されている.遅ればせながら日本でも東日本大災害を機に,「絆」の重要性に目覚め,互助や共助が提唱されるようになった.絆重視論や共助重視論は,日本におけるイギリスでいうインフォーマル部門再重視論やアメリカでのコミュニティ再興論に通ずるものがある.

共助やコミュニティ重視論は主に福祉サービスや環境保全の分野で見られるが,岸教授は金融の分野でも共助の役割が大きいことを明らかにされた.

公助,自助,共助論は,福祉ミックス論にも通ずるが,ポリシーミックス論の社会システムへのアナロジカルな適用である福祉ミックス論は,それぞれのシステムの独立性を重視し,安易な混合(市場経済への政府の恣意的介入,天下りなど)を排する.どの分野にどのシステムを割り当てるのが適するかの判断はスウェーデンの経験などを参考に決めるべきであろう.

参 考 文 献

落合恵美子（2010）「日本における福祉ダイヤモンドの再編成―新しい福祉国家論からのアプローチ―」『海外社会保障研究』No.170

カール・ポラニー著（1975）吉沢英成・野口建彦・長尾史郎・杉村芳美訳『大転換―市場社会の崩壊―』東洋経済新報社

岸真清（2013）『共助社会の金融システム』文眞堂

橘木俊昭編著（2005）『現代女性の労働・結婚・子育て』ミネルヴァ書房

ドラッカー，P. E. 著（1992）上田淳生・佐々木智男・田代正美訳（1993）『ポスト資本主義社会』ダイヤモンド社

丸尾直美（1975）『福祉の経済政策』日本経済新聞社

丸尾直美（1984）『日本型福祉社会』NHKブックス

丸尾直美（1990）「米英の勤労者株式所有制の発展」『経済学論纂』中央大学経済研究会

丸尾直美（1993）『総合政策論』有斐閣

丸尾直美（1996）『市場指向の福祉政策』日本経済新聞社

丸尾直美（2002）「資産・金融型不況への対策：スウエーデンからの教訓」『中央大学経済研究所年報』中央大学経済研究会

丸尾直美（2004）「市場指向・資産ベースの年金改革」『総合政策紀要』尚美学園大学総合政策学部

丸尾直美（2005）『経済学の巨匠』生活情報センター

丸尾直美（2011）「持続可能な社会保障財政のシナリオ―強い経済・財政・社会保障実現のために―」『企業研究』中央大学企業研究所

丸尾直美（2012）「福祉国家を超える体制―福祉ミックスとポリシー・ミックスによる改革―」『経済学論纂』中央大学経済学研究会

丸尾直美・落合由紀子（2004）「環境・クリーン・エネルギー事業のポリシー・ミックス」『尚美学園大学総合政策論集』

丸尾直美・西ヶ谷信雄・落合由紀子（1997）『エコサイクル社会』有斐閣

丸尾直美・三橋博巳・廣野圭子・矢口和宏・落合由紀子（2010）『Ecoシティ』中央経済社

吉原雅昭（1991）「Welfare Pluralismと福祉ミックス論：英国と日本における社会福祉改革「論」」『社会問題研究』40（1・2）大阪府立大学

レグラント塚口淑子編『スウェーデン・モデルは有効か』（2012）ノルディック出版

Blair, Tony (1998), *The Third Way: New Politics for the New Century*, Fabian Pamphlet 588

Dean, Hartley (2004) "The Implication of the Third Way Social Policy for Iequality, Social Cohesion, and Citizenship" Lewis, Jane and Rebecca Surender eds., *Welfare State Change: Towards a Third Way?*, Oxford University Press

Evers, Adalbert, Ivan Svetlik eds. (1993) *Balancing Pluralism — New Welfare Mixs in Care for the Elderly —*, Abebury

Esping-Andersen (1999), *The Three Worlds of Welfare Capitalism*, 岡沢憲夫・宮本三郎訳 (2001) ミネルヴァ書房

Esping-Andersen, Gøsta (2002), *Why We Need a New Welfare State?*, Oxford University Press

Esping-Andersen (2009), *Incomplete Revolution*, Polity

Fitzpatrick (2005), *New Theories of Welfare*, Palgrave, Macmillan

Giddens, Anthony (1998), *The Third Way: The Renewal of Social Democracy*, Cambridge: Polity Press

Giddens, Anthony (2000), *The Third Way and its Critics*, Polity Press

Giersch, Herbert ed. (1991), *Reforming the Welfare State*, Springer

Hadley, Rodger and Stephen Hatch (1981), *Social Welfare and the Failure of State: Centralized Social Social Services and Participatory Alternatives*, Allen & Unwin

Seebohm, Frederic (1968), *Report of the Committee on Local Government and Allied, Personal Social Services*, Cmnd 4040

Labour Markets, Almqvist International

Maruo, Naomi, Andre Björklund and Karl le Gramd (2005), *Welfare Policy* and Miller, Chris (2004), *Producing Welfare*, Palgrave, Macmillan

Meade, J. E. (1993), *Liberty, Equality and Efficiency*, Macmillan

Mosesdottir, Lilja (2001), *The Interplay Between Gender, Markets and the State in Sweden, Germany and the United States*, Ashgate

Rose, Richard and Rei Shiratori (1986), *Welfare State: East and West*, Oxford University Press. 木島賢・川口洋子訳 (1990) 『世界の福祉国家』新評論

Wadensjö, Eskil and Naomi Maruo (2002), *Changing Labour Market and Economic Policy*, Life Design Institute

Whyman, Phillip (2003), *Sweden and the 'Third Way'*, Ashgate

第3章　コミュニティビジネス活性化の金融システム
――地域発グローバル化の視点――

1. はじめに

　バブル崩壊，アジア通貨危機，サブプライムローン問題，さらに欧州通貨危機，中国の不動産バブルの経験が，負債金融に依存した投資・投機活動を疑問視させ，それにつれて，実体経済の重要性をクローズアップしている．実際，アベノミクスも，製造業の投資マインドを喚起する成長戦略をとっている．今後の日本の経済は，一層のグルーバル化と日本国内の地域経済活性化によって，デフレ経済脱却を目指すことになろうが，その実現可能性を，共助社会の推進者であるコミュニティビジネスとそれを支援する資金チャンネルから考察するのが，本章の目的である．

　共助社会とは，市民が主役になって，NPO・NGO，市民グループ，コミュニティビジネス，地域金融機関，地方政府などとの協業を通じて，個人の努力だけでは実現が難しい課題を過度に政府に依存することなく解決していく社会のことであるが，第2節において，グローカルな成長戦略を展望した後で，本章がなにゆえ共助社会とその推進者であるコミュニティビジネスを重視するのかその理由を述べる．コミュニティビジネスには，ソーシャルビジネスのような非営利事業とベンチャービジネスや小規模事業などの営利事業があるが，ソーシャルビジネスの中でも，医療・介護関連事業は絶えざる需要に支えられ，営利事業に転換する可能性を有している．

　ところが，これらのコミュニティビジネスの資金調達は厳しい状況にある．そこで，まず，第3節は，信用金庫と農業協同組合を主な対象として協同組織

金融機関の役割と課題を論じる．そのうえで，NPO・NGO，企業，地方公共団体との協業の可能性を考察する．次いで，第4節において，(1)コミュニティ・クレジットおよびNPOバンクに代表される間接金融タイプ，(2)住民参加型ミニ市場公募地方債などの政府主導型ファンドやコミュニティ・ファンドなどの民間主導型ファンドに象徴される直接金融タイプ，(3)日本政策金融公庫の施策や社会貢献債のような地域発グローバルなタイプの事例から新しい資金チャンネルを論じる．そして，第5節において，まとめと若干の提案を行うことにする．

2．コミュニティビジネスの可能性

(1) グローカルな考え方

金融緩和，積極財政政策，成長戦略の3つの矢で，アベノミクスは株高，円安を引き出した．デフレ経済脱却への力強い槌音が聞こえてくるかのごとくである．しかし，日本経済復活の成否は，3つの矢が実体経済の活性化につながるのかどうかにかかる．

金融および財政政策は，デフレ脱却，雇用と所得の増加というマクロ的なねらいとしているが，第3の矢である成長戦略は，金融・財政刺激政策を通じて高まる期待を実体経済に結びつけること，すなわち，投資マインドを喚起することによって製造業を復活させようとしている[1]．

民間投資を喚起する方策は，2013年1月の「日本経済再生に向けた緊急経済対策」においても発表されたが，その特徴はグローバル化だけでなく，地域経済活性化も対象にしていることである．たとえば，国際協力銀行や日本政策投資銀行を核とした海外進出促進ファンドや技術革新・活用を促す官民協業ファンド（基金）の創設が打ち上げられる一方，地域の資源を活用した技術革新の推進，産学金官協業による地域経済循環の促進，農業基盤の強化，地方消費者行政の充実を通じた地域経済の活性化が目指されることになった．

その後，実質GDP成長率2％程度の成長を目標として，「日本産業再興プラ

ン―日本の産業を強くする―」,「戦略市場戦略プラン―新たな成長分野を切り開く―」,「国際展開戦略―グローバル経済で勝つ―」を軸とした成長戦略が練られた.

この流れの中で,同年6月にまとめられた成長戦略は,設備投資の促進や女性の就業支援をテコにして潜在成長率を高める一方,医療・介護市場の育成,環太平洋経済連携協定（TPP）などを通じた海外市場の拡大を目指している.すなわち,供給サイドと需要サイドの均衡的な拡大をねらいとして,医療改革,科学技術研究,産業の活性化,エネルギー,雇用,外資の誘致,農業,海外活力の取組みを重点項目にした.

このうち,産業の活性化は,70兆円規模の設備投資を誘導するものである.そのため,新規の設備投資を容易にする「オペレーティングリース」方式の採用,法人減税の導入,不採算部門の再編,大企業や研究機関に眠っている人材や技術からベンチャーを生み出す方策の検討,さらに「クラウドファンディング」と呼ばれるベンチャー企業の資金調達支援策が打ち出された.

上述のように,政府の成長戦略はグローバル化の進展と地域経済の活性化を目指してはいるが,地域社会の担い手をそれほど強く意識したものとはいえない.企業の今後の日本経済の活路は日本国内だけでなく,海外でのグローバル展開に求めることになることは否定し難い.また,ITの進展に伴って,国境を超えた地域と地域の取引が拡大することも予想される.しかし,その場合でも,地域経済の担い手の活動をバックアップする地域金融の整備が前提になる.というのも,TPPに積極的に参加したとしても,またアジア域内でのクロスボーダーな債券市場を整備したとしても,地域経済の活性化,各国の家計・市民の資金運用と消費生活の改善につながらなければ,さらなる成長への途が閉ざされてしまうからである.

(2) 共助社会の推進者としてのコミュニティビジネス

地域経済の推進者を考察するとき,自助,公助以外に,共助の考え方を重視せざるをえなくなる.共助社会を強く意識する理由は,バブル崩壊,アジア通

貨危機，サブプライムローン問題，さらに欧州債務危機，中国の不動産バブルを目の当たりにして，市場経済の加熱した投資・投機活動が繰り返し生じることを避けるためである．

現実の経済は，家計を主役とする共同体経済と投資家（投機家を含む）が主役に加わる市場経済によって構成されている．成長した共同体経済と成長初期段階の市場経済を組み合わせた領域が共助社会であるが，家計はその中心点に立って共同体経済と市場経済双方で活動している．そして，経済発展に伴って，共同体経済，共助社会（経済），市場経済へと生産が拡大していくことになる[2]．

共助社会の生産活動は身近なコミュニティを活動舞台とするコミュニティビジネスによって担われている．市場メカニズムに基づき収益の最大化を目的とする営利事業と，基本的に組織を存続させる程度の利益の確保を目的とする非営利事業が並存している．前者は主にベンチャービジネス，中小企業，マイクロビジネス（零細事業），農業などさまざまな小規模事業によって担われている．他方，後者は医療・介護，子育て・教育などに携わるソーシャルビジネスによって担われている．

本章では，この双方の型の社会貢献意欲を持った地域密着型事業をコミュニティビジネスと称することにする．その理由は，本章が扱うベンチャービジネス，中小企業，マイクロビジネス，農業などの営利事業型コミュニティビジネスは地域社会への貢献という行動において，社会性，事業性，革新性を要件としながら，高齢化問題，環境問題，子育て・教育問題などさまざまな社会的課題を市場のフレームの中で解決するソーシャルビジネスの領域と重なることが多くなっているからである．逆に，非営利事業型のソーシャルビジネスサイドからみても，業務が多様化するのにつれて，企業の社会的責任（CSR），社会的責任投資（SRI）やBOPビジネスなど営利事業が行う社会的な事業と境界線を引くのが難しくなっている[3]．

「ソーシャルビジネス推進研究会」の報告書[4]によれば，ソーシャルビジネスそのものも「対価収入積極獲得型」と「非営利資源積極獲得型」の2つのタイプに分けられる．対価収入積極獲得型のソーシャルビジネスとは，地域資源

を活用して高付加価値商品の開発を行って販売し，地域コミュニティの形成や雇用創出につなげるようなビジネスのことである．したがって，立ち上げ期では補助や助成に頼るとしても，最終的にいかに事業収入を上げるかがポイントになる．

これに対して，非営利資源積極獲得型のソーシャルビジネスは社会的に不利な立場にある人々にサービスを提供するケースや，受益者が特定できない環境問題等に対応するケースを対象にするものである．すなわち，受益者から直接対価を得ることが難しいので，補助，助成，寄付を獲得するとともに有償労働だけでなく，無償労働（ボランティア）などの非営利資源も活用しながら，事業を継続していくことになる．

しかし，補助金，助成金に頼るよりも自ら収益を獲得しようとの考え方が強まる中で，地域の安全防犯活動，環境防犯活動，環境保全などの業務に携わる非営利資源積極獲得型のソーシャルビジネスも，少なくとも組織を維持するだけの収入の獲得を目指すようになっている．また，対価収入積極獲得型の場合，観光資源の振興や特産品の普及によって収益の獲得を目指すが，地域コミュニティの形成や雇用を創出する活動を行っている．

他方，社会貢献の意志を有するベンチャービジネス，中小企業，マイクロビジネス，農業もソーシャルビジネスと同様，地域経済の活性化に貢献している．2010年頃から，スマートフォンやクラウド，ITを活用した変革が生じているが，この流れの中で，ある程度成長を遂げたベンチャービジネスだけでなく，起業直後の企業や起業そのものを支援，育成する企業の活動も目立つようになっている[5]．

また，地域産業の存続を危ぶむ中小企業経営者や地域住民の危機感が，公共的かつ手弁当の精神の下に地域産業再生を目指す新たなコミュニティを誕生させるケースがみられる[6]．新たなコミュニティはそこで生じた収益を占有できないオープンな構造すなわち外部経済効果を発揮する構造を特徴にするが，活動の継続性を維持する財政的基盤づくり，そのための安定した収入の確保が重要になる．

収益事業に結びつく経路には，(1)偶然性を伴いながら収益事業に結びついたケース，(2)当初から収益事業を目的として立ち上げられたケース，(3)公的機関が主導するケースがある．このうち，(1)偶然性を伴うケースとして，テレビ出演を機会に地域の経営者の熱意が偶然にヒット商品を生み出した有田の「究極のラーメン鉢」の例を挙げることができる．また，(2)当初から収益事業を目的とした「至高の焼酎グラス」の事例に着目できる．この焼酎グラスは，有田焼の高い品質を維持しながら，一般消費者の手に届く商品として開発され，大ヒット商品になった．さらに，(3)公的機関が主導するケースとして，大分市と別府市の「ハットウ・オンパク」の事例を挙げることができる．活動が事業性を帯びるのにしたがって，継続性を維持する資金が必要になったとき，手弁当の精神を土台にしながらも，補助金を獲得するため，経営者がリーダー的な役割を果たしたことで知られている．

農業も，コミュニティビジネスの一例である．「6次産業化・地産地消法」は新事業の創出と地産地消の推進の2つの目標を遂行することによって，雇用と所得の拡大を実現しようとしている．しかし，産業型とコミュニティ型の2つのタイプが存在している[7]．前者は需要者である川下の企業との垂直的統合・多様化を目指すものであって，大規模生産地に適した6次化であると考えられる．対照的に，後者は地域の連携を土台にして地域の個性を活用して需要を創出するが，小規模生産向けのものである．

コミュニティ型の6次化は，地域循環や地産地消，関連産業への波及効果も見込めるので，長期，安定的な利益を地域にもたらすとともに，高い地域住民の参加度が地域活性化に対して大きなインパクトを与える．加えて，農産物を市場に供給する以前に生産基盤を構築する使命を帯びているともいえる．この領域が，本章が描く共同体経済である．

しかし，スタート時点において営利事業であるのかどうかを別にして，コミュニティビジネスは収穫逓増型の成長経路を見込めるか，少なくとも収穫逓減の程度の小さな成長経路を辿る可能性が高いものと考えることができる．

共同体経済で収穫逓増現象が生じやすいと考える理由は，コミュニティビジ

ネスが主要なプレーヤーである共助社会，特に共同体経済では，情報の非対称性が生じにくいこと，固定費が低く抑えられること，取引コストが低いことから，イノベーションを産みやすいからである[8]．

　この状況は，市場経済が一般的に収穫逓減型成長経路を辿るのと対照的である．市場経済においても，安定した需要が存在する限り，生産規模の増大につれて生産費用が高騰することはなく，収穫逓増の可能性を持っていたはずである[9]．しかし，実物資産に比べて金融資産が大幅に増加，あるいは負債に依存する投資行動がとられるような場合，収穫逓減経路を辿るものと思われる．さらに，生産活動だけでなく，負債に依存した投機活動が行われるようになると，レバレッジ効果を通じて，収穫逓減現象が一層強まることになる．そして，資金の流失が流入を超えるようになると，バブル点に到達することになる．

　この状況は，営利型の小規模事業が主に自己資金を，またソーシャルビジネスが寄付金と自己資金を資金源とするなど，負債金融に依存することがなく，収穫逓増の一因となっているのと対照的である．そこで，市場経済の拡大が負債に依存し，収穫逓減の様相を呈する場合には，それをどのように修正するかが問われることになる．すなわち，バブル点にまで近づいた投資・投機資金を，共助社会に振り向ける金融システムが構築可能であれば，経済全体の資金効率を上げることができるはずである．

3．コミュニティビジネスの活動資金

(1) 協同組織金融機関の課題

　地域経済，共助社会の推進者としてのコミュニティビジネスに掛かる期待は高まっている．ところが，コミュニティビジネスの資金調達は，厳しい状況にある．この状況を改善するため，協同組織金融機関を中心にした間接金融タイプの協業と，ファンドの設定を用いた直接金融タイプの協業など，新しい資金チャンネルが構築されつつある．ここでは，間接金融タイプの協業を考察することにする．

表1　業態別預金，貸出金，

	都市銀行			地方銀行		
	預金残高	貸出金残高	余資運用	預金残高	預金残高	余資運用
1998. 3	2,140,824	2,138,997	809,494	1,690,728	1,380,384	494,609
1999. 3	2,082,600	2,110,038	684,876	1,715,548	1,382,439	491,714
2000. 3	2,090,975	2,151,274	792,455	1,742,961	1,340,878	544,604
2001. 3	2,102,820	2,133,507	1,101,473	1,785,742	1,367,418	611,446
2002. 3	2,308,919	2,035,627	950,401	1,813,848	1,359,864	620,082
2003. 3	2,377,699	2,072,578	1,253,512	1,813,487	1,352,514	621,634
2004. 3	2,456,008	1,958,921	1,471,539	1,825,541	1,352,081	651,476
2005. 3	2,470,227	1,869,540	1,483,807	1,878,876	1,372,381	703,906
2006. 3	2,507,624	1,896,885	1,478,224	1,888,910	1,403,556	731,984
2007. 3	2,487,565	1,860,370	1,360,461	1,936,818	1,445,409	725,785
2008. 3	2,525,751	1,854,662	1,323,683	1,956,991	1,483,586	690,107
2009. 3	2,575,584	1,952,042	1,326,079	2,002,165	1,547,581	665,740
2010. 3	2,633,756	1,846,180	1,599,314	2,072,150	1,547,663	751,072
2011. 3	2,742,676	1,794,237	1,815,289	2,124,424	1,574,727	790,578

(出所)　信用中央金庫，各年次版および農林中央金庫（2012）より作成．

　コミュニティビジネスと深くかかわっている金融機関は，地域金融機関，特に信用金庫，信用組合，労働金庫，農業協同組合の協同組織金融機関である．協同組織金融機関は，低い取引コストに加えて，地域を基盤としているだけに情報の非対称性を比較的容易に克服できるという利点を持っている．しかし，その半面，営利事業だけでなく，非営利事業をも対象としているので，収益獲得に制約を受けがちになる．その結果，地域の資金を地域に還流する本来の機能が発揮されているとは言い難い状況が続いている．

　表1によって，バブル崩壊の後遺症で苦しんだ1997年度からサブプライムローン問題の影響を受けた2010年度までを対象として，都市銀行，地方銀行，

余資運用資産の推移　　　　　　　　　　　　　　　　　　　　　　　（単位：億円）

| 第二地方銀行 ||| 信用金庫 ||| 農業協同組合 ||
預金残高	貸出金残高	余資運用	預金残高	預金残高	余資運用	預金	貸出金
606,607	525,282	137,473	984,372	704,088	348,452	684,388	208,280
631,398	527,206	147,278	1,005,732	712,062	359,977	689,963	214,613
598,696	505,738	149,441	1,020,320	687,159	393,392	702,556	215,586
567,976	465,931	149,230	1,038,043	661,879	439,243	720,945	214,983
559,895	444,432	156,328	1,028,198	639,805	445,987	735,374	212,565
561,426	429,130	162,320	1,035,536	626,342	468,216	744,203	210,091
552,400	420,236	164,328	1,055,175	622,363	489,360	759,765	209,725
539,624	403,403	170,656	1,074,324	620,947	514,265	776,686	207,788
541,266	412,564	174,256	1,092,212	626,700	524,777	788,653	207,472
546,219	419,377	170,148	1,113,772	634,953	543,515	801,890	212,165
555,619	429,309	168,828	1,137,275	635,438	563,638	820,756	215,985
560,995	435,832	161,842	1,154,531	648,786	562,869	833,096	223,750
567,701	454,891	170,459	1,173,806	641,574	595,768	844,772	226,784
576,041	438,766	178,838	1,197,465	637,550	625,003	878,182	223,241

　第二地方銀行，信用金庫，農業協同組合の預金，貸出金，余資運用資産（農業協同組合を除く）の推移を展望してみよう．

① 預金に関して，1997年度から2010年度にかけて残高が減少した第二地方銀行を別として，都市銀行，地方銀行，信用金庫，農業協同組合はともに増加している．

② しかし，同期間の貸出金残高の趨勢は金融機関ごとに異なっている．都市銀行，第二地方銀行，信用金庫が減少しているのと反対に，地方銀行が増加，農業協同組合はほぼ一定の規模を保っている．特に，地方銀行の貸出は，不良債権処理のメドが立ち始めた2003年からサブプライムローン

問題が顕在化した2008年まで増加したことが目を引く．

(3) 余資運用に関して，都市銀行，地方銀行，第二地方銀行，信用金庫は1997～02年度の時期にともに高かったが，2003～08年度に低下，しかし，都市銀行，地方銀行，信用金庫の2009年度および2010年度の余資運用は再び高まった．

(4) 1997年度と2010年度の預貸率を比べてみると，都市銀行は99.9％から65.4％に，地方銀行は81.6％から74.1％に，第二地方銀行は86.6％から76.2％に，信用金庫は71.5％から53.2％に，農業協同組合は30.4％から26.0％に低下している．2010年度時点の預貸率は，第二地方銀行，地方銀行，都市銀行，信用金庫，農業協同組合の順になっている．

上述のことから，地方銀行と第二地方銀行は1997年度に比べ預貸率がそれぞれ若干低下したものの比較的堅調であったのに対して，信用金庫と農業協同組合の預貸率は低下しただけでなく，水準そのものが低いことが課題になる．そこで，信用中央金庫の『全国信用金庫概況』にしたがって，余資がどのように運用されているのか，都市銀行，地方銀行，第二地方銀行，信用金庫と農業協同組合の有価証券保有残高から検討してみよう[10]．

(1) 都市銀行の2010年度（2011年3月時点）の有価証券保有残高は146兆246億円であったが，その構成は，国債69.4％，外国証券13.9％，株式7.6％，社債7.4％，地方債およびその他金融商品0.8％であった．2000年度の残高86兆7,034億円の1.7倍に増加したが，国債が41兆8,048億円から2010年度に101兆3,902億円へと2.4倍に増加したことに加えて，社債が3兆7,294億円から10兆870億円へと2.9倍に増加したことも与っている．

(2) 地方銀行の2010年度有価証券保有残高は65兆1,923億円であったが，国債46.2％，社債21.8％，地方債14.5％，外国証券9.0％，株式6.4％，その他2.2％の構成であった．有価証券残高は2000年度44兆7,360億円の1.5倍に増加したが，当時の国債残高15兆5,135億円が2010年度に30兆928億円へと1.9倍にまで増加したことが主因になった．

③　第二地方銀行の2010年度有価証券保有残高は14兆3,759億円であったが，国債49.5％，社債23.4％，地方債9.2％，外国証券8.5％，株式5.4％，その他4.1％の構成であった．有価証券残高は，2000年度の残高10兆3,406億円の1.4倍に増加したが，その要因は，国債が3兆9,833億円から7兆1,224億円へと1.8倍増加したこと，地方債もまた7,221億円から1兆3,182億円へと1.8倍の増加したこと，さらに外国証券が6,451億円から1兆2,173億円へと1.9倍増加したことであった．

④　信用金庫の場合，2010年度の有価証券保有残高は34兆4,224億円であったが，構成比は，都市銀行と対照的である．すなわち，構成比で最も高いのが社債の40.8％，次いで，国債28.0％，地方債16.3％，外国証券11.2％，その他2.0％，株式1.8％であった．有価証券残高は，2000年度の22兆1,566億円の1.6倍に増加したが，国債の5兆807億円から9兆6,241億円への1.9倍の増加と，地方債の2兆554億円から5兆6,047億円への2.7倍の増加が原動力になった．

⑤　農業協同組合の2010年度の有価証券残高[11]は5兆599億円であったが，国債35.7％，金融債22.3％，社債21.8％，地方債19.7％が主なものであり，その他，株式0.4％，金銭の信託0.2％の構成であった．

(2)　協同組織金融機関を核とした協業

上述のように，金融機関の中でも，地方債の保有比率が最も高いのが，農業協同組合，次いで，信用金庫，地方銀行および第二地方銀行であることがわかる．また，社債の保有比率が最も高いのが信用金庫，それに次ぐのが，第二地方銀行，農業協同組合および地方銀行である．その逆に，国債および株式の保有比率が高い都市銀行と対照的に，信用金庫，農業協同組合，地方銀行，第二地方銀行の保有比率が低いことが特徴的である．これらのことから，協同組織金融機関が地域経済に果たす役割に期待を抱かせる．しかし，その一方で，信用金庫も農業協同組合も預金が増加傾向にあるものの貸出が伸び悩み，低い預貸比率に悩んでいる．この課題を克服する一案が，協同組織金融機関の収益獲

得にマイナスの影響を及ぼすと考えられがちな領域を，共助の領域を活用して収穫を逓増させる工夫である．

もともと，地域には，①地域の人口減少による地域産業の活力低下，②地域の活力発揮の基盤となるべき企業間ネットワークの不足，③経営革新等の障害となる事業資金の不足などの課題が存在していた．

そこで，協同組織金融機関と自治体，商工団体，大学の協業が行われるようになったが，ソーシャルビジネスなどの非営利事業に関して，地域を支える協業が実施されつつある．地域の関係者自身が主役であることはいうまでもないが，地域の連携をコーディネートする自治体，融資に加えてNPOとともに社会的貢献度が高い事業に対する助成制度やネットワーク支援を行う地域金融機関，地域の中小企業など地域経済界との接点を作る商工団体，企業と連携しながら研究と教育を行う大学の協業が行われるようになっている．

営利事業も，同様な状況にある[12]．

① 人口減少対策として，地域経済活性化が必須であることから，地域金融機関には，地域で新事業創出や経営革新等の活動に取り組む中小企業への支援を通して，雇用創出の一翼を担うようになった．この視点から，協同組織金融機関の役割が相対的に大きい北海道において，大地みらい信用金庫は，新規事業の創出を主目的とする「根室産業クラスター創造研究会」と，既存企業の事業転換や再生を主目的とする「大地みらい信用金庫起業家支援センター」の運営に取り組んでいる．

② 中小企業のネットワーク作りには，大学との連携も有効と思われる．しかし，企業規模が小さいほど，産学連携の方法がわかりづらいだけでなく，大学に関する情報そのものが不足しているため，地域金融機関の仲介機能が重視されることになる．多摩信用金庫がその代表的な事例であるが，中小企業，支援機関，大学が集積する地域で，創業支援，技術・経営アドバイス等の事業支援，支援機関との連携を促進している．特に，大学との連携に関しては，大学が集積している多摩地域の特徴を活用して，産学官連携推進組織の「社団法人学術・文化・産業ネットワーク多摩」と連携した

中小企業支援にも取り組んでいる．

③　情報の非対称性が高い中小企業金融を行う地域金融機関自身はリスクに直面することになるが，新庄信用金庫は豊富なバイオマスを活用する新事業の創出に向けた支援を行っている．バイオマスの活用にとって生物資源の循環利用が重要なので，その活動を支える諸機関の支援，地域の農業者，中小企業，住民，大学等の仲介や行政機関への申請の支援，さらに的確な審査とスムーズな決済を可能にするなど地域金融機関の特性を活かした資金面の支援を行っている．

これらの事例は，協同組織金融機関が企業，住民，大学・研究機関，行政機関の連携を仲介する役割を果たしていること，また金融機関が有する情報生産機能すなわち情報収集，審査，監視機能を強化する可能性を高めていることを示唆している．

4．新しい資金チャンネル

(1)　間接金融タイプの資金チャンネル

地域金融機関，特に協同組織金融機関に期待するだけでなく，NPO・NGO，企業，地方公共団体などと金融機関の協業，さらに市民，家計がより積極的に参加する新しい資金チャンネルが構築されつつある．新しい資金チャンネルは，実際には，融資と投資，すなわち間接金融と直接金融双方を用いる場合が多い．しかし，融資と投資のいずれが中心になっているかを基準にして，間接金融タイプの資金循環と直接金融タイプの資金循環を分類することにする．

コミュニティビジネスの資金の源泉と行動を，表2，3のように表すことができよう．表2は非営利型のソーシャルビジネスを，また，表3はベンチャービジネスなど営利型事業のバランスシートをイメージする．非営利型事業は，寄付金，補助金・助成金，融資・借入を資金の源泉として公益事業を行うが，第2節で論じたように，規模の拡大につれて営利事業に変わることもありうる．ただし，表2のように，収益を上げるようになったとしても，組織を持続する

表2 非営利事業(ソーシャルビジネス)の行動

資　産	負　債
非営利事業 (営利事業)	寄付・会費 補助金・助成金 融資・借入

(出所) 筆者作成.

表3 営利事業(ベンチャービジネスなど)の行動

資　産	負　債
営利事業 (非営利事業)	補助金・助成金 融資・借入 出資 社債・私募債
	資本金

(出所) 表2と同じ.

だけの収益に留まる状況を想定しているので,資本金を想定していない.他方,営利型コミュニティビジネスは,補助金・助成金,融資・借入,出資,社債・私募債を資金の源泉として,地域の雇用や公共目的へ貢献するとともに,私益を追求することになる.

1) コミュニティ・クレジット

社会貢献の志を持ち,地域を活動基盤としながらも営利事業を主目的とするコミュニティビジネスへの資金供給の例として,コミュニティ・クレジットを挙げることができる.阪神・淡路大震災からの復興,営利事業の活性化を目的として2001年に開発された「神戸市コミュニティ・クレジット」が国内第一号になったが[13],表3のようにイメージできる.伝統的な庶民金融「頼母子講」をモデルに日本政策投資銀行によって企画されたこのプロジェクトは,地域社会の信用を担保とした新たな金融手法を採用したことで画期的な試みであった.

コミュニティ・クレジットの特徴は，地域社会において互いに信頼関係にある企業などが相互協力を目的に拠出し合い連携することで信用力を高め，金融機関からの資金調達を円滑化するとともに，地域の資金を地域に還流することにある．「神戸市コミュニティ・クレジット」の場合，日本政策投資銀行およびみなと銀行が，日本トラストファンド株式会社を中心に被災企業15社が構成員（コミュニティ）となって行う事業のうち，関係6社に，償還期限2年の満期一括償還方式を条件に1億円を融資した．融資は金銭信託と協調融資を組み合わせた資金を6社に融通する仕組みを採用していた．すなわち，15社の構成員が，1億円の必要資金の50％を信託に金融拠出する一方，残りの50％については銀行借入（信託財産担保）する形をとった．しかし，着目すべきことは，借入に際し，コミュニティの内容やストラクチャ等を評価してリスクに応じた金利が課されるが，構成企業が自ら部分保証を行うほか，自ら信用調査会社を活用した情報開示を行い，その情報を連帯保証することであった．

この連帯責任制度と仕組みが，小規模事業に特有な情報の非対称性から派生する高い審査・監視コストや担保不足の問題を緩和するものと思われる．というのも，コミュニティビジネスはもともと高い雇用創出効果を有するとともに，厳しい競争に対処すべく企業家精神を高めることで貢献しているからである．

2） NPOバンク

NPOバンクが非営利目的のコミュニティビジネスに果たす重要な役割を挙げることができる．その役割は，市民が出資した資金を源泉として，地域社会や福祉，環境保全活動を行うNPOや個人などに融資することにある．表2がイメージするように，特に立ち上がり期には寄付金が重要な資金源であるが，NPO自身は資金を集めることができないため，NPOバンクが市民，企業，行政機関の仲介役を務めることになる．

NPOバンクが最初に設立されたのは，1994年の「未来バンク事業組合」（東京都が活動地）であった．環境グッズ購入，NPO，エコロジー住宅等，環境・福祉事業を融資対象として，総額1億6,142万円の出資を行った．その後，次々にNPOバンクが設立されたが，たとえば，2002年の「北海道NPOバンク」（北

海道が活動地域）は，NPO，ワーカーズコープ（協同組合型の労働組織）を融資対象として，総額4,900万円，融資した．また，2003年の「東京コミュニティ・パワー・バンク」（東京都が活動地域）は，NPO，ワーカーズコープを融資対象として，総額9,285万円の出資を行った[14]．そして，2012年3月末で，11のNPOバンクが事業展開し，累積額は25億円あまりになっている[15]．

(2) 直接金融タイプの資金チャンネル
1) 政府主導型ファンド

最初に，非営利目的の直接金融タイプとして取り挙げたいのが，住民参加型ミニ市場公募地方債（ミニ公募債）である．ミニ公募債発行の目的は，全国型市場公募地方債（個別債）および共同発行市場公募地方債（共同発行債）とともに，地方分権や財政改革の進展に併せて，市場メカニズムに基づいた資金調達の可能性を高めることにある．2001年3月，群馬県で発行された「愛県債」が最初であったが，地方債の個人消化および資金調達手段の多様化と表面利率0.66％と低い利回りにもかかわらず住民の行政への参加意識の高揚を目的としている．発足年の発行額は10億円であったが，公園の整備やコミュニティバスの購入など資金の使途を明確にしたミニ公募債の発行が続き，2011年度には，1,964億円に増加した[16]．

ミニ公募債など市場公募地方債の発行は，地方政府の厳しい財政状況を反映するものであったが，地域のニーズに応えうる民間主導の金融システム構築の必要性に合致するものでもあった．

第2に，営利事業を目的とした政府主導型ファンドには，農林業成長産業化ファンド，農商工連携型地域中小企業応援ファンド，地域中小企業応援ファンドなどがある．これらのファンドのうち，農林業成長産業化ファンドは，官民連携の新たな資金循環を創出して，農林漁業の再生と成長産業化，所得と雇用の向上を目的にするものである．この目的の下で，2013年2月1日，株式会社農林漁業成長産業化支援機構（A-FIVE）が開業した．業務は，① 新たな事業分野を開拓する事業活動を行う6次産業化・地産地消法の認定事業者に対す

る出資（直接出資）と，②①の者に対し資金供給その他の支援を行う団体に対する出資（間接出資）である[17]．

農商工連携型地域中小企業応援ファンドと地域中小企業応援ファンドは，中小企業庁の施策である[18]．このうち，農商工連携型地域中小企業応援ファンドは独立法人中小企業基盤整備機構（中小機構）が資金提供を行い，都道府県，地域金融機関等と一体になって，農商工連携型地域中小企業応援ファンドを組成し，中小企業者と農林漁業者とが有機的に連携した取組みなどを助成するものである．

地域中小企業応援ファンドには，①スタートアップ応援型ファンドと，②チャレンジ企業応援型ファンドがある．前者は地域密着型の事業で，地域コミュニティへの貢献度が高い創業ないし経営革新を行おうとする中小企業を支援対象にしている．支援の仕組みは，ファンドを組成する都道府県に対して，中小企業基盤整備機構が必要な資金の一部を無利子で貸し付け，都道府県を通じてファンド管理者に無利子貸付するものである．

後者も，地域資源を活用するなどして創業または経営の革新を図り，域外新市場への新事業展開に向けて株式公開などを指向するか，成長段階にある中小企業を対象にする．その仕組みは，民間の投資会社等が運営するファンドに対して，中小機構が出資することで，チャレンジ型の中小企業への投資機会の拡大を図り，地域の活性を図るものである．なお，ファンドを運営する事業会社の審査を通過すれば，ファンドによる株式取得など，踏み込んだ経営支援を受けることができる．

2）民間主導型ファンド

民間主導型のコミュニティ・ファンドを挙げることができるが，コミュニティ・ファンドとは，株式の取得をすることなく，地域社会に金融サービスを供給するコミュニティ投資のことである．ただし，コミュニテイ・ファンドには，すでに取り上げたように，未来バンク事業組合，北海道NPOバンク，東京コミュニティ・パワーバンクのような融資を中心にするタイプと，ここで取り挙げるように投資を中心にするファンドが存在している．たとえば，1997

年にNPO法人認証を受けたNPO法人北海道グリーンファンド[19]は（北海道が活動地域）は，2001年に日本で初めて市民出資によって「市民風車　はまかぜちゃん」を建設した．株式会社北海道市民風力発電をファンド募集の主体として，総事業費の8割を市民出資によって賄った．市民出資への現金分配は，2004年度のケースで，1口50万円に対して51,561円であった．

市民風車の意義および効果は，(1)市民自らの参加を通じて自然エネルギーに対する社会の関心を高めたこと，(2)地域循環型エネルギー経済による持続可能な社会形成に貢献したこと，(3)非営利性と営利を合わせ有することによって，風力発電や自然エネルギーに対する社会的受容性を高めたこと，(4)地域での資金循環を実現したことに求められる．このように，不特定多数の市民から資金調達するのに成功した北海道グリーンファンドの試みが，その後の市民風車の取組みや太陽光発電事業につながっている．

(3) 地域発グローバル化の資金チャンネル

民間および官民間の協業が，間接型・直接型資金循環を円滑化するはずである．そして，共助社会の主役である市民，家計の資金が地域経済活性化と地域発のグローバル化を実現していくものと思われる．実際，アドバンテスト，村田製作所，島精機，北日本精機のように，地域産業から成長してグローバルなニッチ産業の領域において大きなシェアを持っている企業も多い．今後，地域発のグローバル企業の輩出を促進するためには，地域金融機関，協同組織金融機関との協業促進および投資チャンネルの整備が待たれるところである．

この課題に関して，日本政策金融公庫は，中小企業の海外展開のために設備資金や長期運転資金を貸し出してきた[20]．その条件は，①開始または拡大しようとする海外展開事業が，当該中小企業の本邦内における事業の延長と認められる程度の規模を有するものであること，②本邦内において，事業活動拠点が存続すること，③経営革新の一環として，海外市場での取引を進めようとするものであり，取引先の海外進出，原材料の供給事情，労働力不足，④国内市場の縮小化の打開の必要性から，海外進出・展開することにあった

が，まさしく，グローカルな考え方に立脚するものであった．

　しかし，政府系金融機関の融資は，海外に雄飛しようとするベンチャービジネスや中小企業の資金調達にとって十分なものとはいえない．そこで，重視されるのが，地域に根差したベンチャー・キャピタルや投資事業組合の役割である．創業期のベンチャービジネスに対する資金供給者は，市民・家計のほか，地域金融機関，ベンチャー・キャピタル，投資事業組合であり，未上場・未公開の株式や私募債，匿名組合事業が投資先になる．ところが，創業期のベンチャー・ビジネスにはリスクが伴うだけに，投資を促進するエンジェル税制の適用や，投資家を保護する法制の整備が要されることになる[21]．

　この流れの中で，発行体の高い信用度と，非営利事業にもかかわらず一定の利回りに裏付けられた社会貢献債が登場している．社会貢献債は主に国際金融機関が発行し，調達した資金を社会貢献活動に利用するようにした債券であるが，外債建てが多い[22]．これらの債券が普及し始めたのは2008年以降のことである．たとえば，「ワクチン債」は，国際ファシリティ（IFFIm）が途上国の子供に必要なワクチンの購入資金を賄う目的で発行した債券であるが，2009年に大和証券が日本で初めて個人向けに年利回り4.7％〜8.3％の「ワクチン債」として販売して注目された．

　2010年には，マイクロファイナンス機関への投融資を目的として欧州復興開発銀行が発行した「マイクロファイナンス債」と，中南米の貧困対策事業を支援するため米州開発銀行が発行した「中南米子育て支援債」を大和証券が販売した．その後も，たとえば，2011年にIFFImが発行した「ワクチン債」，2012年に国際協力機構（JICA）が発行したJICA債，さらに2013年にはアジア開発銀行（ADB）が発行した「クリーン・エナジー・ボンド」など，社会貢献型債券が相次いで，個人向けに発行されている．

　個人向けの社会貢献債の発行が活発化しているのは，参加意識を持つことができることに加えて，一定の利回りを獲得できることがその要因になっている．しかし，円建てのJICA債を別として，外貨建ての場合，為替変動リスクも含まれていることも否定し難い．

5．むすび――市民主役の金融システムへの提案

新しい資金の出し手は，結局，60歳代，70歳代の高齢世帯である．これらの世代は，貯蓄額が多いだけでなく有価証券保有比率が高い．ちなみに，2010年時点の年齢階層別の1世帯当たり貯蓄額は60歳代が最も多く2,314万円，次いで，70歳代以上の世帯の2,253万円となっている．そのうち，有価証券保有比率は，60歳代が14.0％，70歳代が16.5％となっているが，50歳代の10.2％と比べて高くなっている[23]．

高齢世帯が地域経済活性化また地域発のグローバル化の主な資金供給者になることが予想されるが，地域経済の推進者はコミュニティビジネスすなわち非営利目的のソーシャルビジネス，営利目的のベンチャービジネス，小規模企業である．コミュニティビジネスは，営利型であっても非営利型であっても，収穫逓増型の生産経路ないし収穫逓減の程度が小さな生産関数を辿る可能性を有するが，それにもかかわらず，資金調達に苦しんでいる．

この状況を打開するのが，新しい資金チャンネルを構築する協業である．第1に，地域金融機関とりわけ信用金庫や農業協同組合などの協同組織金融機関を中心にした間接金融タイプの協業である．信用金庫，農業協同組合とも，都市銀行に比べて，地方債，社債保有比率が高いことから，可能性を秘めているといえる．しかし，実際には，信用金庫，農業協同組合とも預貸率が低い状況にあるので，「神戸市コミュニティ・クレジット」のように，地域社会の信用を土台とした企業と金融機関の連携を行うか，NPOとの協業によって預貸率を引き上げる必要がある．しかし，NPO自身は市民の資金を集めることができないので，NPOバンクが市民，企業，行政機関の仲介役を務めることになる．

第2に，ファンドの設定を用いた直接金融タイプの協業であるが，その例として，住民参加型ミニ市場公募地方債，農林業成長ファンド，農商工連携型地域中小企業応援ファンド，地域中小企業応援ファンドを挙げることができる．これらの政府主導型のファンドとならんで，「市民風車　はまかぜちゃん」のように，NPOが行う投資を中心にした民間主導型のコミュニティ・ファンド

が重視されるようになっている．

　第3に，地域発のグローバルな資金循環を挙げることができる．日本政策金融公庫は地域経済に根をおろした中小企業の海外展開向けに設備資金や長期運転資金を貸し出してきた．しかし，政府系金融機関に依存するだけでなく，リスクを伴うベンチャービジネスの活動向けに，ベンチャーキャピタル，投資事業組合の投資が重視されるようになっている．

　さらに，非営利事業にもかかわらず，発行体の高い信用度と一定の利回りを約束する社会貢献債もクローズアップされている．

　今後，これらの新しい金融商品が地域経済の活性化と地域発のグローバル化に貢献するものと思われる．多様なコミュニティビジネスの隆盛が地域の雇用と所得を高める一方で，ITの発展に支えられ地域と地域を直結するグローバル化時代の到来するものと思われる．しかし，実際には，いくかの問題が残されている．ここでは，コミュニティビジネス活性化の視点から，若干の提案をしておこう．

　第1に，新しい資金循環を円滑化する金融・資本市場の整備が課題になるが，特にNPOの事業活動を支援する手段を提案したい．というのも，非営利事業の資金の源泉は，寄付，補助金・助成金，融資・借入に限られ，仲介者としてのNPOの活動を制約している状況を打開する必要があるからである．融資・借入が難しいだけでなく，営利事業と異なって，出資に頼ることができないこともネックになっている．

　そこで，寄付，補助金・融資が重要な資金調達手段になるが，非営利事業のうち環境関連事業のように社会的収益は高くても私的収益が小さな場合は補助金・助成金や寄付に頼るケースが多くなるものと考えられる．しかし，公的ファンドに過度に依存することを避けようとする場合には，スタート時に1回限りで一定額の公的資金を投入する社会投資ファンド[24]，またミニ公募債の発行やコミュニティ・ファンドによる資金調達手段も検討されることになる．さらに，補助金・助成金と同様，寄付金も重要な資金源になるが，寄付を募るためには，社会的投資減税制度の拡充が有効な手段になるものと思われる．

他方,同じように非営利事業であっても,医療・介護のように営利事業として発展する可能性が高い場合には,出資による資金調達が有効になる.しかし,目下,配当ができる出資は協同組合以外の非営利事業が行うことができないので,NPO を出資が可能な非営利法人格にすることによって市民の活用を促す必要があるものと思われる[25].

第2に,貯蓄者,投資家の保護体制強化を提案したい.本章は共助社会の金融システムの考え方をしているが,コミュニティビジネスの伸長につれて規制の型が変わることになる.NPO・NGO,企業,会員などの連携によって運営される小規模な段階では,自主規制が望ましい[26].しかし,規模の拡大に伴って,市民の貯蓄を原資とした貸出や投資が行われるようになるのに加えて,リスクを伴う資金調達も行われることになる.それに応じて,金融機関側では,情報生産機能(情報収集,審査,監視)の強化が,また,政府は,NPO・NGO,投資事業組合,金融機関などに,正確な財務報告,会計・監査の適用とディスクローズ規制を敷く必要性が生じることになる.

1) 『日本経済新聞』2013 年 6 月 6 日,13 日,24 日を参照.
2) 岸真清 (2013),18-30 ページ.
3) 奥田裕之・加藤俊也編著 (2010),17-19 ページ,安藤範親 (2011),22-23 ページ,鈴木正明 (2009),27 ページを参照.
4) ソーシャルビジネス推進研究会 (2011) ウェブ・ページによる.
5) 『週間東洋経済』2013 年 6 月 15 日,36-39 ページ.
6) 柴山清彦 (2011) ウェブ・ページ,122-124 ページ.
7) 室屋有宏 (2013),302-321 ページ.
8) Rao, P. K. (2003), pp. 42-44.
9) 塩澤由典 (1998),319-349 ページ.
10) 信用中央金庫『全国信用金庫概況』,各年次版.
11) 農林中央金庫 (2012),10 ページ.
12) 中小企業金融公庫総合研究所 (2008).
13) 中小企業庁 (2003),国土交通省国土計画局ウェブ・ページおよび日本政策投資銀行ウェブ・ページによる.

14) 環境省総合環境政策局環境計画課（2008）ウェブ・ページによる．
15) この数字およびNPOバンク，労働金庫によるNPO向け貸出がグラミン銀行のコミュニティ投資の範疇にあるとの考え方については，唐木宏一（2012），52ページを参照．
16) 地方債協会ウェブ・ページによる．
17) 農林水産省ウエブ・ページによる．
18) 中小企業庁（2012），29-35ページ．
19) 環境省総合環境局　環境計画課　前掲書およびNPO法人北海道グリーンファンドウェブ・ページによる．
20) 中小企業庁（2012），247ページ．
21) 地域発のグローバル企業と資金チャンネルについては，島田晴雄（1999），11-30ページを参照．
22) 『日本経済新聞』2010年8月16日および2013年8月21日．
23) 総務省統計局ウェブ・ページによる．
24) 西村清彦・山下明男（2004），1-30ページを参照．
25) 奥田裕之・加藤俊也　前掲書，4-13ページを参照．
26) Fischer, T., Bush, M. and Guene, C. (2000), pp.11-14を参照．

参考文献

安藤範親（2011）「社会的責任投資（SRI）の現状と課題」農林中央金庫『農林金融』第64巻第10号（10月）

奥田裕之・加藤俊也（2010）『新しい公共を担う市民起業法人と非営利バンク』NPOまちぽっと

唐木宏一（2012）「「ソーシャルファイナンス」と問われる金融のあり方」地域金融研究所『New Finance』

岸真清（2013）『共助社会の金融システム─生活者と投資家の視点─』文眞堂

塩澤由典（1998）『複雑系経済学入門』社会経済生産性本部

柴山清彦（2011）「地域産業再生のための「新たなコミュニティ」の生成」日本政策金融公庫総合研究所『日本公庫総研レポート』（No.2011-4）ウェブ・ページ（http://www.jfc.go.jp/n/findings/pdf/soukenrepo_11_10_24.pdf）

島田晴雄（1999）『産業創出の地域構想』東洋経済新報社

信用中央金庫『全国信用金庫概況』

鈴木正明（2009）「社会的企業をどのように支援すべきか─収益性向上の取り組みから得られる含意─」日本政策金融公庫総合研究所『日本政策金融公庫論集』第4号（8月）

中小企業金融公庫総合研究所 (2008)「地域活性化に向けた地域金融機関の多様な取り組み」(中小公庫レポート) No.2008-5 (9月)
中小企業庁 (2003)『中小企業白書 2003年版』
中小企業庁 (2012)『24年度 中小企業施策総覧』
東洋経済新報社 (2013)『週刊東洋経済』6月15日
西村清彦・山下明男 (2004)『社会投資ファンド―PFIを超えて―』有斐閣
農林中央金庫 (2012)『農林漁業金融統計』
室屋有宏 (2013)「6次産業化の現状と課題 地域全体の活性化につながる「地域の6次化」の必要性 」農林中央金庫『農林金融』第66巻第5号 (5月)
Fischer, T., Bush, M. and Guene, C. (2000), *Regulating micro-finance: a global perspective*, London: New Economic Foundation
Rao, P. K. (2003), *Development Finance*, Berlin: Springer-Verlag
NPO法人北海道グリーンファンド ウェブ・ページ「北海道グリーンファンド―取り組みの紹介―」(http://www.hkd.meti.go.jp/hokne/suilst_result/08.pdf)
環境省総合環境政策局環境計画課 (2008)「平成19年度 コミュニティ・ファンド等における先進的取り組み事業選定及び実施状況調査業務 報告書」(http://www.env.go.jp/policy/community_fund/odf/SankouShiryouHen.pdf)
国土交通省国土計画局ウェブ・ページ「地域的な資金循環の形成」(http://www.kokudokeikaku.go.jp/share/doc_pdf/990.pdf)
ソーシャルビジネス推進研究会 (2011)「報告書 平成22年度 地域新成長産業創出促進事業」経済産業省ウェブ・ページ (http://www.meti.go.jp/policy/local_economy/sbcb/)
総務省統計局ウェブ・ページ「家計調査報告 (貯蓄・負債編)」(http://www.stat.go.jp/data/sav/sokuhou/nen/pdf/h22_sokuhou.pdf#page=5)
地方債協会ウェブ・ページ「住民参加型市場公募地方債」(http://www.chihousai.or.jp/03/03_03_11.html)
日本政策投資銀行ウェブ・ページ (http://www.dbj.jp/news/archive/re12001/1116.html)
農林水産省ウェブ・ページ「農林漁業成長産業化ファンド (A-FIVE)」(http://maff.go.jp/j/shokusan/fund/pdf/law_gaiyo.pdf)

第4章 Alternative Financial Services and "Social" Finances

1. Introduction

In this study, we look at alternative financial services (AFS) and "social" finances, by which we mean "microfinance" and "financial inclusion" for the purpose of this paper.

The purpose of this study is to make a meaningful comparison between AFS on one side, and microfinance and financial inclusion on the other, so that we may appreciate the potential benefit of both services/activities, respectively. This in turn prepares us to construct and comment on policies, which are always subject to an ongoing series of reviews and discussions.

Individuals, households and enterprises of various sizes in many parts of the world, including the United States of America (USA), have been borrowing money, accessing capital and raising funds by using a variety of financial services, including traditional and non-traditional financing. In the primitive form, they take loans from formal (or institutional) and/or informal (or non-institutional) money lenders.

The following section 2 is comprised of two subsections. First, in 2-(1), we discuss the differences between institutional and alternative financial services through a comparison. Second, in 2-(2), we discuss the example of AFS in USA. In section 3, we will look at what we call "social" finances, or "microfinance" and "financial inclusion" as mentioned above. Then, in Section 4, we seek the possibilities of market integration while trying to pay as much attention to their limitations. Section 5 concludes this study.

2. Institutional versus alternative financial services

In this section, we make a comparison between institutional and alternative financial services, and examine the latter, using the case of the United States of America (USA) as an example, in subsection 2-(2).

(1) Comparison

High-income and large-asset consumers, as well as certain portions of middle-income consumers, in various communities around the world, and especially in advanced economies like USA, are well taken care of by many kinds of financial services providers, typical of which are the commercial and savings banks.

These banks, or deposit-taking and lending financial institutions, have been around for some time, and take up a considerable part of the financial world landscape. We can call the services of these banks (and activities of their customers) as "institutional financing". They are so institutional that in USA, for example, the customers' deposits at these state and national banks (as chartered by each state or the federal government, respectively) and thrift institutions (also known as "savings and loan associations") are insured by the Federal Deposit Insurance Corporation (FDIC) coverage. We will discuss FDIC further in the following subsection 2-(2).

On the other hand, low-income and some middle-income consumers in many parts of the world, including those in advanced economies, do not fare as well when it come to receiving the white-glove services from institutional financial services providers. While the rich and the privileged may choose to be pampered by "private banking" and "wealth management" services of large financial services providers, such as JPMorgan Chase in USA or Julius Baer in the Switzerland (and the customers may be located anywhere in the world, as *they* would come to *you*), not-so-wealthy people often face the fact that there is no financial services provider that is physically accessible to them, either in the form of a branch in a building in their habitat, or via the Internet (when they have no electricity in the village, for example).

In addition, they may find to their dismay that even when they access the financial services providers after much hardships, their services are not available to them, because of various reasons which include (a) lack of collateral, (b) lack of guarantor, (c) lack of credit history, (d) lack of information and knowledge on the part of the customer, and (e) discrimination of various sorts, among others. These consumers are being "marginalized" by institutional services providers.

For example, "low income Americans often have difficulty opening checking accounts and securing lines of credit", according to Sanburn (2012).

Just because these customers are being marginalized does not mean that institutional financial services providers, such as traditional big banks, are being mean to them as based upon malicious intentions. Flores (2012) quotes the following constraint from his own report: "extending credit, in particular consumer loans under $5,000 [in USA], is unprofitable due to the industry's legacy cost structure and slow adoption of new technologies. Coupled with [United States] federal regulatory compliance requirements, there is little chance that banks can focus on anyone other than the most profitable customer segment." That is to say, the affluent cluster of customers as mentioned above.[1]

At a legacy (traditional, institutional) bank, in nearly three cases out of four, the CEO is unlikely to be interested in extending his/her business down the socioeconomic pyramid, simply because it does not look like a very promising strategy.[2]

However, there are financial services providers that specialize in catering to the needs of the low- to lower middle-income consumers. Their services (and the activities of their customers) can be called "alternative" (or "non-institutional") financing. In the following two chapters, we will look at them, and for a certain purpose classify them into "the bad guys (malevolent)" and "the good guys (benevolent)", although there are always entities which have a bit of both in their characters.

Flores (2012) points out that the institutional financing, or the "traditional banking model", seems superior in comparison to the alternative financing, and this perception, which might be commonly held and widely shared, is a problem.

"The problem is that the traditional banking model is perceived as the gold standard thereby any departure from that structure is considered inferior. Given the potential for innovation and technological advances in the financial services market, I would argue that a new paradigm is warranted." (Flores 2012)

Alternative financial services (AFS) providers can be classified into two broad categories, namely, those with social or "benevolent" orientation, and others with commercial or "malevolent" profit motives. However, readers must take caution that the author is not saying that commercial ventures and profit motives are *ipso facto* malevolent.

(2) Alternative financial services in the United States of America

In the United States of America (USA), since the middle of the twentieth century, AFS providers have been operating under various names, such as "consumer finance" companies or "fringe banks", outside of the formal banking scheme. FDIC (2009) reported that AFS was already a USD 320 billion industry.[3]

As mentioned in the preceding section, in the formal scheme of institutional finance, consumers' deposits at commercial and savings banks, or state and national banks of various sizes, including large "too-big-to-fail" banks and small, individually-owned, stand-alone banks, as well as thrift institutions, are guaranteed by the Federal Deposit Insurance Corporation (FDIC). FDIC was created in 1933 in response to a large-scale series of bank failures during and after the "Great Depression", which occurred in the 1920s and went on through the early-1930s.

More than 4,500 FDIC member banks, both large and small, constitute the banking sector of the institutional finance infrastructure. FDIC insurance covers all deposit accounts, including checking and savings accounts, money market deposit accounts and certificates of deposit, but does not cover other financial products and services, of member banks. (FDIC 2012)

In addition to commercial and savings banks, as well as thrift institutions, which can be collectively referred to as "legacy banks", credit unions also comprise the traditional, or institutional, finance. A credit union is a cooperative, which means that it is organized as a not-for-profit financial institution. Its purpose is to promote thrift (spending less and saving more) and to provide credit to its members (who are also its customers). Credit unions can be either state or federal, as depending on who the regulators are.
In the latter case, the National Credit Union Administration (NCUA) is the mandated federal (US Government) regulator.

On the other hand, as AFS providers are not part and parcel of such institutional framework, as they comprise the non-institutional or "alternative" financial services sector, hence the name alternative financing. AFS providers typically do not accept deposits, and as such, they are not covered by any such formal scheme for consumer protection.

These companies have been typically independently owned and operated, and were not associated in any meaningful way with larger financial organizations, such as the so-called "money center" banks.

Examples of services that are offered by various AFS companies in USA today include, but are not limited to, the following, which are listed in a random order.

a)   Online loans including "payday lending"
b)   Over-the-counter loans including "payday loan stores"
c)   Check cashing services
d)   Prepaid debit cards
e)   Pawn shops
f)   Buy-here-pay-here (BHPH) loans
g)   Refund anticipation loans
h)   Money transfers, or remittances
i)   Non-bank money orders
j)   Rent-to-own services

Some of these alternative financial services are quite unknown outside of USA. For example, the notion of "payday loans" would probably be unheard of in many non-Anglo locales such as Japan. The following is a definition of payday loans, from Lawyers.com.

"Payday loans are small cash advances based on personal checks held by the lender for a scheduled period of time, generally either until the next payday or for a one- or two-week period. When the loan comes due, the consumer pays off the loan, renews the loan (for an additional fee) or allows the check to be deposited. Payday lending is prohibited in 23 states, while 24 states allow it if the provider is holds a license or permit." [1]

US Alternative Financial Service Industry Statistics (September 2012), a report issued by FDIC, shows the estimated transaction volume figures for each line of business in several categories, in billions of US dollars, as follows.

a)   BHPH loans: USD 90 billion
b)   Check cashing: USD 50 billion

c) Payday loans: USD 48 billion
d) Remittances: USD 46 billion
e) Prepaid cards: USD 39 billion
f) Refund anticipation loans: USD 26 billion
g) Money orders: USD 17 billion
h) Rent-to own transaction: USD 7 billion

These figures are compiled by using apparently reliable sets of data from FDIC surveys, and we appreciate how rapidly the alternative financial services sector has been growing.[5]

FDIC Statistics also shows some interesting survey results. For example, 10 million, or 8.2 percent of US households, do not have bank accounts within the institutional framework, and 24 million, or 28.3 percent of US households, are either unbanked (8.2 percent) or underbanked (20.1 percent).[6] As for the reasons why such households do not have bank accounts, 33 percent responded that they did not have enough funds, and 21 percent claimed that they did not need bank accounts, while 7.5 percent argued that they did not trust banks. (*ibid*)

The "unbanked" and "underbanked" in this context refer to such members of the community who do not have full access to institutional financial services. FDIC (2012) provides the following definitions.

Unbanked: "Households are identified as 'unbanked' if they answered 'no' to the question, 'Do you or does anyone in your household currently have a checking or savings account?'

Underbanked: "Underbanked households are defined as those households that have a checking and/or a savings account and had used non-bank money orders, non-bank check cashing services, non-bank remittances, payday loans, rent-to-own services, pawn shops, or refund anticipation loans

(RALs) in the past 12 months.[7]

In addition, 6.6 percent of households lacked identification document that were necessary when opening bank accounts, while 6.4 percent of them suffered the dire hardships of their banks closing their accounts, and 5.4 percent responded that either bank account maintenance fees were too high, and/or they were unable to meet the minimum balance requirements as mandated by their banks in order to maintain their accounts (*ibid*).

However, new developments are taking place. For example, at one end of the spectrum, some of the largest, well-established retailers, or the so-called "big-box retailers", such as Wal-Mart, Kmart, Best Buy and Costco have started offering financial services that fall into the category of AFS. For instance, Kmart, which is a subsidiary of Sears, now offer such services as check cashing and money transfers, among others, in certain parts of the Continental USA and Puerto Rico (*The Washington Post*, January 31, 2011).

At the other end of the spectrum, as another example of the new developments, a new form of financing is becoming available by way of the so-called "person-to-person" lending services. Also referred to as "P2P" lending, such services use web site platforms, and apply operational and legal structure to personal loan transactions between individuals. Entities like *lendingclub.com* offer loans to individuals, often with relatively high rates of interest, in which the original funding, or the sources of cash that would be made available for lending, had typically been infused by investors or donors (Sanburn 2012).

Such entities, therefore, are in fact acting as intermediaries or agents, and in some cases principal-agents.

These developments call for a more comprehensive and holistic approach to financial regulation and consumer protection, as industry-specific regulations seem no longer effectual when a newcomer in AFS business happen to belong to some other industrial vertical.

FDIC currently examines member banks for compliance with consumer protection laws, including the Fair Credit Billing Act, the Fair Credit Reporting Act, the Truth-In-Lending Act, and the Fair Debt Collection Practices Act, and the Community Reinvestment Act (CRA), from time to time.

The federal Office of the Comptroller of the Currency (OCC), established in 1863, charter, regulate, and supervise all national banks and federal savings associations, OCC also supervises the federal branches and agencies of foreign banks. As for thrift institutions, the Office of Thrift Supervision (OTS) had been responsible for their supervision since 1989. In 2011, OTS was merged with OCC, and the supervision of federal savings associations (federal thrifts) was transferred to OCC, while the supervision of state savings associations (state thrifts) was transferred to the FDIC (Section 312 of the Dodd-Frank Wall Street Reform and Consumer Protection Act).

As this merger case suggests, there had been no single agency for all kinds of financial services providers covering all states and territories, with a mandate and authority to examine the books and supervise all of them. We will mention a new development in this regard towards the end of this subsection.

Institutional financing in general, and in particular legacy banking, has an history of tightening and loosening of regulations in USA. When the macro economy is booming, the typical sentiment of the taxpayers and policymakers is for deregulation. When the economy is contracting and many lenders are suffering from bad loans, the mood is reversed and closer or more comprehensive regulation is called for.

Alternative financing, like the institutional sibling, also needs a balanced and comprehensive set of regulations that are progressive and dynamic where needed and reasonably conservative when it is warranted.

Five areas are listed below, in each of which consensus needs to be built as to the formation and implementation of the relevant policies.

a) Fostering financial literacy and education, especially among the poor and the undereducated;
b) Managing data and information, including the establishment of the true identities of individual and corporate customers[8], creation and maintenance of reliable customer credit histories (or credit scores), sharing of such credit histories and other customer information among industry peers, and protection of customer privacies, etc.;
c) Controlling the behaviors of borrowers intermediaries and lenders, to foster building up and maintenance of decent credit scores, and to prevent excessive borrowing or overexposure, on the part of the customers as individuals or households;
d) Controlling the behaviors of lenders, to limit their credit risks and avoid overexposure;
e) Striking and maintaining a balance, in regulatory and protective measures, between those for institutional and alternative financing, respectively.

As the AFS sector has grown to be a US$320 billion industry[9], the Federal Government (US Government) seemed to have sensed a need to regulate the AFS industry and protect its consumers in a unified and comprehensive fashion, in a similar, if not the same, way in which the institutional finance industries are regulated and consumers protected. At the same time, because of a scandal surrounding the thrift supervision agency OTS, a new centralized agency was created.

Namely, the Consumer Financial Protection Bureau (CFPB) was established in 2011. Title X of the Dodd-Frank Act, entitled the "Consumer Financial Protection Act of 2010" (the "CFPA"), created the CFPB[10]. CFPB is charged with creating and enforcing new rules for all lines of financial services[11]. If successful, the Bureau and its rules may become rôle models for other markets and jurisdictions, all over the globe.

3. "Social" finances: microfinance and financial inclusion

In this paper, the term "social" finances refers to the category of financial services that are oriented towards "social reforms" and "improvement of the livelihoods of fellow human beings (who happen to be worse off than ourselves)", which includes "microfinance" and "financial inclusion", among others.

The term "microfinance" became commonly used during the middle of the 1990s, and was highlighted when Dr Yunus received the Nobel Prize for Peach in 1995 in connection with his establishment of the Grameen Bank in Bangladesh, which catered to the poor by extending credit for self-help economic activities.

On the other hand, the term "financial inclusion" became popular more recently. The opposite idea is being "financially excluded", of course, and that is supposed to be a bad thing by definition. If one, as an individual or a household, does not have a bank account or is denied having one by a formal financial institution (such as a traditional bank), then one is considered "unbanked" and therefore financially excluded. Even if an individual or household has one (or more bank accounts), and if they must (or choose to) use services from some AFS vender, then they are "underbanked". Either way, they need financial inclusion, to be restored to their proper position within the financial infrastructure. In other words, if one is unbanked or underbanked, financial inclusion is supposed to be able to help one to have access to some financial services, typically by some entity or entities from the institutional finance environment.

In this regard, the International Bank for Reconstruction and Development

(IBRD, also known as the World Bank) says:

> "Household access, which helps families build assets, manage risks, and smooth consumption. An increasing body of evidence shows that when the appropriate service is matched with the needs of poor clients, financial services can lead to increased income and improved health and education, allowing children more days in school and families more regular meals."
>
> "Micro, small, and medium enterprises, which are, collectively, the largest employers in many low income countries. Yet, their growth is often stifled by lack of access to credit and savings services that would enable them to invest in fixed capital, grow their turnover, and employ more people. Savings, insurance, and payments services are also needed for firms to better manage risks and make new investments."
>
> "Spurring growth and reducing inequality, which is aided by integrated and universal financial systems. The G20 has made financial inclusion a permanent policy priority by establishing the Global Partnership for Financial Inclusion (GPFI) which counts the World Bank, International Finance Corporation, and Consultative Group to Assist the Poor as implementing partners" (IBRD 2013).

Microfinance and financial inclusion are two terms which often connote such ideals as: social and economic developments, removal from poverty, moving up from the bottom of the pyramid, and so forth. In a word, these things seem "positive", as the fundamental orientation is to help the poor and the needy, without regard to one's own profit or economic gains.

However, one has to look at the factual situation as well. Both microfinance and financial inclusion have been taken advantage of by lenders and intermediaries whose principal motivation lay not in helping others, but in their own profitability and economic gains. In other words, there exist a "microfinance industry" in which participants do their microfinance business principally as profit-making activities, while financial inclusion has so far been realized by the existence of dedicated financial services subsector, in places such as USA, which extend credit to people who could not borrow money from traditional banks. In USA, the "consumer finance" business is a typical example, since the middle of the twentieth century.

Microfinance industry, as such, came into being in certain parts of the world including India and Bolivia, when it became known that extending credit to the low- to lower middle-income individuals and households could be good business.

Some purists maintain that financial inclusion must remain benevolence and charity, because some operators of microfinance have already become "tainted" with commercialism and profit motivation.

For the same reason, in their view, financial inclusion must also be treated separately from the owner/operator side of the American AFS businesses, or as practiced in other many parts of the world, while their customers may have mixed reasons why they use AFS.

Some, for example, are unbanked because they did not possess prerequisites that were necessary to start and continue using services at institutional banks, or their accounts may have been closed due to similar reasons. In such cases, they have to turn to AFS providers if they required financial services at all.

Others, according to FDIC (2012), were put off by TBTF banks, or lacked enough financial literacy to take advantage of traditional financial products, so that they did not use institutional banks although they could have done so if they chose. If this continues to be the case for an individual for some time, he/she is unable to build up an adequate credit history (credit score), and would not be able to borrow as US banks do not extend credit to individuals with low or no credit scores.

Furthermore, we need to identify the behaviors of AFS customers. Many AFS providers do not report or share customers' credit histories (credit scores) with dedicated agencies, such as credit bureaus, so that their customers are not building any credit histories (credit scores), which would become necessary when they apply for loans in the future. In addition, their customers may be paying fees and interests that are higher (much higher in some cases) to their AFS providers, vis-à-vis institutional banks for similar or identical services.

When such consumers are denied access to financial services from institutional banks, they become financially disenfranchised, and hence financially excluded. They need financial inclusion.

Cheston (2013) provides the following definitions and explanations for financial inclusion.

a) The Center for Financial Inclusion, official definition: "A state in which everyone who can use them has access to a full suite of quality financial services, provided at affordable prices, in a convenient manner, with respect and dignity. Financial services are delivered by a range of providers, in a stable, competitive market to financially capable clients."
b) David Roodman (Center for Global Development): "delivering useful financial services to tens of millions of people in a businesslike way."
c) Susy Cheston: "providing financial services in a way that helps people move themselves out of poverty."

As mentioned in the preceding section, the US Congress and the Federal Government sought to implement a unified approach in financial services industries supervision and consumer protection, by such means as the reforms as specified by the Dodd-Frank Wall Street Reform and Consumer Protection Act of 2010.

Policy implementation on the part of this agency is rather important as a "test case" for other regulators, because of two reasons:

a) Financial markets in USA are mature and complex; and at the same time,
b) Financial services providers in USA are often interested in producing innovative products and services, for which the Agency needs to adapt in equally innovative manners.

Therefore, customers that approach the financial services sectors, both institutional and alternative, must be well protected by this Agency, in whose efforts no discrimination is going to be welcome.

4. Possibilities of market integration and limitations

It is quite important to note that there are fundamental differences between two groups of AFS providers. The first group, whose primary motive or driving factor is "profits for themselves only and not others", can be best described as "commercial" and, if and when they seek to take advantage of their poor and uneducated clientele for their own economic gains, "malevolent".

On the other hand, the second group consists of individuals, groups and organizations whose intention is to help others, especially those who are underprivileged or discriminated, by seeking to provide, or guide such people towards, decent financial services, through financial inclusion and so forth. As such, the second group can be described as "non-commercial" and "benevolent".

We need to make a clear distinction between these two groups. However, the problems lie with the following two facts. (a) These two groups may look the same or very similar in appearances, and (b) some providers may have a mixed motive, namely, some malevolent and, just as much, some benevolent.

If, for example, taxpayers and lawmakers happen to agree that alternative financing providers have a meaningful part to play in financial inclusion, and therefore their activities should be helped out by way of tax exemption or other forms of economic subsidies, these tax jurisdictions face the risk of "malevolent" financial services providers starting, all of a sudden, to call themselves "financial inclusion providers" or some such, in order to take advantage of the additional economic gains as provided by such measures.

While "for-profit" or commercially-based AFS providers seek to enlarge their profit-making opportunities, benevolent "not-for-profit" counterparts seek to help out the poor.

How do we find a happy medium? Can we integrate these providers into a single, integrated market?

Flores (2012) points outs that Jennifer Tescher (CEO of the Center for Financial Services Innovation) has made an appropriate observation when she mentioned that "the 'underbanked' language is hindering the industry's ability to paint an accurate picture of the market opportunity and the range of potential solutions."

The "unbanked" and "underbanked" in this context refer to such members of community who do not have full access to institutional financial services. FDIC (2012) provides the following definitions.

> Unbanked: "Households are identified as 'unbanked' if they answered 'no' to the question, 'Do you or does anyone in your household currently have a checking or savings account?'
>
> Underbanked: "Underbanked households are defined as those households that have a checking and/or a savings account and had used non-bank money orders, non-bank check cashing services, non-bank remittances, payday loans, rent-to-own services, pawn shops, or refund anticipation loans

(RALs) in the past 12 months.

If and when financial inclusion bring these consumers who are now being excluded by the institutional financial services providers, they may take advantage of offerings from both the institutional and alternative sectors. In such cases, the providers may opt for integration, either vertical, horizontal, or both, in a way similar to "universal banking" has been offered in certain markets in Europe, such as the Switzerland.

In USA, such movements are in a opposite direction from the original spirit of the U.S. Banking Act of 1933, in which the Glass-Steagall legislation is well known. Discussions as to whether such integration is feasible from the prudential point of view, for example, must be thoroughly carried out as we witness further advancement of the financial inclusion.

5. Conclusion

In this study, we looked at both the institutional and alternative financial services, by making a comparison, and paying special attention to the situation of alternative financial services industry in the United States of America.

Then, we looked at two forms of "social" finances, by which we mean microfinance and financial inclusion. While the former had been celebrated as a charitable cause of helping out the poor and the needy, the latter is equally noble if and when applied to the financially and socially oppressed members of our societies.

In this context, we looked at the possibilities of market integration if and when financial inclusion does permeate.

Finally, we mention certain limitations and the scope for further study, as the following.

Limitations: As the only case we looked at in this paper had been the example of the United States of America, situations in other economies were overlooked.

Scope of further study: We would like to extend our examination to various economies in East Asia, such as Taiwan and Thailand.

Table 1 Types of financing

Types of institutional/alternative financing			
Categories of financial products/services provided	Commercial (institutional)	Commercial (non-institutional)	Government or public sector
Traditional banking products/services	Applicable	Some applicable	Often applicable
Non-traditional or "innovative" products/services	Some applicable as "innovative"	Applicable as non-traditional	Some applicable
Microfinance	Some applicable on commercial basis	Applicable	Some applicable as policy tools
Financial inclusion	Out of scope	Applicable	Some applicable

Source: author.

Table 2 Regulatory environment

Bank supervision and consumer protection			
Service provider & consumer protection	FDIC member bank (institutional)	AFS provider (non-institutional)	Government or public sector
Deposit insurance coverage	Applicable	Not applicable	Taxpayer coverage
FSA supervision	Applicable	Not applicable	Own supervision
Channel	OTC/RA	OTC/RA	OTC/RA

OTC: over-the-counter
  RA: remote access, including mail-order, the Internet browser, e-mail, call center, and other services that are not "face to face".
Source: author.

Table 3 Check cashing write-offs

Write-Offs Related to Check-Cashing Operations Tend to Be Low			
	2008	2007	2006
Average face value per check	$442.30	$420.96	$408.87
Average fee per check	$13.77	$14.51	$14.13
Average fee as a percentage of face value	3.11%	3.45%	3.46%
Net write-offs as a percentage of checks cashed	0.31%	0.29%	0.26%

Original sources: Dollar Financial Corp. and SEC Form 10-K, August 29, 2008.

Source: Bradley et al. (2009).

Table 4 An example of small loan statistics

Small-Dollar Loan Pilot Q3 2008: Summary of Loan Characteristics				
	Number of Banks Reporting	Average	Minimum	Maximum
Loans Up to $1,000				
Loan Amount	22	$677	$300	$1,000
Term (months)	22	10	2	36
Interest Rate	23	17.11	9.65	31.78
Non-Zero Fees (dollars)	10	$29	$5	$70
Loans Between $1,000 and $2,500				
Loan Amount	15	$1,726	$1,250	$2,200
Term (months)	14	15	5	21
Interest Rate	15	15.18	9.16	30.13

Source: FDIC.
  Note: For purposes of determining whether there is a "bright line" for what constitutes a small-dollar loan, banks in the pilot were asked to report on loans above and below a $1,000 threshold.

Figure 1　An example of AFS user survey results

Q. In 2010, how many times did you do the following?
(n=500 alternative financial services customers)

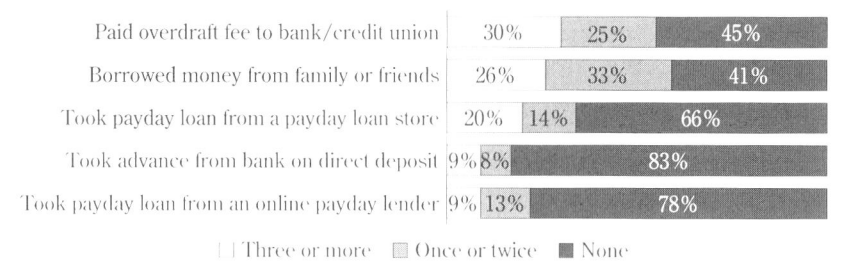

	Three or more	Once or twice	None
Paid overdraft fee to bank/credit union	30%	25%	45%
Borrowed money from family or friends	26%	33%	41%
Took payday loan from a payday loan store	20%	14%	66%
Took advance from bank on direct deposit	9%	8%	83%
Took payday loan from an online payday lender	9%	13%	78%

Source: Aite Group (2011)

Figure 2　AFS transactions breakdown

The Dollar Volume of AFS Transactions
Totals More Than $320 Billion Annually

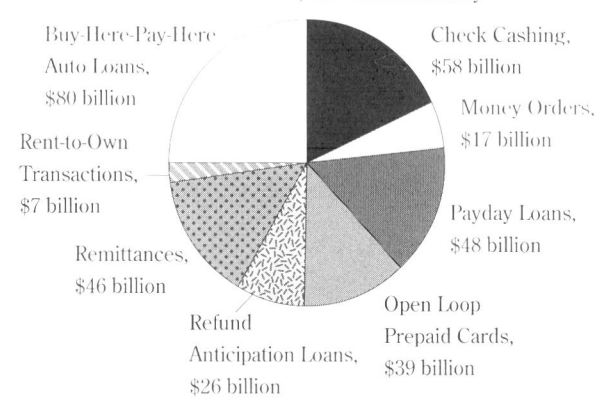

- Buy-Here-Pay-Here Auto Loans, $80 billion
- Rent-to-Own Transactions, $7 billion
- Remittances, $46 billion
- Refund Anticipation Loans, $26 billion
- Open Loop Prepaid Cards, $39 billion
- Payday Loans, $48 billion
- Money Orders, $17 billion
- Check Cashing, $58 billion

Sources: FiSCA, World Bank, Mercator Advisory Group, U.S. Treasury, Association of Progressive Rental Organizations, and Leedom and Associates LLC.

Source: Bradley et al. (2009)

第 4 章　Alternative financial services and "social" finances　91

Figure 3　AFS transactions

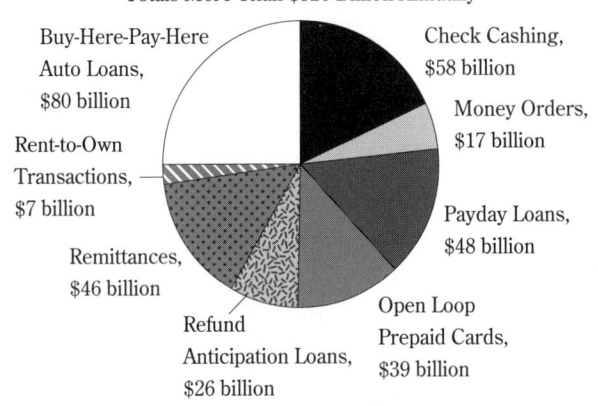

The Dollar Volume of AFS Transactions
Totals More Than $320 Billion Annually

- Buy-Here-Pay-Here Auto Loans, $80 billion
- Rent-to-Own Transactions, $7 billion
- Remittances, $46 billion
- Refund Anticipation Loans, $26 billion
- Open Loop Prepaid Cards, $39 billion
- Payday Loans, $48 billion
- Money Orders, $17 billion
- Check Cashing, $58 billion

Sources: FiSCA, World Bank, Mercator Advisory Group, U.S. Treasury, Association of Progressive Renntal Organizations, and Leedom and Associates LLC.

Figure 4　Money transfer fee revenues

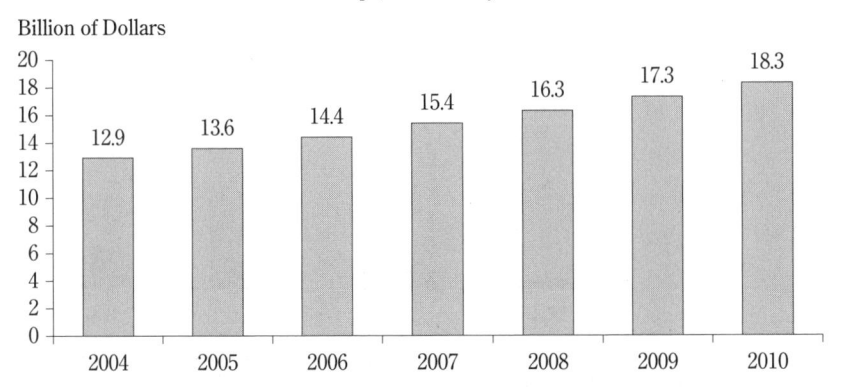

Projections Indicate That Remittance Fees
Will Top $18 Billion by 2010

Billion of Dollars

Year	Value
2004	12.9
2005	13.6
2006	14.4
2007	15.4
2008	16.3
2009	17.3
2010	18.3

Source: AITE Group, "Comteping in Money Transfers: A Market Overview," news release, March 26, 2007.

92　第 I 部　地域経済活性化の考え方

Figure 5　Money transfers using legacy FIs

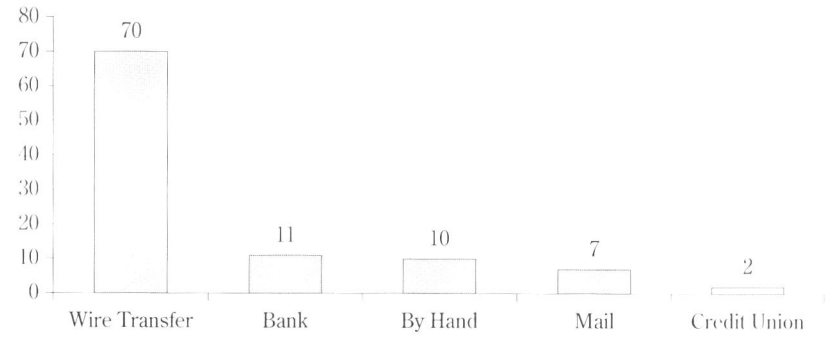

Estimates Indicate That Only 13 Percent of Remittance Activity Is Conducted through Mainstream Financial Institutions

Percent of Remittance Activity

Wire Transfer	Bank	By Hand	Mail	Credit Union
70	11	10	7	2

Source: Roberto Suro, "Remittance Senders and Receivers: Tracking the Transnational Channels," Multilateral Investment Fund and Pew Hispanic Center, November 2003.

Figure 6　Prepaid debit cards

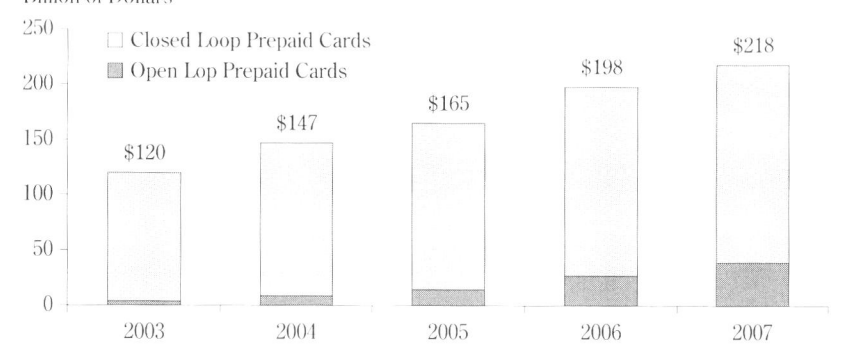

The Amount of Money Loaded onto Prepaid Cards Has Grown Repidly in Recent Years

Billion of Dollars

☐ Closed Loop Prepaid Cards
■ Open Lop Prepaid Cards

2003	2004	2005	2006	2007
$120	$147	$165	$198	$218

Source: Tim Sloane, "5th Annual Network Branded Market Assessment: Measuring the Phenomenal Growth of the Open Prepaid Industry," Mercator Advisory Group, August 2008.

第 4 章　Alternative financial services and "social" finances　93

1) G. Michael Flores is the CEO of Bretton Woods, Inc, which is a Georgia-based consulting firm, and he has formerly taught at the Universities of Washington and Wisconsin, among others. The report is titled *Serving Consumers' Needs for Loans in the 21st* Century, Bretton Woods, Inc., St. Simons, Ga., June 2012.
2) *"A 2009 FDIC survey found that while 73% of banks were aware of the unbanked and underbanked populations in their market, less than 18% identified expanding services to these consumers as a priority in their business strategy* (Flores 2012)".
3) The US dollar volume of AFS transactions total. See Chart 2-1 for the breakdown.
4) Source: Lawyers.com. (2012) (http://blogs.lawyers.com/2012/12/alternative-financing-services-growing/).
5) *US Alternative Financial Service Industry Statistics* (November 2012) Source: FDIC. Useful websites for perusal are as follows. http://www.fdic.gov/householdsurvey/2012_unbankedreport.pdf (http://money.cnn.com/2012/09/12/pf/fdic-bank-accounts/index.html).
6) "Underbanked" means that these Americans own checking or savings accounts at banks, but still use AFS (FDIC 2012).
7) Source: FDIC (2012) (http://www.fdic.gov/householdsurvey/2012_unbankedreport_execsumm.pdf).
8) Measure are necessary, in order to prevent unlawful activities such as money laundering, tax evasion, and so on, on the part of the customers as well as the lenders.
9) *The Washington Post*, January 31, 2011, Washington DC.
10) Title X of the Dodd-Frank Act, entitled the "Consumer Financial Protection Act of 2010" (the "CFPA"), created the CFPB (Source: website). (http://wrs.search.yahoo.co.jp/FOR=ex.aljVV3ii_3cyJcxDht3NcBL2JR5q5SGL0LV7DDBKgsItxF.gEWUJyoY.ueNPMkSC_GgimZFOgWO3hTABzp4chi9wwEkW5q43.g9RDIfjnopgMQuzv5BGYHpogZrH882jAEudlMz7z7LBVIOtZaRlei5850Q8lRXqI4YTtolxCksHvRD5N0EIiDLAzCg4ZGliecg1dSqaum6At0Sqm4c8biixs633XYKErJuovulMV77xVhkY0D_3OAgUPr94-/_ylt=A8vY5nWm20hS3TwBx8mDTwx.;_ylu=X3oDMTEzNG1odmIwBHBvcwMxMgRzZWMDc3IEc2xrA3RpdGxlBHZ0aWQDanAwMDIz/SIG=165cp1fd8/EXP=1380607334/**http%3A//housedocs.house.gov/rules/finserv/111_hr4173_finsrvcr.pdf%23search=%27Section%2B312%2Bof%2Bthe%2BDoddFrank%2BWall%2BStreet%2BReform%2Band%2BConsumer%2BProtection%2BAct%27).
11) CFPB has a mission to protect consumers by carrying out federal consumer financial laws, including the following (Source: CFPB).
    ➢ Write rules, supervise companies, and enforce federal consumer financial protection laws

- Restrict unfair, deceptive, or abusive acts or practices
- Take consumer complaints
- Promote financial education
- Research consumer behavior
- Monitor financial markets for new risks to consumers
- Enforce laws that outlaw discrimination and other unfair treatment in consumer finance

References

Aite Group (2011), *The Borrowing Habits of Alternative Financial Services Customers*, Aite Group, Boston, June 2

Bradley C et al. (2009), Alternative Financial Services: A Primer, *FDIC Quarterly*, Volume 3, Issue 1

Cheston, Suzy (2013), "*Microfinance vs. Financial Inclusion: What's the Difference?*" CFI Blog, Center for Financial Inclusion. (http://cfi-blog.org/2013/02/27/microfinance-vs-financial-inclusion-whats-the-difference/)

Flores, G. M. (2012), "Put Alternative Financial Services on a Level Playing Field", *American Banker*, July 9

Ghosh, Jayati (2013), Microfinance and the challenge of financial inclusion for development, *Cambridge Journal of Economics* 2013, 1 of 17, Oxford

IBRD (2013), *Microfinance and Financial Inclusion*. March. Washington DC. (http://web.worldbank.org/WBSITE/EXTERNAL/NEWS/0,,contentMDK:20433592~menuPK:34480~pagePK:64257043~piPK:437376~theSitePK:4607,00.html)

Roodman, David (2013), "*The State of Microcredit*" David Roodman's Microfinance Open Book Blog 2/6/13 (http://www.cgdev.org/blog/state-microcredit)

Sanburn, J (2012), "The Subprime Generation: Stop Using Dubious Financial Services!", *Time*, May 22

Sriram, M.S. (2010), *Commercialisation of microfinance in India: A discussion of the Emperor's apparel*, Working Paper No. 2010-03-04. Indian Institute of Management, Ahmedabad

The Washington Post (2011), "Retailers offer financial services to 'unbanked'", January 31, Washington DC

US Alternative Financial Service Industry Statistics (November 2012) (http://www.thecreditexaminer.com/alternative-financial-services.jpg)

第5章　銀行の貸出業務とイノベーション

1．はじめに

　本章では，わが国の銀行の貸出業務について考察し，銀行貸出には顧客支援業務としてイノベーションが起こりつつあることを検討したい．

　世界経済がグローバル化してゆく中で，多国籍企業はその企業内貿易としてその技術と資本，そして各国の労働力などを最適に組み合わせて高い収益を得ることを目指している．そうしたグローバル経済の中では地域経済が低迷するところも出てくる．わが国の地方に点在していた製造業の生産拠点は発展途上国に移転し，いわゆる産業の空洞化が起こっている．地域経済は否応なくグローバルな地域間競争に晒されているのであり，地域経済を支える中小企業にもグローバル化が求められる．そしてグローバル化に対応してゆく地域の中小企業への支援を行う金融機能が必要とされている．

　宇沢弘文は，「国家の統治機構の一部として官僚的に管理されたり，また利潤追求の対象として市場的な条件によってのみ左右されない」[1]金融制度の重要性を指摘している．地域貢献を使命の1つとする良質な銀行の顧客支援業務としての貸出業務は，グローバル下の良質な地域社会の形成につながる．

　地域社会は大銀行にとっても地域銀行にとっても重要なステークホルダーであり，地域社会と地域経済に貢献する貸出業務の展開が求められている．また，逆に地域経済の発展が銀行経営を健全化し，その貸出業務を効率的なものとしてゆくと思われる．

　バーナンキは1930年代の米国の大恐慌を分析し，金融仲介費用の増大がマクロ経済の需要を減少させたと分析している[2]．つまり，金融機能の良否が経

済の動向を左右する面があるのであり、こうした金融機能の検討の意義は大きいと思われる。

今、わが国の経済の発展に伴う直接金融化と金融自由化の流れの中において活動する健全な銀行業務のあり方、特に貸出業務のあり方が問われ、そこにはイノベーションが求められている。そして、従来の貸出業務のビジネスモデルからの変革がわが国の銀行の課題となっていると思われる。

本章では、こうした点を踏まえてグローバル下の地域経済活性化を支える銀行の顧客支援業務としての貸出業務の特質について考察し、また、イノベーションの点から検討してゆく。

2. 銀行の貸出業務について

(1) 貸出の種類と金利

1) 貸出の種類

銀行の貸出業務を考察するにあたり、まず、その種類と金利を検討したい。銀行の貸出にはさまざまな手法のものがあり、また、金利についても多様であるが、銀行貸出にはどのような種類があり、また、その金利はいかなるものであろうか。

銀行貸出の種類は、一般的に種類は貸付と手形割引に分けられ、貸付は手形貸付、証書貸付、そして当座貸越に分類される。

手形割引の貸出審査の判断は、当該手形が不渡り手形となった場合の借入人の買戻し能力も重要となるが、手形支払人の支払い能力に大きく依存している。この手形割引は、近年では貸出残高の1％未満まで減少しているが、これはそもそも商業手形の流通が減少していること、また、銀行の貸出が長期貸出にシフトしていることによる。

しかし、最近、電子債権が流通し始めており、この電子債権については、全国銀行協会が、2013年2月、電子債権記録機関として「でんさいネット」を開始した。これによる手形割引は、手形を金額に応じて如何様にも分割できる

というメリットがある．また，印紙税が課税されないため従来の手形割引は電子債権の割引へと移行する可能性があり，1つのイノベーションとなる可能性があるといわれている．

次に，銀行が貸出を行うときに，借入人から手形の振り出しを受ける形式のものが手形貸付である．この手法は，欧米に比較して弁護士費用が高いことから簡易な手形訴訟によって借入人が返済しない場合の取り立て処理ができることから用いられている．

そして，銀行が貸出を行う際に借入人から借用証書を受け取る形式のものが証書貸付である．手形を用いることが困難な不動産担保による設備資金の貸付や住宅ローン，地方公共団体への貸付に用いられる．また，さまざまな融資条件を取り決め，これを証書に記載する必要が長期の貸付には必要であり，これは手形貸付では困難であることから証書貸付によって行われる．このさまざまな融資条件の中には後述するコベナンツもある．

こうしたことから，今後も貸出業務の主流を占める取引形態となる可能性が高い証書貸付であるが，現在では貸出残高の8割程度を占めるまでになっている．しかし，かつては銀行の貸出残高の約4割を占めていたに過ぎない時期もあった．このような変化の主たる要因の1つは，銀行の貸出内容が変化し，個人向けの住宅ローンが増加したこと，また，企業向けの長期貸出の増加もその原因とされる[3]．

当座預金取引先に対し，予め約定した一定額の極度の範囲内であれば，当座預金残高を超えて小切手の支払いを認めるものが当座貸越である．近年，通常の手形・小切手の決済のための当座貸越ではなく，手形貸付に代えて当座貸越を借入専用に利用する企業も増加していたが，証書貸付の増加が大きいことから横ばいとなっている．借入時の書類作成の手続きが省略でき，印紙税を払わなくて良いという利点がこのタイプの当座貸越の特徴である．そして，「手形貸付からの借入形態の移行が進み，特に優良企業を中心に利用が増加している」と言われる[4]．

また，当座貸越については，銀行は地域の企業にこれを用いた事業性資金向

けのカードローンによる貸出増強に取り組んでいる。審査を事前に受けて極度設定をしておけば必要なときにいつでも地域の企業が銀行貸出を受け、そして返済も毎月の少額の約定返済に加えて随時の返済が可能となっている。こうした貸出は地域企業の運転資金の資金繰りを柔軟なものとすることに貢献しており、利便性を目指したイノベーションと思われる。

以上のように銀行の貸出形態についてみてきたが、手形貸付から証書貸付へという貸付形態の変化は、貸出債権の流動化、証券化に適した流れとなっていると思われる。これらを踏まえて次に貸出金利についてみてゆきたい。

2) 貸出の金利

貸出の金利は銀行貸出の検討を行ううえで重要な観点である。個人などの資金の保有者から企業への資金の移転が行われ、効率的な資金の活用がなされ、企業の資金制約が銀行貸出によって緩和されても、一部の中小企業・零細企業に対する金利のようにその金利が高ければその貸出は社会的に公平なものとは評価されないであろう。貸出金利については銀行と企業の間でどのように決まるのか、検討したい。

わが国の銀行では、貸出金利は短期プライム・レートなど基準とする金利をベースに借入人の信用度、資金使途、担保・保証の有無や内容、そして取引関係を考えて相対取引で決定される。しかし、実際にはオーバー・バンキングともいわれるように貸出市場での競争が激しく、相対取引であるからといって割高な金利が設定されることは比較的少ないと推察される。

むしろ、企業は全体として銀行借入の需要が減少しており、また、大企業の銀行離れも進み、貸出市場から大企業が退出してゆく中では中小企業向け貸出であっても貸出利鞘は小さく、わが国の銀行の貸出金利は欧米の銀行に比べて低く設定される場合が多いといわれる。

西口健二は、「本邦の金融は、単位資産当たりの利鞘がたとえば米国の2分の1から3分の1であるが、一方、コストもその程度である」としてわが国の銀行の低収益の構造を説明している[5]。つまり、わが国の銀行は貸出利鞘は小さいが、少ない店舗展開による低い人件費などに支えられて収益を確保してい

図1 預金金利，貸出金利と利鞘の推移

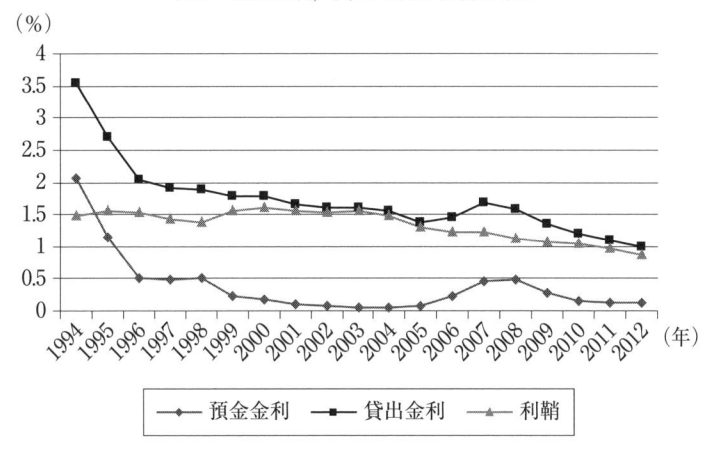

(出所) 日本銀行 (2013)『日本銀行統計2013』より作成．

るに過ぎないと指摘している．

　短期プライム・レートとは最優遇金利の意味で，かつては臨時金利調整法や銀行協会の申し合わせで公定歩合を基準とした考え方で最高限度が決定されていたが，独占禁止法の関係もあり，こうした規制は1975年に廃止されている．そして，1989年以降は銀行の資金調達金利をベースとした新短期プライム・レートが基準になっており，金融当局が一定の金利体系を政策的に意図し，その一環としての銀行の貸出金利を決定するという考え方は完全に放棄され，貸出金利規制の緩和，自由化，市場化が進展した．

　また，現在ではさらに進んでLIBORやTIBORといった短期金融市場における調達金利に一定の利鞘，スプレッドを上乗せして貸出金利を決定するスプレッド貸出も大企業を中心に普及している．

　長期貸出については貸出金利の下限についてはこれを定める申し合わせなどはなく，自由に決められていた．かつての長期信用銀行が行う長期貸出の最優遇金利である長期プライム・レートが決められていたが，これはやはり貸出金利を低く抑えるという金融当局の方針に基づいたものであった．長期信用銀行

の発行する利付債券の利率を含めて,金利体系は金融当局にコントロールされ,統制されていたので結果としてこうしたことが可能であった.

こうしたかつての人為的低金利政策は効果を上げたが,意図的な低金利政策は均衡金利より低い収入を銀行もたらし,そして,それは預金者に転嫁され,インフレの下ではネガティブなものとなるとされていた[6].そして,社会的損失が起こり,こうした金融抑圧政策は所得分配の不平等を起こすとされていた[7].

この人為的低金利政策は,そもそもは戦後の混乱期のインフレの中で預金獲得競争に歯止めをかけるために導入された競争制限的規制である.それが戦後の混乱期の後も継続され,低い資金コストで各産業への資金提供を可能にしていた.情報の非対象性が大きい発展段階にあったわが国の経済においては,こうした政府介入は効果があったといえ,結果として高度経済成長時代を金融面から支えた.

長期プライム・レートの金利は,利付金融債の利率に0.9%プラスしたものであり,長くこの長期プライム・レートが長期貸出の基準として用いられてきた.しかし,1980年代には中期プライム・レートなどという考え方が現れて,期間3年の貸出などに用いられており,こうした貸出金利の仕組みは崩壊を始めていた.

そして,新短期プライム・レートを基準に貸出期間や残存期間に応じて一定のスプレッドを上乗せする短期プライム・レート連動長期変動貸出金利,新長期プライム・レートが,1991年から用いられるようになった.

現在では,金利スワップを利用した長期固定金利貸出も行われているが,これは金利スワップ取引を用いて短期変動金利を長期固定金利に交換する金融技術が発展したからである.この金利スワップ技術の発展によって,普通銀行が金融債を発行できないという制度問題は事実上なくなった.貸出金の商品の幅を広げたという点において,また長短の分離という金融行政を終わらせることになった金利スワップ技術というイノベーションの意味は小さくないと考えられよう.

貸出金利の水準は，近年では短期，長期ともに低位で推移しているが，銀行が貸出金利をなぜ上げることが容易にはできないのかについては，理論的には逆選択と呼ばれる現象があるからであろう．通常の需要と供給の均衡する金利よりも低い金利設定が行われ，これが貸出金利を引き下げている．

こうした問題は発展した経済体制の段階においても存在する．米国とわが国の銀行を比べた場合，わが国の貸出の利鞘が小さいことは先述の西口の指摘の通りであるが，なぜ，米国は高い利鞘を獲得できるのであろうか．それは，米銀はわが国の銀行と比較して信用リスクの高い企業に対しても資金を提供しているからであると思われる．米国では金融の自由化がわが国に比べて早く進展し，大企業は銀行の顧客ではなくなっており，信用リスクの高い中小企業貸出への取組を本格化させていた．それによって信用リスクの高い企業への貸出技術においてわが国の銀行以上の水準に到達している．

山田耕司は，米国においても，「かつての銀行市場では，貸出ニーズは信用リスクの小さい大手企業を中心に根強くあり，預金さえ集めれば，即貸出につながり収益が約束されていた」が，そうした時代が終わった後も，ミドルリスク・ハイリターンにみえた新型大口案件に突入し，結果的にはハイリスク・オールロスに終わったのが1980年代までの米銀であったと述べている[8]．その経験を踏まえ，米銀は，現在ではいわゆるミドル市場へ進出し，中小企業相手の取引を重点的な取引分野とするようになった．

大手の米銀では中小企業の貸出業務はローン・センターで行われている．このローン・センターによって融資の可否の判断の時間を短縮することを目指し，中小企業にとってスピーディーなサービスとなることを目指している．資金の確保が重要な課題であれば企業はいくらでも時間をかけて貸出審査を待つであろうが，競争が激しい中小企業向け貸出市場ではこうした時間的なサービスが顧客を獲得する有力な手段となる．

その業務の仕組みとしてはデータベースとスコアリングシステムが導入され，迅速な貸出判断がなされている．そして，大数の法則で信用リスクを管理できるという考え方がそのベースとなっていた．こうした貸出はトランザク

ション貸出と呼ばれ，先述の通り米銀でも大手の銀行によって行われている．近年ではわが国の銀行もこうした方式を取り入れて，中小企業の貸出市場に取り組んでいるが，大手米銀はこうした取組みによって中小企業の貸出市場を拡大し，利鞘を確保することに成功している．

これまでみてきたように貸出金利は短期も長期も自由化されているのが現状であるが，特に金利スワップによって長期固定金利貸出が普通銀行によって容易になったことは，1つのイノベーションであろう．金融サービスとしての期間変換サービスを行う銀行の経営リスク，具体的には金利リスクは金利スワップによって低減し，長期固定金利貸出の増強を可能とした．金利スワップが用いられる以前の普通銀行の長期固定金利貸出は，長短金利の差を利用した不安定，不確実なものであったが，金利スワップの登場でそのリスクはなくなった．こうした考察を踏まえて，次に銀行貸出の構成，その対象について検討したい．

(2) 貸出の構成

わが国の銀行貸出の種類と金利をみてきたが，こうした貸出はどのような対象に行われているのであろうか．まず，貸出の対象別には個人向けと企業向けがあるが，さらに企業向けに貸出された資金の使途をみると設備資金と運転資金に分類できる．一般に商業銀行は短期の資金を集めて短期の貸出を行うことが健全とされているが，わが国の普通銀行は先述のとおり長期貸出も行い，設備資金のための貸出も行っている．

経済が成熟して資本蓄積が行われ，資本市場が大きくなって会計情報などの金融インフラも整備されて金融の自由化が進むと，設備資金の調達を株式の発行，社債の発行という直接金融にシフトさせるのが大企業の資金調達行動である．そして，1987年に創設されCP市場は，短期の資金調達も銀行からではなく市場からの調達を行うことを大企業に可能とし，短期資金についても間接金融から直接金融へのシフトが起こった．銀行業は経済社会が発展してゆくと，直接金融の発達によってその存在意義が相対的に小さくなる傾向があるといえよう．

そこで銀行貸出の対象は資本市場や短期金融市場にアクセスできない企業，すなわち地域の中小企業や個人になってゆく．米国ではこの現象はわが国と比べて早く起こり，先述の通り銀行は中小企業への貸出を増大させていた．

わが国の銀行が米銀のように対処策が打てなかった理由の1つは，産業金融的銀行モデルからの脱皮が遅れたからである．そうした産業金融を銀行が担当していない米国，英国の銀行ではこうした変化に抵抗はなかったと考えられる．

わが国の銀行が早く取り組むべきであったリテール・バンクのビジネスモデルについて，池尾和人は，「リテール・バンクが扱う金融商品やサービスは，新奇なものではなく，日用品（コモディティ）化したものである．それゆえ，質とコストが厳しく問われることとなり，リテール・バンクにおいては，これまで日本の製造業が行ってきたような品質管理と改善の努力を通じるコスト削減が不可欠となる」と述べて，リテール・バンクは地道に汗を流すことが求められると指摘している[9]．こうした転換は産業金融の企業文化を持つわが国の銀行には抵抗感を感じることであり，イノベーションを遅らせる原因となった．

しかし，わが国の銀行は米銀に遅れはしたものの，資金調達先としてCP市

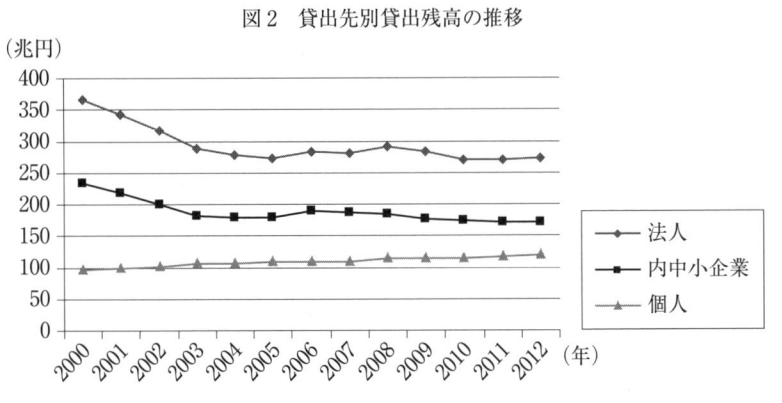

図2　貸出先別貸出残高の推移

(出所)　日本銀行（2013）『日本銀行統計2013』より作成．

場や資本市場にアクセスできない中小企業への貸出，そして個人の住宅ローンへの取組みを拡大した．住宅ローンの増加で銀行における個人向け貸出の残高は国内銀行ベースでは120兆円を超え（2012年12月末時点），この結果，銀行にとり中小企業と並ぶ大きな貸出先となっているのが個人であり，今世紀に入り，貸出の対象先としての個人はその重要度を増している．

こうした貸出業務の状況の変化の背景には預金金利の自由化があった．預金金利の規制緩和が行われれば，銀行の資金調達コストは上昇してゆく．そのため，銀行は高い貸出金利の貸出資産を必要とした．それの最たるものが都市銀行による不動産を担保とした中小企業向けの長期貸出であった．長期貸出を目指したのは，預金金利の自由化で資金調達コストの上昇をカバーするために長短金利差を活用するべく長期の貸出を目指したものであった．しかしながら，当時はALMも発達しておらず，長短金利の逆転が起これば大きな収益上の損失を被るような状況であった．

いわばやむをえず取り組み始めたわが国の銀行の中小企業貸出は，不動産担保に依存したものや信用保証協会の保証に依存したものが多かった．つまり，銀行にとって財務諸表分析での無担保貸出ができるような中小企業は少なかったと考えられる．

戦後，銀行が成長を続ける企業を支える資金供給ができた理由は，担保としての不動産価格の上昇が銀行のリスクテイク能力を高めていたことが理由の1つであり，企業業績が順調な時期が長く続いたことだけが理由とはいえない．

内田浩文は，独立行政法人経済産業研究所の関西地域の企業金融に関する企業意識調査を用い，財務諸表貸出，リレーションシップ貸出，固定資産貸出の各貸出技術は，わが国では相互に補完性を持っていることを実証している．そして，わが国の銀行がバブル期の失敗から教訓を得たかということについては，「担保・保証が依然として重視されているという結果が否定的な回答を与えている」と述べつつも，相互補完的となっている点から教訓はいかされているのではないかと述べている[10]．

この金融取引における有担保主義が定着したのは，わが国では昭和初期の金

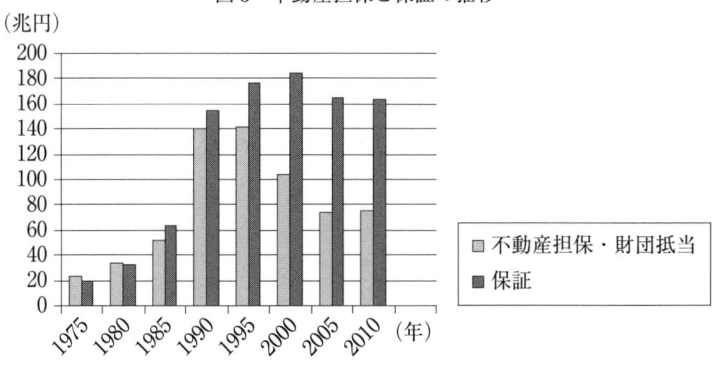

第5章　銀行の貸出業務とイノベーション　105

図3　不動産担保と保証の推移

(出所)　日本銀行 (2013)『日本銀行統計 2013』より作成．

融恐慌が契機であった．この有担保原則により金融取引の確実性が全体として高められたほか，金融機関の資産保全もそれだけ行き届いたものになるなど有担保原則が果たした役割は小さくはなかったと思われる．

小野有人は，中小企業庁の金融環境実態調査を用いた研究で，「担保の利用率は，リスクの高い (信用評点の低い) 企業ほど高くなっている．このことは，担保が借り手のモラルハザードの抑制に寄与しているとの見方と整合的である」[11]と指摘している．

現在の大企業も戦後の高度成長期においては，信用リスクは小さくはなかった．そこで，銀行が担保を貸出の条件として用いることが多かった．そして，不動産価格の上昇が不動産担保の利用を高め，銀行貸出のハードルを下げて企業経営の拡大を支援したと思われる．

なお，不動産については，担保として用いる他，銀行が企業の財政状態の1つとして貸出判断に用いる実資力の概念に関係していた．実資力とは時価ベースの純資産のことで，最終的な支払い能力を示すものであると捉えられた．この算出には流動資産に加えて固定資産，特に不動産も加えた．不動産の価格がバブル経済の中で上昇したことから企業の実資力も上昇し，その実資力を背景にした無担保貸出も多く行われたことに留意する必要があろう．つまり，それ

らは実質的な有担保貸出であったといえる．

こうした事実上の不動産担保貸出を含めるとわが国の銀行貸出はその少なくない部分を不動産の担保力に依存していたと思われる．特に中小企業を対象とした貸出では不動産は重要な役割を果たした．

不良債権問題を背景とした慎重な貸出姿勢，そして自己資本比率規制への対応から中小企業貸出を中心に貸し渋り，貸し剥がしと呼ばれる銀行が貸出額を圧縮させる現象が1990年代にバブル経済が崩壊すると起こり，その影響もあって中小企業向けの貸出は減少した．中小企業にしてみれば，バブル時代の銀行の貸出姿勢が180度方向転換したと思われたことであろう．

金融庁が銀行の検査に用いる金融庁検査マニュアルは1999年に公表されたが，これも中小企業向け貸出の縮小に影響があったといわれ，2002年，中小企業の特性，たとえば代表者との一体性等に配慮した金融検査マニュアル別冊（中小企業融資編）が公表されている．

しかし，この時期は大企業向け貸出も減少していたのであり中小企業向け貸出だけが大きく減少したわけではなかった．法人向け貸出の約6割が中小企業向け貸出で占められる傾向はバブル崩壊後，現在まで概ね変化がない状況が続

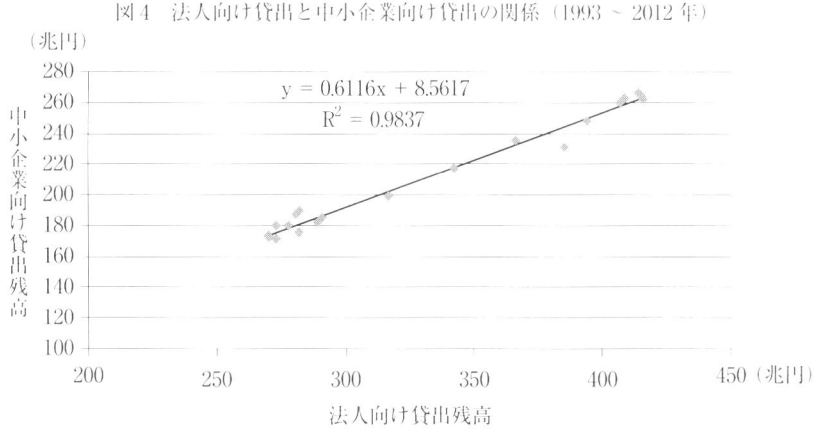

図4　法人向け貸出と中小企業向け貸出の関係（1993～2012年）

$y = 0.6116x + 8.5617$
$R^2 = 0.9837$

（出所）　日本銀行（2013）『日本銀行統計2013』より作成．

いている．

　なお，一方で不良債権先について追い貸しと呼ばれる銀行貸出がみられた．この現象について小川一人は，「大企業に限られた現象のようである」[12]として，銀行が多額の不良債権が発生しかねない大企業取引についてはメインバンクの追い貸しがあったのに対して，中小企業ではそうしたことはなかったという計測結果を報告している．

　個人向け貸出は，このように企業向け貸出が減少する中で増大したのであるが，その内容は先述のとおり住宅ローンである．住宅ローンは住宅の土地と建物が担保としてあること，また，米国と異なりわが国の住宅ローンは，いわゆるノンリコース・ローンではなく借入人に最後まで返済を求めることができることもあって銀行は，団体信用生命保険を用いながら積極的に取り組んでいる．

　貸出先企業の業種については，かつて貸出先の多くを占めていた第2次産業から第3次産業業へとそのウエイトがシフトしている．これはわが国の産業構造が工業化段階を終え，第3次産業へとシフトしていることが大きな要因となっている．大企業は，先述のとおり，直接金融による調達を増やしており，そして製造業における借り手は大企業が大半を占めている．この結果，製造業向けの銀行貸出は減少することになる．一方，サービス業には比較的規模の小さな企業が多く，直接金融による資金調達ができないので銀行貸出が増えることになる．サービス業向けの銀行貸出の割合が増えているのはこうしたことによると思われる．

　なお，銀行の不動産業への貸出残高は依然として大きく，2012年12月末時点で60兆円となっており，バブル後のピークであった1997年12月末の65兆円からわずかの減少に留まっている．しかし，不動産投資信託であるJリートのような不動産の証券化が進むと不動産業への貸出からそうした証券への投資に与信の形態が変わる可能性もある．

　ところで，銀行は企業の資金需要が減少したことで貸出が低迷しているとされるが，実は貸出の需要に意図的に対応していないという考え方があることは先述の逆選択の問題に関連して述べた．これは信用割当と呼ばれるが，貸出金

利と貸出量の関係は単純ではなく，貸出金利を引き上げると質の悪い借り手ばかりが市場に残ることになり，こうした借り手に対して銀行は貸出を抑制することになる．そして，先述のとおり，貸出金利を低めに押さえることが銀行によって行われる．その低めに押さえた状態の貸出の量が借り手の資金需要と一致していなければ，貸出市場での需要と供給は一致しないことになる．銀行は信用割当と呼ばれる超過需要を切り捨てる行動を取り，一定の借り手に貸出を行う．したがって，貸出市場全体で需要と供給をみれば供給過多にみえるが，信用力の乏しい企業に限れば需要過多の状態となっている．

この状況については，銀行の情報生産の能力を高めて，低い金利において貸出を求めてくる良質な借り手と質の悪い借り手の識別能力を高める必要がある．また，高金利でも貸出ができる貸出対象企業の範囲を拡大できるようにしてゆけば，貸出市場全体としての効率性，総余剰は増すことになる．この情報生産を高めることがイノベーションであろう．

なお，こうしたリスクの高い中小企業については，近年の銀行の融資判断は合理的であったとされる．植杉威一郎は，1990年代後半から2000年代初頭において，「中小企業では自然な淘汰が行われていた，かつ金融機関はデフォルトする企業に高い金利を求めるという点で，自然な淘汰の実現に貢献した」[13]のが実情であると分析している．この研究によれば，銀行の主たる貸出先である中小企業に対する審査能力は現在では従来と比較して低くはない可能性がある．

以上のようにわが国の銀行においても貸出先の主たる先が中小企業となっていることなどをみてきたが，次にこうしたさまざまな貸出先に対して，銀行が貸出業務の低迷を打開するためにどのようなイノベーションを含んだ取組みを行っているかを考察したい．

3．新しい貸出手法

わが国の銀行の貸出先は大企業から中小企業へ，第2次産業から第3次産

業，そして法人から個人へとシフトしてきたが，銀行はさまざまな新しい貸出形態の創出に取り組み，資金仲介力の増大に努めている．銀行が貸出から収益を得る理由は主としてその情報生産機能などからなる資金仲介機能にあるのであり，そのイノベーションなくして状況の打開はありえない．次に考察する新しい貸出方法はすべてが新しい取組みとはいえず，中には欧米においては比較的早くから取り組まれていたものもあるが，わが国の銀行はこれらを取り入れて新しい貸出手法に取り組んでおり，その中にはイノベーションを含むものも少なくないと思われる．

ここで採り上げる新しい貸出手法の多くは技術上の革新というほどのものではない．しかし，ドラッカーは，「今日イノベーションと称しているものの多くは，単なる科学技術上の偉業に過ぎない．これに対してマクドナルドのような科学技術的には何ら特筆するところのないイノベーションが，高収益の大事業に発展する」と述べ，「成功したイノベーションのほとんどが平凡である」と指摘している[14]．また，知識によるイノベーションについては，「いくつかの異なる知識の結合によって行われる」[15]ことを指摘している．そして，こうした知識によるイノベーションには，分析と戦略，そしてマネジメントが必要であると述べている[16]．

そうだとすれば，デリバティブのように金融の華といわれるものばかりがイノベーションではないといえる．イノベーションというと飛躍的な発展をイメージしやすいが，実際のイノベーションは細かな連続的なイノベーションの積み重ねであることが多いと思われ，ここで考察するものはそうした貸出技術である．

まず，第1にコミットメントライン契約であるが，これは一定の枠内であれば企業の申込を拒絶することなく直ちに貸出を実行する契約であり，これは企業との間であらかじめ融資契約を締結して貸出枠を設定していることから可能となる．欧米では一般的なものであるが，わが国では特定融資枠契約法が1999年に施行されて以降活用されている．企業にとって安定的な経常運転資金枠が確保されて流動資産の額を押さえることができ，バランスシートをスリ

ム化できてROAを改善することが可能となる.

　この取引ではコミットメントライン契約を設定すると,貸出を実行しなくてもコミットメントフィーが銀行に支払われる.先述の特定融資枠契約法においては,利息制限法,出資法のみなし利息にこれが該当しないと明定された.このコミットメントラインには,バイラテラル方式と後述するシンジケーション方式があるが,シンジケーション方式では参加銀行が同一の条件で臨むことになり,これによってコベナンツがより一般的になってきたといわれる[17].このコミットメントラインの契約金額は,2012年末で約26兆円に達している.

　第2に,アレンジャーとなる銀行が取りまとめ担当者となって借入人である企業と折衝し,融資に関する情報を取得,分析したうえで融資条件を決め,複数の金融機関が同一の条件で貸出を行う貸出手法であるシンジケート・ローンがある.

　シンジケート・ローンと従来の貸出との根本的な変化は,参加銀行が同一条件で貸出取引を行うため,「従来では相対で,場合によっては阿吽の呼吸で弾力的な対応が可能であった取引が,借り手である企業の特性に合わせ,かつ参加銀行が全て合意した内容の契約に規定される点」[18]であろう.企業の返済行動に関してソフトな制約がハードな制約へと変わっているといえ,この点では社債に近い性格を持つことになる.

　わが国では1997年の金融危機の時,大手銀行が資産圧縮の手段としてシンジケート・ローンを活用したことが発展の契機になったとされ,取引が拡大している.しかし,本質的には,現代の銀行では大規模な信用リスクを1つの銀行が貸し手として取ることが困難になっていることがあるのではないか.つまり,「スプレッドが薄いこと,一件の法人顧客が倒産したときの打撃が大きいこと」[19]から,通常の銀行貸出からシンジケート・ローンへの移行が起こっていると思われる.

　複雑な取りまとめ作業を担当したことに対する報酬がアレンジャーには支払われ,一方,シンジケート団に参加する銀行は,自分では取引ができない企業に対して,適当な融資額で貸出を行うことができ,貸出資産の増強を図ること

ができる.

わが国では役割分担としては地域銀行がシンジケート団のレンダーの中心となり, メガバンクがアレンジャーとして参加するというケースが大半となっている. 地域銀行は, 貸出先に地域性があるため資産分散が困難であるが, シンジケート・ローンに参加すればその地域性の問題を逓減できる. メガバンクの側は, 自己資本比率規制の観点から自行の取引先に対する貸出資産を増やすことなく取引を維持でき, 手数料収益を得ることができるメリットがある.

このシンジケート・ローンのデメリットとしては, 仕組みがよく理解できない, 厳しい契約条件, 通常の融資よりも金利や諸手数料が高い, 親密でない銀行との取引が生じるなどという点が企業から指摘されているが, 大企業に限れば特にデメリットはないといわれている[20].

小谷範人は, シンジケート・ローンは, 「従来の相対融資（金融機関と借入人の合意に基づく融資）でみられるお互いに相手を見ながら（よく理解しながら）契約を行う『相対性』に, 複数の金融機関によるリスクシェアリングや譲渡性等の『市場性』をあわせ持つ」[21]貸出であると指摘している. この相対性と市場性の結節点に立つのがアレンジャーであるといえる.

ところで, 植杉と渡辺努は, 中小企業向け貸出について分析し, わが国の金融機関は, 1人あたりの貸出件数がアメリカの金融機関に比して格段に大きく, 「金融機関の職員が銘々, 数多くの中小企業を担当することになってしまい, 個別企業に対するモニタリングが出来なくなる可能性が出てくる」と指摘している[22].

この傾向は銀行の貸出業務全般にいえるので, 仮にシンジケート・ローンの適切な活用によって企業と直接的に交渉する金融機関の数を減らすことが可能となるなら, こうした問題点が軽減されると思われる. そうした意味ではシンジケート・ローンは, わが国では小規模の貸出にも用いられることが望ましいと思われる. また, 中小企業向け貸出債権のリスクテイクの分散化という意味においてもシンジケート・ローンの活用は有効であろう.

シンジケート・ローンの仕組みそのものは最新の技術的発見ではないが, わ

が国における創造的模倣は，銀行貸出のイノベーションと思われる．先述のとおり，中小企業向け貸出にこうした貸出が取り入れられれば銀行組織全体の費用削減効果も大きく，もっと議論されて良い貸出技術であろう．

第3に，貸出の返済原資を1つのプロジェクトが将来生み出す収益を返済資金とした貸出であるプロジェクト・ファイナンスがある．これは資源開発，電力・通信といった大規模なプロジェクトにおいて用いられることが多いが，後述するPFIの1つとして地域の給食センターなどの規模が小さいプロジェクトでも用いられる．

具体的には，プロジェクトを推進する企業とは別にSPCを設立し，このSPCが事業の推進母体となり，このSPCに対して貸出，資本の出資が行われる．この場合，銀行貸出の担保となるのはSPCの資産のみとなる．従来の企業の信用力を基盤としたコーポレート・ファイナンスとは全く考え方が異なる．そして，プロジェクト・ファイナンスには「コベナンツの概念が織り込まれ，コベナンツの適正な設定がリスク管理の中核となっている」[23]といわれる．また，プロジェクト・ファイナンスに用いられるローンは，ノンリコース・ローンとなっており，事業資産を担保とするのみである．なお，大型案件には先述のシンジケート・ローンが組み合わされる傾向にある．

近年，PFIに取り組む地方自治体が増えているが，これは1999年のPFI推進法の施行によるものであり，これにプロジェクト・ファイナンスの手法が用いられている．

また，2011年，PFIについては法改正が行われ，コンセッション方式と呼ばれ，民間事業者が施設の運営権を設定して手数料等の収入をある程度の制約はあるものの決定出来る仕組みが取り入れられた．この法改正によりPFIは大きく拡大してゆくとみられている．

第4に不動産証券化を用いたアセット・ファイナンスがある．企業が保有する不動産自体の収益力を担保にSPCを用いて借入主体を作り，そこにノンリコース・ローンを銀行が提供する手法である．「仮に，企業業績が低迷していて，社債の発行や追加借入が難しい，またはコストが高い場合でも，当該物件

の収益性がよければ，有利な（コストの安い）資金調達が可能となる場合」[24]がある．

　銀行としても不動産を対象とした貸出はリスクが高いのであるが，不動産証券化を用いてエクイティ部分とデット部分という異なる性質を持つ金融商品に加工できれば，そのデット部分が銀行貸出の対象となる．不動産のキャッシュフローに依存するという点ではプロジェクト・ファイナンスの1つといえ，不動産の原所有者をオリジネーターというが，優良な収益性のある不動産であれば，オリジネーターにコーポレート・ファイナンスで通常の貸出を行うよりも低金利でノンリコース・ローンを提供することができる．

　最後に，動産，債権等の事業収益資産を担保として貸出を行うABLがある．商品などの集合動産や将来債権を担保とすることが，2003年の債権譲渡特例法の施行で制度的な手当てがなされたことから，その活用が進んでいる．事業収益資産とはキャッシュフローを生み出すものであって商品性があり，将来，収入に転化する資産や将来の収入を生みだす資産のことである．

　しかし，まだ担保とした動産をモニタリングする管理業務のノウハウを十分に持つ銀行は少ない．とはいえ，この業務を積極的に捉える立場もある．鹿児島銀行の後田廣孝と萩原宗人は，同行におけるABLの位置づけは，単に保全強化を目的としたものではなく，在庫の流れを把握することにより，顧客の状況をいち早く察知することを目的とした「中間管理型ABL」であると述べている[25]．経営改善のサポートツールとしてのABLという捉え方も可能であるといえる例であろう．

　十六銀行の小澤学も同行の太陽光発電事業向けABLは，「太陽光発電のモニタリングを通じた売電事業の実態把握，取引先とのリレーション強化である」と述べ，ABLは企業を俯瞰できる金融手法の最たる例であるとしている[26]．

　動産，売掛債権の交換価値を把握することによって金融機能を発揮させることは，担保提供力の弱い中小企業の金融を確実に円滑化するイノベーションであり，そこからさらに進んで，企業経営への関与のツールとする視点は今までにない貸出手法といえよう．

こうして銀行の取り組む新しい貸出手法をみてきたが、それらは金融技術的にきわめて革新的というほどではないが、さまざまな手法の組み合わせによるイノベーションであると思われる。

では、こうした銀行の貸出業務の主たる対象である中小企業務向けの貸出について、次にみて行きたい。わが国の銀行貸出は大企業、中小企業、個人と分ければ中小企業が最大の借り手となっている。

4. 中小企業向け貸出について

(1) 地域経済、中小企業と銀行

グローバル化が進展する中、地域経済を支え、地域の雇用の多くを支えるのは地域の中小企業である。大企業の店舗、工場も地域経済を支えて雇用を生みだしているが、全体的にみれば大半は地域の中小企業が地域経済を支えている。そうした中小企業は先述の経緯を経て現在では銀行の主たる貸出先となっている。

中小企業は資金調達において銀行貸出に依存する場合がきわめて多いが、これは株式市場、債券市場を通じた資金調達が困難であるからである。したがって中小企業金融における銀行の役割は大きく、中小企業は金融面では間接金融に依存している。

そうした中小企業のわが国の社会全体への影響は大きく、わが国の企業の約99％は中小企業に該当し、従業員数は約66％を占めているといわれる[27]。そして、中小企業は、資本の額が小さく技術革新に応じた設備の更新が困難になりがちであること、大企業の下請け企業である場合が多く、不況期に大企業の業況悪化の影響を受け易いなどの特徴がある。

また、その純資産の比率は大企業の約40％に比較して約26％程度に留まっているが[28]、これは先述のとおり中小企業は株式市場を通じた資金調達が困難であることからであり、これが中小企業の財務上の安定性を損なっている。そして、その財務上の不安定性が銀行借入の難易度を高めるという構図があ

る．

　そして，銀行の中小企業向け貸出の一部は資本金に近い擬似資本としての性質を帯びており，返済を求めることが事実上困難な貸出であるともいわれる．しかし，これが不良債権化すると銀行の健全性を損なうことになる．

　家森信善は，「メインバンクの健全性によって借入余地が大きく変動すれば，それはそのまま投資能力や資金繰りに影響してくる」[29]と，中小企業経営に対する金融機関の影響度合いの大きさを指摘し，銀行の健全性と中小企業の健全性は連動性があることを指摘している．

　一方，小藤康夫は，「地方銀行の経営内容と地域経済は相互に影響を与えながら，密接な関係を形成していると考えられる」ことを検証している[30]．地域経済を支える中小企業の発展が地域銀行の健全性を促進する状況にあり，やはり，双方の連動性は高いと思われる．

　1980年代から大企業の銀行離れに対応して，銀行は中小企業貸出を新たな収益源と位置づけ積極的に取り組むようになったが，国内銀行の中小企業向けの貸出残高は171兆円（2012年12月末時点）となっている．その額は減少傾向にあるが，現在では中小企業向け貸出が銀行の貸出業務の中核となっていることは変わらない．その大半は先述のとおり非製造業が占めており，貸出残高は144兆円（2012年12月末時点）となっている．中小企業向け貸出のイメージといえば町の工場への設備投資を想像しがちであるが，中小企業の製造業の設備資金への貸出額は3兆円（2012年12月末時点）であり，法人向け設備資金総額77兆円（2012年12月末時点）の約4％に留まっている．

　こうした中小企業向け貸出にスコアリングと呼ばれる自動審査の手法を用いた迅速な無担保貸出も開発して中小企業向け貸出に取り組む姿勢も銀行にはみられる．しかし，自動審査の手法には限界もあり，不良債権を多く生み出しているともいわれ，大手銀行ではこのトランザクション貸出の典型であるスコアリング方式の貸出を縮小させているところもあるといわれている．

　西口は，「スコアリングモデルには前提が1つあって，それはお客さんが任意に来る，その結果，倒産確率がモデルにより正しく推計される」のであると

述べ，スコアリングモデルの前提は幅広い業種と企業に過去の統計データを適用した場合に適切な判断が可能となる性質があるにもかかわらず，特定の偏りのある売り込みを行ったためにこうした問題が生じていると指摘している[31]．

また，先述のコベナンツも中小企業向け貸出で用いられ始めている．借り手企業の経営規律維持を目的とするコベナンツであるが，中小企業金融では地域の金融機関による融資が行われており，関係者の感情面にも配慮した貸出が行われている．しかし，低成長で事業リスクの高まる時代には感情面にも配慮した貸出は不適切な場合もあることは事実であろう．そこで，注目されたのがルールに従った監視・モニタリングとしてのコベナンツの手法である．「融資実行後のモニタリングは不可欠であり，中小事業者の経営状況を把握し，財務内容の変化をいち早くキャッチするためには，コベナンツの活用は有効」[32]といえるだろう．

北洋銀行の原田敬士と西村卓里は，同行のABLの案件に事業の継続のためにコベナンツを活用できないかと考え，コベナンツと停止条件付保証契約により，「経営に強固な規律付けが生まれる」として，葉物野菜農家に対して偽装表示やガイドラインに定められた以外の肥料や農薬をまかないコベナンツを付けている[33]．こうした試みは，ドラッカーのいうように科学技術上の偉業ではないが，イノベーションとみるべき取組みである．

こうして中小企業向け貸出の概要や最近の特徴をみて来たが，次に金融庁が強く推奨するリレーションシップ・バンキング，地域密着金融について検討したい．

(2) リレーションシップ・バンキング，地域密着型金融

金融庁が推奨する地域密着型金融，リレーションシップ・バンキングの展開が期待されている．地域金融機関はこの地域密着型金融，リレーションシップ・バンキングに取り組み，金融機関が顧客の取引先と長期的な信頼関係を築いて豊富な顧客のソフト情報を蓄積し，質の良い金融サービスを提供することに取り組んでいる．

貸出の技術は大きく2種類に分けられるとされる．その1つが取引ベースの貸出（トランザクションレンディング）であり，もう1つがソフトな情報に基づくリレーションシップ貸出である[34]．

この考え方は欧米のものであるが，それをわが国に持ち込んだのが金融庁により2003年に発表された「リレーションシップ・バンキングの機能強化」というアクションプログラムであった．金融当局が指す金融機関の活動の内容は，内田が指摘するように「学界でいうリレーションシップ・バンキングとは直接関係がない」ものも含まれているのであって，「行政のリレーションシップ・バンキングは経営健全化・地域貢献のための取組としてのリレーションシップ・バンキング，と呼ぶこともできよう」[35]．

先述のとおり，地域企業の健全性と地域銀行の健全性が連動する関係にあるのであれば，金融当局がこうした狭義のリレーションシップ・バンキングを超えた取組みを地域金融機関に推奨することは当然と思われる．

たとえば，ビジネス・マッチング業務は近年幅広く行われるようになったが，企業のビジネスに銀行がシステム全体として保有する情報を提供してゆくコーディネイト機能としてビジネス・マッチングを捉えれば，有意義な中小企業の顧客支援活動と考えられる．

こうした地域密着型金融の考え方は地域金融機関に肯定的に受け止められていると思われる．田村耕一は九州の地域金融機関にアンケートを行い，半数の金融機関が担保について，貸し手は共同経営者的なパートナーとして情報共有や経営関与，事業保全の根拠，つまり権原の確保が担保の機能の中心と考えているのではないか，と指摘しつつ，そうであれば，「担保権者の立場や効力をパートナー的なものとして解釈する必要が生じる」と述べている[36]．優先弁済確保のための担保から権原の確保のための担保へという理解が地域金融機関に生じていることは，地域密着型金融の取組が浸透しつつあることを示している．

ただし，リレーションシップ・バンキング，地域密着型金融は地域銀行にとってはその効果が小さい可能性もある．銀行の貸出審査は，信用調査といわ

れ，人的調査，物的調査，そして財務面の分析からなるとされており，単なる財務分析に限らない．いわゆる人，物，金の三要素については中小企業になればなる程，人の部分，個人的資質，役員の調和，団結，従業員の勤労意欲などが問題となる．こうしたソフト情報を書面化することは大変難しい面がある．そのため，地域銀行やメガ信金とよばれる大規模な信用金庫ではリレーションシップ貸出は困難といえ，規模の小さい信用金庫，信用組合の方がリレーションシップ・バンキング，地域密着型金融の取組は容易と思われる．

こうしてみると，確かにリレーションシップ・バンキング，地域密着型金融は全般的にビジネスモデルとしては技術革新といえるほどの目新しさはない．わが国ではメインバンク・システムが定着しており，それは中小企業においても同様である．わが国の多くの中小企業のメインバンク取引の期間は30年以上となっているのであり，リレーションシップ・バンキングはある意味でありふれたものかもしれない．

しかし，わが国の中小企業が製造業から業種転換して医療，健康，介護，環境・エネルギーなどの分野で新たな取組みを目指すとき，その金融的な支援はリレーションシップ・バンキング，地域密着型金融が支える可能性が高い．従

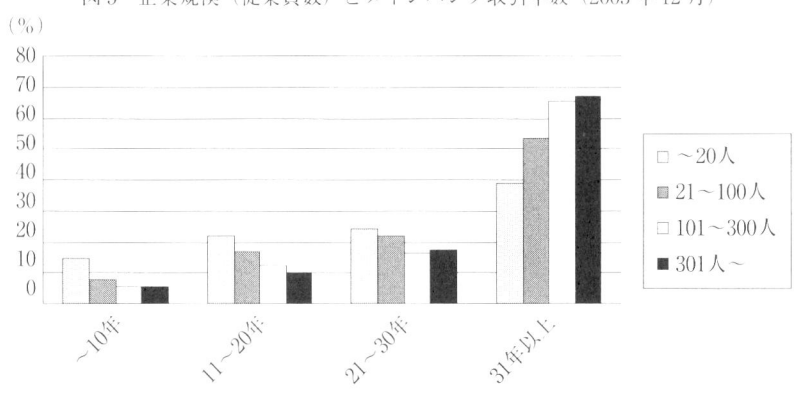

図5 企業規模（従業員数）とメインバンク取引年数（2003年12月）

(出所) 内田浩史 (2010)『金融機能と銀行業の経済分析』日本経済新聞出版社，182ページより作成．

来のトランザクション貸出ではこうしたエージェンシー・コストの高い業務に取り組む企業への貸出は困難であり，資金ニーズには対応できないだろう．それゆえ，リレーションシップ・バンキング，地域密着型金融の意義は大きく，銀行貸出と企業の双方の連動的イノベーションにつながる取組みであるとみることができるだろう．

5．むすび

　グローバル化する地域経済を支える金融システムとして，銀行の貸出業務にはさまざまなイノベーションが起こりつつある．電子債権，シンジケート・ローン，ABL，コベナンツ，リレーションシップ・バンキング，地域密着型金融など，従来のわが国の銀行では考えられなかったような貸出や顧客支援の取組みが行われつつある．特にリレーションシップ・バンキング，地域密着型金融は地域経済を浮揚させる効果を目指したものであり，その意義は小さくない．

　地域の銀行の健全性と地域の中小企業の健全性には連動性，相関性がある．つまり，地域経済の活性化が地域金融機関の繁栄につながるのであり，いかに地域経済を発展させるかは地域の問題であると同時に地域金融機関の問題と思われる．その問題の中核となるのは中小企業への貸出業務とそれに関連する地域密着型金融でいわれるさまざまな顧客支援業務におけるイノベーションに違いない．

　地域経済はグローバル化しており，地域の中小企業にもグローバル化への対応が求められる．そして，そうした地域の中小企業の変化に対応する銀行の貸出業務や顧客支援業務が必要とされる．

　わが国の銀行の貸出業務におけるイノベーション，新たな金融サービスの提供ためへの取組み，顧客支援業務のローコストで効率的な提供，そしてグローバル下の地域経済に貢献できる銀行業務についてさらなる研究が行われることを期待したい．

1) 宇沢弘文 (2000)『社会的共通資本』岩波書店，201 ページ．
2) Bernanke, Ben S. (1983), "Nonmonetary Effects of the Financial Crisis in the Propagation of the Great Depression", *The American Economic Review*, Vol.73, No.3, (June 1983) p.268.
3) 全国銀行協会金融調査部編 (2010)『図説わが国の銀行』財経詳報社，94 ページ．
4) 全国銀行協会金融調査部　前掲書，94 ページ．
5) 西口健二 (2012)『金融リスク管理の現場』金融財政事情研究会，82 ページ．
6) McKinnon, Ronald I. (1973), *Money and Capital in Economic Development*, Washington, D.C, The Brookings Institution, p.69.
7) Shaw, Edward, S. (1973), *Financial Deeping in Economic Development*, New York, Oxford University Press, p.80.
8) 千野忠男監修野村総合研究所著 (1998)『米銀の 21 世紀戦略』金融財政事情研究会，9 ページ．
9) 池尾和人 (2003)『銀行はなぜ変われないのか』中央公論新社，127 ページ．
10) 内田浩文 (2010)『金融機能と銀行業の経済分析』日本経済新聞出版社，245 ページ．
11) 小野有人 (2008)「担保や保証人に依存した貸し出しをやめるべきか」渡辺努・植杉威一郎編著『検証中小企業金融』，日本経済新聞出版社，164 ページ．
12) 小川一夫「貸しはがしの影響は深刻だったのか」，同上書，102 ページ．
13) 植杉威一郎「中小企業における淘汰は正常か」，同上書，45 ページ．
14) Drucker,Peter.F. (1985), *Innovation and Entrepreneurship*, HarperCollins Publishers, pp.14-15（上田惇生訳 (2007)『イノベーションと企業家精神』ダイヤモンド社）．
15) *Ibid.*, p.123.
16) *Ibid.*, pp.129-136.
17) コベナンツ研究会 (2005)『コベナンツ・ファイナンス入門』金融財政事情研究会，23-24 ページ．
18) 同上書，24 ページ．
19) アーサーアンダーセンコンサルティング金融ビッグバン戦略本部 (1998)『金融業勝者の戦略』東洋経済新報社，233 ページ．
20) 小谷範人 (2009)『シンジケートローン市場構造と市場型間接金融』渓水社，12 ページ．
21) 同上書，16 ページ．
22) 植杉威一郎・渡辺努「中小企業金融の実態と将来像」渡辺・植杉　前掲書，211 ページ．
23) コベナンツ研究会　前掲書，24 ページ．
24) 三菱 UFJ 信託銀行不動産コンサルティング部 (2006)『図解不動産証券化のすべて』東洋経済新報社，16 ページ．
25) 後田廣孝・萩原宗人 (2013)「経営状況モニタリング手段としての在庫評価」「週

刊金融財政事情』第64巻第22号，2013年6月，18-20ページ．
26) 小澤学（2013）「取引先とのリレーション強化に活用」『週刊金融財政事情』第64巻第22号，2013年6月，24-26ページ．
27) 全国銀行協会金融調査部　前掲書，104ページ．
28) 全国銀行協会金融調査部　前掲書，105ページ．
29) 家森信善（2004）『地域金融システムの危機と中小企業金融』千倉書房，45ページ．
30) 小藤康夫（2006）『金融コングロマリット化と地域金融機関』八千代出版，201-202ページ．
31) 西口　前掲書，91ページ．
32) コベナンツ研究会　前掲書，100ページ．
33) 原田敬士・西村卓理（2013）「商品価値を守る契約上の工夫と売掛債権担保管理システム」『週刊金融財政事情』第64巻第22号，2013年6月，21-23ページ．
34) 内田浩史「リレーションシップバンキングは中小企業金融の万能薬か」渡辺・植杉　前掲書，114ページ．
35) 内田　前掲書，173ページ．
36) 田村耕一（2013）「地域密着型金融における担保の意義と金融機関への意識調査の分析」『銀行法務21』第57巻第10号，2013年9月，50-52ページ．

参考文献

相沢幸悦（1997）『ユニバーサル・バンクと金融持株会社』日本評論社
池尾和人・岩佐与市・黒田晃生・古川顕（1997）『金融（新版）』有斐閣
池尾和人・金子隆・鹿野嘉昭（1993）『ゼミナール　現代の銀行』東洋経済新報社
池尾和人（1995）『金融産業への警告』東洋経済新報社
池尾和人（2010）『現代の金融　新版』筑摩書房
太田勉（2006）『金融改革と信用秩序』松本大学出版会
川口慎二・三木谷良一編（1986）『銀行論』有斐閣
倉津康行（2001）『金融マーケット入門』日本経済新聞社
黒田晃生（2011）『入門　金融』東洋経済新報社
黒田晃生編（2008）『金融システム論の新展開』金融財政事情研究会
佐野勝次・上田良光・市川千秋編著（2007），『エッセンシャル　銀行論』中央経済社
島村高嘉・中島真志（2011），『金融読本　第28版』東洋経済新報社
菅野正泰（2011）『入門金融リスク資本と統合リスク管理』金融財政事情研究会
千野忠男監修野村総合研究所著（1998）『米銀の21世紀戦略』金融財政事情研究会
西口健二（2011）『金融リスク管理の現場』金融財政事情研究会
日本総合研究所編（2010）『金融システムの将来像』金融財政事情研究会

第6章　住宅ローン媒介業務の法規制と
　　　　ビジネス・スキーム

1．はじめに

　地域経済の活性化については，各種の地域経済振興政策をはじめ諸施策が提起されている他，金融領域においても地域金融機関のあり方に関する長年の積み重ねられた議論がある[1]．本章では，このような問題の1つとして，わが国におけるローンの媒介業務を取り上げ，特に住宅ローンに焦点を当ててその法規制の枠組みと現行法の下で可能となる具体的な業務形態にはどのようなものがあるかについて検討する．

　ところで筆者は，別稿[2]において，銀行代理業と貸金業にかかわるローンの媒介に係る法規制を，主として住宅ローンの領域に即して検討した．そこでその続編にあたる本章では，住宅ローンの媒介業務が，現行法令の下で，具体的にどのような形で可能となるのか，誰が，どのような資格で，どのような業務を担うことができるのかを，現在模索されている具体的なモデルに即して検討することとしたい．

　以下，本章では，第2節において，「媒介」業務とは何かについて，あらかじめ「取次」業務，「コンサルティング」などといった隣接領域とされる業務を含めて概念的な整理と区別を行い，そのうえで，第3節以下においては，現在，想定され，実行されつつある業務スキームの具体的な内容を，その適法性に即して検討する．

　そしてこのような検討を通じて，今日，開業・起業が低迷し，新規のビジネスモデル創出が困難な日本経済にあって，地域におけるビジネスモデルの1つ

がローンの媒介制度の整備にあり，アメリカやイギリスにおいて"mortgage broker"や"mortgage intermediary"[3]として定着している「ローンブローキング」の制度の導入が我が国においても現実的な可能性を有していることを示すことにしたい．

2．「媒介」・「取次」・「コンサルティング」の定義

(1)　「銀行のために行う銀行代理業」と「顧客のために行う貸金業の媒介」

　別稿では，住宅業者，宅建業者（以下，総称して，「住宅供給業者」と呼ぶ．）が顧客のために行う住宅ローンの事前審査や本申請にかかわる申込書の顧客からの受け取り，その銀行，金融機関への代理提出，ローン実行に至るまでの種々の支援業務は，まずはこれを「媒介」であることを明確に示す必要があること，そして，そのうえで，この業務を，銀行のために行う場合には，「銀行代理業」として「銀行代理店」の認可が必要であること，またこの業務を顧客のために行う場合には，「貸金業」としての登録が必要であることを述べた．

　ただし貸金業法では，住宅供給業者は，貸金業法第2条1項の「3．物品の売買，運送保管，物品の売買の媒介を業とするものが，その取引に付随して行うもの」については，適用除外を受けることができるのであるから，本業に付随するローンの媒介を行う限り，貸金業には当たらず，貸金業登録を受ける必要はないことになる．

　このような枠組みに沿ってみるならば，住宅供給業者は，顧客のために行うという点で，銀行代理業には当たらず，また住宅という「物品の売買または売買の媒介」を業とするものが，その取引に付随して行う場合には，貸金業には当たらないということになる．

　したがって住宅ローンに密接にかかわる住宅供給業者は，銀行ローンの取り扱いにあたって，「媒介」ではなく，「取次」であると主張することには無理があり，むしろ「顧客のために行う」行為は，まず「銀行代理業」には当たらないと理解するのが自然である．改正銀行法の施行に先立つ2006年2月28日の

監督指針の改正に関するパブリックコメントに対して，金融庁が下記のように回答しているのはこのような規定に即したものであったと理解することができる．

「銀行代理業は，銀行法第2条に規定されているとおり「銀行のために」行うものであります．照会内容が，顧客からの要請を受けて，顧客の利便のために顧客の側に立って助力する場合には，銀行代理業の許可は不要となる場合もあると考えられます．しかしながら，当該行為が顧客のために行われているか否かについては，実態に応じた判断が必要です．」

「顧客利便のために顧客の側に立って助力する場合」は代理業にあたらないとしているのは，まさに誰のために行われる行為であるのかが判断基準となっていることが明らかである．

また2006年4月1日の改正銀行法施行後の，5月17日の同庁のパブリックコメントへの回答では，下記のように記載し，顧客のために行われる行為で，貸金業に該当する場合は，貸金業の規制等に関する法律（当時は，「貸金業規制法」）第2条（現行法も「貸金業法第2条」）に該当する場合は，同法に基づく登録が必要となるとしている．

「銀行代理業は，銀行のために行うものであり，銀行の顧客（銀行取引の相手方）の委託のみにより，当該顧客のために行う行為はこれに該当しません．

『顧客のために』とは，顧客からの要請を受けて，顧客の利便のために，顧客の側に立って助力することをいい，具体的には，①顧客を代理する場合，②純粋に顧客からのみの委託により顧客のために媒介する行為である場合をいいます．

なお，銀行代理業に該当せず，かつ，貸金業の規制等にの3つの行為を行う法律第2条に規定する貸金業に該当する場合は，同法に基づく登録が

必要となりますので留意が必要です.」

以上のように,銀行のために媒介する行為は銀行代理業に当たり,顧客のために媒介する行為は貸金業に該当することとなる.現在,銀行が住宅ローン案件を集客し,その契約業務などを専門的に取り扱う,いわゆる「住宅ローンセンター」が銀行から分離,独立して,銀行代理店としての許可を受ける事例が存在するのは,まさにこのような法規制に対応したものであると理解できる[4].

(2) 「媒介」・「取次」・「コンサルティング」の相違
1) ローン媒介の法令上の定義
貸金業法第2条第1項では,下記のように規定し,直接に「資金を交付する」(「お金を貸す」)金銭の貸付けは当然のことながら,直接お金を貸さない「お金を貸す仲立」行為も「金銭の貸借の媒介」として貸金業に該当することを明示している[5].

「この法律において貸金業とは,金銭の貸付け又は金銭の貸借の媒介(中略)で業として行うものをいう.」

「お金を貸す仲立」とは「媒介」であり,一般に「仲介」,「斡旋(あっせん)」と同義で使われており,ローンの借り手である消費者と,銀行,金融機関との間に入って,住宅ローンの契約の成立に尽力する行為であると理解される.
また「業として行うもの」とは,事業として反復継続して行うものであり,また利子や手数料を受け取るか否かにかかわりないものとされている[6].
そこで「ローンの媒介」とは,ローンの供給者と需要者との間に入って,その取引を仲立ちし「ローンの成立に向けて尽力する行為」であり,これを銀行のために行う場合は「銀行代理業」,顧客のために行う場合は「貸金業」となる.それでは,「媒介」とはどのような行為が該当するのか.これについても,

金融庁は，監督指針において，以下のような「媒介」に至らない行為であり，同時に銀行から受託する銀行代理業の許可が不要な具体的行為例として列挙され，パブリックコメントへの回答においてもこれが引用されている[7]．

　イ．商品案内チラシ・パンフレット・契約申込書等の単なる配布・交付
　　（注）このとき，単に取扱金融機関名や同金融機関の連絡先等を伝えることは差し支えないが，配布又は交付する書類の記載方法等の説明をする場合には，媒介に当たることがあり得ることに留意する．

　ロ．契約申込書及びその添付書類等の受領・回収（記載内容の確認等をする場合を除く．）
　　（注）このとき，単なる契約申込書の受領・回収又は契約申込書の誤記・記載漏れ・必要書類の添付漏れの指摘を超えて，契約申込書の記載内容の確認等まで行う場合は，媒介に当たることがあり得ることに留意する．

　ハ．金融商品説明会における一般的な銀行取扱商品の仕組み・活用法等についての説明

　以上は，住宅供給業者が銀行等の金融機関の「商品案内チラシ・パンフレット・契約申込書等」を単に「配布・交付」したり，これらを「受領・回収」を行うことは，単なる書類の受渡し行為であり，銀行代理業にかかわって媒介に至らない具体的行為例として金融庁が示した数少ないガイドラインといえよう．

　2）ローンの媒介と「取次」の相違
　以上のような規定は何を意味するか．「イ」は，顧客の求めに応じて，単に取扱金融機関名や同金融機関の連絡先等を伝える「単純な紹介」であり，「ロ」は，契約申込書およびその添付書類等を受領・回収する「単純な書類受渡」で

あり,「ハ」は,一般的な説明と理解される.

　ここで,「契約申込書の誤記・記載漏れ・必要書類の添付漏れの指摘を超えて,契約申込書の記載内容の確認等まで行う場合」が「媒介に当たることがあり得る」ものとして想定されていることは,「単純な紹介」や「書類受渡」を超えた行為が,顧客に対して特定の金融機関や特定のローン商品を推奨したり,誘導したり,勧誘,営業するものとなりうるということに他ならない.そして「特定の金融機関の特定のローンの内容に踏み込んで,その内容を顧客に説明することは,勧誘,営業行為となりうるということになる.

　言い換えれば,「ローン契約の成立に向けて尽力する行為」には,顧客に対して特定の金融機関の特定のローン商品の説明を行うことや勧誘を行うことによる営業行為が含まれることを意味する.そしてこの「営業行為」としての「媒介」を,銀行のために行う場合には銀行代理業,顧客のために特定の金融機関の特定のローン商品の説明を行い,特定の金融機関に対してローン案件を代診・交渉し,そして関連業者の手配などを行う場合は,原則として貸金業法上の「金銭の貸借の媒介」にあたるという理解となる.

　これに対して「取次」とは,以上のような営業行為を伴わない「単純紹介」,「書類の受領・回収」であり,また一般的なローン商品の説明であるという理解に帰着する.

　このような行為は,住宅供給業者によって顧客に対して,ローンの事前準備・事前審査の支援,申込み,本審査の申込み,意見書の提出,関連する保険,住宅性能評価,土地家屋調査士や司法書士への依頼,金銭消費貸借契約・融資実行への立会いなどの形で行われているものであり,実務では,上記のような取次と媒介を厳格に区別することは困難であるというのが実態であろう.また住宅供給業者にとっては,ローンの成否は住宅の販売や仲介業務にとって決定的な要因となるのであるから,単なる取次を超えて,自らの営業のためにローンの成立に向けて尽力する行為が存在するのはいうまでもない.

　一方,媒介を,「ローンの実質的審査や契約代理行為を行う」ことだけに限定して定義し,それ以外をすべて「取次」とする理解もある.しかし,以上の

ような金融監督指針やパブリックコメントへの回答は，このような限定された定義は無理があることを示すものとなる．

他方，商法上の「取次」概念は，「他人の取引を自己の名義をもってなす」と定義されており，「取次」という言葉は，むしろ媒介に近似する意味で使われている．

筆者が調査対象とした関連プロジェクトの登録貸金業者による法令照会に対する監督官庁の回答・指導は，かなり踏み込んだ厳格なものである．特に貸金業登録を受けない外部者が顧客に対して特定の銀行，金融機関に誘導する行為は，媒介とみなされる可能性が高いという指摘がなされている．銀行のためか顧客のためかといった区別だけではなく，具体的に，「単純な紹介」や「書類受渡」においては，顧客に対して特定の金融機関や特定のローン商品を推奨したり，誘導したり，勧誘，営業する行為を行うことができないということになる．

しかしながら，実務上の線引きが困難であるとすれば，単なる紹介や書類受渡を超えて，自らの営業のためにローンの成立に向けて尽力する業務を行う住宅供給業者は，貸金業の適用除外である自らの住宅の販売や売買の媒介を業とするものとして，その取引に付随して行うものであることを明確にして行わなければならない．また住宅の販売や売買の媒介を伴わない「ローンの借換」の媒介は適用除外を受けることはできないし，さらに住宅供給業者の外部者（以下，外部者と呼ぶ．）は，たとえ住宅供給業者の住宅の販売や売買の媒介を付随して行われる場合であってもそれを業とする者ではないので同様に適用除外を受けることはできない．

したがって住宅供給業者が顧客のためにローンの借換の媒介を行う場合や，その外部者がローンの媒介を自らの業として行う場合には，貸金業登録を受けることが求められると考えられる[8]．

3）ローンの媒介と「コンサルティング」の相違

a）コンサルティングの定義

住宅ローンの業務領域で，「取次」の周辺業務として問題となるのは，住宅ローンにかかわる「相談」や「コンサルティング」と呼ばれる行為である．住

宅ローンの相談、コンサルティングは、住宅供給業者にとっては、住宅の営業活動に密接に関連しており、営業活動に事実上組み込まれているばかりではなく、近年は、ファイナンシャルプランナー（以下、FP）のような住宅供給業者の外部に独立したプレイヤーによっても担われている。

特に独立系のFPは、保険代理店を営む者が多く、各種のホームページ（HP）などを通じて、「中立公正」を掲げてさまざまな情報を提供し、また相談・コンサルティング活動を展開している。

相談・コンサルティングには、住宅ローンの相談受付に始まり、購入希望物件やライフプラン、資金計画の聞き取り、住宅ローン商品モデルの説明、返済シミュレーションの実施、適合的な住宅ローン商品モデルの絞込みなどの検討、そしてそれを基にした提案に至る行為が含まれる。

またコンサルティングでは、何よりも「中立公正さ」が求められており、これを依頼する顧客のライフプランやキャッシュフローに即して、ローンのタイプごとにこれを借りた場合の返済能力やリスクを検討し、何よりもローン返済で生活を圧迫したり、破産したりしないように検討し、診断することがその最も基本的なスタンスとされている。

またコンサルティングとは、あくまでも顧客の各種の選択のための判断材料を提供するものであり、ローンのコンサルティングでは、顧客が行うローンの意思決定に際して、必要な情報提供、助言、診断、提案を行うにとどまることが、「中立公正」性を担保するものであることはいうまでもない。

したがってローンのコンサルティングにおいては、契約の成立に向けて尽力する媒介行為に踏み込んだ途端に、中立公正さは失われるものとすることも確認されるべきである。

b）　銀行代理店・登録貸金業者の外部者の「コンサルティング」

ここで貸金業登録企業やその代理店に所属しない者、あるいは貸金業の適用除外を受けられない外部者は、「コンサルティング」行為においても、特定の銀行や金融機関のローン商品を説明したり、推奨したりすることは、特定の銀行等のローン商品を顧客に説明したり、推奨、誘導することは媒介となりうる

ので，そのような行為はできないこととなる．

したがって住宅ローンのコンサルティングにおけるローン商品の説明においては，一般的な住宅ローンの商品モデルの説明や商品モデルの選定，診断行為にとどめることが求められる[9]．

ところが，住宅ローン業務では，「コンサルティング」や「取次」という言葉を使って業務を行えば，銀行代理業や貸金業に該当しないという理解も存在する．

そこで次節においては，まず，コンサルティング，取次は，具体的にどのように定義されるべきか，また誰が，どのような資格において，どのような業務を遂行することが可能なのか，現行法や規制ガイドラインに即して，監督官庁に紹介された業務スキームの内容に即して具体的に検討することにしたい．

3．「顧客紹介」・「媒介」・「調査・デューデリ」と業務スキーム

以上のような銀行，貸金業者の外部者が行う「取次」，すなわち単純顧客紹介とは対照的に，銀行代理店や貸金業者が行う「媒介」業務では，いうまでもなく「外部者」の「取次」業務の制約を超えた「媒介」業務そのものが可能となる．媒介業務は，すでに銀行代理業としては，銀行間や銀行と貸金業者との間でいくつかの事例が存在する[10]．ここで着目すべきは，住宅ローンなどの媒介にかかわる貸金業者の業務スキームである．住宅ローンの媒介業務については，現在，金融庁における法令照会を経て，具体的に推進されているスキームが存在する．またそこには，媒介業務を行う貸金業者が，その外部者から顧客の紹介を受ける単純顧客紹介をはじめとして，貸金業者が行う媒介業務とその周辺に位置する調査・デューディリジェンス業務，さらには媒介業務を行う貸金業者の委託先となる外部者の調査・デューディリジェンス業務や委託先自身が行うコンサルティング業務との関係が法令に即して明確に規定されている．以下，順を追って検討してみよう．

(1) 外部者の貸金業者に対する顧客の「紹介」

　登録貸金業者は，自らローンを供給する場合であっても，あるいはローンの媒介を専業とする場合であっても，その外部者から顧客の紹介を受けることがありうる．

　先にみたような媒介と取次の相違に関する理解は，「取次」を銀行などのローンの取扱金融機関に対する顧客の「単純紹介」，「書類取次」であるとするものであるが，このことは同時に，銀行や貸金業登録企業やその代理店の外部者であっても，顧客を，銀行や登録貸金業者，あるいはその代理店に紹介することが可能であることを示すものとなる．また特にここでは，アメリカのモーゲージブローカーやイギリスのモーゲージインターメディアリーのように，登録貸金業者がローンの媒介業務を専業，あるいは主業とする場合を想定して検討することとする．

1) 単純顧客紹介の行為

　すでにみたように，登録貸金業者の外部者による媒介業者への顧客紹介は，あくまでも顧客の求めに応じた受動的なものであり，外部者は，銀行やモーゲージバンクのパンフレット・申込書や，媒介を行う貸金業登録企業のサービスを説明するパンフレットや申込書を備置，手渡しをすることが可能であると理解される．

　その場合であっても，外部者は，媒介を行う媒介契約それ自体内容を説明したり，勧誘を行ったり，媒介契約の締結を代理することはできない．

　したがって「単純顧客紹介」では，この外部者は，貸金業登録企業に媒介希望顧客を紹介し，面談に立ち合うこともできるが，本人紹介にとどまることとなる．またたとえ顧客が希望しても，銀行，金融機関に顧客と同行することはできないということとなる．

2) 顧客「紹介」業務の仕組み

　このような理解に基づく業務スキームとはどのようなものか．具体的には図1のような業務の流れを示すことができる．

　顧客は，ローンの媒介業者である登録貸金業者への紹介を依頼する場合

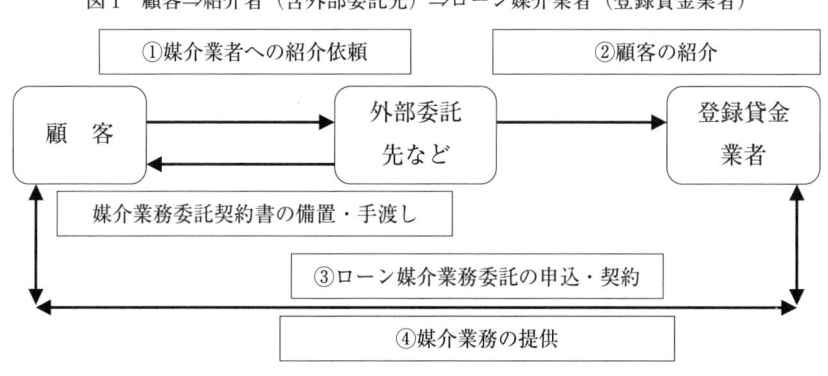

第6章 住宅ローン媒介業務の法規制とビジネス・スキーム　133

図1　顧客⇒紹介者（含外部委託先）⇒ローン媒介業者（登録貸金業者）

```
         ①媒介業者への紹介依頼              ②顧客の紹介
    ┌─────┐ ──────→ ┌─────┐ ──────→ ┌─────┐
    │ 顧 客 │           │外部委託│           │登録貸金│
    │     │ ←────── │先など │           │業者   │
    └─────┘           └─────┘           └─────┘
       ↑   媒介業務委託契約書の備置・手渡し
       │        ③ローン媒介業務委託の申込・契約
       │              ④媒介業務の提供
```

（出所）　図1～3，筆者作成．

　①，登録貸金業者は調査・デューデリ業務を委託している外部委託先からも顧客の紹介を受け入れることがある（②）．

　この顧客の紹介の受入れに際しては，顧客は，外部委託先が備置する申込書一体型のパンフレットや媒介業務委託契約申込書を通じて，登録貸金業者に媒介業務委託契約を申込むこととなる．

　その際，外部委託先などは，登録貸金業者と顧客との間の面談の際に顧客を登録貸金業者に紹介するために同席する．

　またその場合，外部委託先は，登録貸金業者に対して顧客の紹介者として本人紹介を行うにとどめ，登録貸金業者が行う媒介業務委託契約の内容の説明や勧誘を行わないことになる．

　そのうえで登録貸金業者は，顧客に対して契約締結前の交付書面（貸金業法第16条の2に規定される交付書面）および契約締結時の交付書面を交付して媒介業務の内容を説明し，媒介契約を締結したうえで（③），媒介業務を提供する（④）．

　なお後述のように，登録貸金業者が調査・デューデリ業務を委託するにあたっては，登録貸金業者は外部委託先に対して，外部委託先等と顧客との間では，特定の銀行等の金融機関の特定のローン商品に関する説明や勧誘行為を伴

わない中立公正な相談・コンサルティングが行われていることを前提とする。また外部委託先と顧客双方が反社会的勢力との関係を持たないことを担保する条項も登録貸金業者と外部委託先との間の調査・デューデリ業務委託契約に盛り込むことも求められる。

なお繰り返しとなるが登録貸金業者の外部委託先は顧客の求めがあっても、登録貸金業者や顧客とともに銀行等の金融機関に同行することはできない。

また、登録貸金業者が銀行等の金融機関の代理店として取り組む場合、登録貸金業者は顧客より、銀行等の金融機関との間の提携または契約条項に関する同意を得ることが求められる。

3) 顧客「紹介」業務の留意点

登録貸金業者やその代理店に対してその外部者が顧客を紹介する行為では、あくまでも銀行やモーゲージバンクの住宅ローンのパンフレット・申込書や、貸金業登録企業の媒介（あっせん）サービスに関するパンフレット・申込書の備置・手渡し行為にとどまることとなる。そして外部者は銀行やモーゲージバンクへの媒介（あっせん）を行わず、顧客を単に登録貸金業者への単純紹介行為にとどめ、特定のローン商品の説明、営業・勧誘・契約代理行為を行わない業務を行うものと理解される。

またそれに伴ってこの紹介では、外部者は、貸金業登録企業に媒介希望顧客を紹介し、面談に立ち合うこともできるが、本人紹介にとどまることとなる。

このような単純顧客紹介は、登録貸金業者からみて貸金業法第12条における名義貸し行為に当たらないことは明らかである。

登録貸金業者は、本業務の遂行を前後して、住宅ローン相談の専門家、およびこれらの専門家の窓口となる業者等の委託先から、媒介を依頼する顧客の紹介を受けることがある。その際、委託先は、媒介業者である登録貸金業者の媒介業務委託契約申込書を備置し、また顧客の求めに応じて媒介業者である登録貸金業者に対して媒介業務委託契約申込書を手渡す行為にとどめることが求められる。

さらに委託先が登録貸金業者と顧客間の面談に同席する場合があっても、委

託先は顧客の紹介者として登録貸金業者に本人を紹介するにとどめる一方，媒介業者である登録貸金業者が顧客に対して媒介業務委託契約の内容，媒介業者の業務内容の説明を行う形で業務が遂行される．

したがって委託先は顧客に対する媒介業務委託契約の勧誘行為や説明などの営業行為を行わないことになる．

(2) 登録貸金業者の「媒介」業務
1) 行為者とその業務

筆者が調査対象としている業務スキームでは，貸金業法第3条の規定に基づいて貸金業者として登録を受けた個人，または法人は，ローンの媒介業務を行っている[11]．

ここで登録貸金業者は，自らの営業活動やホームページでの広告，宣伝活動を通じて，ローンの媒介を希望する顧客を獲得し，顧客からローンの媒介業務を受託し，これを自らの収益業務として事業を推進している．

媒介業務とは，住宅ローン業務においては，登録貸金業者が顧客と銀行等の金融機関の取引主体間の仲立人として，ローン契約の成立に向けて尽力することを指し，具体的には，顧客の求めに応じて顧客に特定の銀行等の金融機関の住宅ローン商品の説明を行うとともに，そのローンの妥当性を判断し，顧客に銀行等の金融機関を紹介し，さらには銀行等の金融機関にローン案件の可否を打診し，ローンの申込書を事前審査，本申込を支援し，場合によっては申込を代行したりすることが含まれる．

2) 登録貸金業者によるローン媒介スキーム

このような業務スキームとはどのようなものか．具体的には図2のような業務の流れを示すことができる．

このスキームでは，登録貸金業者は，貸金業者として顧客からローンの媒介の依頼を受け（①），顧客との間でローンの媒介業務委託契約（以下，「媒介業務委託契約」という．）を締結したうえで（②），本媒介業務を提供し（③），ローンの成立に向けて尽力する（④）．そしてこれを通じて，銀行等の金融機関から

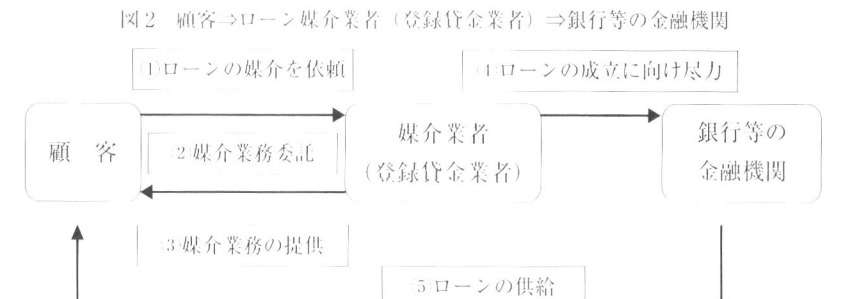

図2 顧客→ローン媒介業者(登録貸金業者)⇒銀行等の金融機関

- 1 ローンの媒介を依頼
- 4 ローンの成立に向け尽力
- 2 媒介業務委託
- 3 媒介業務の提供
- 5 ローンの供給

顧客 ── 媒介業者(登録貸金業者) ── 銀行等の金融機関

顧客にローンが供給される(5).

3) 媒介業務の具体的内容と方法

登録貸金業者が行う媒介業務は,顧客ルートによって,登録貸金業者が自ら獲得した顧客に対するものと,外部の業務委託先などから紹介を受けた顧客に対するものに分けることができる.

a) 登録貸金業者が自ら獲得した顧客への媒介業務(営業・提案活動)

登録貸金業者は,自らの営業活動やホームページでの広告,宣伝活動を通じて,ローンの媒介を希望する顧客を獲得する.

登録貸金業者は,まず,獲得した顧客のローン需要の内容や取得を希望する物件の内容を精査し,ローンの媒介業務の遂行の可能性を判断するために,自ら,顧客との間で相談,コンサルティング活動を行う.

また登録貸金業者は,相談,コンサルティング活動では,顧客のローン需要の内容や取得を希望する物件の内容に関する相談を受けるとともに,顧客の信用状況,返済能力などの信用調査,ローンの担保となる住宅・不動産などの価額および担保としての適格性調査,ローン商品の顧客にとっての適合性調査などを行いつつ,顧客の求めに応じて顧客の資金計画,ライフプラン,希望物件,利用可能な複数のローン商品の選択肢の検討と提案を行い,提案書を顧客に提出する.

登録貸金業者が顧客に対して利用可能なローン商品の提案を行うにあたって

は，顧客の希望を考慮し，また顧客の属性や取得を希望する物件の立地を考慮して，自ら取得した情報や取引のある銀行等の金融機関の情報に基づいて顧客に適合的なローンを記載した提案書診断書などを作成，提出する．

なお登録貸金業者が行う相談，コンサルティングの内容と方法それ自体は，貸金業の「金銭の貸借の媒介」を行う者として，特定の銀行等の金融機関の特定のローンの成立に向けて尽力する媒介業務を遂行する立場から，登録貸金業者が顧客に対して提出する提案書には，自ら紹介可能な特定の銀行等の金融機関の特定のローン商品の説明を記載することが可能となる．

　b) 外部者からの紹介顧客への媒介業務（営業・提案活動）

登録貸金業者は，ローンの媒介業務を遂行するために必要な顧客に関する調査・デューデリ業務の一部を外部に委託することがある（以下，登録貸金業者の調査・デューデリ業務の委託先を「外部委託先」という．また調査・デューデリ業務の内容と仕組みなどの詳細は後述する）．

また登録貸金業者は，自ら獲得した顧客の他に，委託先などから顧客の紹介を受けることも想定される（外部委託先からの顧客の受入れ方法についても後述）．

登録貸金業者は，外部委託先から顧客の紹介を受ける際に，外部委託先において貸金業法第16条の2の規定，および金融庁の『貸金業者向けの総合的な監督指針』（平成22年7月）Ⅱ-2-15-(2) の「申込書一体型のパンフレットを契約締結前の書面とすることを排除するものではない」という規定に基づいて，備置された「申込書一体型のパンフレット」を「契約締結前の交付書面」として利用しつつ，顧客から媒介業務の申し込みを受け，顧客が記入した申込書に記載された顧客の属性や取得希望住宅などを考慮しながら，自ら顧客に対して相談，コンサルティング活動を行うことが可能である．

申込書には，顧客が自ら記載した自己の属性や取得希望住宅の立地を含む情報が記載されており，これらの情報を判断材料としながら，相談，コンサルティング活動を開始し，顧客の信用状況をはじめ，借入能力，返済能力，担保となる住宅物件の適格性，ローン商品の顧客にとっての適合性調査などを行いつつ，顧客の求めに応じて顧客の資金計画，ライフプラン，希望物件，利用可

能な複数のローン商品の選択肢の検討と提案を行い，提案書を顧客に提出することとなる．

なお外部委託先は，登録貸金業者の媒介業務とは独立に，先行して顧客との間で相談，コンサルティング業務を行っていることがある．外部委託先は貸金業登録を行っていない場合は媒介業務を行わず，したがって特定の銀行等の金融機関の名称や商品名を実質的に調査済みで想定しているとしても，これに言及せず，かつ提案書にもこれを記載せず，なおかつ想定される利用可能な複数のローン商品の選択肢を，たとえば「A銀行のB商品」といった表現を用いた報告書を顧客に提出することが求められる．

これに対して登録貸金業者の顧客に対する提案書は，具体的な特定の銀行等の金融機関の特定のローン商品に関する提案を含むものとなる．

登録貸金業者による特定の銀行等の金融機関の特定のローン商品の選定では，登録貸金業者は，顧客の希望を聞くとともに，顧客が自ら登録貸金業者に業務委託を行うための申込書に記入した属性や取得予定住宅の立地などを考慮し，また登録貸金業者自身の取引のある銀行等の金融機関を含めて登録貸金業者自身がこれを判断して，特定の銀行等の金融機関の特定のローンを選定し，提案を行うことができる．

なお，外部委託先が登録貸金業者の媒介業務に先行し，独立に顧客との間で行っている相談，コンサルティング業務に基づく情報は，登録貸金業者の外部委託先に対する調査・デューデリ業務の委託に基づく調査・デューデリ情報に反映されることがありうる．これらの情報は，登録貸金業者が顧客との間で締結する媒介業務委託契約に基づいて，ローンの妥当性判断材料として登録貸金業者が外部委託先に委託した情報を利用するものであり，登録貸金業者が特定の銀行等の金融機関の特定のローン商品を選定し，提案する際には，あくまで顧客の希望と，顧客からの情報を自らの判断材料とする．

c) 登録貸金業者の媒介業務（本格的媒介業務）

以上の2つのルートでの顧客に対する相談，コンサルティング活動，調査・デューデリ業務を経て，登録貸金業者は，顧客に対して特定の銀行等の金融機

関の特定の住宅ローンに関する詳細な説明を行いつつ，銀行等の金融機関に顧客を紹介し，本格的な媒介業務を遂行する．

なお登録貸金業者は，メールや電話で受け付け，自ら獲得した顧客については，時系列的には，相談，コンサルティング活動と前後して，顧客の自宅への訪問による面談，顧客の登録貸金業者の事務所への訪問による面談，もしくは登録貸金業者の顧客とのローン相談センターなどでの面談の3つのパターンで顧客と接触した時点で，貸金業法第16条の2に規定される交付書面を兼ねた申込書一体型のローンのコンサルティング・媒介業務説明書（契約締結前の交付書面）に基づいて登録貸金業者の業務内容，重要事項を説明し，顧客が媒介業務の委託を希望する場合には，契約締結時の交付書面（貸金業法第17条に規定される交付書面）を交付し，媒介契約を締結したうえで，本媒介業務を提供する．

なお登録貸金業者は，貸金業法第16条の2の規定，および金融庁の『貸金業者向けの総合的な監督指針』（平成22年7月）Ⅱ-2-15-(2)の「申込書一体型のパンフレットを契約締結前の書面とすることを排除するものではない」という規定に基づいて，外部委託先に備置された「申込書一体型のパンフレット」を「契約締結前の交付書面」として利用することがある．

また特定の銀行等の金融機関に対するローンの申し込みにあたっては，その事前準備として顧客の指定信用情報機関への照会を含む信用調査を行うことによって返済能力やローンの適合性を判断し，ローンの申込みに必要な徴求書類，契約書類，および審査書類の取得を指導・チェックし，書類の提出・送付を支援し，場合によっては提出・送付を代行する．

さらに銀行等の金融機関の審査に際しては，契約の成立に向けて意見陳述を行うための意見書を提出することもある．

さらにまた，ローンの契約や融資実行に際しては，必要に応じて住宅性能評価機関への住宅性能評価書の依頼や取次ぎ，信用補完のための団体信用生命保険，その他の保険業者の取次ぎ，土地家屋調査士や司法書士の紹介を行った上で，契約や融資実行に立ち合い，住宅の所有権移転などの確認のために登記簿謄本の確認までの業務を行うことがある．

なお登録貸金業者が自ら行う調査・デューデリ業務や顧客との相談・コンサルティング業務は，登録貸金業者と顧客との間のローンの媒介業務委託契約の締結後も必要に応じて行われ，時系列的には，相前後することがある．

なお媒介業者である登録貸金業者は銀行等の金融機関に対してローンの成立に向けた尽力行為の一環として，自ら銀行等の金融機関を訪問する際には，調査・デューデリ業務の外部委託先であり，かつ顧客の紹介者でもある外部委託先等の者をそこに同行させることはできない[12]．

(3) 調査・デューデリ業務の外部委託
1) 調査・デューデリ業務の行為者と定義

登録貸金業者は，ローンの媒介業務の遂行にあたって，顧客の信用状況，返済能力などの信用調査，ローンの担保となる住宅・不動産などの価額および担保適格性調査，ローン商品の顧客との適合性調査などを行う．この顧客の信用状況，返済能力などの信用調査，ローンの担保となる住宅・不動産などの価額および担保適格性調査，ローン商品の顧客との適合性調査は，下記の定義のような調査・デューデリ業務に該当する．登録貸金業者は自らこの業務を遂行するとともに，その業務の一部を外部委託先に委託し，外部委託先は，登録貸金業者から委託された調査・デューデリ業務を遂行することが想定されている[13]．

また外部委託先は，登録貸金業者が指定する住宅ローンの取扱に習熟した住宅・不動産業者や関連商社，またはこれらの関連業者と提携などを行う住宅ローン診断士等の住宅ローンのコンサルティング業務に精通する者（以下，「住宅ローン相談の専門家」という），またはこれらの住宅ローン相談の専門家の窓口となるものが想定されている．

デューディリジェンスとは，一般に，「投資家が投資対象の適格性を把握するために行う調査活動全般」と定義されており，また本件の住宅ローンの媒介業務においては，調査・デューデリ業務とは，顧客の住宅ローン債務者としての適格性に関する調査・判断業務であり，顧客の信用状況，返済能力と，担保

となる住宅・不動産に関する調査を行い，ローン商品の顧客にとっての適合性を調査する一連の活動と定義される．

したがって委託先が貸金業法第3条に定める登録を受けることなく調査・デューデリ業務を遂行しても，当該行為が貸付けの契約の締結や契約の媒介行為には当たらないことから，委託先は貸金業法第11条で定める無登録営業の禁止規定には抵触せず，また貸金業法第47条および同法第51条に定める罰則の対象とならないことが法令照会を通じて確認されている．

また，本調査・デューデリ業務の委託行為は，登録貸金業者がローンの媒介サービスを行うにあたり，顧客の属性や物件等に関する情報を委託によりローンの借入れ可能性を判断するために事前に得ようとするものであり，これは貸金業者が，ローンの供給やローンの媒介に付随する物件調査などで，不動産鑑定士に鑑定評価を依頼するのと同様であると考えられる．

2) 調査・デューデリ業務の仕組みと内容——登録貸金業者の業務遂行とその外部委託

調査デューデリ業務は，具体的には図3のようにその業務の流れを示すことができる．

登録貸金業者は，ローンの媒介業務の遂行に際して，それに付随する調査・

図3 顧客⇔調査デューデリ業務（登録貸金業者および外部委託先）⇔登録貸金業者

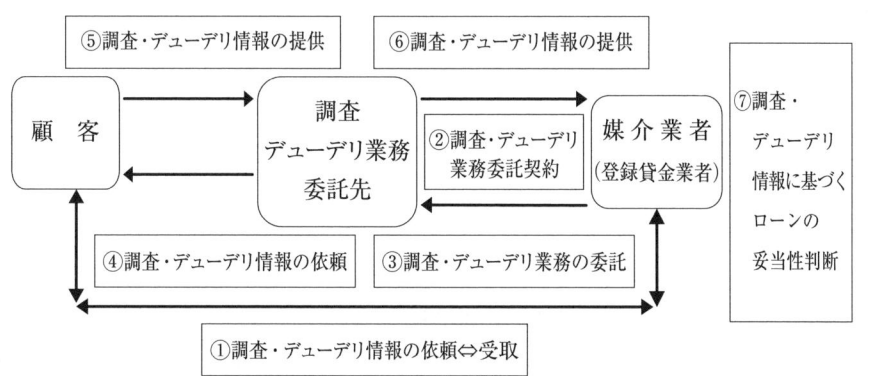

デューデリ業務を自ら顧客に対して、信用状況、返済能力などの信用調査、ローンの担保となる住宅・不動産等の価額および担保適格性に関する情報の提供を依頼し調査し、ローン商品の顧客との適合性を判断する（1）。

また登録貸金業者は、外部委託先との間で、調査・デューデリ業務委託契約を締結したうえで（2）、外部委託先に調査デューデリ業務を委託し（3）、外部委託先は顧客に調査・デューデリ情報の提供を依頼する（4）。登録貸金業者は顧客からの調査・デューデリ情報の提供を受けたうえで（5）、外部委託先が作成した調査・デューデリ情報を受け取り（6）、登録貸金業者が行うローンの媒介業務の妥当性の判断材料として利用し（7）、ローンの媒介業務を提供する[4]。

なお調査・デューデリ業務における調査対象は、資金需要者の属性情報と与信判断のための情報に限定され、個人情報保護法に基づいてその情報取得方法、内容、保管・管理・処分が行われ[5]、調査方法は、電話、メール、または面談による照会、問合せ、実地調査、顧客が提供する書類の確認等によるものとなる[6]。

3） 調査・デューデリ業務の適法性と留意点

登録貸金業者と外部委託先が行う調査・デューデリ業務の対象と方法は、基本的には同じである。登録貸金業者が顧客との間で締結した媒介業務委託契約と個人情報の取扱に関する同意書の範囲内での対象と方法に限られる。当然、登録貸金業者の外部委託先に対して依頼する調査・デューデリ情報も、顧客との間の媒介業務委託契約内容と個人信用情報の取扱の同意書の範囲内での情報となる。

その業務は、登録貸金業者が顧客の依頼に基づくローンの媒介業者として、ローン商品の顧客にとっての妥当性を確認することを目的とした顧客の信用状況、返済能力の調査などの信用調査、ローンの担保となる住宅、不動産等の物件調査、ローン商品の妥当性調査などの主要行等向けの総合的な監督指針Ⅷ－3－2－1－1－(3)－①のただし書に抵触しない範囲の業務に限定される。

その際、委託先は、本顧客の信用状況、物件の担保適格性、および顧客にとっ

てのローン商品の適合性を調査し，登録貸金業者に報告するが，その委託業務の遂行にあたって，委託先は，貸金業者である登録貸金業者と顧客との間の媒介業務委託契約の勧誘も契約締結代理の業務も行うものではない．

以上のような登録貸金業者が委託する外部者の調査デューデリ業務は，委託先が貸金業登録を行わない場合であっても，貸金業法第11条の無登録営業に当たらないものと理解される．

また以上の登録貸金業者の業務は，銀行法第2条第14項各号に定める銀行代理業に該当せず，また登録貸金業者が行う業務は貸金業法第2条に規定される「金銭の貸借の媒介」に当たる適法の業務であることが確認されている[17]．

(4) 登録貸金業者が顧客紹介を受ける際の留意点
1)「名義貸し」行為と「無登録営業」との関係

外部者が登録貸金業者に対して単純顧客紹介を行う場合については本節の第(1)項で述べたが，登録貸金業者が顧客の紹介を受ける場合については，特段の留意点が存在する．とりわけ登録貸金業者は，外部者から顧客の紹介を受けると同時に，その同じ紹介顧客についての調査デューデリ業務を委託することがありうる．

その場合，外部者は，顧客紹介に先立って顧客に対する相談・コンサルティング業務を行っていることがあり，外部者がそれを通じて得た情報と，登録貸金業者が調査・デューデリ業務を通じて，当該外部者から得られる情報とは，区別される必要があることに留意しなければならない．

この点は，外部委託先が顧客に対して行った相談・コンサルティング業務，外部委託先からの顧客の紹介，および貸金業者としての媒介行為との間の区別，独立性が確保されなければ，登録貸金業者は顧客の紹介を受けた外部委託先に貸金業法第12条で禁止されている「名義貸し」行為に抵触することとなり，また外部委託先が貸金業登録を受けてない場合には，貸金業法第11条で禁止される「無登録営業」となる可能性があるからである．

そこで，登録貸金業者は，外部者から単純に紹介を受けた顧客について，当

該外部者に対して同じ顧客に関する調査・デューデリ業務を委託する際には，これらの業務が別個で，独立した業務であることを確保するために，登録貸金業者が外部委託先から取得する調査・デューデリ情報の内容と方法，その情報管理を厳格に遂行することが求められる．

2） 登録貸金業者が外部委託先から取得する調査・デューデリ情報の内容と方法に関する留意点

まず登録貸金業者が外部者に委託する調査・デューデリ業務では，外部者自身がそれに先行して顧客に対する相談・コンサルティング業務を遂行している場合があり，それは前提されていることになる．外部者の相談・コンサルティング業務は，すでに遂行されており，提案書を提出した時点でその業務は完了している．とすれば，外部者が顧客に示した提出した提案書や診断書をそのまま調査・デューデリ報告書として提出し，それを媒介業者である登録貸金業者が銀行などとの間の媒介交渉に利用するとすれば，相談・コンサルティング業務と媒介業務との区別はなくなってしまい，登録貸金業者は，外部委託先に対して媒介業務の一部を委託する行為と変わらないことになる．

その際，厳格に遵守せねばならない点は，登録貸金業者は外部委託先に対して，独自の内容と書式をもって，調査・デューデリ報告書を交付し，それを回収しなければならないという点である．

他方，調査・デューデリ業務を受託した外部者は，たとえ先行的に顧客の属性情報や信用情報を入手，確保している場合であっても，あくまでも登録貸金業者からの委託に基づいてその業務を遂行するという点が厳格に担保されなければならない．

これを担保する方法とは，形式的にも内容的にも外部委託先が相談・コンサルティング業務を通じて顧客に提出した診断書・提案書と登録貸金業者が外部委託先に対して徴求する調査・デューデリ報告書が同一のものであってはならないということであり，また同時にその調査・デューデリ報告書を顧客に開示してはならないということになる．

また登録貸金業者は，調査・デューデリ報告書に基づいて，媒介を行い，銀

行・金融機関に対してローンの契約の成立に向けて尽力する際には，その外部者が顧客に対して遂行した相談・コンサルティング業務に対応する診断書や提案書をそのまま銀行などに提出してはならない．これが担保されなければコンサルティングと媒介業務の区別をつけることができなくなるのである．

4．む　す　び

　本章では，「媒介」業務とは何かについて，あらかじめ「取次」業務，「コンサルティング」などといった隣接領域とされる業務を含めて概念的な整理と区別を行い，そのうえで，登録貸金業者が行う「媒介」関連業務について，外部者からの貸金業者への顧客の「紹介」，登録貸金業者の「媒介」業務，そして登録貸金業者が外部に委託する調査・デューデリ業務について，特に外部者が行う顧客の「紹介」や「コンサルティング」業務との間の区別，遵法性，法的整合性などを中心に検討してきた．

　これらの内容の多くは，筆者自身が関係するプロジェクトの法令照会活動やそれに関する筆者自身のヒアリング，調査に負うところが多い．このような調査を通じて明らかとなったことは，現在の日本の法令に即してみた場合，ローンの媒介に関連する各種の業務は，以下のような内容として整理できるということである．以下，相談・コンサルティング業務から登録貸金業者への顧客紹介・媒介の流れを要約的に示すことにより，結びにかえることとしたい．

　登録貸金業者の外部者のローンのコンサルティング業務は，特定のローン商品の説明や勧誘行為を行うものではなく，診断書や提案書の提出をもって完了するが，顧客が登録貸金業者のローンの媒介サービスを受けることを希望する場合には，登録貸金業者の外部者から顧客の紹介を行うことが可能である．その際の外部委託先の相談・コンサルティング業務から登録貸金業者が行うローンの媒介業務への流れは，以下のようになる．

　① 顧客が登録貸金業者のローンの媒介サービスを受けることを希望し，外

部委託先にローンの媒介業者である登録貸金業者への紹介を依頼した場合には，外部委託先は，登録貸金業者に顧客を紹介する単純顧客紹介を行うことが可能である．

② 登録貸金業者が外部委託先から顧客紹介を受ける行為は，具体的には，委託先に備置された業界者の業務に関する申込書一体型のパンフレットや登録貸金業者のローンの媒介業務委託契約申込書を委託先が顧客に手渡すことを通じて遂行される．

③ 登録貸金業者は，顧客からローンの媒介業務委託を受けると，貸金業者としてローンの成立に向けて尽力する立場から，顧客に対する登録貸金業者が行なうローンの媒介業務委託契約の締結に向けた勧誘行為や特定のローン商品の説明を行い，ローンの媒介業務を遂行する．

④ 登録貸金業者は，また，**外部委託先が相談・コンサルティング業務を事前に行っており，かつ委託先がその相談・コンサルティング業務を通じて得られた情報を保存している場合には，その委託先との調査・デューデリ業務委託契約に基づいて委託先から顧客の情報を取得することが可能である．**

その際，登録貸金業者はこれらの調査・デューデリ情報を，登録貸金業者が自ら行うローンの妥当性に関する独自の判断材料として利用し，自ら作成したローンの媒介先となる銀行等の金融機関に対する意見書などの作成材料としても利用する．

なお，その場合，銀行等の金融機関に対する意見書は，外部委託先が顧客との間の相談・コンサルティング業を経て作成した顧客に対する提案書や登録貸金業者が外部委託先に委託した調査・デューデリ報告書の情報を利用するとはいえ，フォーマットの点でもまた内容の点でも，登録貸金業者が作成する独自の内容のものとしなければならない．

その際，外部委託先は，登録貸金業者から委託を受け，作成した調査・デューデリ報告書を顧客に対して開示することはできないし，また登録貸金業者は，外部委託先顧客のために相談・コンサルティングを通じて作成

した診断書や提案書を受け取り，これを銀行等の金融機関との間の媒介業務，すなわちローンの成立に向けて尽力する行為のためにそのまま利用することはできない．
⑤　登録貸金業者は，媒介業務を行う貸金業者として，顧客と一緒に銀行等の金融機関と交渉し，訪問することがあるが，その際に，外部委託先は銀行等の金融機関に登録貸金業者や顧客と一緒に同行することはできない．

　実務界の一部には，法令判断ができないので，あいまいな業務を「グレーゾーン業務」として，これを行っても問題がないとする認識もみられる．しかし以上のような違法性のある業務ルールを採用することは，銀行等の金融機関，関係業者，消費者の信頼確保につながり，ひいては消費者保護につながると考えられる．

1) 地域経済活性化については，経済産業省を中心に各種の政策が推進されてきたが，そこで求められる視点のうち，地域経済の自立的発展基盤の強化にかかわる「ファミリービジネス」や「ソーシャルビジネス」の育成が注目されるほか，金融関連では，平成21年に立法化された地域経済活性化支援機構による「事業再生ファンド」や「地域活性化ファンド」の取り組みが注目される．ファンド関連の動きについては，松尾順介「地域活性化ファンドの動向について」『証券レポート』2013年10月号を参照されたい．
2) 井村進哉「住宅ローン媒介業務の法規制とその展望—その1　法令編—」『商学論纂』第55巻3号　岸真清教授古稀記念寄稿論文．
3) 井村進哉・水野誠一監修『モーゲージプランナー養成コースⅠ・Ⅱ・Ⅲ・別冊』（ビジネス教育出版社，2007年5月刊）の井村執筆巻Ⅰ，第2章，30-34ページを参照．
4) 2013年7月1日時点の許可理店は，個人を含め44件存在する（www.fsa.go.jp/menkyo/menkyoj/dairi_a.pdf）．
5) 銀行代理業の定義は，銀行法第2条第14項において規定されている．「預金」，「資金の貸付または手形の割引」，および「為替取引」の3つにかかわる「行為を行う営業」であるとして，それぞれ「契約の締結の代理又は媒介」と表現されている．
6) この規定は，貸金業規制法の立法趣旨からみて，かつてサラ金問題が深刻化した

際に, 自分ではお金を貸さず, 関係する貸金業者に多重債務者を誘導して悪質な取り立てを行い, 債務者から直接利子や手数料などを取らずに, 関係する貸金業者から報酬を得る暴力団などの行為を取り締まるために, 媒介行為も貸金業であると明記する必要があったことに起因している.

7) 金融庁「中小・地域金融機関向けの総合的な監督指針」(2013年3月), IV-3-2-1-1「許可の要否 (1) 許可の要否の判断基準等」(http://www.fsa.go.jp/common/law/guide/chusho/index.html).

金融庁の2006年5月17日のパブリックコメントへの回答においては, 「証券会社が資金ニーズ (借入のニーズ) のあるもののために銀行を紹介する行為は, 「銀行代理業」に当らないと解してよいか. 純粋に資金需要者のために銀行ローンの媒介を行う業者は, 銀行代理業の許可が必要か否か. 上記において, 一定の条件が満たされれば「銀行代理業の許可が必要ないとされた場合, この媒介業務は, 貸金業法に基づく金銭の貸借の媒介に該当すると理解してよいか.」 というコメントに対して, 「コメントに対する金融庁の考え方」として, 「銀行代理業は, 銀行のために行うものであり, 銀行の顧客 (銀行取引の相手方) の委託のみにより, 当該顧客のために行う行為はこれに該当しません.」とされ, また「『顧客のために』とは, 顧客からの要請を受けて, 顧客の利便のために, 顧客の立場に立って助力することをいい, 具体的には 1 顧客を代理する場合, 2 純粋に顧客からのみの委託により顧客のために媒介する行為である場合をいいます.」 とされ, さらに「なお, 銀行代理業に該当せず, かつ, 貸金業の規制等に関する法律第2条に規定する貸金業に該当する場合は, 同法に基づく登録が必要となるので留意が必要である.」と回答している.

8) 登録貸金業者が行う顧客の依頼に基づく, 顧客のための銀行等のローンの媒介業務は, 銀行法第2条14項に定める「銀行代理業」に該当せず, 銀行法第52条の36に定める許可を受けることなく本業務を遂行する場合であっても, 登録貸金業者が銀行法第61条の定める罰則の対象にならないものと考えられる.

9) 先に, 銀行代理業に当たらない具体例として, 金融庁の監督指針で示された「金融商品説明会における一般的な銀行取扱商品の仕組み・活用法等についての説明」がそれにあたる. すなわち「一般的な銀行取扱商品の仕組み・活用等についての説明」とは, ファイナンシャルプランナーなどが各種のホームページで掲載しているようなレベルのものとは異なり, ある程度の相談・コンサルティングにおける提案書を想定すると, 具体的な銀行などのローン商品の典型例が示されることとなる. しかしながらこの種の提案書においては, 特定の銀行, モーゲージバンクなどの名称やその具体的な商品名称, あるいは金利等の貸付条件などについて詳細に記載することは, できないということになる.

10) 銀行間の代理店業務は, セブン銀行などが各種銀行との間のキャッシングなどのATMネットワークで普及しているが, 筆者のヒアリング調査では, ローンの媒

介を行う銀行代理業務は，なお普及の初期段階にあるとみられる（www.fsa.go.jp/menkyo/menkyoj/dairi_a.pdf）．
11) 金銭の貸借の媒介を含む貸金業に該当する行為を行う場合，貸金業法第3条では，1つの区域内で事務所を設置して事業を行う場合には都道県知事，複数の都道府県にまたがる場合には財務局への登録が必要であると規定され，下記の要件を充たすことが求められている．
   ① 営業所または事務所に貸金業務取扱主任者（貸金業法第12条の3に規定するもの）を設置すること
   ② 貸金業登録企業に貸金業務3年以上経験の常勤役員，1年以上経験の従業員1名以上を設置すること（代理店＝営業所・事業所には貸金業務1年以上の経験のある従業員が必要となる．貸金業法6条1項15号，貸金業法施行規則5条の4）
   ② 貸金業登録には，純資産を5千万円以上を維持すること（貸金業法施行令3条の2）
12) 筆者の調査では，登録貸金業者の顧客からの報酬の受領とその方法は，多様である．登録貸金業者は，ローンの借り入れを希望し，登録貸金業者の媒介業務を利用した顧客から，媒介契約に基づいて媒介手数料を受領することとし，顧客の紹介の対価として銀行等の金融機関から手数料を受領することは予定していない．
   登録貸金業者の顧客からの報酬の受領方法は，銀行等の金融機関と顧客との間のローンの成約を条件に，銀行等の金融機関から顧客へのローンの実行時において，定額手数料又はローン成約金額に一定比率を乗じた定率方式の費用を，顧客から登録貸金業者に対して振込によって支払いを受けることが想定されている．
13) その際には，銀行代理店業務に抵触しないように，金融庁「主要行等向けの総合的な監督指針」Ⅷ-3-2-1-1-(3)-①の但書及び②に抵触しない範囲において業務を委託し，これを遂行することが求められている．
14) なお外部委託先と顧客は，登録貸金業者からの調査・デューデリ業務の依頼に先立ってローンに関する相談・コンサルティング契約を締結していることがある．その場合，登録貸金業者は，外部委託先が顧客との間で，銀行法および貸金業法に抵触しない範囲内で中立公正なコンサルティング業務を内容とする契約を締結していることを調査・デューデリ業務委託の前提となっており，また外部委託先と顧客双方が反社会的勢力との関係を持たないことを担保する条項も契約内容に規定されている．
   また登録貸金業者は，ローンの媒介業務の一環として，顧客の信用状況，返済能力等の信用調査，ローンの担保となる住宅・不動産などの価額および担保適格性調査，ローン商品の顧客との適合性調査などを行う．
   具体的には①登録貸金業者は，顧客の信用状況として，本人確認に必要な個人の属性情報，ローンの担保としての物件の妥当性，および顧客にとってのローン商品

の適合性や妥当性を、顧客の属性および物件の妥当性と、顧客が借入れを希望するローンの借入れ希望額、返済期間、金利、返済条件などに照らして、顧客が返済能力を有するか否かという観点から調査し、ローンの妥当性を判断する。

登録貸金業者は、顧客との間の媒介業務委託契約内容と個人信用情報の取扱の同意書の範囲内での情報を対象として、調査・デューデリ業務を遂行する。

また 2 外部委託先の調査デューデリ業務も、顧客の信用状況として、本人確認に必要な個人の属性情報、ローンの担保としての物件の妥当性、および顧客にとってのローン商品の適合性や妥当性を、顧客の属性および物件の妥当性と、顧客が借入れを希望するローンの借入れ希望額、返済期間、金利、返済条件などに照らして、顧客が返済能力を有するか否かという観点からの調査であり、登録貸金業者は、外部委託先からのこの調査・デューデリ業務を 1 つの材料としてローンの妥当性を判断し、妥当性の判断材料として利用する。

15) 調査・デューデリ調査の対象は、①個人の属性情報：氏名、生年月日、性別、住所、電話番号、メールアドレス、勤務先、業種、職位、雇用形態、勤続年数、家族構成、居住形態、居住年数など、②ローンの与信判断のための情報：収入、資産、負債、既存の借り入れの返済状況、ローンの担保となる物件（土地・建物）の情報などであり、住宅ローンにあっては、具体的に①ローンの与信判断材料：収入・所得関連（源泉徴収票・確定申告書・決算書など）、住宅購入のための自己資金調達法（預貯金・贈与・その他）、負債の状況、既存の借入状況（ローン返済表等）等、②ローンの担保となる物件（土地・建物）の情報など：購入予定住宅・不動産の所在地、地目、地積、都市計画、用途地域、建蔽率、容積率、建物の面積、構造、間取り、完成予定時・築年数などの現況（売買契約書・建築請負契約書・見積書・重要事項説明書・住宅地図・前面道路分謄本・土地・建物謄本・実測図・地積測量図・配置図・平面図・立面図・建築確認通知書または検査済証・公図・物件写真など）が徴求される。

なお、個人情報保護法に基づく各種のガイドラインも登録貸金業者、およびその外部委託先に対して設定されている。

16) 登録貸金業者の外部委託先に対する調査・デューデリ業務委託に基づく情報で、登録貸金業者がローンの妥当性の判断にとって不足がある場合は、登録貸金業者は、外部委託先に対して追加の情報を要請するか、もしくは自ら追加の情報を取得するために、登録貸金業者が自ら顧客に対して直接電話、メール、又は面談による照会、問合せ、実地調査、顧客が提供する書類の確認等を行うことが、外部委託先を含む業務管理、法令遵守を確保する手段として求められている。

17) ビジネスモデルとしてみると、登録貸金業者からの外部委託先に対する報酬は、外部委託先に対して調査・デューデリ業務の対価として、ローンの成約を条件に定額手数料またはローン成約金額などに一定比率を乗じた定率方式の費用を支払うことが想定されており、この報酬は、単純顧客紹介に比べて大きなものとされている。

参 考 文 献

井村進哉（2014）「住宅ローン媒介業務の法規制とその展望―その１　法令編―」『商学論纂』第 55 巻 3 号　岸真清教授古稀記念論文集

井村進哉・水野誠一監修（2007）『モーゲージプランナー養成コースⅠ・Ⅱ・Ⅲ・別冊』（ビジネス教育出版社，5 月刊）の井村執筆巻Ⅰ，第 2 章，30-34 ページを参照

井村進哉（2006）「モーゲージブローカーの健全な発展を促す制度確立を：銀行代理店制度と貸金業法の二重規定が市場をゆがめる」『金融財政事情』8 月 7 日号

北山桂（2006）「転換期の住宅ローンビジネス：金融庁，『業者ルート』は銀行代理業に該当せずと見解」，『金融財政事情』5 月 29 日号

金融庁（2013）「主要行等向けの総合的な監督指針」Ⅷ－3－2－1－1－(3)－①（11 月）

金融庁（2013）「中小・地域金融機関向けの総合的な監督指針」（3 月），Ⅳ－3－2－1－1「許可の要否（1）許可の要否の判断基準等」（http://www.fsa.go.jp/common/law/guide/chusho/index.html）

金融庁「銀行代理業許可一覧」（www.fsa.go.jp/menkyo/menkyoj/dairi_a.pdf）

国土交通省（2004）『住宅供給業者を通じた住宅ローンの供給方策に関する調査研究報告書』（座長：井村進哉）6 月

松尾順介（2013）「地域活性化ファンドの動向について」『証券レポート』10 月号

第7章　クラウドファンディングの可能性

1．はじめに

　クラウドファンディングという，ネット上で一般の個人から小口の資金を集める新しい金融手法が注目を集めつつある．もともとは，ミュージシャンの音楽活動を支援するものなどから広がっており，現在行われているクラウドファンディングの多くは「応援したい」というきわめて主観的な感情を資金提供のインセンティブとする点で，リスクに対するリターンをインセンティブとする従来の金融とは全く異なる．さらに現代的なのは，インターネットを利用することで，資金の出し手となる個人（群衆，crowd）の地理的制約が，少なくとも技術的には，ほとんど取り払われてしまっていることである．ここに，地域に対する主観的感情とグローバルという地理的普遍性との間を結びつける，新しい可能性が感じられる．

　日本では，これまでのところ，クラウドファンディングについては，事例や仕組みを紹介するものが多い[1]．また，金融庁金融審議会にて株式を用いたクラウドファンディングの導入が検討されていることから，制度的・法的側面からの考察が行われている[2]．クラウドファンディングをファイナンスの枠組みを用いて考察したものとして慎（2012）がある．欧米では，クラウドファンディングを経済学の観点から考察したものとして Belleframme, Lambert and Schweinbacher（2013）や実証研究として Agrawal, Catalini and Goldfarb（2011, 2013）などがある．

　以下では，これらの研究を基にクラウドファンディングについて，その特性を集合知の活用，異なるインセンティブの導入，そして地理的制約の克服とい

う観点から考察する．

2．クラウドファンディング概説

クラウドファンディングとは，ある事業やプロジェクトのために資金を必要とする個人や団体が，インターネットを利用して不特定多数の個人から小口の資金を調達する方法である．ここでクラウドは，英語で群衆を意味するcrowdである．事業やプロジェクトのアイデアを持った個人や団体が，その内容をインターネット上に公開（通常専用ウェブサイト，「プラットホーム（platform）」と呼ぶ）し，それを閲覧し賛同・支持する個人が小口の資金を提供する．

資金の募集は，通常資金調達者が目標金額と募集期間を設定して行われる．そうして集まった資金の引渡には，次の2つのタイプがある．すなわち，① all or nothing と，② keep it all と呼ばれるタイプである．①のタイプは，集まった金額が調達目標金額に達したときにのみ，資金調達者に資金を渡すものである．もし，目標金額に達しない場合，全額資金提供者に返還される．現状このタイプが，クラウドファンディングの典型となっている．これに対し②のタイプは，目標金額に達しなくても，集まった金額を資金調達者に渡すものである．特に，①のタイプは，後述するように，集合知（collective intelligence）を活用する仕組みになっていると解される．

クラウドファンディングは，資金提供の目的により，一般に，①寄付型，②購入型，③投資型の3類型に分類される．③の投資型は，投資形態によりさらに出資型と貸付型に分ける分類もある．各類型の概要を表1に示した．

寄付型は，文字どおり資金提供の目的は寄付であって，資金提供に対する対価は無い．その代わりに，場合によって資金提供者にニュースレターや感謝状が送付される．資金調達者と資金提供者との間の個人的なつながりを「ソーシャル性」と定義すれば，通常街頭等で行われる寄付の募集と異なるのは，そこにはソーシャル性を生み出す工夫があることであろう．ニュースレターや感謝状の送付などは，ソーシャル性を生み出す最も簡単な方法である．ユニーク

表1　クラウドファンディングの類型

類　型	寄付型	購入型	投資型
概　要	ウェブサイト上で寄付を募り，寄付者向けにニュースレター等を送付するなど.	ウェブサイト経由，購入者から前払で集めた代金を元手に製品を開発し，購入者に完成した製品等を提供するなど.	ウェブサイトを経由して投資家から資金を集め，事業者に資金を出資又は貸付する.
対　価	なし	商品・サービス	事業の収益
資金調達規模	数万円程度	数万〜数百万円程度	数百万〜数千万円程度
1人当たり投資額	1口1円〜（任意）	1口1,000円程度〜	1口1万円程度〜

（出所）　金融庁金融審議会2013年6月26日事務局資料を基に作成.

なのは，イギリスで設立されたJustGiving（日本法人はJustiGiving Japan）のように，寄付を募集する団体が直接資金提供を呼びかけるのではなく，「チャレンジャー」と呼ばれる個人が，支援する団体を指定して応援を呼びかける．そのために，「チャレンジャー」はそれぞれ，マラソンやトライアスロン，禁煙などの課題を自ら課し，その課題に対しチャレンジする姿に対して，一般個人から共感を得て指定した団体への支援を獲得するというように，できるだけ身近な共感を得るように寄付を得る仕組みに工夫が施されていることである[3)]．

　購入型は，典型的には，新しいモノづくりなどに対しウェブ経由で資金を募り，その完成品等を資金提供者に引き渡すものである．資金提供者に対し何らかの対価（完成品等）がある点が，寄付型と異なる．その対価は，必ずしも完成品では無く，ノベルティーのようなものであったり，製品の見学会への参加であったり，またプロジェクトが映画制作ならば，映画のクレジットに名前が載るなど，様々である．そこには，資金提供者が単にそのモノが欲しいというだけでなく，モノづくり実現への参加を楽しむ姿がある．

　最後の投資型は，購入型から対価が金銭的な事業の収益になったものともいえるが，その性格は寄付型と購入型とは大きく異なってくる．つまり，投資性があるために，投資家保護の観点が加わり，日本では金融商品取引法に従う必

要が出てくる．投資は有価証券を通じて行われるため，有価証券の一般投資家への販売については，日本証券業協会の自主規制に従うことが求められる．また，貸付を業として行う場合は，貸金業法に従うことが求められる[4]．さらには，資金提供者側の目的も異なってくる可能性が出てくる．寄付型や購入型では，純粋に「応援したい」という事業やプロジェクトへの「共感」が資金提供の動機となっている．それは，金銭的動機とは異なる．それに対して，金銭的収益が対価となることで，その対価最大化を目的とする投資家が資金提供者として加わる可能性がある．

現在日本のクラウドファンディングについて特にまとまった統計は無いが，上述の3類型の内，購入型が多いようである．プラットホームによっては，幅広いプロジェクトを掲載しているものの，「社会をより良くする活動」を支援する，「クリエイティブな活動」を支援する，「新しい世界をつくる」ために「チャレンジする人」を支援するなど，それぞれが運営方針を掲げることで，資金を提供する各個人の目的に合ったプラットホームを選ぶことができるようになっている[5]．投資型があまり多くない理由は，先述した現行の金融業にかかわる法規制の存在であろう．現在行われている投資型の多くは，プロジェクト毎に匿名組合を組織し，集団投資スキーム持分の募集という形をとって資金を集め，プロジェクトに出資している（図1）．この場合，金融商品取引法上要件の緩やかな第二種金融商品取引業の登録で済む．貸付を行う場合も同様に匿

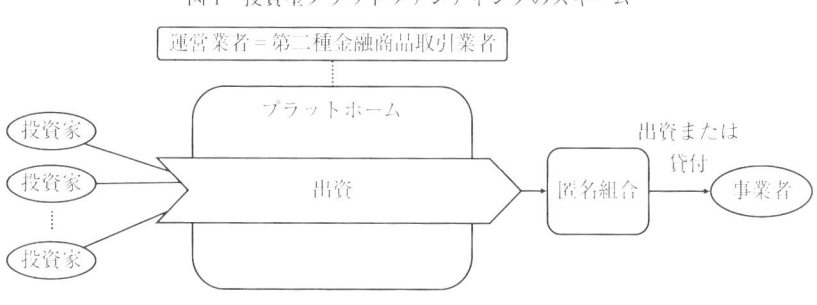

図1　投資型クラウドファンディングのスキーム

（出所）　金融庁金融審議会 2013 年 6 月 26 日事務局資料．

名組合を組織して資金を受け入れるが，貸付を業として行う場合は，貸金業法上貸金業者の登録が必要で，この匿名組合が貸金業者として登録している．貸付の場合，資金提供者と借入人とが紐付けされている場合と紐付けされていない場合とがあり，後者の場合は，純粋に金銭的収益を目的とした投資目的で資金を提供していることになる．

3．クラウドファンディングの特性

　金融の伝統的分類として，直接金融と間接金融がある．クラウドファンディングは，直接金融である．そして，インターネット上のプラットホームあるいはその運営会社は，金融仲介機関にあたる．また，金融の別の分類として，相対型金融と市場型金融がある．資金需要者と資金供給者との間で，対面で取引が行われる形態が相対型金融と呼ばれ，市場で不特定多数の間で取引が行われる形態が，市場型金融と呼ばれる．クラウドファンディングでは，資金を必要とする多数の事業やプロジェクトが，あるプラットホームに掲載され，多数の一般個人が当該プラットホームにアクセスしてそれら事業やプロジェクトを評価して資金を提供することで，ネット上のプラットホームが取引市場の役割を果たしているといえる．つまり，クラウドファンディングは，形式的には市場型の直接金融である．

　市場型金融の特長は，規模の経済性である．多数の参加者が市場で会するため，各参加者の目的に合致した取引相手を探すサーチ・コストが低減される．また，多様な知識や情報を持つ参加者が多数参加することにより，新たな技術やアイデアが見出され，それらが適切に評価される可能性が高まる．一方，欠点としては，一般に資金需要者と資金供給者との間の直接対話する機会が限られるため，情報の共有が難しく，両者間の情報の非対称性が存在することが挙げられる．この情報の非対称性を低減するために，さまざまな情報開示が求められる．この情報開示のための体制構築および維持のために，資金需要者は，しばしば多大なコストを負担する．このため市場型金融は，ある程度まとまっ

た金額を調達するのに適しているといえる．

　クラウドファンディングは，IT技術の利用により，市場型金融の長所をより高め，短所を低減することにより，従来の金融手法では資金調達が困難であった，全く新しいアイデアや事業に対し，小口での資金供給を可能にしている．まずサーチ・コストの低減については，インターネット利用により多数の個人が簡単に，しかも低コストで自分の目的に合ったプラットホームにアクセスできる．しかも，それは地理的制約を取り払い，海外からもアクセスが可能である．これにより，市場参加者の数は飛躍的に増加し，資金需要者にとって，短時間に多数の資金供給者を獲得することが可能になり，サーチ・コストの低下につながる．また，この市場参加者の増加により，市場に投入される知識や情報の量および多様性が高まり，革新的アイデアや専門知識を必要とする事業やプロジェクトの発掘・評価の可能性がさらに高まる．さらに，情報の非対称性については，まずプロジェクトの発案者が，資金を募るためにクラウドファンディングのプラットホーム上で動画等を駆使して閲覧者に訴えかけるなど，資金需要者側からの情報発信量が多いこと，一方，インターネットの利用により個人でも利用可能な情報が増えていること，さらにソーシャルメディアを利用したプラットホーム運営会社によるスクリーニングなどにより，情報の非対称性が軽減されている，あるいは軽減される工夫が行われている．

4．集合知の利用

　Belleflamme, Lambert, and Schwienbacher (2013) は，クラウドファンディングを，広い意味でクラウドソーシングの一種類と位置づけている．クラウドソーシングとは，課題を解決するために，ネット上の不特定多数の群衆を利用することである[6]．つまり，クラウドの利用によって資金調達という課題を解決するものと考えるのである．クラウドソーシングは，しばしば製品開発やイノベーションを生み出す手法と関連して用いられ，企業や参加者間のコミュニケーションや知識の共有を伴うことが多いようである．そして，このように

ネット上で多数の人々が自由にコミュニケートし合って知識が形成されたとき，その知識は「ネット集合知」あるいは，単に「集合知」と呼んでよいものとなるであろう[7]．

クラウドファンディングにおいては，クラウドソーシングや集合知で想定されているようなネット上の不特定多数の人々間の積極的なコミュニケーションは行われていないようであるが，各プラットホームは通常ソーシャルメディアを併設したり，またプラットホーム上で各プロジェクトの調達目標額に対する進捗を可視化し，それを観察することでネット上でのプロジェクトの評価が判断できるようになっている．先述したように，クラウドファンディングにおいても，従来型の市場型直接金融と同様，プロジェクトの発案者（＝資金需要者）と資金供給者との間の情報の非対称性は問題となる．その一部を集合知によって是正している．

集合知を利用した，情報の非対称性の軽減を図ることにおいて，特に，資金の募集および引き渡し方法として，all or nothing という方法が有効に機能していると考えられる．All or nothing とう方法は，先述したように資金需要者が資金募集の目標額と募集期間を定め，集めた金額が募集期間内に目標額に達したときのみ，資金需要者に渡される手法である．つまり1人や少数の資金提供者に認められるだけでは不十分で，多数の資金提供者に認められる必要がある．多数を要することとなったときに，当該プロジェクトにかかわる専門知を有する人々がそれに含まれる可能性が高まる．専門知だけでなく，資金需要者についてよく知っている人々が含まれる可能性も高まる．こうしたさまざまな人々の支持を得て初めてプロジェクトが成立するという仕組みを通じて，さまざまな人々が持つ多様な知識や情報を利用したプロジェクトの評価が行われることになる．

5．異なるインセンティブの導入

銀行は，預金を貸付に転換することで，金融仲介機能を発揮する．そこで銀

行は，借入人に対する審査，貸付スキーム（担保等）やモニタリングを通じて，借入人との間の情報のギャップを埋めることで，預金を貸付に転換する．ただし，この銀行による金融仲介機能にも限界がある．あくまで預金者への預金の返還を100％保証している以上，採れるリスクには限界がある．また，銀行による貸付は，いわゆる間接金融で，借入人との相対取引，シンジケーションを組んだとしても，そのシンジケーションという銀行の一団と借入人との取引であるため，情報生産力もその銀行またはシンジケーションに属する銀行団のリソースの範囲内という制約が残る．したがって，全く未知の分野や全く新規の事業に対しては，リスクが高すぎる，または情報生産のためのリソースが不足するため，金融仲介機能が発揮できないことになる．

これら新規事業に対する資金提供は，一般にベンチャー・キャピタルやエンジェル，あるいは，事業発案者にきわめて親しい存在である親族や知人が担っている．特にベンチャー・キャピタルが資金を提供するインセンティブは，高リスクに応じた高リターンである．

一方，クラウドファンディングによる資金の提供は，多数の一般個人による小口の資金という形で行われる．柳川（2013）が指摘しているように，金額が小さくなれば，その提供者をみつけることは，アクセスさえ可能になれば容易かつ多量にみつけることができる．また，金額が小さくなることで，リスクに対するリターンというインセンティブとは異なる，プロジェクトに対する「共感」といったものでも資金を提供するインセンティブになりうる．

このように，従来の投資家とは異なるインセンティブを資金提供において導入することで，資金を提供するか否かの判断において，リスクという要因が外れることになる．いままで，将来に対する不確実性等のリスクの存在で資金が動かなかった事態に変化が起き，資金が回り始めることが期待できる．

6．地理的制約の克服

先述のようにクラウドファンディングでは，インターネットを利用すること

で，少なくとも技術的に資金供給者や資金を募集するプロジェクトの地理的分布の制約を取り払うことが可能となる．このように，クラウドファンディングは，グローバルな環境下で有望な資金調達手法を提供すると期待される．

　起業に際する資金調達のケースを考える．一般に起業のプロセスは，①シード，②スタートアップ，③アーリーステージ，④グロースという段階を経て成長していく[8]．事業リスクの観点からみると，シード期が最も高く，スタートアップ，アーリーステージと進むにつれて下がり，グロース期が最も低くなる[9]．また，必要とする資金は，シード期が最も少なく，以降事業が成長するにつれて大きくなっていく．この時の資金の出し手は，従来シード期やスタートアップ期は，事業者を良く知る親族や知人，同僚やエンジェルと呼ばれる投資家が主体となり，アーリーステージ期やグロース期になるとベンチャー・キャピタルが主体となる．いずれにしても，このように起業時における資金の出し手は，事業リスクが高いために出し手数や金額が限られる．特に，シード期やスタートアップ期における資金の出し手は，事業者からの地理的距離も，きわめて近い場所に限られる[10]．

　地域経済活性化のための新規アイデアやプロジェクトも，事業の成長プロセスでは，上述の起業のケースと同様のプロセスをたどると考えられる．資金の出し手も，当初は，地域住民主体となるであろう．ただし，事業のインセンティブが，地域貢献という社会性を含むために，資金の出し手として，高リスクに対する相応の高リターンを求めるベンチャー・キャピタルが，どれだけ関心を示すがわからない．逆に，事業の高成長を狙わなければ，それ程多額の資金も必要ではないかもしれない．いずれにせよ資金の出し手は，起業のケースと同様に，その数が限られ，また地理的距離は極めて近いものとなるケースが多いであろう．

　起業においての高リスクの源泉は，主に事業性や事業者の能力に関する情報の非対称性の存在と将来の不確実性であろう．情報の非対称性については，ネット上の集合知により低減されることは上述した．さらに将来の不確実性については，リスクに対する相応のリターンを要求することとは異なるインセン

ティブを持った人々を呼び込むことによって克服される．これらが成立するためには，参加者が多いことが必要である．クラウドファンディングでは，インターネットというツールによって地理的に遠方に所在，場合によっては国境を越えて参加者を引き入れることにより達成される[11]．

7．むすび

以上で，クラウドファンディングの類型や手法について概説した後，クラウドファンディングについての若干の経済学的見地からの特性の検討を行い，さらに集合知の利用，異なるインセンティブの導入，および地理的制約の克服について詳述した．

これまでで明らかになったように，クラウドファンディングは，インターネットの利用によって可能となった不特定多数へのアクセスにより，従来の金融手法，つまり市場型直接金融の長所を伸ばし，短所を軽減することで，今まで動かなかった資金を動かすことを可能にすることができると期待される．ただし，ほとんどすべての文献が指摘するように，特に投資においては，個人の共感をいかに維持して投資に結びつけることができるかが，今後より広く，資金調達の手法として利用されるための鍵となる．

1) 週刊ダイヤモンド（2012）（2013），週刊東洋経済（2013）など．
2) 神山（2013），金融財政事情（2013）増島（2013）など．
3) 金融財政事情（2013）．
4) 金融審議会資料（2013），西（2012）など．なお，アメリカでは，クラウドファンディングを起業促進に活用するために既存の法規制の緩和を目的とする法律である Jumpstart Our Business Startups Act が 2012 年 4 月に成立した．
5) READYFOR?，CAMPFIRE，COUBTDOWN 各ウェブサイト．
6) Boudreau and Lakhani（2013）．
7) 西他（2013）．
8) 宮脇（2010）．

9) グロース期の事業リスクが最も低いといっても,ベンチャー・キャピタルによる投資の成功確立は40%程度である(西脇(2010), 155-156ページ).
10) エンジェルの場合でも,過去のアメリカでの研究では,ほとんどは半日のドライブで行ける範囲内の企業に投資するとのことである(西脇(2010), 188ページ).
11) また,このことは,READYFOR?のように社会に対する貢献を唱うクラウドファンディングのプラットホームが既に存在することで,確かめられる.ただし,Agrawal, Catalini, and Goldfarb (2011), (2013)により,距離が離れるほど,資金を出すタイミングは距離的に近い資金供給者よりは後になることが明らかにされている.

参 考 文 献

池尾和人・柳川範之(2006)「日本の金融システムのどこに問題があるのか―市場型間接金融による克服―」池尾和人,財務省総合政策研究所『市場型間接金融の経済分析』日本評論社, 3-26ページ)

神山哲也(2013)「クラウドファンディングの可能性 欧米におけるクラウドファンディング市場の現在―寄付型と財・サービス型が中心,投資型では規制面の課題も―」『金融財政事情』7月15日, 20-23ページ

金融財政事情(2013)「クラウドファンディングの可能性 黎明期にある日本のクラウドファンディング―『共感』『参加意識』か,単純な投資活動か―」『金融財政事情』7月15日, 10-14ページ

金融庁総務企画局(2013)「事務局説明資料」(金融庁金融審議会「新規・成長企業へのリスクマネーの供給のあり方等に関するワーキング・グループ」第1回会合資料 6月26日)

週刊ダイヤモンド(2012)「サラリーマンのらくらく起業術 カネ ネットで大衆から資金調達 クラウドファンディングが熱い」『週刊ダイヤモンド』第100巻第19号, 5月12日, 38-39ページ

週刊ダイヤモンド(2013)「新たな金融は日本に根付くのか? クラウドファンディングの夜明け 小口でも資金調達金額はうなぎ上り スター誕生を支える米国事情」『週刊ダイヤモンド』第101巻第3号, 1月19日, 95-99ページ

週刊東洋経済(2013)「メイカーズ革命のインフラ 3 資金調達 クラウドファンディングで世界中の賛同者から資金集め」『週刊東洋経済』第6438号, 1月12日, 63-64ページ

慎泰俊(2012)『ソーシャルファイナンス革命―世界を変えるお金の集め方』技術評論社

西理広(2012)「JOBS法の成立で注目!!クラウドファンディングの考え方と日本企業

による利用法」『経理情報』No.1320, 7月20日, 46-49ページ
西垣通 (2013)「集合知のちから」『ダイヤモンド・ハーバード・ビジネス・レビュー』第38巻第9号, 9月, 48-56ページ
増島雅和 (2013)「クラウドファンディングの可能性 エクイティ・クラウドファンディングの規制を考える──インターネット上の『集合知』を生かした投資家保護策を──」『金融財政事情』7月15日, 15-19ページ
宮脇敏哉 (2010)『ベンチャービジネス総論──イノベーションによる成長経営戦略──』税務経理協会
柳川範之 (2013)「エコノミクストレンド, 少額投資が金融変える (経済教室)」『日本経済新聞』7月23日, 26ページ
Agrawal, Ajay K., Christian Catalini, and Avi Goldfarb (2011), "The Geography of Crowdfunding," *NBER Working Paper Series* w16820
Agrawal, Ajay K., Christian Catalini, and Avi Goldfarb (2013), "Some Simple Economics of Crowdfunding," *NBER Working Paper Series* w19133
Belleflamme, Paul, Thomas Lambert, and Armin Schwienbacher (2013), "Crowdfunding: Tapping the Right Crowd," *Journal of Business Venturing*, forthcoming; CORE Discussion Paper No. 2011/32. Available at SSRN: http://ssrn.com/abstract=1578175)
Boudreau, Kevin J. and Karim R. Lakhani (2013), "Using the Crowd as an Innovation Partner," *Harvard Business Review*, Vol. 91, No. 4, April, pp. 60-69 (高橋由香里訳 (2013),「クラウドはビジネス・パートナーである」『ダイヤモンド・ハーバード・ビジネス・レビュー』第38巻第9号 (9月), 32-46ページ
ミュージックセキュリティーズウェブサイト (www.musicsecurities.com)
AQUSH ウェブサイト (www.aqush.jp)
COUNTDOWN ウェブサイト (www.countdown-x.com)
Maneo ウェブサイト (www.maneo.jp)
MotionGallery ウェブサイト (motion-gallery.net)
READYFOR? ウェブサイト (readyfor.jp)

第8章 生命保険会社におけるテール・リスクへの対応
——資産負債最適配分概念の下におけるその基本的な枠組みのあり方について——

1. はじめに

　金融のグローバル化がきわめて速いスピードで進んでいく中で，リーマン・ショックのようにこれまで考えても来なかったような金融機関にとってのテール・リスクが実現し，世界各国の金融機関ばかりではなく，世界経済にも大きな影響を与えた．こうしたテール・リスクの影響は，わが国の生命保険会社にとっても大きなものであった．また，わが国では，東日本大震災の後，大地震に対する注目が集まり，南海トラフ巨大地震の発生が懸念されている．また，新型インフルエンザのパンデミックもきわめて多数の死亡者を出すおそれがあるといわれている．このように，わが国の生命保険会社は，これまで想像もしなかったようなテール・リスクを抱えるようになったが，十分な対策が施されてはいない．

　テール・リスク以外のリスクの管理にあたっては，これまで保険業法は，ソルベンシー・マージン比率規制がその典型であるように，事業費リスクを除く保険料積立金が担保する保険引受リスクを通常の予測の範囲内のリスクとし，通常の予測を超える保険引受リスクと保険引受リスク以外のリスクを通常の予測を超えるリスクとした．この結果，事業費リスクを除く保険引受リスク，ことに保険リスクを重視し，それ以外のリスクを軽視する結果となった．このようなリスクの捉え方が大きな原因の1つとなって，保険引受リスク以外のリスクへの対応が不十分になり，ひいては，平成における生命保険会社の破綻につ

なかったものと考えられる[1]。

しかし、保険リスクとそれ以外のリスクを同列に取り扱わないことは、リスク管理の観点から考えておかしい。また、事業費リスクを含めないことは、今後インフレーションのおそれもありうることなどの理由から、問題がある。このため、保険リスクと保険リスク以外のリスクを同列に扱うことが必要であることは、明らかである。

筆者が提言している資産負債最適配分概念は、こうした問題点を解決することを意図して作られたものである（資産負債最適配分概念については、後述する）。しかし、資産負債最適配分概念の下においては、考慮されるリスクは、概ね正規分布したものに限定され、それ以外のリスク、ことにテール・リスクについては、考慮できない。この点は、資産負債最適配分概念の限界といわざるをえない。

そこで、本章では、資産負債最適配分概念の下で、どのようにしてテール・イベントへの対応を行ったらよいのかについて、検討を行う。

2. 現行保険業法における通常の予測の範囲内のリスク

現行の保険業法では、ソルベンシー・マージン比率規制において、生命保険会社のリスクを、通常の予測の範囲内のリスクと通常の予測を超えるリスクに分けている。通常の予測の範囲内のリスクは、保険料積立金が担保しているリスクである。このため、通常の予測の範囲内のリスクに含まれるものは、以下のとおり、保険リスクのうち、信頼水準が原則として97.72％までのものと予定利率リスクの一部である。

生命保険会社の場合、標準責任準備金の計算に用いられる生命表は、死亡保険の場合、現段階であれば、標準生命表2007（死亡保険用）である。この生命表における死亡率は、1999～2001観察年度（男子15歳以下、女子19歳以下は1996～2001観察年度、0歳は1991～2001観察年度）[2]のデータをもとに、将来経験する死亡率が変動予測を超える確率を約2.28％（2σ水準）におさえるよう

表1 対象利率ごとの安全係数

対象利率	安全率係数
0%を超え，1.0%以下の部分	0.9
1.0%を超え，2.0%以下の部分	0.75
2.0%を超え，6.0%以下の部分	0.5
6.0%を超える部分	0.25

(出所) 筆者作成．

に補整したが，補整幅に年齢間で極端な差異が生じるのを避けるため，粗死亡率の130％を上限として補整している[3]．この結果，生命保険会社の保険料積立金は，死亡リスクについて原則として97.72％の信頼水準で担保していることになる．

また，予定利率リスクについては，1999年4月1日以降は，毎年10月1日を基準日として，基準日の属する月の前月から過去3年間に発行された利付国庫債券（10年）の応募者利回りの平均値または基準日の属する月の前月から過去10年間に発行された利付国庫債券（10年）の応募者利回りの平均値のいずれか低い方のもの（以下，「対象利率」という）を表1の対象利率に区分してそれぞれの数値に同表の安全率係数を乗じて得られた数値の合計値（以下，「基準利率」という）が，基準日時点で適用されている予定利率と比較して0.5％以上乖離している場合には，基準利率に最も近い0.25％の整数倍の利率（基準利率が0.25％の整数倍の利率と0.125％乖離している場合は，基準利率を超えず，かつ，基準利率に最も近い0.25％の整数倍の利率とする）を予定利率とし，基準日の翌年の4月1日以降締結する保険契約に適用することとする（平成8年2月29日号外大蔵省告示第48号）．

このように予定利率を保守的に決めているため，予定利率リスクがある程度実現しにくいようになっている．いい換えれば，一定程度予定利率リスクを担保しているといえる．

3. 現行保険業法における通常の予測を超えるリスク

これに対して，ソルベンシー・マージン比率規制においては，通常の予測を超えるリスクの主なものは，生命保険会社の場合，次のようになっている．

(1) 保険リスク

生命保険会社の保険リスクは，リスク集中や伝染病の流行などきわめて大きなリスクを想定し，信頼水準は99％を超えるものとなっている[1]とされている．具体的には，死亡事故が偶然に多発するケース，伝染病などにより死亡率が上昇するケースを想定し，Ammeterの手法に基づき，リスク係数を算出し，ソルベンシー・マージンを全額取り崩しても，将来の死差損益の累計額がマイナスになる確率を1％に抑えるようなソルベンシー・マージンの水準を計測し，リスク量は，不足が99％の確率で生じないために必要なソルベンシー・マージンの水準として，危険保険金額の1000分の0.6と設定したもの[5]であるという．

生命保険会社の保険リスクのうちの死亡リスクについてみれば，日本の人口[6]にリスク係数を掛けると

$$127{,}492 \text{千人} \times 0.6/1000 = 76{,}679 \text{人}$$

となる．この値は，東日本大震災の死亡者数15,883人と行方不明者数2,656人[7]の合計18,539人を遥かに上回るものの，後述のとおり新型インフルエンザのパンデミックの想定される死亡者数の上限64万人には全く及ばない[8]．

こうしたことは，もともと信頼水準を99％と定めたため，必然的に生ずるものでしかない．ソルベンシー・マージン比率規制で想定する通常の予測を超えるリスクは，テール・リスクではなく，概ね正規分布するリスクでしかないことから，生じたものといえる．

(2) 予定利率リスク

2010年の大蔵省告示の改正によって，保険会社の一般的な資産ポートフォ

リオによる収益率が予定利率を下回り，逆鞘となる金額の期待値をリスク量とするとの考え方で，直近10年間の実績データを基にリスク係数を改定した．基礎データは，1997年4月〜2007年3月における各種インデックスに基づく収益率の平均および標準偏差と，2007年3月末における資産構成の実績を使用している[9]．しかし，総資産の収益率が2.0%，標準偏差0.3%であるため，たとえば97.5%の信頼水準は1.4%になるが，予定利率リスク相当額の計算上，1.5%超の区分のリスク係数に0.2，0.8が含まれており，問題があるといえる．

(3) 価格変動リスク

従来は，信頼水準90%で算出されたもの[10]であったが，2010年の大蔵省告示の改正によって，95% VaRの資産価格の年間最大下落幅をリスク量とするとの考え方で，最近までのできる限り長期間の実績データを基にリスク係数が改定された[11]．

実際に使われた数値は，たとえば，国内株式の場合，次のものを参考にしている[12]．

　　TOPIX（配当なし）
　　期間 1975.4 〜 2007.3
　　平均収益率 5.2%
　　標準偏差 17.2%

保険リスクが，前述のとおり，99%の信頼水準を前提にしているにもかかわらず，価格変動リスクは，95%の信頼水準であるなど，このアンバランスは，問題であるばかりか，通常の予測を超えるリスクが，95%の信頼水準であるということ自体，一般的な意味でいえば，概ね正規分布するリスク（の一部）を担保し，テール・リスクについては全く担保していないといえる．

4. テール・イベント

このように,現行保険業法においては,通常の予測を超えるリスクを考慮しているとはいいながら,実質的にテール・リスクを全くといっていいほど担保していない.しかし,以下のように,保険約款は,テール・リスクも担保している場合が多い.

(1) 地震等に関する保険約款の規定

地震,噴火または津波による死亡については,普通死亡保険金は,全額支払われる[13]が,災害割増特約による災害死亡保険金については,かつては

> 被保険者がつぎのいずれかにより死亡しまたは高度障害状態に該当した場合で,その原因により死亡しまたは高度障害状態に該当した被保険者の数の増加がこの特約の計算の基礎に影響を及ぼすときは,会社は,災害死亡保険金または災害高度障害保険金を削減して支払うかまたはこれらの保険金を支払わないことがあります.
> ① 地震,噴火または津波によるとき
> ② 戦争その他の変乱によるとき

とする生命保険会社もあった[14].しかし,今は,そうした会社は見当たらない模様であり,多くの会社は,災害割増特約に基づく災害死亡保険金については,地震,噴火または津波によるときを免責とし,全額支払わない取扱いとしている[15].

また,災害入院給付金,疾病入院給付金の支払いについても,災害死亡保険金の場合と同様に,

> 被保険者がつぎのいずれかにより入院しまたは手術もしくは放射線治療を受けた場合で,その原因により入院しまたは手術もしくは放射線治療を

受けた被保険者の数の増加がこの特約の計算の基礎に影響を及ぼすときは，会社は，給付金を削減して支払うかまたはこれらの給付金を支払わないことがあります．
① 地震，噴火または津波によるとき
② 戦争その他の変乱によるとき

とする会社[16]がある一方で，地震，噴火または津波によるときを免責とし，全額支払わない取扱いとしている会社[17]もある．

　保険約款，特約上全額支払わないとしている場合には，問題は生じないが，削減して支払うとしている場合は，こうした被保険者の数の増加がこの特約の計算の基礎に影響を及ぼすときとされていることから，削減して支払うと，当該生命保険会社のソルベンシーに疑問が生じかねず，実際上，他の生命保険会社が全額支払う場合には，全額支払わざるをえないおそれがある．このため，こうした保険約款，特約の規定を有している保険契約の場合であっても，保険金，給付金を支払うという前提で，この問題を考える必要があろう．

(2) 考慮すべきテール・イベント

　ここでは，テール・イベントまたはブラック・スワン[18]として，生命保険会社の場合，何を考慮すべきか，若干の検討を行う．

1) 大地震

　地震大国日本としては，まず大地震を挙げざるをえない．現段階で最も喫緊のものとされているのは，東海地震，東南海地震，南海地震であり，これらの地震の想定されるマグニチュードおよび発生確率は，表2のとおりとされている．

　これらの地震についての被害想定も公表されている[19]．

　また，これらの地震が個々に発生した場合よりも大きな被害をもたらすとされる南海トラフ巨大地震の発生確率については，「最新の科学的知見に基づく最大クラスの地震である．明確な記録が残る時代の中ではその発生が確認され

表2 南海トラフで発生する地震の確率（時間予測モデル）

項　目	将来の地震発生確率等	備　考
今後10年以内の発生確率	20％程度	時間予測モデルによる「前回から次回までの標準的な発生間隔」88.2年及び発生間隔のばらつき $\alpha = 0.24$ と0.20をBPT分布モデルに適用して発生確率を算出（評価時点は2013年1月1日現在）
今後20年以内の発生確率	40％～50％	
今後30年以内の発生確率	60％～70％	
今後40年以内の発生確率	80％程度	
今後50年以内の発生確率	90％程度以上	
地震後経過率	0.76	経過時間67.0年を発生間隔88.2年で除した値
次の地震の規模	M8～9クラス	震源域の面積と地震の規模の関係式より推定した値を用いた

（注）　次に発生する可能性のある地震の中に最大クラスの地震も含まれるが，その発生頻度は100～200年の間隔で繰り返し起きている地震に比べ，一桁以上低いと考えられる．
（出所）　地震調査研究推進本部地震調査委員会（2013）「南海トラフの地震活動の長期評価（第二版）について」13ページ．

ていない地震であることから，一般的に言われている「百年に一度」というような発生頻度や発生確率は算定できず，千年に一度あるいはそれよりもっと低い頻度で発生する地震である」[20]とされ，「南海トラフ巨大地震の発生確率を推計するための調査・研究を早急に実施する必要がある」[21]とされている．南海トラフ巨大地震についても，その被害想定が公表されている[22]．

ただ，これらの被害想定は，人的被害（死者数，負傷者数，揺れによる建物被害に伴う要救助者数，津波被害に伴う要救助者数）以外に，建物被害，屋外転倒物，落下物，ライフライン被害，交通施設被害，生活への被害，災害廃棄物など，その他の被害（エレベータ内閉じ込めなど），経済的な被害（資産等の被害，生産・サービス低下による影響（全国），交通寸断による影響（全国）など）が示されているに過ぎず，たとえば金融面への影響などは，全く触れられていない．

想定されている人的被害は，最大で，死亡者が32万3,000人，負傷者が62万3,000人[23]とされている．

また，こうした想定もどこまで当たるのかの確証はない．さらに，南海トラフ巨大地震以外の地震については，首都直下の大地震について一定程度の検討

が行われている[24]が,それ以外の地震については,必ずしも十分な検証が行われているとはいいがたいのが現状である.

首都直下の地震について注目すべきは,最大の死亡者数の想定が1万1,000人[25]に過ぎないにもかかわらず,経済的被害が112兆円にも及ぶ[26]おそれがあるということである.また,発生確率については,大正型関東地震と元禄型関東地震以外の南関東のM7程度の地震が,10年以内に30%程度,30年以内に70%程度,50年以内に90%程度の発生確率とされている[27].

こうした状況を踏まえると,当面想定される最大の地震である南海トラフ巨大地震は,生命保険会社にとってテール・イベントであることは,異論のないところであると考えられる.このため,少なくとも南海トラフ巨大地震については,現在想定されている地震および被害の状況をテール・イベントとして考慮することが望ましいと考えられる.

また,首都直下の大地震については,死亡者数は,十分に信頼水準99%の範囲に入るが,経済的被害の大きさからすると生命保険会社の資産運用面への影響が懸念される.そうした観点からは,資産運用面への影響の程度を想定し,生命保険会社にとってのテール・イベントとして考慮する必要があるのか否かについて検討を行う必要があろう.

2) 新型インフルエンザのパンデミック

大地震以外では,新型インフルエンザのパンデミックについても,その脅威が叫ばれている.厚生労働省の想定によれば,医療機関を受診する患者数(上限値)は,約2,500万人,死亡者数の上限は,約64万人,流行が各地域で約8週間続くという仮定の下で1日当たりの最大入院患者数は39万9,000人とされている[28].

こうした新型インフルエンザのパンデミックのわが国の生命保険会社への影響については,2つの試算がある[29].これらの試算は,生命保険会社全体の問題として捉え,いずれも新型インフルエンザのパンデミックを大きな問題はないとしている.しかし,最大の死亡者数の想定値が64万人であることを考えると,個々の生命保険会社にとってのテール・イベントとして考慮する必要が

あろう．ただし，発生確率が想定されていない模様である．

3） その他のリスク

大地震とインフルエンザのパンデミック以外にも，生命保険会社にとってのテール・リスクは，存在している．たとえば，次のようなものが考えられる．

(1) 巨大隕石の落下，彗星，小惑星の衝突[30]

2013年2月15日，隕石が，ロシアのチェリャビンスクに落下した．その直径は，約17m，重量は，約1万トンで，大気圏突入の際の速度は，時速4万マイル（64,000km）であった．そして，12～15マイル（19.3～24.1km）の地表にその破片が散らばった．そのエネルギーは，TNTで470キロトンにも達するとされた．なお，最初に製造された原爆は，15～20キロトンであった．隕石落下に伴い，集合住宅3,724軒，学校や幼稚園など671施設が被害を受け，割れた窓ガラスの総面積は20万平方メートルにのぼった．さらに，窓ガラス破損などによる負傷者は約1,200人に達した[31]．

こうした隕石の落下や小惑星の衝突の発生確率については，トリノ衝突危険スケール（The Torino Impact Scale）[32]によれば，落下または衝突した場所が，陸地の場合には局地的な破壊を，沿岸の場合には津波を引き起こすものは，50年から数千年に1度とされており，こうした危険性が認識されている．しかし，現段階では，被害想定もない模様である．

(2) 富士山の噴火

富士山の噴火については，以前から警鐘が鳴らされてきた[33]が，東日本大震災の後，さらに脚光を浴びている．もし，富士山が噴火すると，溶岩流，火砕流，融雪型火山泥流，降灰が懸念されている．

しかし，富士山の噴火については，ハザードマップは，公開されている[34]が，被害想定は，行われておらず，発生確率も推定されていない模様である．

5．テール・リスクへの対応のあり方

生命保険会社におけるテール・リスクへの対応のあり方を考える場合，危険団体概念を前提においた現在の考え方では，ストレス・テストを行うといった

程度のことしかできない．ストレス・テストには，発生確率を与えることができないという致命的な欠点がある．また，前述のとおり概ね正規分布するリスクについても，保険リスクとその他のリスクでは，考慮の程度が大きく異なるため，そのことを前提にストレス・テストを行うことになり，万全のものとはいいがたい．このため，本章では，筆者が提言している資産負債最適配分概念をテール・リスクが対応できるように修正することを提言したい．

(1) 資産負債最適配分概念
1) 危険団体の保険会社に対する影響と見直しの必要性

わが国では，保険の引受けに関連して，危険団体概念と呼ばれるものが存在し，きわめて大きな意味を有してきた．危険団体とは，概ね次の4点を充たすものであると理解されてきた[35]．

ⅰ．危険を共通にする者が形成する団体で，大数の法則が成立するような多数の構成員が存在する必要がある
ⅱ．構成員は，給付反対給付均等の原則に基づく保険料を拠出し，共通準備財産を形成する
ⅲ．構成員に偶然な一定の事故または危険が発生した場合，保険金が給付される
ⅳ．こうしたことを可能にするため，団体内部では収支相等の原則が成立する必要がある

この危険団体概念は，保険会社の経営に対して，以下のとおり大変大きな影響を与えてきた．
① リスク管理への影響

1920年代以降，わが国では，保険会社は，危険団体を構成しているので，安全であるとする考え方が広まり，それがいわゆる保険会社の不倒神話の根拠とされるに至った[36]．さらに，保険契約者の数が増えれば自己資本の必要性

が低下するとした考え方が提示され，実際に1939年保険業法では，この考え方に則った生命保険会社の最低資本規制が行われ，生命保険会社の資本は，きわめて名目的なものに過ぎなくなっていた[37]。

また，その考え方がさらに推し進められ，保険料積立金が積み立てられていれば必ず保険金の支払いができるという，保険料積立金に対する過信とでもいうべき考え方が生まれてきた。この結果，危険団体が考慮する保険リスク以外のリスク，たとえば，予定利率リスク，株式等の価格変動リスク，為替リスク，信用リスクが軽視されることとなった[38]。

実際の生命保険会社の破綻の事例を見ると，多くの場合，予定死亡率リスクの実現が原因であるということはなく，予定利率リスク，価格変動リスク，経営リスク等が複合して実現することが原因となっていることがわかる[39]。こうした破綻の経験にもかかわらず，このような考え方は，現在に至っても基本的に変わらず，保険業法が破綻の遠因になりうる状況は，変わらない[40]。

② 保険契約者等の保護の軽視

危険団体においては，危険団体が存在しないと保険者は，保険契約を引き受けることができないと考えられることから，危険団体が存続することが第一義とされ，個々の保険契約者の利益よりも危険団体全体の利益を優先する傾向が生じがちである[41]。これが，田中耕太郎博士の主張した，いわゆる団体優先説[42]の基本にある考え方である。田中博士は，さらに，保険契約者は危険団体を構成し，収支相等の原則が成立することによって，保険事故が起こった場合に保険金を受取ることができる。この場合，保険契約者は，給付反対給付均等の原則によって同一の危険を有するものでなければならず，保険料も同額でなければならないとして，いわゆる保険契約者平等待遇原則を主張した[43],[44]。

1939年保険業法には，団体優先説を体現した主務大臣による基礎書類の遡及変更命令（1939年保険業法第10条第3項）が存在したが，1996年の保険業法改正の際に廃止された。しかし，その後，団体優先説と同様に，社員や保険契約者の利益よりも危険団体の利益を優先するという考え方を維持しつつ，契約条件の変更を決定する主体を1939年保険業法第10条第3項における主務大臣

から保険会社に変え，保険会社が主体的に意志決定を行うとする形の規制が導入されるに至った[45]．1995年保険業法の保険会社の破綻前における契約条件の変更規制（1995年保険業法第240条の2〜13）である．

③ 資産運用に歪みを生じさせたこと

保険料積立金が担保するのは，保険リスクと予定利率リスクの一部であるため，インカム・ゲインとキャピタル・ゲインを区別して考えることになりやすい．1939年保険業法における保険業法第86条準備金の計上がその一つの例である．しかし，たとえば，キャピタル・ゲインをインカム・ゲインに変えることは，簡単にできる．このため，あえてインカム・ゲインとキャピタル・ゲインとを分けると資産運用に歪みが生じ，保険会社の健全性に悪い影響が出るおそれがある[46]．

④ 危険団体見直しの必要性

このように，危険団体は，保険の基本的な概念，保険会社のソルベンシーおよび保険契約者等の保護に対して，日本ばかりではなく国際的にみてもきわめて大きな影響と問題点を残している．こうしたことを解決するためには，危険団体を新たな概念に置き換え，それを保険引受けの基礎理論とすることが最も望ましいと考えられる[47]．

これに対して，北米などでは，危険団体や給付反対給付均等の原則，収支相等の原則という言葉は，存在しない．しかし，リスクのプーリングという概念が存在する．また，収支相等の原則というような名称は，付いていないものの，収支相等の式が現価率を加味して示されている．このため，実質的に危険団体と変わらない考え方であるといえる．ただ，実際の保険監督法や保険会社に与えた影響としては，リスク管理への悪影響があったに過ぎない．

2） 考慮すべきリスクの種類

このようなテール・リスクが実現した場合，生命保険会社にどのようなリスクが生ずると想定するのかという問題がある．こうしたリスクについては，保険リスクだけに限定せずに，一般的に，生命保険会社のすべてのリスクを対象にすべきことはいうまでもない．たとえば，テール・イベントの実現に伴って，

株式や債券，不動産の価格が下落する，貸付金の信用リスクが実現するなどのリスクが考えられる．

だが，これだけのリスクの捉え方では，必ずしも十分ではないおそれがある．それは，たとえば，巨大地震が発生した場合，わが国のさまざまな決済システムが使えなくなるおそれがあるということである．もし日銀ネットが使えなくなると，生命保険会社が死亡保険金の支払財源を作るために国債を売却しようとしても，売却ができないということになってしまう．そのことは，国債の価格の下落要因になりうる[48]．こうしたリスクも同様に想定に含める必要があろう．

3）2パラメータ・アプローチ

筆者は，こうした危険団体概念の問題点を解決するための手法として，マーコビッツの2パラメータ・アプローチ[49]を負債にまで拡大して用いるということを思いついた．これまで，2パラメータ・アプローチの最大の欠点は，負債のリスクが考慮できないこと[50]とテール・リスクについて対応できないことであった．

確かに，負債は，一般的には資産と異なり利益を生むということはない．しかし，保険会社の責任準備金は，死差益あるいは危険差益を生み出し，それが変動するというように，資産と同様な性格を有している．このため，少なくとも，保険会社の場合には，資産だけでなく責任準備金も含めて最適な資産，負債の配分を求める必要があるといえる．

このような考え方を採用すると，求められた資産，負債の配分では，貸借対照表上で貸借がバランスするとは限らない．貸借をバランスさせるには，債務の方が大きい場合には，債務超過額と同額の無リスクの資産を組み入れることが考えられる．逆に，資産の方が大きい場合には，一般的な無リスクの資産のように，期待収益率は存在するもののリスクのない負債というのは，存在しないと考えられるが，期待収益率が常にゼロの負債であれば，そのリスクはないわけであり，存在することになる．それは，一般的な負債でしかない．つまり，資産超過額と同額の何らかの一般的な負債を組み込めばよいことになる[51,52]．

資本も一般的な負債と同様に無リスクであり，本章では一般的な負債と同様に取り扱うこととする[53]．

4) 資産負債最適配分概念の構築

この2パラメータ・アプローチを拡大した手法を用いれば，資産と負債の最適な配分を実現することによって保険者がリスクとリターンを適切に管理することができ，合理的に保険を引き受ける基礎を構築することができる．そこで，筆者は，この考え方を資産負債最適配分概念と名付け，保険引受けの基礎理論として位置づけることを提案した[54]．

資産負債最適配分概念であれば，前述の危険団体概念の問題点は，回避が可能となる．危険団体が価格変動等のリスクを考慮していないことについては，資産負債最適配分概念は，すべてのリスクを同等に取り扱っており，問題とならない．また，保険契約者よりも危険団体を守りがちであることについては，資産負債最適配分概念には危険団体のように守るべき対象となる存在がないため，それを守るという発想は，出てきようがない[55]．

資産負債最適配分概念は，資産・負債を最適に配分し，ある信頼区間において将来のキャッシュインフローとキャッシュアウトフローが等しくなるようにすることによって，保険を健全に引き受けることができるものである．このように，資産負債最適配分概念は，危険団体概念に比してきわめて合理的な考え方であり，危険団体概念の持つ問題点をすべて解決できるものであることが判る．

(2) テール・リスクへの対応方法

このように，資産負債最適配分概念は，危険団体の持つ問題点を解決する画期的な概念であるが，テール・リスクを考慮することができないという欠陥が残されている．この点への対応としては，次の3つの方法があり得る．

1) 従来の方法の援用

第1は，これまでの考え方を半ば踏襲すれば，新たな責任準備金が担保するリスク（保険会社が取るリスクのうち，概ね正規分布したもの）に，通常の予測を

超えるリスクが実現した場合の損失を担保するための負債（または資本）[56]を追加して計上し，ストレス・テストで，その十分性を確認することが考えられる．

この場合，新たな責任準備金については，保険契約者が保険料を支払うことによって負担する．それを超える部分については，一義的には株主や社員が負担し，それに対する公正な報酬を保険契約者が株主や社員に支払うことにするものである．

この方法は，現在の方法をややリファインしたものに過ぎない．このため，合成の誤謬が生ずるおそれは否定できない．この結果，通常の場合の対応が不十分なものになるおそれが強い．しかし，この方法は，将来の発生確率がわからないテール・リスクであったとしても，その備えをすることができるというメリットがある．

2）テール・リスクを確率論的シナリオ法に組み込む

2パラメータ・アプローチそのものに，テール・リスクを組み込むことは，きわめて難しいと考えられる．しかし，確率論的シナリオ法であれば，個々のテール・リスクの発生確率が与えられる限り，テール・リスクを組み込むことができる．そこで，2パラメータ・アプローチを確率論的シナリオ法に置き換えることが考えられる．具体的には，通常の確率論的シナリオ法で，ある信頼区間を担保する保険料積立金を求めようとすると，資産と負債の額が一致するように資産と負債の配分を操作することになる[57]．この結果，その場合のリスクとリターンが求められる．そうした組合せをさらに確率論的に発生させ，リスクとリターンの最も適切な組合せを探すことができる．確率論的シナリオ法であれば，テール・リスク以外の収益率が正規分布しないリスクについても，組み込むことができる．これは，まさに2パラメータ・アプローチの確率論的シナリオ法によるものといえる．

なお，発生確率については，シナリオVaRにおいて，ストレス・シナリオを確率分布で設定する方法のうち，ベイズ更新の理論を用いて，主観的に定めた分布を現実のデータで更新していく方法[58]が参考になるとする考え方もありえる．しかし，ベイズ更新は，主観確率が想定している観測期間と同じ期間，

市況を観察することおよび主観確率も観測した収益率も正規分布に従うことが前提になっていること[59]から，この考え方を採用することは困難ではないかと考えられる．

そうなると，こうした大地震の発生確率，死亡者数，けが人の数，発生の時期，資産運用への影響（株価，債券価格，地価，外国為替の変動）などを分布の形で想定し，ランダムに確率論的シナリオ法のシナリオに組み込んでいくことが考えられる．

具体的には，南海トラフ巨大地震の発生確率を，毎年の発生確率に置き換え，それをシナリオに組み込むことは可能である．たとえば，1万とおりのシナリオがあれば，毎年の発生確率として想定されている割合のシナリオをランダムに選び，その年に発生するものとして，死亡率を増加させる．さらに，それに合わせて，必要であれば，株価や債券価格を下落させるなどすればよい．この結果，通常の場合にも，巨大地震のようなテール・イベントが発生した場合にも，対応ができることになる．

当然のことながら，この方法は，発生する確率が解らない場合には，何らかの形で発生確率を仮定するか，仮定すら難しい場合にはストレス・テストによることなどが求められる．あるいは，そうしたリスクは極力取らないようにする（免責にするなど），そうしたリスクが実現した場合には，逆に利益の発生する取引を行っておくなどの対応も求められる．また，将来を想定するものであるため，確実に想定が当たるとは限らない．

なお，こうした確率論的シナリオ法を実行しようとすると，コンピュータの性能が問題になるかもしれない．このため，実際に試すしかないが，たとえ現状のコンピュータの性能では対応ができないとしても，近い将来には可能になることと考えられる．

3) テール・イベントだけを想定する

通常の場合を一切無視して，テール・リスクが実現したときに最も損失が少ないようにしておくということ[60]も考えられる．たとえば，南海トラフ巨大地震を想定するのであれば，死亡リスク，入院・手術リスク，債券，貸付金の

信用リスクなどが大きく実現する一方で、生存リスクのように危険差益が生じるものもありえる。これらの資産負債を上手に組み合わせれば、地震が発生した場合の損害を少しは小さくできる。これを普段から準備しておくというものである。

この方法は、巨大地震の発生しない間は、決して損益の状況は、よくならないおそれがあるが、いったん巨大地震が発生すると、他の方法を採用している生命保険会社よりも損益の状況が相対的に優位になるものと期待できる。また、この方法は、発生の確率がわからないテール・イベントの場合にも用いることができる。

しかし、生命保険会社の場合、毎年決算があり、テール・リスクだけに対応した資産負債のポートフォリオを組んでいるという説明がどれほど説得力を持っているかについては、必ずしも明らかではない。また、全く性格の異なる複数のテール・イベントについて対応するということも困難である。このため、実際には採用しにくいのではないか。

6．むすび

このように、テール・リスクを確率論的シナリオ法に組み込む方法を採用すれば、資産負債最適配分概念の枠組みの中で、相当程度テール・リスクへの対応が可能になる。このことは、少なくとも、2パラメータ・アプローチの限界であったテール・リスクを考慮していないことを、テール・リスクも含めて一定程度資産負債の最適な配分を求めることができることを示したものであり、その意義は大きいと考えている。

ただ、この場合、南海トラフ巨大地震のように、きわめて大きな被害がもたらされるおそれのある地震について、発生確率が与えられていないことである。この点については、地震についての研究の進展が期待されるところである。

なお、テール・リスクではないが、そのリスクが正規分布にならない保険種類について、資産負債最適配分概念をどのように適用するのかという問題が残

されていた．この問題については，なかなか2パラメータ・アプローチでは正解がみつからないが，2パラメータ・アプローチに代えてキャッシュフロー分析を用いれば，正規分布でない分布であっても，シナリオに組み込むことができる．テール・リスクを確率論的シナリオ法に組み込む方法を採用すれば，こうした問題は解決されることになる．また，このようにすれば，生命保険会社だけではなく損害保険会社においても，より適切に資産負債最適配分概念を適用することができることになる．

この問題に関連する残された課題としては，ソルベンシー・マージン比率規制のあり方をどうするのかということが挙げられ，今後精力的に検討して行きたい．

1) 宇野典明（2012）『新保険論―新たな保険に関する基礎理論の構築―』中央大学出版部，40-45ページ，宇野典明（2002）「生命保険企業をめぐる環境の変化と生命保険企業の対応」田村祐一郎編『保険の産業分水嶺』千倉書房，72-76ページ参照のこと．
2) 日本アクチュアリー会（2006）「標準生命表2007の作成概要 資料―①」日本アクチュアリー会ウェブページ（http://www.actuaries.jp/lib/standard-life-table/seimeihyo2007_B3.pdf）．
3) 日本アクチュアリー会（2006）「標準生命表2007の作成概要 資料―②」日本アクチュアリー会ウェブページ（http://www.actuaries.jp/lib/standard-life-table/seimeihyo2007_B3.pdf）．
4) ソルベンシー・マージン比率の算出基準等に関する検討チーム（2007）「ソルベンシー・マージン比率の算出基準等について」，6ページ，金融庁ウェブページ（http://www.fsa.go.jp/singi/solvency/20070403.pdf）．
5) ソルベンシー・マージン比率の算出基準等に関する検討チーム 前掲，ウェブページ．
6) 総務省統計局（2013）「人口推計―平成25年5月報―」総務省統計局ウェブページ（http://www.stat.go.jp/data/jinsui/pdf/201305.pdf）．
7) 警察庁緊急災害警備本部（2013）「平成23年（2011年）東北地方太平洋沖地震の被害状況と警察措置」警察庁ウェブページ（http://www.npa.go.jp/archive/keibi/biki/higaijokyo.pdf（2013年8月21日アクセス））．

8) 通常の予測の範囲内の保険リスクには,原則として 2σ のバッファーが含まれているため,こうしたテール・リスクが実現しても,その一部は,このバッファーでカバーできる可能性がある.しかし,通常の予測の範囲内の保険リスクが 2σ の限度まで増加しているときにテール・リスクが実現することも考えられ,その場合には,このような計算になる.
9) 金融庁 (2008)「ソルベンシー・マージン比率の見直しの骨子 (案)」,1 ページ,金融庁ウェブページ (http://www.fsa.go.jp/news/19/hoken/20080207-1/00.pdf).
10) ソルベンシー・マージン比率の算出基準等に関する検討チーム,前掲,ウェブページ.
11) 金融庁,前掲,ウェブページ.
12) 金融庁,前掲,ウェブページ.
13) 日本生命保険相互会社 (2012)『終身保険 (有配当 2012) 給付約款』第 2 条,第一生命保険株式会社 (2013)『5 年ごと配当付き終身保険普通保険約款』第 2 条など.
14) 日本生命保険相互会社 (1999)『災害割増特約 (H11)』第 2 条.
15) たとえば,第一生命保険株式会社 (2012)『災害割増特約 D 条項』第 1 条.
16) たとえば,日本生命保険相互会社 (2012)『総合医療保険 (有配当 2012) 給付約款』第 5 条.
17) たとえば,第一生命保険株式会社 (2012)『新総合医療特約 D 条項 (H22)』第 2 条.
18) Nassim Nicholas Taleb *The Black Swan*, Random House (2007),(邦訳) ナシーム・ニコラス・タレブ著,望月衛訳 (2009)『ブラック・スワン〔上〕』ダイヤモンド社,同 (2009)『ブラック・スワン〔下〕』ダイヤモンド社を参照のこと.
19) 中央防災会議東南海,南海地震等に関する専門調査会 (2003)「東南海,南海地震の被害想定について」内閣府防災情報のページ (http://www.bousai.go.jp/jishin/tonankai_nankai/pdf/siryou2.pdf),中央防災会議東海地震対策専門調査会,事務局 (内閣府 (防災担当)) (2003)「東海地震に係る被害想定結果について」内閣府防災情報のページ (http://www.bousai.go.jp/jishin/tokai/pdf/kisha.pdf).
20) 中央防災会議防災対策推進検討会議南海トラフ巨大地震対策検討ワーキンググループ (2013)「南海トラフ巨大地震の被害想定について (第二次報告) 〜被害想定 (第二次報告) の趣旨等について〜」,1 ページ,内閣府防災情報のページ (http://www.bousai.go.jp/jishin/nankai/taisaku_wg/pdf/20130318_shiryo1.pdf).
21) 中央防災会議防災対策推進検討会議南海トラフ巨大地震対策検討ワーキンググループ (2013)「南海トラフ巨大地震対策について (最終報告)」,55 ページ,内閣府防災情報のページ (http://www.bousai.go.jp/jishin/nankai/taisaku_wg/pdf/20130528_honbun.pdf).
22) 中央防災会議防災対策推進検討会議南海トラフ巨大地震対策検討ワーキンググ

ループ（2012）「南海トラフ巨大地震の被害想定について（第一次報告）」内閣府防災情報のページ（http://www.bousai.go.jp/jishin/nankai/taisaku/pdf/20120829_higai.pdf）．

中央防災会議防災対策推進検討会議南海トラフ巨大地震対策検討ワーキンググループ（2013）「南海トラフ巨大地震の被害想定について（第二次報告）～施設等の被害～【定量的な被害量】」内閣府防災情報のページ（http://www.bousai.go.jp/jishin/nankai/taisaku_wg/pdf/20130318_shiryo2_2.pdf）．

中央防災会議防災対策推進検討会議南海トラフ巨大地震対策検討ワーキンググループ（2013）「南海トラフ巨大地震の被害想定について（第二次報告）～経済的な被害～」内閣府防災情報のページ（http://www.bousai.go.jp/jishin/nankai/taisaku_wg/pdf/20130318_shiryo3.pdf）．

23) 中央防災会議防災対策推進検討会議南海トラフ巨大地震対策検討ワーキンググループ（2012）「南海トラフ巨大地震の被害想定について（第一次報告）」，21ページ．
24) 内閣府（防災担当）（2004）「直接的被害想定結果について」内閣府防災情報のページ（http://www.bousai.go.jp/jishin/syuto/syousai/pdf/13/shiryo2-1.pdf）．内閣府（防災担当）（2004）「直接的被害想定結果について（参考資料編）」内閣府防災情報のページ（http://www.bousai.go.jp/jishin/syuto/syousai/pdf/13/shiryo2-2.pdf）．内閣府（防災担当）（2005）「被害想定結果について」内閣府防災情報のページ（http://www.bousai.go.jp/jishin/syuto/syousai/pdf/15/shiryou2.pdf）．
25) 内閣府（防災担当）「直接的被害想定結果について」，17ページ．
26) 内閣府（防災担当）「被害想定結果について」，60ページ．
27) 地震調査委員会（2013）「今までに公表した活断層及び海溝型地震の長期評価結果一覧」地震調査研究推進本部ウェブページ（http://www.jishin.go.jp/main/choukihyoka/ichiran.pdf）．
28) 新型インフルエンザ対策閣僚会議（2011）「新型インフルエンザ対策行動計画」，5-6ページ，内閣官房ウェブページ（http://www.cas.go.jp/jp/seisaku/ful/kettei/110920keikaku.pdf）．
29) 和野嗣賢（2008）「新型インフルエンザパンデミックの脅威と保険事業への影響」『損害保険研究』第70巻第1号，83-107ページ，村松容子・中嶋邦夫（2010）「新型インフルエンザの生保事業への影響」『生命保険経営』第78巻第3号，56-78ページ．
30) 永森満（2012）「損害保険会社における巨大自然災害のリスク管理」『保険学雑誌』第619号，231ページ．
31) 『msn産経ニュース』2013年2月16日（http://sankei.jp.msn.com/world/news/130216/erp13021621090007-n1.htm）．
32) The Torino Impact Hazard Scale（2005），NASAウェブページ（http://neo.jpl.nasa.gov/torino_scale.html）．

33) 富士山ハザードマップ検討委員会（2004）「報告書」富士山火山防災協議会ウェブページ（http://www.bousai.go.jp/kazan/fujisan-kyougikai/report/index.html）．
34) 富士山ハザードマップ検討委員会，前掲，報告書．
35) 宇野『新保険論』，27-28ページ．
36) 宇野『新保険論』，40-41ページ．
37) 宇野『新保険論』，41-42ページ，44ページ．
38) 宇野『新保険論』，42ページ．
39) 第2次世界大戦までの間の昭和期における生命保険会社の破綻については，福永保（1995）「昭和期における国内生保会社の破綻」『生命保険経営』第63巻第3号，73-93ページ，小川功（1997）「金融恐慌と生保破綻—末期の旭日生命を中心として—」『文研論集』第120号，77-117ページ，宇野典明（1999）「国光生命の破綻について—相互会社の保険金額削減の事例から学ぶもの—」『保険学雑誌』第567号，40-64ページを参照のこと．また，平成に入ってからの生命保険会社の破綻については，宇野「生命保険企業をめぐる環境の変化と生命保険企業の対応」，75-76ページ．その他にも，破綻事例について触れたものとして，石名坂邦昭（2000）「金融システム改革と生保の方向性」安井信夫先生古希記念論文集刊行委員会編『変化の時代のリスクと保険』文眞堂，55-66ページ，恩蔵三穂（2001）「生命保険会社と破綻要因」『現代保険論集 鈴木辰紀先生古稀記念』成文堂，501-520ページ，小藤康夫（2001）『生保危機の本質』東洋経済新報社，株式会社日経リサーチ（2007）『金融機関の破綻事例に関する調査報告書』金融庁ウェブページ（http://www.fsa.go.jp/news/18/20070330-5/04.pdf），植村信保（2007）「生命保険会社の経営破綻要因」『保険学雑誌』第598号，35-52ページ，武田久義（2008）『生命保険会社の経営破綻』成文堂，植村信保（2008）『経営なき破綻 平成生保破綻の真実』日本経済新聞出版社などがある．また，アメリカ，カナダの生命保険会社の破綻事例については，保険監督法研究会（1996）『諸外国における生命保険会社の破綻事例にみる法的諸問題（保険監督法研究会報告書〔V〕）』生命保険文化研究所を，アメリカの損害保険会社の破綻事例については，越知隆（1992）「米国保険事業のソルベンシー監督規制問題」『文研論集』No.100 などを参照のこと．
40) 宇野典明（2006）「家計におけるリスクマネジメントと生命保険設計のあり方」貝塚啓明監修『パーソナルファイナンス研究』日本ファイナンシャル・プランナーズ協会，208-219ページ，宇野典明（2013）「リスクマネジメントと生命保険」貝塚啓明・吉野直行・伊藤宏一編著『実学としてのパーソナルファイナンス』中央経済社，266-278ページ，参照のこと．
41) 宇野『新保険論』，47ページ．
42) 団体優先説の呼称は西嶋梅治博士によるものであり，博士は，対立する考え方を技術説と呼ばれた（西嶋梅治（1960）「危険団体の効用とその限界」『損害保険研究』

第 8 章　生命保険会社におけるテール・リスクへの対応　187

第 22 巻第 4 号，200-201 ページ）．他にも，新派と旧派，客観主義法学と主観主義法学という呼称がある．新派・旧派，客観主義法学・主観主義法学という表現は，用語自体に価値観が付加されている．これに対し，団体優先説という表現は，危険団体の利益を保険契約者の利益より優先するものを端的に表していることに加え，技術説という表現も，保険の団体性は保険企業の合理的経営のための技術的要請にすぎないということを端的に表していることから，本書では，団体優先説の呼称を用いることとした．

43)　田中耕太郎（1932）「保険の社会性と団体性（2）」『法学協会雑誌』第 50 巻第 10 号，113 ページ．庭田範秋博士（1973）も同様の見解を述べる（『社会保障論』有斐閣，137-138 ページ）．
44)　宇野『新保険論』，48-49 ページ．
45)　宇野『新保険論』，56-57 ページ．
46)　宇野『新保険論』，67 ページ．
47)　宇野『新保険論』，59 ページ．
48)　黒田巖（2013）『通貨・決済システムと金融危機〔改訂版〕』中央大学出版部，45-47 ページ参照のこと．
49)　H. M. マーコビッツが H. M. Markowitz (1952), "Portfolio Selection", in The Journal of Finance Vol.VII, No.1, pp.77-91 の中で提唱した手法である．
50)　Edited by Fabozzi, F. J., Pension Fund Investment Management: A Handbook for Sponsors and Their Advisors,: Fabozzi Associates: New Hope，邦訳　ファボッツィ編，大和銀行年金信託運用部訳（1999）『年金運用のリスク管理』金融財政事情研究会，45 ページ．
51)　2 パラメータ・アプローチを保険リスクに応用したものとして，宇野典明（1997）「生損保兼営禁止について」『保険学雑誌』第 558 号，68-81 ページがある．また，責任準備金などの負債ばかりでなく，資産も含めて分散投資の手法としてのマーコビッツの 2 パラメータ・アプローチを適用できることを指摘したものとして　宇野「生損保兼営禁止について」，80-81 ページが，実際に，生命保険会社について 2 パラメータ・アプローチを適用してみたものとして宇野典明（2005）「大数の法則と収支相等の原則の現代的な意義について―生命保険の場合を中心として―」『商学論纂』第 46 巻第 3 号，195-236 ページがある．
52)　一般的な負債を組み込むことについて，「保険株式会社を想定した場合，社債の発行によってレバリッジが変わる．その結果負債のエージェンシーコストが変化する．ところが，本書では，この点が考慮されていない．」との指摘（米山高生（2013）「【書評】宇野典明著『新保険論 保険に関する新たな基礎理論の構築』」『保険学雑誌』第 621 号，198 ページ）がある．この点については，個人年金保険の年金支払開始までの間の保険料積立金のように，定期保険と生存保険が重なる部分については，

死亡リスクと生存リスクが相殺されるため，リスク・フリーの負債とみなすことができる．積立傷害保険の積立特約部分についても同様である．加えて，実際上は，負債には未払金，未払費用などの，コストのかからないものが相当量含まれている．このため，負債の相当量は，こうしたコストのかからないもので占められることになろう．もちろん，社債の発行などによって，リスク・フリーの負債を取り入れることも考えられる．この場合には，社債等の有利子の負債は，固定利付きであれば，社債発行コスト等の分だけ負債の収益率を有するリスク・フリーの資産とみなすことができ，効率的フロンティアとY軸上の当該負債の点から引かれた直線との接点が最適解となる．さらに，後述する2パラメータ・アプローチの確率論的シナリオ法であっても，社債等の有利子の負債を問題なく考慮することができる．このように，社債等の有利子の負債を取り入れた場合であっても，特段の問題は生じないものと考えられる．

53) 宇野『新保険論』，71ページ．
54) 宇野『新保険論』，72ページ．
55) 宇野『新保険論』，73ページ．
56) 保険監督法や保険監督法会計においては，負債と資本の区分がきわめて不明確である．たとえば，ソルベンシー・マージン比率の計算において，ソルベンシー・マージンの額は，危険準備金等の負債に加えて，資本金等の資本も含まれている．実際上，たとえば，危険準備金に計上するのか，資本の部に計上するのかは，実質的に保険会社の任意の部分が存在する．

これは，以下のような考え方が存在するために生じたものであると考えられる．すなわち，商法上，資産の評価が時価以下であった時代には，「一切の積極財産の過小評価又は債務の過大評価を違法とすることも行きすぎであって，税法上の問題は別として，商法上は企業経営上の合理的考慮にもとづいて相当とみとめられる限度においては，かかる評価も許されるものと解すべきである．」とされていた（大隅健一郎（1957）『商法総則』有斐閣，238ページ）．このため，生命保険監督会計においては，生命保険会社のリスクが実現した場合の損失を塡補するための財源については，特段商法と異なる考え方を採用する必要もないと判断されることから，少なくとも資産が時価で評価されるのであれば，合理的な限度までは負債として計上することが認められるものと解されるからである．ここで，合理的な限度とは，たとえば，99.5%の信頼水準および一般的に生命保険約款で保険金等の支払いを約している大地震等のリスクを担保する範囲が考えられる（宇野『新保険論』，183ページ）．

なお，当然のことながら，こうした考え方は，もともと株式会社についてのものであるが，相互会社についても同様に適用されることは，いうまでもない．要するに，相互会社に限らず，株式会社であっても，大地震等のテール・リスクを担保す

る範囲を負債に計上することは認められることであると考えられる．

翻って，資産負債最適配分概念は，こうした考え方を踏襲しており，相互会社形態を前提にしているように思われるとの指摘（米山高生「【書評】」，199ページ）があるが，そうしたことは決してなく，株式会社であっても当然適用できると考えている．

57) 宇野『新保険論』，84-85ページ．
58) 室町幸雄（2011）「ストレステスト・フレームワークの再構築へ」『年金ストラテジー』Vol.178，3ページ．内田善彦（2010）「ストレステストの課題と先進的な取組み事例」"ストレステストの先進的な取り組み"ワークショップ討議資料』，日本銀行ウェブページ（http://www.boj.or.jp/announcements/release_2010/data/fsc1012a1.pdf）も参照のこと．
59) 内田　前掲ウェブページ，33ページ．
60) ナシーム・ニコラス・タレブ著，望月衛訳『ブラック・スワン〔下〕』，214-219ページ参照のこと．

参考文献

石名坂邦昭（2000）「金融システム改革と生保の方向性」安井信夫先生古希記念論文集刊行委員会編『変化の時代のリスクと保険』文眞堂（3月）

植村信保（2007）「生命保険会社の経営破綻要因」『保険学雑誌』第598号（9月）

植村信保（2008）『経営なき破綻 平成生保破綻の真実』日本経済新聞出版社（9月）

宇野典明（1997）「生損保兼営禁止について」『保険学雑誌』第558号（9月）

宇野典明（1999）「国光生命の破綻について―相互会社の保険金額削減の事例から学ぶもの―」『保険学雑誌』第567号（12月）

宇野典明（2002）「生命保険企業をめぐる環境の変化と生命保険企業の対応」田村祐一郎編『保険の産業分水嶺』千倉書房

宇野典明（2004）「生命保険監督会計の基本的な枠組みのあり方」浅谷輝雄監修『生命保険再生の指針―生命保険規制体系のあり方』金融財政事情研究会（3月）

宇野典明（2005）「大数の法則と収支相等の原則の現代的な意義について―生命保険の場合を中心として―」『商学論纂』第46巻第3号（3月）

宇野典明（2006）「家計におけるリスクマネジメントと生命保険設計のあり方」貝塚啓明監修『パーソナルファイナンス研究』日本ファイナンシャル・プランナーズ協会（10月）

宇野典明（2012）『新保険論―新たな保険に関する基礎理論の構築―』中央大学出版部

宇野典明（2013）「リスクマネジメントと生命保険」貝塚啓明・吉野直行・伊藤宏一編著『実学としてのパーソナルファイナンス』中央経済社

大隅健一郎（1957）『商法総則』有斐閣（2月）
小川功（1997）「金融恐慌と生保破綻──末期の旭日生命を中心として──」『文研論集』第120号（9月）
越知隆（1992）「米国保険事業のソルベンシー監督規制問題」『文研論集』No.100（9月）
恩蔵三穂（2001）「生命保険会社と破綻要因」『現代保険論集 鈴木辰紀先生古稀記念』成文堂（5月）
金融庁（2013）『保険検査マニュアル（保険会社に係る検査マニュアル）』
黒田巌（2013）『通貨・決済システムと金融危機〔改訂版〕』中央大学出版部
小藤康夫（2001）『生保危機の本質』東洋経済新報社（6月）
地震調査研究推進本部地震調査委員会（2013）「南海トラフの地震活動の長期評価（第二版）について」
第一生命保険株式会社（2012）『災害割増特約D条項』
第一生命保険株式会社（2012）『新総合医療特約D条項（H22）』
第一生命保険株式会社（2013）『5年ごと配当付き終身保険普通保険約款』
武田久義（2008）『生命保険会社の経営破綻』成文堂（1月）
田中耕太郎（1932）「保険の社会性と団体性（2）」『法学協会雑誌』第50巻第10号（10月）
永森満（2012）「損害保険会社における巨大自然災害のリスク管理」『保険学雑誌』第619号（12月）
西島梅治（1960）「危険団体の効用とその限界」『損害保険研究』第22巻第4号（11月）
日本生命保険相互会社（1999）『災害割増特約（H11）』
日本生命保険相互会社（2012）『終身保険（有配当2012）給付約款』
日本生命保険相互会社（2012）『総合医療保険（有配当2012）給付約款』
庭田範秋（1973）『社会保障論』有斐閣
福永保（1995）「昭和期における国内生保会社の破綻」『生命保険経営』第63巻第3号（5月）
保険監督法研究会（1996）『諸外国における生命保険会社の破綻事例にみる法的諸問題（保険監督法研究会報告書〔V〕）』生命保険文化研究所（1月）
村松容子・中嶋邦夫（2010）「新型インフルエンザの生保事業への影響」『生命保険経営』第78巻第3号（5月）
室町幸雄（2011）「ストレステスト・フレームワークの再構築へ」『年金ストラテジー』Vol.178（4月）
米山高生（2012）『リスクと保険の基礎理論』同文舘出版（4月）
米山高生（2013）「【書評】宇野典明著『新保険論 保険に関する新たな基礎理論の構築』」『保険学雑誌』第621号（6月）
和野嗣賢（2008）「新型インフルエンザパンデミックの脅威と保険事業への影響」『損害保険研究』第70巻第1号（5月）

Harrington, S. E., Niehaus G. R. (2004), *Risk Management and Insurance,* The McGraw-Hill, (邦訳) S. E. ハリントン, G. R. ニーハウス著, 米山高生・箸方幹逸監訳 (2005)『保険とリスクマネジメント』東洋経済新報社

Edited by Fabozzi, F. J. (1990), *Pension Fund Investment Management: A Handbook for Sponsors and Their Advisors,*: Fabozzi Associates: New Hope, 邦訳 ファボッツィ編, 大和銀行年金信託運用部訳 (1999)『年金運用のリスク管理』金融財政事情研究会

Markowitz, H. M. (1952), "Portfolio Selection", in *The Journal of Finance* Vol.VII, No.1

Nassim Nicholas Taleb (2007), *The Black Swan,* Random House, (邦訳) ナシーム・ニコラス・タレブ著, 望月衛訳 (2009)『ブラック・スワン〔上〕』ダイヤモンド社, 同 (2009)『ブラック・スワン〔下〕』ダイヤモンド社

内田善彦 (2010)「ストレステストの課題と先進的な取組み事例」『"ストレステストの先進的な取り組み"ワークショップ討議資料』(12月), 日本銀行ウェブページ (http://www.boj.or.jp/announcements/release_2010/data/fsc1012a1.pdf)

金融庁 (2008)「ソルベンシー・マージン比率の見直しの骨子 (案)」, 金融庁ウェブページ (http://www.fsa.go.jp/news/19/hoken/20080207-1/00.pdf)

警察庁緊急災害警備本部 (2013)「平成23年 (2011年) 東北地方太平洋沖地震の被害状況と警察措置」警察庁ウェブページ (http://www.npa.go.jp/archive/keibi/biki/higaijokyo.pdf (2013年8月21日アクセス))

地震調査委員会 (2013)「今までに公表した活断層及び海溝型地震の長期評価結果一覧」地震調査研究推進本部ウェブページ (http://www.jishin.go.jp/main/choukihyoka/ichiran.pdf)

新型インフルエンザ対策閣僚会議 (2011)「新型インフルエンザ対策行動計画」内閣官房ウェブページ (http://www.cas.go.jp/jp/seisaku/ful/kettei/110920keikaku.pdf)

総務省統計局 (2013)「人口推計―平成25年5月報―」総務省統計局ウェブページ (http://www.stat.go.jp/data/jinsui/pdf/201305.pdf)

ソルベンシー・マージン比率の算出基準等に関する検討チーム (2007)「ソルベンシー・マージン比率の算出基準等について」金融庁ウェブページ (http://www.fsa.go.jp/singi/solvency/20070403.pdf)

中央防災会議東南海, 南海地震等に関する専門調査会 (2003)「東南海, 南海地震の被害想定について」内閣府防災情報のページ (http://www.bousai.go.jp/jishin/tonankai_nankai/pdf/siryou2.pdf)

中央防災会議東海地震対策専門調査会, 事務局 (内閣府 (防災担当)) (2003)「東海地震に係る被害想定結果について」内閣府防災情報のページ (http://www.bousai.go.jp/jishin/tokai/pdf/kisha.pdf)

中央防災会議防災対策推進検討会議南海トラフ巨大地震対策検討ワーキンググループ (2012)「南海トラフ巨大地震の被害想定について (第一次報告)」内閣府防災情報

のページ（http://www.bousai.go.jp/jishin/nankai/taisaku/pdf/20120829_higai.pdf）

中央防災会議防災対策推進検討会議南海トラフ巨大地震対策検討ワーキンググループ（2013）「南海トラフ巨大地震の被害想定について（第二次報告）～被害想定（第二次報告）の趣旨等について～」内閣府防災情報のページ（http://www.bousai.go.jp/jishin/nankai/taisaku_wg/pdf/20130318_shiryo1.pdf）

中央防災会議防災対策推進検討会議南海トラフ巨大地震対策検討ワーキンググループ（2013）「南海トラフ巨大地震対策について（最終報告）」内閣府防災情報のページ（http://www.bousai.go.jp/jishin/nankai/taisaku_wg/pdf/20130528_honbun.pdf）

中央防災会議防災対策推進検討会議南海トラフ巨大地震対策検討ワーキンググループ「南海トラフ巨大地震の被害想定について（第二次報告）～施設等の被害～【定量的な被害量】」，2013年，内閣府防災情報のページ http://www.bousai.go.jp/jishin/nankai/taisaku_wg/pdf/20130318_shiryo2_2.pdf．

中央防災会議防災対策推進検討会議南海トラフ巨大地震対策検討ワーキンググループ（2013）「南海トラフ巨大地震の被害想定について（第二次報告）～経済的な被害～」内閣府防災情報のページ（http://www.bousai.go.jp/jishin/nankai/taisaku_wg/pdf/20130318_shiryo3.pdf）

内閣府（防災担当）（2004）「直接的被害想定結果について」内閣府防災情報のページ（http://www.bousai.go.jp/jishin/syuto/syousai/pdf/13/shiryo2-1.pdf）

内閣府（防災担当）（2004））「直接的被害想定結果について（参考資料編）」内閣府防災情報のページ（http://www.bousai.go.jp/jishin/syuto/syousai/pdf/13/shiryo2-2.pdf）

内閣府（防災担当）（2005）「被害想定結果について」内閣府防災情報のページ（http://www.bousai.go.jp/jishin/syuto/syousai/pdf/15/shiryou2.pdf）

株式会社日経リサーチ（2007）『金融機関の破綻事例に関する調査報告書』（3月），金融庁ウェブページ（http://www.fsa.go.jp/news/18/20070330-5/04.pdf）

日本アクチュアリー会（2006）「標準生命表 2007 の作成概要 資料―①」日本アクチュアリー会ウェブページ（http://www.actuaries.jp/lib/standard-life-table/seimeihyo2007_B3.pdf）

日本アクチュアリー会（2006）「標準生命表 2007 の作成概要 資料―2」日本アクチュアリー会ウェブページ（http://www.actuaries.jp/lib/standard-life-table/seimeihyo2007_B3.pdf）

富士山ハザードマップ検討委員会（2004）「報告書」富士山火山防災協議会ウェブページ（http://www.bousai.go.jp/kazan/fujisan-kyougikai/report/index.html）

『msn 産経ニュース』2013年2月16日（http://sankei.jp.msn.com/world/news/130216/erp13021621090007-n1.htm）

The Torino Impact Hazard Scale（2005），NASA ウェブページ（http://neo.jpl.nasa.gov/torino_scale.html）

第 2 部

アジア諸国の地域金融と国家

第9章　中国の銀行システムの安定性
――特に国有銀行と非国有銀行の比較を通して――

1. はじめに

　長期に及ぶ中国経済の高度成長とともに中国の国際貿易も増大し，2009年にはドイツを追い越して輸出額は世界第1位となった．輸入額においても2009年にドイツを追い越して世界第2位となり，2012年には第1位の米国との差も僅差となった[1]．中国が国内総生産（GDP）で世界第2位となったのは2010年とされる[2]が，貿易面では2009年時点ですでに世界第2位となり，輸出では第1位になっていた．

　経済や貿易面での中国の台頭に伴って，大国も小国もこぞって対中依存度を強めている．EU・ユーロ圏を代表するドイツも同様であり，対中貿易の比重が徐々に高まっている．対中依存度の高まりの背景には，巨大な中間所得層を抱えた中国市場の拡大がある．ただし，そこには大きなチャンスだけでなく，リスクもある．

　ドイツ経済研究所（DIW）のGeorg Erber氏によると，中国リスクには，国内企業を保護し，優先しようとする産業政策や，中国国有資産監督管理委員会が主導する国有企業優先政策がある．特に，こうした国有企業保護政策の結果，中国の付加価値の半分を生み出す民営企業にとっては国有銀行からの資金調達が難しく，シャドーバンキング[3]に依存せざるをえない状況が生まれている，という[4]．ここでシャドーバンキングを「非銀行融資」の意味で用いると，Erber氏の主張は，「国有銀行はもっぱら国有企業に融資し，非国有銀行や非銀行（シャドーバンキング）はもっぱら民営企業に融資する」という仮説と見な

せる．また，シャドーバンキングには危険で不良債権となる可能性が高いという負のイメージがつきまとうので，Erber氏の主張はさらに，「国有銀行の不良債権率は相対的に低く，非国有銀行・非銀行の不良債権率は相対的かつ潜在的に高い」という仮説にもなる．

ここではErber氏の主張を取り上げたが，それと似たような主張は，中国のシャドーバンキング問題を取り上げる多くの議論にも見いだされる．たとえば，ブルームバーグ（Bloomberg）の2013年9月11日付け記事によると，中国における4,200万の小企業の推定97％が銀行融資を受けることができない[5]．また，J.P. Morganの2013年冬号レポートによると，中小企業はGDPの約65％と雇用の80％を生み出しているものの，銀行融資の5分の1しか受けていない[6]．

本章の目的は，上記2つの仮説を中心に，中国の金融機関の現状として，とりわけ国有銀行と非国有銀行の間にはどのような違いがみられるかを考察することである．

第2節では，中国におけるシャドーバンキング問題について取り上げ，その問題に銀行業界や地方政府が深く関与していることを論じる．第3節では，国有銀行の動向を取り上げ，上記の仮説どおりに国有銀行が動いているかを考察する．第4節では，非国有銀行の動向を取り上げ，融資活動における国有銀行との違いについて論じる．第5節は結論である．

2．シャドーバンキング問題

(1) シャドーバンキング問題への注目

2013年6月下旬から同年7月にかけて，Bloomberg, Thomson Reuters, Financial Times, Newsweek, New York Timesなど欧米情報サービス会社のニュースや雑誌では，中国のシャドーバンキング問題が盛んに取り上げられた．日本の主要全国紙や中国国営通信社の新華社サイト（新華網）でも同時期に，シャドーバンキング問題が盛んに取り上げられた．

第 9 章 中国の銀行システムの安定性 197

　中国のシャドーバンキング問題が急速に注目を集めたのは，2013 年 6 月 20 日に，上海短期金融市場において短期金利が高騰したためである．流動性不足が表面化し始めた 5 月以降，7 日物レポ金利と翌日物レポ金利は以前の 2 ～ 3 %から 5% 水準を超え，6 月中旬には 10% を超えた．それが 6 月 20 日には一時 30% と 25% にまで上昇した．高騰した短期金利は迅速に収束し，7 月には高騰前の水準に戻った[7]．

　ロイターのニュースによると，短期金利の急騰とその後の収束は，中国人民銀行による資金供給の抑制と緩和によって生じたという[8]．すなわち，シャドーバンキングへの資金流出を抑制したいと考えた中国人民銀行が資金供給を抑制したために金利が一時的に高騰した．しかし，流動性不足に陥った金融機関に対して中国人民銀行が資金供給を行うなど，市場金利を誘導する姿勢を示したことから金利高騰が収まったとされる．

　国際決済銀行の季刊誌 BIS Quarterly Review（2013 年 9 月号）に掲載された解説によると，短期金利高騰の要因には，需給両面の要因があった[9]．すなわち，供給側要因として，米ドルの流入が鈍化したことが，外国為替介入を減らし，人民元の供給を抑制した．また，需要側要因として，理財商品に対する銀行の必要準備が強化されたことと，理財商品の借換減少による資金需要の増大が一緒になって流動性需要を増大させた．こうした需給逼迫状況に対し，中国人民銀行は当初，需給緩和の対応をとらなかった．このことが中央銀行によるシャドーバンキング部門への資金供給抑制と金融引締強化と理解され，銀行による慎重な貸出姿勢と流動性逼迫を招き，短期金利高騰を招いた．

　再度の短期金利高騰と金融危機はいったん回避されたものの，欧米や日本のマスメディアは，中国版サブプライム危機の発生として危機感をあおり，中には中国経済の崩壊を論じる議論まで登場した．こうした予想は的中しなかったとはいえ，中国の金融危機を連想させるだけの以下の要因があった．すなわち，

① 2013 年 3 月に就任した李克強・国務院総理が経済構造改革を推進し，その中でも金融改革を重視してきたこと．

② 伝統的な銀行融資に対し，非伝統的な融資や非銀行融資が急増し，これ

らについては実態が不明確なうえに不良債権化する可能性が強いという見方が強まっていたこと．

③ 平均年率10％という中国の超高度成長の時代が終わり，成長率が7％台にまで減速する可能性が強まり，中国の経済成長の持続可能性に対する懸念が生じていたこと．

④ 国際機関において，世界各国のシャドーバンキングの拡大に対する警戒感が強まっていたこと．

(2) シャドーバンキングの定義と規模

2013年6〜7月のマスメディア報道，とりわけ日本の報道をみると，シャドーバンキング問題は中国固有の問題として，中国における金融バブル崩壊の引き金になるかのように扱われた．しかし，一部金融機関の調査部門関係者や国際機関においてはそうした認識はなく，シャドーバンキング問題は多くの国でみられる一般的な現象と理解されている[10]．

FSB（Financial Stability Board, 金融安定理事会）は，世界中のシャドーバンキング問題に対して最も熱心に取り組んでいる国際機関の1つである．FSBは，「各国の金融当局や国際標準設定機関の仕事を国際レベルで調整し，効果的な金融規制・監督・政策の実施を開発・推進するため」[11]に2009年4月に設立された．FSBは，1999年にG7の財務大臣・中央銀行総裁によって創設されたFSF（Financial Stability Forum, 金融安定フォーラム）を前身とする．現在の加盟機関は，主要国の中央銀行，財務省，銀行・証券規制委員会，国際機関，国際標準設定機関など64組織である[12]．

FSBは，2011年10月に「シャドーバンキング：監視と規制の強化」，2012年11月に「シャドーバンキング監視報告書2012」と題する報告書を発表し，2013年8月29日には，シャドーバンキングに関する報告書として，政策提言，リスク対策，監視・規制の強化に分かれた3つの報告書を発表した[13]．

FSBは，2011年の報告書以来，シャドーバンキング・システムを広義に捉え，「正規の銀行システム外の事業体と活動を伴った信用仲介」[14]としている．IMF

のある研究者は，FSB の定義は広すぎるとして，証券化と担保融資（collateral intermediation）に限定した議論を展開している[15]．また，別の IMF 研究者は，シャドーバンキングを「銀行のように行為しながら，銀行のように監視されない金融機関」と表現している[16]．

　FSB はシャドーバンキングを広義に捉えながらも，当局は，政策目的や適切な監視（モニタリング）の観点から，満期変換，流動性変換，信用リスク移転，レバレッジという 4 つのリスク要因や，金融規制の効果を損なう「規制下の裁定（regulatory arbitrage）」活動に注意を向けるべきだとしている[17]．ここで満期変換（maturity transformation）とは[18]，長期資産の資金調達に短期債務が利用されること，流動性変換（liquidity transformation）とは，貸付等の資産を購入するために現金に近い債務が利用されること，信用リスク移転（credit risk transfer）とは，デフォルト（債務不履行）のリスクを第三者に移転すること，レバレッジ（leverage）とは，借入資金を用いて固定資産投資の潜在的収益を拡大させようとすることをいう．

　FSB の 2012 年報告書[19]によると，2011 年末における銀行以外の広義のシャドーバンキング・システムの規模[20]は，金融仲介機関全体の総資産の約半分であり，シャドーバンキングを「その他金融仲介機関」[21]と狭義に捉えた場合にはその数値は 25％程度で，これは GDP の 111％程度（ピークは 2007 年末の 128％）に相当する．2011 年末における「その他金融仲介機関」の資産規模では，米国が 23 兆ドルで全体の 35％，ユーロ圏が 22 兆ドルで同 33％，その他では，英国が 9 兆ドルで全体の 13％，日本は全体の 6％，韓国・香港・ブラジルは各 2％，中国・インド・シンガポールは各 1％となっている[22]．ここで注目すべきは，中国の数値が他地域と比較して非常に小さいことである．FSB のデータをみる限り，「シャドーバンキングは中国の問題である」とは決していえないのである．

　にもかかわらず，2013 年 7 月 10 日，米国のバイデン副大統領は中国との戦略・経済対話における演説の中で，シャドーバンキング部門の改革を中国に要請したという[23]．2013 年 7 月 16 日には，日本の麻生副総理兼財務・金融相が

閣議後の記者会見で，中国のシャドーバンキング問題が中国の経済成長に大きな影響を及ぼす可能性について，言及した[24]．サブプライム問題やリーマン・ショックを通じて世界経済・金融危機を招いた米国が，中国のシャドーバンキング問題に改善を求めるというのはブラック・ジョークか．あるいは，米国や日本が心配するほどに，中国のシャドーバンキング問題が中国経済や世界経済を揺るがすほどに短期間で急速に悪化したのか．

(3) 中国におけるシャドーバンキングの規模

中国におけるシャドーバンキングの規模については，幾つかの推定がある．たとえば，金融機関のUBSは，その規模を3兆3500億ドル（私的な貸借，銀行の簿外取引，信託を含む）と推定している[25]．JPモルガン・チェースの中国首席エコノミストの朱海斌氏は，36兆元でGDPの70％に相当するが，他国の対GDP比の平均110％に比べると小さいとしている[26]．さらに，米国格付け会社のムーディーズは，シャドーバンキングの代表的な金融商品（理財商品）の2012年末残高は21兆元で，同年GDPの39％に相当するという．シャドーバンキングを広義に捉え，非銀行融資も含むとした場合には，29兆元，GDPの55％になるとしている．しかも，これら狭義・広義のシャドーバンキングは急成長を示し，過去2年間で残高が累計75％（狭義）および67％（広義）増加したという[27]．

FSBやムーディーズの推定が示すように，シャドーバンキングの範囲については少なくとも狭義・広義の2つが存在する．中国のシャドーバンキングを狭義に捉えた場合には，理財商品（wealth management products, 中国語では理財産品）がその対象とされる．日本経済新聞の記事では，理財商品とは「個人向け高利回り資産運用商品」のことと書かれているが[28]，実際には個人向け（個人理財産品）だけでなく，企業向け（公司理財産品）や機関投資家向けも存在する．百度百科の解説によると[29]，理財商品には，①短期債等に投資される債券型，②信託商品に投資される信託型，③為替レート・金利・金価格・原油価格等に連動する連動型，④投資家の資金を商業銀行に委託して海外投資で

収益を稼ぐ QDII（適格国内機関投資家）型の4タイプがある．

　中国銀行業監督管理委員会（銀監会）の2013年7月31日発表[30]によれば，2013年6月末における銀行全体の理財商品資金残高は9兆800億元，うち銀行間市場や証券取引所で市場取引されていない「非標準化債権資産」[31]は2兆7,800億元とされる．一方，シャドーバンキングを広義に捉え，非銀行融資を含めると，その規模は狭義よりも当然大きくなる．たとえば，2013年6月末の信託資産残高は9兆4,500億元であった．

　このように，シャドーバンキングの定義次第によってその規模は大きく変わる．シャドーバンキングは，透明性が低く，規制が緩く，リスクが大きい金融商品や金融資産にかかわるという意味で「シャドー（影）」と呼ばれるだけに，マスメディアが指摘するように[32]，当局（国務院，中国人民銀行，中国銀行業監督管理委員会など）もその実態把握が十分でない可能性がある．ただし，透明性の向上，適正な資産管理・リスク管理，統計データの整備，金融規制の強化に向けた動きが中国で進展していることは確かである．たとえば，中国銀行業監督管理委員会は2013年3月27日に，非標準化債権資産は厳格な資産管理の対象となっておらず，投資リスク対策が不十分であるとして，理財商品投資運営の規範化を求めて，非標準化債権資産を理財商品残高の35％以下，あるいは前年度総資産の4％以下とするよう求める通知を金融機関に通達した．

　一方，当局が発表する統計資料にも，シャドーバンキングにかかわるものが公表されるようになった．中国人民銀行は2011年から，実体経済を支える金融資金の総量を表すものとして「社会融資規模」の公表を行っており，すでに2002年1月以降のデータが整備されている[33]．社会融資規模はフローベースの数値であり，その総額は2002年の2兆112億元から2012年の15兆7,632億元へと急増している．特に2009年以降激増し，2009年の総額13兆9,104億元は前年比99.3％増の6兆9,302億元増と激増した．

　社会融資規模が増大する中で，通常の銀行業務にかかわる人民元貸款（人民元貸付）・外貨貸款（外貨貸付）の比重が2002年の95.5％から，2008年の73.1％，2013年1〜8月累計の55.2％へと大きく下落している．その一方で，

委託貸款（委託貸付）や信託貸款（信託貸付）の比率が高まっている．委託貸款とは，「企業・事業体や個人等の委託人が提供する資金を，委託人が確定した貸付対象・用途・金額・期限・利率等に基づき，金融機関（貸付人または受託人）が貸付・監督を代行し，資金回収協力を行うという貸付」[34]のことである．委託貸款とは銀行を仲介とした企業間の貸付であり，融資業務は銀行以外には認められていないことに起因するものである．また，信託貸款とは，「国家が規定する範囲内で，信託投資会社が信託投資計画によって吸収された資金を運用し，信託投資計画が規定する単位・項目に対して行われる貸付」のことであり，「信託貸款は信託投資会社自身の資産負債表には記載されない」[35]．

図1に示されるように，委託貸款は2000年代後半に急増し，信託貸款は2010年代に急増している．委託貸款と信託貸款の合計が社会融資規模全体に占める比率は2010年代に上昇し，2009年の8.0％から2013年1～8月累計の24.4％へと3倍増となった（図2）．社会融資規模に占める人民元貸款・外貨貸款の比率低下と併せて考えると，シャドーバンキングが絶対的にも相対的にも

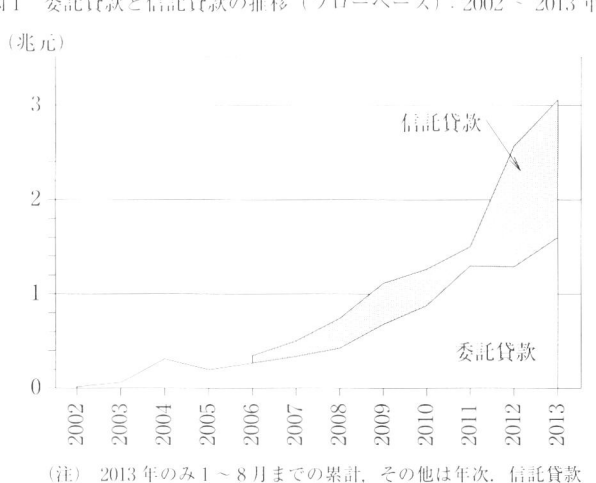

図1　委託貸款と信託貸款の推移（フローベース）：2002～2013年
（兆元）

（注）2013年のみ1～8月までの累計，その他は年次．信託貸款は2006年より．
（出所）中国人民銀行「統計数据」より作成．

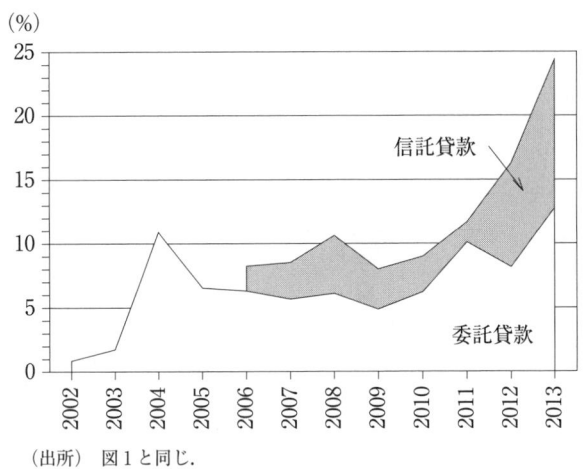

図2 社会融資規模に占める委託貸款と信託貸款の比率：2002〜2013年

(出所) 図1と同じ.

近年増大する傾向にある．その意味で，シャドーバンキングへの注目が近年強まっているのは当然のことである．

伝統的な銀行融資以外の資金調達・運用が増大する背景，あるいはハイリスク・ハイリターンの特徴を持つシャドーバンキングが増大する背景には，① 金融機関同士の競争過程におけるイノベーティヴな金融商品の開発[36]，② 比較的低利の銀行融資を受けられない企業・組織の存在，③ 預金金利規制に対する資産運用側の不満，つまり金融機関側，資金調達側，資金運用側の要因がある．

ここでは特に，資産運用側の不満について考えてみたい．図3により，1年物定期預金基準金利（年率）と消費者物価変化率（対前年同月比）の差をみると，預金金利規制のために，2003年11月〜2005年3月，2006年11月〜2008年10月，2010年2月〜2012年1月の期間には，預金の実質金利がマイナスであった．つまり，これらの期間に銀行預金をすることは損失を意味した．図2が示すように，2004年の委託貸款の増大，2007〜2008年の委託貸款・信託貸款の増大，2010年代における委託貸款・信託貸款の増大の背景には，より有利な

図3 1年定期預金基準金利（年率）と消費者物価変化率（対前年同月比）の差

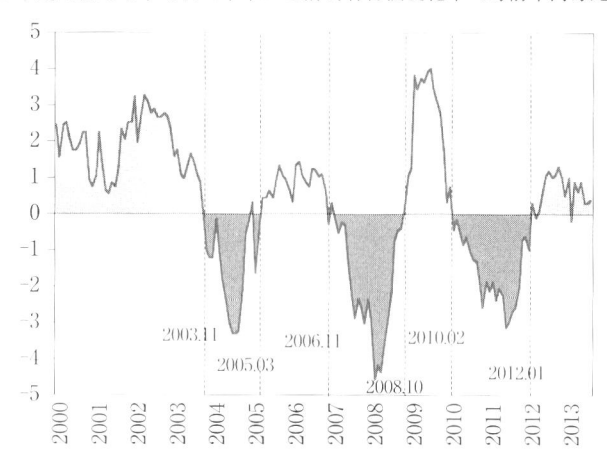

(注) 単位，%ポイント．数値がプラスであれば実質金利はプラス（正），数値がマイナスであれば実質金利はマイナス（負）．
(出所) 中国人民銀行「歴史数据：金融機関人民幣預金基準利率」「現行利率水準：金融機関人民幣預金基準利率調整表」，中国国家統計局「国家数据：月度数据，居民消費価格指数」より作成．

金融商品購入を求める資金運用側の意向があったと考えられる．しかし，2012年以降にさらに委託貸款・信託貸款が急増していることは預金金利に対する不満だけでは説明がつかない．つまり，委託貸款・信託貸款の予想収益率が預金金利を大きく上回るような状況，つまりシャドーバンキングの加熱を示唆する動きがあったと推測される．2013年6月20日に，中国人民銀行が短期金利の高騰も辞せずという強い姿勢を示した背景には，シャドーバンキングが加熱気味でそれを抑制したいという意向があったのであろう．

(4) 中国におけるシャドーバンキング問題の特徴

シャドーバンキング問題は，中国だけでなく世界中に存在する問題であり，中国におけるシャドーバンキングの規模は他の国と比べて極端に大きいわけではない．にもかかわらず，なぜ中国のシャドーバンキング問題が特別なテーマ

として取り上げられるのか．それには幾つかの原因があると考えられる．

　第1は，金利規制の問題である．中国人民銀行は，従来から貸出金利と預金金利の規制を行ってきたが，2012年以降，金利自由化を徐々に進めている．中国人民銀行は，2012年6月7日に，貸出基準金利と預金基準金利の引き下げと同時に，金融機関は貸出基準金利の0.8倍を下限に，預金基準金利の1.1倍を上限に設定できるという緩和策を発表した（6月8日から実施）．同年7月5日には，貸出基準金利と預金基準金利の再引き下げと同時に，金融機関が設定できる貸出基準金利の下限を0.7倍に引き下げた（7月6日から実施）．2013年7月19日には，貸出基準金利の下限の0.7倍を撤廃し，金融機関は商業原則に従って貸出金利水準を自由に設定できるという「利率市場化改革」が発表された（7月20日から実施）．ただし，預金金利規制は続いており，前述したように，預金基準金利の上限が消費者物価変化率を下回る状況がたびたび発生することが，予想収益率の高いシャドーバンキング部門に資金を向かわせる一因となった．つまり，中国のシャドーバンキング問題は，預金金利自由化をいまだ実現していない規制金利体制の下での裁定取引の一面を持っている[37]．

　第2は，国有銀行へのアクセスが特定の企業・組織に限定されているという状況が，シャドーバンキング部門での資金調達を生み出したという問題である．本章の冒頭でも言及したように，国有銀行資金へのアクセスが国有企業のみに認められ，つまり国有銀行が国有企業にもっぱら融資し，その他の企業や組織は非国有銀行からの融資や資金調達に依存せざるをえないという指摘が正しいなら，これも中国独自の問題であるといえる．この点については，国有銀行の行動を取り上げる第3節で改めて論じる．

　第3は，地方政府の関与である．これは，シャドーバンキングの資金の多くが，地方政府が投資・設立した「政府融資平台公司」に融資され，それが不良債権化して，地方政府の財政危機を招くという問題である．「政府融資平台」は「地方政府融資平台」とも呼ばれ，英語では"the local government financing platforms（またはvehicles）"と表記される．以下では，政府融資平台公司の現状と問題点について論じる．

(5) 政府融資平台公司の現状と問題点

中国銀行業監督管理委員会の2013年7月31日発表では，2013年6月末における政府融資平台公司の借入残高は9兆7,000億元であった．これは，外国の金融機関が中国のシャドーバンキングの規模として推定する21〜36兆元（2-3を参照）の27〜46％に相当する．

一方，2011年に中華人民共和国審計署（日本の会計検査院に相当）が全国の地方政府債務について行った監査結果[38]によると，2010年末の地方政府債務残高は全国合計10兆7,175億元であった．内訳をみると，以下のようである．

（債務別）　政府が償還責任を有する債務6兆7,110億元（62.62％），
　　　　　　政府が担保責任を有する債務2兆3,370億元（21.80％），……
（政府別）　省級3兆2,112億元（29.96％），市級4兆6,632億元（43.51％），
　　　　　　県級2兆8,431億元（26.53％）
（地域別）　東部地区5兆3,208億元（49.65％），中部地区2兆4,716億元（23.06億元），西部地区2兆9,250億元（27.29％）
（主体別）　政府融資平台公司4兆9,711億元（46.38％），地方政府部門・機構2兆4,976億元（23.31％），経費補助事業単位1兆7,190億元（16.04％），……
（資金別）　銀行貸付8兆4,680億元（79.01％），債券発行7,567億元（7.06％），上級財政4,478億元（4.18％），……
（支出別）　市政建設3兆5,301億元（36.72％），交通運輸2兆3,924億元（24.89％），土地買い上げ・備蓄1兆209億元（10.62％），教育・科学・文化・衛生・保障性住宅9,169億元（9.54％），……

政府融資平台公司の債務残高は，2010年末段階では5兆元弱の4兆9,711億元にとどまっている．うち3兆1,375億元（63.12％）は政府が償還責任を有する債務，8,144億元（16.38％）は政府が担保責任を有する債務，1兆192億元（20.50％）はその他の関連債務である．また，政府別では，省級8,827億元

(17.76%),市級2兆6,846億元（54.00%），県級1兆4,038億元（28.24%）であった．

なお，政府融資平台公司について会計監査で発見された問題点として，審計署は，① 公司の数が多いこと（6,576社，うち省級165，市級1,648，県級4,763），② 債務の規模が大きいこと，③ 一部の公司については規範的な管理制度がなく，収益力が比較的弱いこと，を挙げている．特に③に関しては，政府融資平台公司の中には，虚偽の出資，登記資本不足，地方政府・部門による規則違反の資金注入，資本持ち去りなどの問題があるという．そして改善策として，審計署は，政府融資平台公司の清算・規範化推進，地方政府による規則違反の担保行為の中止を提言している．

さらに，審計署は2013年に，18の省級政府（15省・3直轄市），15の省都，3つの市轄区の計36地方政府本級の債務状況について監査を行った[39]．その監査結果によると，2012年末の36地方政府の債務残高は合計3兆8,476億元で，2010年末比4,410億元増であった．債務別では，政府が償還責任を有する債務1兆8,437億元（47.92%），政府が担保責任を有する債務9,079億元（23.60%），その他の関連債務1兆960億元（28.48%）．主体別では，政府融資平台公司が45.67%，地方政府部門・機関が25.37%を占め，2010年比でそれぞれ3,227億元増および1,296億元増．資金別では，銀行貸付が78.07%，債券発行が12.06%を占め，2010年末比でそれぞれ1,534億元増および1,782億元増．使途別では，交通運輸，市政建設，土地買い上げ・備蓄制度，教育・科学・文化・衛生，農林水利建設，生態建設・環境保護，保障性住宅などへの支出が3兆6,434億元で，全体の92.14%を占めた．

2013年の監査で発見された政府融資平台公司の問題点として，審計署は，① 政府債務の剥離が不十分で，公益的な建設融資任務を担当している「退出類平台」[40]が残っていること，② 政府融資平台公司間の資産の質・量には差があり，償還能力が強くないこと，を指摘している．

財政部の陝西省財政監察事務所の観察検査[41]によると，地方政府との関係を断ち切って一般企業として行動することが求められる「退出類平台」は，形式上はリスクを大幅に低下させたものの，実質上は潜在的リスクや長期的なリ

スクを増大させているという．第1に，「退出」に伴って公司の借入や債券発行の難度が大幅に低下するために借入可能額が大幅に増加し，それが地方政府のインフラ整備の肩代わりをする可能性がある．第2に，退出後の公司に対して銀行本行（本店）に代わって各地の銀行が貸付の判断をすることになるが，銀行側が公司と地方政府の関係を強く意識したり，地方政府の圧力を受けたりして公司への貸付を増大させ，銀行の貸し倒れリスクを増大させる可能性がある．第3に，リスク管理やリスク対策の経験や手段が乏しいために，退出後の公司がリスクを累増させ，それが最終的に地方政府に転嫁されて，地方政府を債務危機に陥れる可能性がある．

2010年6月10日付けの「地方政府融資平台公司の管理強化に関する問題についての国務院通知」[42]において，政府融資平台公司に対する中央政府の監視が強化される中で，地方政府側も政府融資平台の規範化を推進しているかにみえる．しかし，地方政府自身が巨額のインフラ整備とその資金調達を必要としている限り，そして中央政府からの財政資金投入[13]がない限り，政府融資平台公司に類似した組織・機関が現れる可能性が残っている．特に債務残高が相対的に多い市級や県級において，そうした可能性が高いと推測される．

3．国有銀行の融資活動

(1) 銀行とシャドーバンキングとの関係

FSB（金融安定理事会）の「シャドーバンキング監視報告書2012」によると，銀行とシャドーバンキング部門の相互依存関係（interconnectedness）は非常に強く，銀行がシャドーバンキング信用仲介チェーンの一部であったり，シャドーバンキングによる安価な資金調達や満期変換・流動性変換を実現するために銀行が保証などの支援を行ったりすることがある．また，融資や金融商品投資を通じて銀行とシャドーバンキングは互いに資金を提供することもある．さらに銀行がシャドーバンキングの所有者となっていることもある[44]．

拡大傾向にあるシャドーバンキングが銀行融資よりもリスクの高い活動に従

事し，かつシャドーバンキングと銀行の間に強い相互依存関係があるとすれば，シャドーバンキングが抱えるリスクの一部は銀行部門の経営状況にも反映されるはずである．そこで第3節では国有銀行を，第4節では非国有銀行の経営状況を取り上げることとする．

(2) 国有銀行の不良債権は過大か

図4は，2004年第1四半期から2013年第2四半期までの銀行部門全体，国有銀行，株式制商業銀行の不良貸付率の推移をみたものである．全体の不良貸付率は長期的な下落傾向を示し，特に2005年上半期と2008年下半期に激減している．すなわち，2005年第1四半期の12.40％から同年第2四半期の8.71％へ一挙に4.69ポイント下落し，2008年第3四半期の5.49％から同年第4四半期の2.42％へ3.07ポイント下落している．こうした動きは，国有商業銀行（以下では国有銀行という）[45]の動向と完全に符合している．

2005年上半期の激減は，2005年5～6月における中国工商銀行の不良債権処理による．このとき，5段階の最低ランクである「損失」カテゴリーの不良貸付2,460億元，下から2番目のランクである「可疑」カテゴリーの不良貸付4,590億元が資産管理会社に譲渡された結果，中国工商銀行の不良貸付率は2004年の21.16％から2005年の4.69％へと激減したのである[46]．

一方，2008年下半期の激減は，2008年11月における中国農業銀行の不良債権処理による．このとき，「損失」カテゴリーの不良貸付5,494.45億元，「可疑」カテゴリーの不良貸付2,173.23億元（および非貸付資産489.27億元）が処理された結果，中国農業銀行の不良貸付率は2007年の23.57％から2008年の4.32％へと激減した．

かつては非効率の象徴とされた国有銀行の経営状況は大きく改善された．図4が示すように，国有銀行5行合計の不良貸付率は一貫して長期的な下落傾向にあり，2012年第4四半期以降1％を下回り，2013年第2四半期は0.97％となった．絶対額では，2012年第2四半期以降増加しているものの，2013年第2四半期までの5期間の累積額は260億元の増加にとどまる．

210 第2部 アジア諸国の地域金融と国家

図4 国有銀行，株式制商業銀行，商業銀行全体の不良貸付率：
2004年第1四半期〜2013年第2四半期

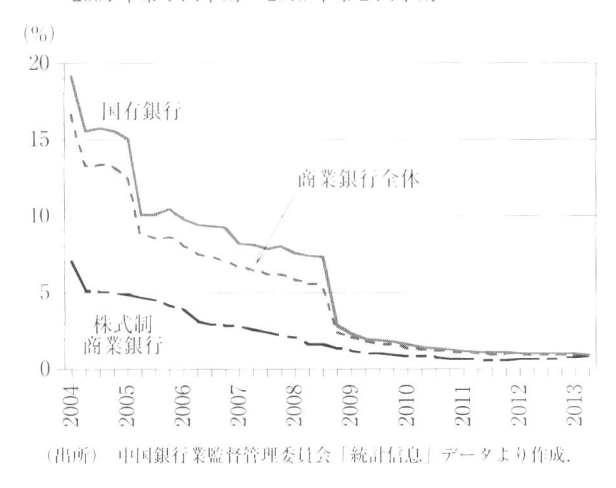

(出所) 中国銀行業監督管理委員会「統計信息」データより作成．

図5 国有銀行の不良貸付率と商業銀行全体の不良貸付率の差：
2004年第1四半期〜2013年第2四半期

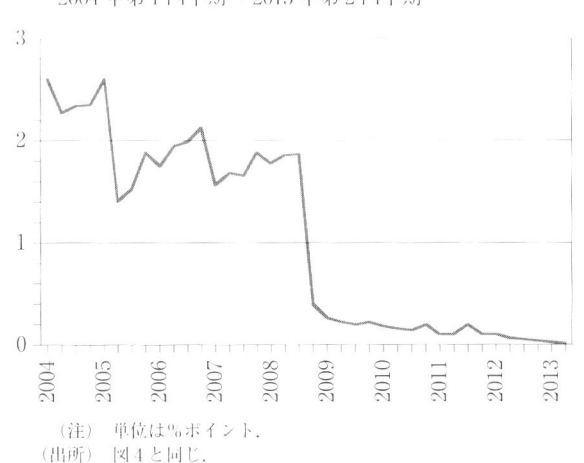

(注) 単位は％ポイント．
(出所) 図4と同じ．

さらに図5が示すように，国有銀行の不良貸付率と商業銀行全体の不良貸付率の差（％ポイント）は縮小し，2013年第2四半期にはわずか0.01％ポイントの差となった．要するに，現状では，国有銀行の不良貸付率は商業銀行全体の不良貸付率と等しく，したがって国有銀行と非国有銀行の不良貸付率はほぼ等しいという状況となっている．

ただし，この結論については4点注意すべきことがある．第1は，非国有銀行には株式制商業銀行・都市商業銀行・農村商業銀行・外資銀行が含まれ，これらの間の不良貸付率には大きな差があることである．2013年第2四半期の数値でみると，

　　　　国有銀行（0.97％）≒商業銀行全体（0.96％）

しかし，非国有銀行の中では

　　　　農村（1.63％）＞都市（0.86％）＞株式制（0.80％）＞外資（0.60％）

の順となっている．したがって，国有企業の不良貸付率は都市商業銀行に次ぐ第4位，あるいは農村商業銀行以外のどの業態よりも高いのである．

第2は，同じ業態内でも銀行間に差があることである（表1参照）．たとえば，2012年における不良貸付率は，国有銀行内では中国農業銀行の1.33％から中国工商銀行の0.85％までの開きがある．株式制商業銀行の主要行[47]の中では，華夏銀行の0.84％から興業銀行の0.43％までの差がある．ただし，全体的な不良貸付率が大幅に下がったことから，低いレベルでの差にとどまっている[48]．

第3は，「関注類」に分類される正常貸付は長期的に下落しているものの，国有銀行の数値は株式制商業銀行と比べてかなり高いことである．「関注類」は「正常貸付」の一部として「正常類」に次ぐ第2ランクの貸付であり，「関注類」より下の，つまり第3ランク以下の「次級類」「可疑類」「損失類」は不良貸付に分類される．関注類貸付は不良貸付ではないとしても，不良貸付とな

表1 国有銀行5行と株式制商業銀行7行の関注類貸付と不良貸付：2004～2012年

(単位：%)

銀行名		分類	2004	2005	2006	2007	2008	2009	2010	2011	2012	2013.6
国有銀行	中国工商銀行	関注類	8.18	9.16	9.03	5.72	5.20	4.00	3.35	2.97	2.58	2.34
		不良貸付	21.16	4.69	3.79	2.74	2.29	1.54	1.08	0.94	0.85	0.87
	中国建設銀行	関注類	16.68	11.84	9.25	6.95	5.72	4.17	3.51	3.04	2.72	2.51
		不良貸付	3.92	3.84	3.29	2.60	2.21	1.50	1.14	1.09	0.99	0.99
	中国銀行	関注類	19.77	12.71	8.15	5.08	4.85	2.83	2.62	3.03	3.02	2.56
		不良貸付	5.13	4.62	4.04	3.12	2.65	1.52	1.10	1.00	0.95	0.93
	中国農業銀行	関注類				7.74	12.84	7.85	6.39	5.58	4.59	4.12
		不良貸付	26.73	26.17	23.43	23.57	4.32	2.91	2.03	1.55	1.33	1.25
	交通銀行	関注類	15.42	12.11	8.06	5.08	4.08	2.73	2.78	2.27	2.32	2.03
		不良貸付	2.91	2.37	2.01	2.06	1.91	1.36	1.12	0.86	0.92	0.99
株式制商業銀行	招商銀行	関注類	1.91	3.07	2.03	2.13	1.65	1.21	0.99	1.03	1.02	1.09
		不良貸付	2.87	2.58	2.12	1.54	1.14	0.83	0.68	0.56	0.61	0.71
	中国民生銀行	関注類	−	−	2.62	1.38	2.49	1.46	0.96	1.10	1.23	1.45
		不良貸付	−	−	1.25	1.22	1.20	0.84	0.69	0.63	0.76	0.78
	中信銀行	関注類		4.12	2.43	2.06	2.17	0.77	0.89	1.03	1.17	1.06
		不良貸付		4.14	2.50	1.48	1.36	0.95	0.67	0.60	0.74	0.90
	上海浦東発展銀行	関注類	5.05	4.57	2.77	1.83	1.47	0.79	0.57	0.78	1.09	1.22
		不良貸付	2.45	1.97	1.83	1.46	1.21	0.80	0.51	0.44	0.58	0.67
	中国光大銀行	関注類						2.71	1.67	1.07	1.40	1.72
		不良貸付	10.19	9.57	7.58	4.49	2.00	1.25	0.75	0.64	0.74	0.80
	興業銀行	関注類	3.02	3.26	2.25	2.79	2.21	1.07	0.78	0.58	0.55	0.58
		不良貸付	2.50	2.33	1.53	1.15	0.83	0.54	0.42	0.38	0.43	0.57
	華夏銀行	関注類	8.92	6.17	5.33	6.98	5.59	2.92	1.74	1.49	1.38	1.35
		不良貸付	3.96	3.04	2.73	2.25	1.82	1.50	1.18	0.92	0.88	0.91

(注) 2013.6は2013年6月末，その他は年末．貸付総額に対する関注類貸付の比率と不良貸付（損失類，可疑類，次級類）の比率．
(出所) 各行の各年度の年度報告または年報より作成．

る可能性を持つものであり，不良貸付との相関も強いとされる[49]．2012年の場合，関注類貸付の不良貸付に対する倍率は株式制商業銀行では2倍以下であるが，国有銀行では3倍前後と高い．しかも，関注類の比率は，株式制では最大でも中国光大銀行の1.40％であるのに対し，国有銀行の場合は2.32〜4.59％と高い．

第4は，2010年以降，関注類の比率や不良貸付率の数値が一部上昇に転じており，それが特に株式制商業銀行に目立っていることである．国有銀行の場合，全体的に関注類の比率や不良貸付率が一貫して低下している中で，中国銀行では関注類の比率が2010〜2011年に0.41ポイント上昇したこと，交通銀行では2011〜2012年上半期に不良貸付率が0.13ポイント上昇したことが目立つ程度である．

一方，株式制商業銀行では，2010〜2012年に7行中の4行で関注類が上昇し，2011〜2012年に不良貸付率が華夏銀行以外の6行で上昇した．2013年上半期には，中信銀行・華夏銀行の関注類以外はどれも比率が上昇している．金融機関全体の貸付総額（海外分を含む）は，2009年末42.56兆元，2010年末50.92兆元，2011年末58.19兆元，2012年末67.29兆元，2013年6月末72.88兆元と，毎年8兆元前後増大しているので，以上の動きは，関注類貸付や不良貸付の絶対額が近年かなり増大していることを示唆する．しかも，これは中国のシャドーバンキング問題が中国内外で注目された時期とも符合する．

表2は，2009年末から2013年6月末までの各行の関注貸付額と不良貸付額を示している．関注貸付額については，国有銀行では中国銀行の増加が若干目立つ程度であるが，株式制商業銀行では上海浦東発展銀行，中国民生銀行や中信銀行の非常に高い伸びが目立つ．貸付総額に占める関注類貸付の比率では，株式制商業銀行が国有銀行をかなり下回るにもかかわらず，絶対額の伸びでは株式制商業銀行が国有銀行をかなり上回る．同じことは不良貸付率についても妥当する．不良貸付率では株式制商業銀行が国有銀行を下回るにもかかわらず，絶対額の伸びでは株式制商業銀行が国有銀行をかなり上回る．特に興業銀行，中信銀行や上海浦東発展銀行の高い伸びが目立つ．以上の点は，中国の

表2 国有銀行5行と株式制商業銀行7行の関注類貸付額と

銀行名		関注類貸付				
		2009	2010 (A)	2011	2012	2013 (B)
国有銀行	中国工商銀行	2,289.3	2,278.2	2,318.3	2,275.5	2,206.0
	中国建設銀行	2,007.7	1,987.2	1,977.3	2,044.1	2,035.7
	中国銀行	1,390.7	1,480.5	1,925.0	2,075.4	1,901.8
	中国農業銀行	3,248.1	3,166.7	3,146.6	2,954.5	2,859.9
	交通銀行	502.5	623.1	581.8	683.2	649.9
株式制商業銀行	招商銀行	141.2	142.2	169.6	194.9	229.5
	中国民生銀行	129.3	101.3	133.4	170.9	215.4
	中信銀行	74.9	100.7	147.4	194.1	193.8
	上海浦東発展銀行	73.0	65.2	104.2	169.0	204.0
	中国光大銀行	175.3	130.3	95.3	142.9	189.7
	興業銀行	74.8	66.5	57.0	68.1	77.1
	華夏銀行	125.4	91.7	91.1	99.6	103.9
国有5行		9,438.3	9,535.6	9,948.9	10,032.7	9,653.2
株式制7行		793.9	697.9	797.9	1,039.4	1,213.4

(注) 倍率を表すB／AおよびD／C以外は、単位，億元．2013は2013年6月末，その他は年末．
(出所) 各行の各年度の年報・年度報告および2013年中間報告・半年度報告より作成．

シャドーバンキング問題がやや深刻な影響を与える可能性があるとすれば，それは国有銀行よりも株式制商業銀行やその他の金融機関に現れる可能性が強いことを示唆する．

(3) 国有銀行による政府融資平台公司への貸付

中国の主要銀行の年報や年度報告をみると，シャドーバンキングに関係する地方政府の政府融資平台公司については，国務院や中国銀行業監督管理委員会の要求に即して，政府融資平台公司に対するリスク管理を強化するとか，貸付

不良貸付額：2009 〜 2013 年上半期

| B／A | 不良貸付 ||||| D／C |
	2009	2010 (C)	2011	2012	2013 (D)	
0.97	884.7	732.4	730.1	745.8	817.7	1.12
1.02	721.6	647.1	709.2	746.2	803.1	1.24
1.28	747.2	624.7	632.7	654.5	694.7	1.11
0.90	1,202.4	1,004.1	873.6	858.5	867.0	0.86
1.04	250.1	249.9	219.9	270.0	316.7	1.27
1.61	97.3	96.9	91.7	116.9	149.3	1.54
2.13	74.0	73.4	75.4	105.2	115.5	1.57
1.92	101.6	85.3	85.4	122.6	163.7	1.92
3.13	74.6	58.8	58.3	89.4	112.6	1.91
1.46	81.2	58.3	57.3	76.1	88.4	1.52
1.16	37.8	36.2	37.2	52.9	76.3	2.11
1.13	64.6	62.5	56.0	63.4	70.7	1.13
1.01	3,805.9	3,258.2	3,165.4	3,274.8	3,499.1	1.07
1.74	531.1	471.4	461.2	626.5	776.4	1.65

政策の見直しを行うとか，新規貸付を厳格にコントロールするといったことが書いてあるだけで，融資額の具体的数値や不良貸付率などの数値が掲載されることはほとんどない．ここでは国有銀行の事例として，中国工商銀行と交通銀行を取り上げる．

1) 事例 1：中国工商銀行

中国工商銀行の年度報告（annual report）で初めて「地方政府融資平台」（以下では政府融資平台という）に言及したのは 2010 年年度報告である．そこでは，与信業務管理の規範化・強化を目的として中国銀行業監督管理委員会が 2009

年7月〜2010年2月に発布した「3つの規則と1つの指針」[50]に従って，①政府融資平台，②不動産，③高エネルギー消費・高汚染・過剰設備の特徴を持った「両高一剰」産業への貸付リスク管理（信用リスクのコントロール）を強化するとしている．

2011年年度報告でも上記の「措置・指針」を述べるとともに，上記3部門への融資を厳格にコントロール（控制）し，政府融資平台と不動産部門への貸付残高が年初から減少したことを述べている．2012年年度報告では，3部門への貸付管理を強化する一方で，資源保存・排出削減プロジェクトへの金融支援を行ったと述べている．また，政府融資平台への融資のリスク管理強化は，国務院の政策や中国銀行業監督管理委員会の規制を真剣に実行したものだとしている．

このように，年度報告では政府融資平台への言及はあるものの，融資総額や融資の詳細についての説明は一切ない．ただし，中国工商銀行のトップ（董事長または行長）が外部で行った発言の中で，ときどき具体的数値が述べられることがある．中国国営通信社・新華社（新華通訊社）のサイト「新華網」のニュースから数値を拾うと[51]，

・ 政府融資平台への貸付残高は，2010年末6,496億元，2011年末6,800億元，2012年末6,335億元．
・ 政府融資平台への貸付における不良貸付率は，2010年末0.3%，2011年末0.73%，2012年末0.39%．
・ ただし，ロイターの報道では，2012年末の政府融資平台への貸付残高は6,369億元（不良貸付率0.39%）で，前年比470億元減であった[52]．

中国工商銀行の貸付残高は2010年末6兆7,905億元，2011年末7兆7,889億元，2012年末8兆8,037億元であり，上記の6,496億元，6,800億元，6,335億元はそれぞれ9.6%，8.7%，7.2%に相当する．したがって，政府融資平台への貸付残高は，多いときで貸付総額の10%程度，現在は7%前後にまで縮小していると考えられる[53]．

2) 事例2：交通銀行

国有銀行5行のうち，中国建設銀行，中国銀行，交通銀行の3行では2009

年の年度報告（または年報）において「地方政府融資平台」への言及が行われている．中国農業銀行の年度報告では，中国工商銀行と同じく，2010年から言及がある．どの国有銀行においても，政府融資平台・不動産・「両高一剰」産業への融資のリスク管理を強化することや貸付残高を削減することが記載されている．ここでは交通銀行の事例を取り上げる．

交通銀行の2009年年度報告では，政府融資平台の信用リスクへの言及とともに，政府融資平台や過剰設備産業への融資の総量・投入方向・ペースをコントロールし始めたことを述べている．2010年および2011年の年度報告では，政府融資平台・不動産・「両高一剰」産業への融資のリスク管理強化や融資抑制について述べている．

2012年年度報告では，政府融資平台との関連で，「3増3減」の与信構造調整を取り上げている．つまり，個人向け，中小微企業（small, medium and micro enterprises）向け，中西部地域向けの融資を増加する一方，政府融資平台，不動産，「両高一剰」部門への融資を減少するという与信政策の変更である．その結果，2012年末には，個人向けが20.41％（年初比0.53ポイント増），中小微企業向けが41.04％（1.65ポイント増），中西部地域向け28.24％（0.41ポイント増）となる一方，政府融資平台向けが6.10％（年初比0.09ポイント減），不動産向けが8.49％（2.15ポイント減），「両高一剰」部門向けが2.95％（0.50ポイント減）となった．

交通銀行の2012年年度報告における政府融資平台向け融資データは，国有銀行の年次報告で初めて記載された画期的なものである．ただし，それは財務諸表関連資料の一部としてではなく，「管理層の討論と分析」の中で言及されたものである．

(4) 国有銀行と国有企業の関係

国有銀行はもっぱら国有企業に融資を行い，国有企業はもっぱら国有銀行から融資を受けるといったように，国有銀行と国有企業が癒着し，一体化しているという議論や批判があとを絶たない．したがって，国有銀行の不良貸付率が

相対的に高いのは，非効率経営の結果であるとされ，不良貸付率の長期下落傾向は，独占・寡占体制の下で政府規制によって守られた国有企業が稼いだ高利潤の恩恵を受けているに過ぎないと批判されることとなる．国有銀行や国有企業に対する根本的な不信感である．

中国では西側諸国ほどには自由な報道や情報公開が進んでおらず，また，分析や判断に必要とされる情報がどの程度存在し，誰によってどのように利用されているのかが不明である以上，国有銀行や国有企業の詳細な分析は，少なくとも外部者にとっては容易でない．その場合，国有銀行と国有企業の密着振りを直接論じるよりもむしろ，国有銀行がどの程度個人や中小企業に融資しているかによって間接的に，大型国有企業への融資の大きさや融資の動向を推測することもできる．ここでも中国工商銀行と交通銀行の事例を取り上げることにする．

中国工商銀行の年度報告・中期報告ではかつて，2005年末～2008年6月末における「貸付総額に占める個人および法人別構成比」が掲載されていた．それにより企業向け貸付総額に占める国有企業（国有独資企業，国有持株企業，国有出資企業の合計）向け貸付の比率をみると，2005年末の54.77％から2008年6月末の49.86％へと徐々に下落している．2008年末以降については記載がなくなったのでそれ以降の動向は不明である（後掲の表3参照）．

交通銀行については，2004年末から2010年末までの数値がある．企業向け貸付総額に占める国有企業（区分なし）向け貸付の比率は変動を繰り返し，2004年末の36.78％から2010年末の36.92％へと微少変化した．その間，2007年末には33.74％まで下がったあと，2009年末には37.47％まで上昇した．なお，その他の国有銀行のうち中国建設銀行については，企業向け貸付総額に占める国有企業向け貸付の比率が年報に2年間分だけ記載され，2007年末は44.84％，2008年末は47.68％であった．

全体の貸付総額に占める個人向け貸付の比率については両行ともに上昇傾向にある．中国工商銀行の場合は2005年末の18.21％から2013年6月末の27.47％へと上昇した．交通銀行の場合は，2004年末の13.14％から2013年6

月の 20.83％へと上昇した．

　以上より，個人向け融資が拡大している反面，国有企業向け貸付の比率の上昇傾向が明確な形では現れておらず，利用可能なデータでは企業向け貸付総額の 4 ～ 5 割前後となっている．したがって，この段階では，国有銀行は国有企業への融資に特化しているとか，その傾向を強めているといった結論を導くことは難しい．

　そこで次に，中小企業向け融資の動向をみることで間接的に国有企業の比重を考えることにしよう．とはいえ，中小企業向け融資の動向を示す時系列データは，各行の年度報告や年報にはみられない．中国工商銀行と交通銀行については，2011 年末からのデータがようやく整備された程度である[54]．それによると，中国工商銀行の場合，国内貸付総額に占める中小微企業向け貸付の比率は 2011 年末 50.2％，2012 年末 51.1％，2013 年 6 月末 48.5％であり，うち小微企業向けはそれぞれ 23.1％，22.2％，21.2％であった．交通銀行の場合，国内貸付総額に占める中小微企業向け貸付の比率は 2011 年末 39.39％，2012 年末 41.04％であった．国有企業＝大規模企業とすると，中小微小企業向け融資は，非国有企業向け融資とみなせる．中国最大の銀行で国有銀行を代表する中国工商銀行において，中小微企業（非国有企業）向け融資が国内向け貸付総額の半分程度を占めることから，ここでも国有銀行は国有企業向け融資に特化しているという結論を導くことは難しい．

4．非国有企業の融資活動

(1) 非国有銀行の不良債権

　図 5 でみたように，商業銀行全体の不良貸付率は長期的な下落傾向にある．特に，経営規模が巨大な国有銀行が抱えていた不良貸付が大量に処理されたことに影響されて，商業銀行全体の動向は国有銀行の動向によって強く支配されてきた．非国有銀行においても不良貸付率は長期的に下落してきたが，業態によってその動向には多少の違いがある．

2005年第1四半期で不良貸付率が最も高かったのは都市商業銀行で11.5%，次は農村商業銀行で6.1%，以下，株式制商業銀行4.9%，外資銀行1.2%と続く．しかし2006年第3四半期には農村商業銀行がトップで6.58%，以下，都市商業銀行6.07%，株式制商業銀行2.91%，外資銀行0.81%と続き，これ以降，順位がほぼ固定されたまま推移している．唯一の例外は，2009年第3四半期に株式制商業銀行の不良貸付率が外資銀行のそれを1回だけ下回ったことである．3節(2)で述べたように，2013年第2四半期は，

　　　農村（1.63%）＞都市（0.86%）＞株式制（0.80%）＞外資（0.60%）

という順位である．なお，2008年第4四半期から，農村商業銀行の不良貸付率が国有銀行のそれを上回るようになり，それが現在まで続いている．

　2010年以降について，外資銀行以外の銀行の不良貸付率をみると，農村商業銀行と都市商業銀行は2012年第1四半期まで下落し，同年第2四半期以降若干上昇した．株式制商業銀行は2011年末まで下落したあと，2012年以降上昇に転じ，2011年第4四半期から2013年第2四半期の間に0.2ポイント上昇した．低い水準での動きとはいえ，2012年以降に上昇傾向が国有銀行を除く全業態（外資銀行を含む）でみられたことは，2012年以降，銀行業全体が何かの影響を受けたか，あるいは何かに巻き込まれていることを示唆する．シャドーバンキング問題はそのうちの1つである可能性がある．その意味で，中国のシャドーバンキング問題が中国内外のマスメディアや外国政府に注目されたのは一理ある．

　以下では，非国有銀行の中でも比較的情報公開が進んでいる株式制商業銀行を取り上げ，地方政府融資平台や国有企業との関係について考察する．

(2) 非国有銀行による政府融資平台公司への貸付
1) 政府融資平台向け融資
　株式制商業銀行の不良貸付率の動向（一貫した上昇）にみられるような2012年以降の異変の原因を考えるために，株式制商業銀行と政府融資平台公司との

関係を取り上げよう．ここでは株式制商業銀行の事例として，株式制の最上位行である招商銀行（本店，広東省深圳）を取り上げる．

招商銀行の年度報告では，2008年版（2009年4月刊）に「政府融資平台」が登場し，2009年に融資平台向け営業を拡大するとしている．この背景には，世界金融危機や中国経済の減速といった環境変化に対する危機感があった．2009年年度報告では一転して，政府融資平台への融資が2009年前半に急増したこと，負債率が高い政府融資平台が存在すること，返済資金の存在が確定しないことを踏まえ，信用リスク管理を強化することを述べている．

2010年年度報告では，中国銀行業監督管理委員会の「3つの規則と1つの指針」に従って，国有銀行と同じように，政府融資平台・不動産・「両高一剰」産業への融資抑制とリスク管理強化を行ったことを述べる．また，「地方政府融資平台融資に関して」と題し，中央政府の政策や規制に従って，政府融資平台に対しては融資限度額と名簿制による二重チェックを行うとともに，与信業務を本店に集中してリスク管理を強化した結果，政府融資平台向け融資が適切にコントロールされたとしている．

2011年年度報告からは，政府融資平台向け融資の実態が数値を使って示される．まず2011年年度報告では，中国銀行業監督管理委員会の要求に従って，政府融資平台に対する厳格な管理体制を引き続き講じたこと，その結果，2011年末の政府融資平台向け貸付残高は1,141.83億元（前年比209.62億元減），貸付総額の7.46％（同2.58ポイント下落），不良貸付率0.15％（同0.10ポイント下落）に抑制されたとしている[55]．2012年年度報告では，2012年末の政府融資平台向け貸付残高は904.56億元（前年比237.27億元減），貸付総額の5.14％（同2.32ポイント下落）に抑制され，不良貸付率は0.17％（前年比0.02ポイント上昇）になったと報告している．さらに2013年半年度報告では，2013年6月末の政府融資平台向け貸付残高は861.16億元，貸付総額の4.47％，不良貸付率は0.04％にまで減少したことを報告する．

その他の株式制銀行，すなわち中国民生銀行，中信銀行，上海浦東発展銀行，中国光大銀行，興業銀行，華夏銀行などの年度報告では，中国銀行業監督管理

委員会の要求に従って政府融資平台向け融資のリスク管理を強化し，総量規制や新規融資抑制などを重点的に実施したことが述べられているが，具体的な数値に言及したものはなく，詳しい実態はつかめない．そうした中で，中信銀行が2009年・2010年の年度報告において，中国政府が推進する4兆元の内需拡大投資計画に伴って地方政府融資平台向け融資の需要が急増したことに触れているのが目につく．

２）国有銀行との比較

中国工商銀行や招商銀行の事例が示すように，各行の貸付総額に占める政府融資平台向け貸付の比率は，2009年と2010年あたりに高水準となり，一時期10％を超えていた可能性がある．当時，リーマン・ショックに伴う世界金融危機への対応として中国政府が4兆元内需拡大投資計画を発表したことで，実際の事業推進役を担う地方政府は積極的な資金調達を行うことが必要となった．債券発行による借入ができない地方政府にとっては，面倒な制約なしに動ける政府融資平台がその資金調達機関として利用されたのであった．

しかし，政府融資平台からの資金需要が急増したことから，地方政府の債務率急増を招き，巨大な信用リスクを顕在化させ，他部門への悪影響が危惧される状況となった．そこで2010年以降，国務院や中国銀行業監督管理委員会から政府融資平台向け融資規制を求める強い要求が各行に行われるとともに，各行においては，総量規制，名簿制，本店による一元的審査体制の実施などの複数の手段を講じてそれに対応した．その結果，各行の貸付総額に占める政府融資平台向け貸付の比率が徐々に低下していった．この点においては，国有銀行と非国有銀行（ここでは株式制商業銀行）の間には大きな違いがみられない．ただし，政府融資平台向け融資の実態を示すデータの開示は非常に乏しく，マスメディアで断片的に紹介される程度であり，明確な断定をここで下すことは難しい．また，国有銀行や非国有銀行の一方だけが過度に政府融資平台向け融資にのめり込んでいったと断定することも難しい．

(3) 非国有銀行と国有企業の関係
1) 国有企業向け融資

国有銀行の場合と同じく,株式制商業銀行による国有企業への融資状況のデータも不完全である.たとえば主要7行のうち3行についてのみ年度報告にデータが掲載されているものの,招商銀行は2001～2009年,中国民生銀行は2004～2006年,中信銀行は2006～2008年までのデータのみとなっている(表3を参照).これらのデータから特定の傾向性を見いだすことは難しく,企業向け貸出総額に占める国有企業向け融資の比率は35～47％の範囲に収まっている.

この比率は,国有銀行との比較ではやや低いようにみえるが,中国民生銀行(株式制)は交通銀行(国有)より高く,中国建設銀行(国有)並みで,中国工商銀行(国有)より低い.平均値でみれば国有銀行の方が株式制商業銀行よりも比率が高いとはいえ,個々のケースでは例外もある.したがって,国有銀行はもっぱら国有企業にのみ融資を行い,非国有銀行は国有企業にほとんど融資しないという結論を導くことはできない.

2) 個人向けおよび中小企業向け融資

次に,全体の貸付総額に占める個人向け貸付の比率をみると,どの株式制商業銀行においても個人向け貸付の比率が上昇傾向にあるものの,2013年上半期の数値は21～37％と倍近い開きがある.中国民生銀行の場合には貸付総額の4割近くが個人向けであるのに対し,上海浦東発展銀行や中信銀行の場合には2割程度である.国有銀行においても個人向け比率の上昇傾向がみられるが,その数値は株式制商業銀行よりやや低いようにみえる.しかし,中国工商銀行のように,上海浦東発展銀行や中信銀行よりかなり高い国有銀行もあるので,国有銀行は個人向け融資を重視していないという結論を導くことは困難である.

貸付総額に占める中小企業向け貸付の比率についても,株式制商業銀行では上昇傾向がみられるものの,2013年上半期の数値は25～56％と倍以上の開きがある.国有銀行と比較すると,上海浦東発展銀行は国有銀行2行を上回るものの,招商銀行と興業銀行は国有銀行をかなり下回る.したがって,ここから,

表3 国有銀行と株式制商業銀行における

項目	区分	銀行名	2001	2002	2003	2004
国有企業向け貸付/企業向け貸付総額	国有	中国工商銀行	―	―	―	―
		中国建設銀行	―	―	―	―
		交通銀行	―	―	―	36.78
	株式制	招商銀行	39.74	40.95	40.35	38.17
		中国民生銀行				42.45
		中信銀行				
個人向け貸付/貸付総額	国有	中国工商銀行				
		交通銀行				13.14
	株式制	招商銀行	7.21	9.83	11.25	14.64
		上海浦東発展銀行	8.61	9.49	11.58	15.78
		中国民生銀行	―	―	―	14.34
		中国光大銀行				11.29
		中信銀行				
中小企業向け貸付/貸付総額	国有	中国工商銀行				
		交通銀行				
	株式制	招商銀行				
		興業銀行	―	―	―	8.57
		上海浦東発展銀行	―	―	―	―

(注) 空白は記載なし，もしくは正確さが確認できないもの．国有銀行の中小企業向け貸付は，中小微企業向け貸付．2013は2013年6月末，その他は年末．
(出所) 各行の各年度の年報・年度報告および2013年中間報告・半年度報告より作成．

国有銀行は中小企業向け融資を軽視しているとか，株式制商業銀行はどこも中小企業向け融資に熱心であるという結論を導くことも難しい．

国有企業向け・個人向け・中小企業向け貸付の比率

(単位：%)

2005	2006	2007	2008	2009	2010	2011	2012	2013
54.77	53.04	50.10	−	−	−	−	−	−
−	−	44.84	47.68	−	−	−	−	−
34.58	35.07	33.74	33.97	37.47	36.92	−	−	−
37.43	39.68	40.19	38.17	35.05	−	−	−	−
45.30	47.00	−	−	−	−	−	−	−
−	35.74	35.49	35.04	−	−	−	−	−
18.21	18.26	19.98	20.00	22.77	24.81	26.23	26.53	27.47
13.55	14.07	15.61	16.08	18.02	19.71	20.06	20.58	20.83
15.68	18.03	26.00	26.31	32.63	34.65	34.81	36.06	35.87
13.56	16.02	16.38	15.46	16.98	19.00	19.63	20.02	20.78
14.06	14.17	17.92	16.49	18.56	26.40	30.21	33.63	37.30
10.79	12.85	16.11	19.49	21.73	24.88	26.24	30.44	32.70
10.23	9.56	11.12	13.94	13.91	17.11	18.70	19.20	20.78
−	−	−	−	−	−	47.80	49.09	45.97
−	−	−	−	−	−	39.39	41.04	38.67
−	24.93	28.20	26.46	27.30	27.13	28.54	31.11	31.79
12.60	19.91	33.09	25.82	24.09	26.34	26.51	24.40	24.78
−	−	−	−	−	41.72	40.68	52.99	55.56

5．むすび

　本章の冒頭で述べたように，中国のシャドーバンキング問題との関連で欧米日の研究者や金融関係者によって2つの傾向性が指摘されてきた．すなわち，「国有銀行はもっぱら国有企業に融資し，非国有銀行や非銀行はもっぱら民営

企業に融資する」という仮説1と,「国有銀行の不良債権率は相対的に低く,非国有銀行・非銀行の不良債権率は相対的かつ潜在的に高い」という仮説2である.本章ではその真偽を確認すべく,必ずしも豊富とはいえないデータを利用して検討を行った.結論は,2つの仮説を支持することは現段階では難しいということである.つまり,欧米日の研究者や関係者の考えは,データの裏付けのない思い込みか,あるいは主観的に歪められた見方となっている可能性がある.

仮説1に対する疑問は,中国工商銀行と交通銀行の事例から生じる.中国工商銀行は,国有銀行として国有企業にかなりの融資を行っているものの,個人向けや中小企業向けの融資にも熱心であり,国有企業だけに偏っているわけではない.また,交通銀行は,国有企業への融資では株式制商業銀行とあまり変わらず,中小企業向け融資では株式制商業銀行に劣っていない.さらに,貸付総額に占める政府融資平台向け貸付の比率という点でも,国有銀行と株式制商業銀行との間に大きな差はみられない.

仮説2に対する疑問は,業態別の不良貸付率の動向から生じる.国有銀行の不良貸付率は農村商業銀行より低いものの,外資銀行,都市商業銀行,株式制商業銀行よりも高い.国有銀行は優良大規模国有企業ばかりを顧客に抱えているから大きな利益を簡単に得ることができるという主張に対しても,国有銀行以上に純利益を拡大させてきた非国有銀行(招商銀行,中国民生銀行,上海浦東発展銀行,興業銀行など)[56]が存在することをどう説明するか.

中国のシャドーバンキング問題が過度に誇張されてきたように,中国の国有銀行と国有企業の関係についても過度に強調されてきたきらいがある.ただし,まだまだ検討すべき余地が残されていることを示すために2点触れておこう.

第1は,国有銀行と国有企業の関係が急速に変化した可能性である.国有銀行や国有企業に対する中国国民の不満や批判はよく耳にする.政府関係者がそのことを気にかけているとすれば,国有銀行と国有企業との密接すぎる関係を少し緩和したいと考えるはずである.会計上の変更とはいえ,国有企業向け融

資のデータが2011年以降，年度報告や年報に開示されなくなったのは，「国有銀行と国有企業の間の密接すぎる関係」を国民に知られたくない，知らせたくないという政府の弱腰の表れかもしれない．

　第2は，非国有企業といっても純粋な民間企業ではなく，政府との関係が非常に強いことである．たとえば，2013年6月末における招商銀行の上位10株主をみると，7つが国有法人であり，それらの持株を合計すると30.57%となる．また中信銀行の場合も，2013年6月末における上位10株主をみると，3つが国有法人であり，それらの持株を合計すると62.93%となる．こうした所有関係を前提とすれば，中国工商銀行，中国建設銀行，中国銀行，中国農業銀行，交通銀行の5行だけを国有銀行（国有商業銀行）と呼ぶのは適切でない．国有・非国有を区別する意味があまりないとすれば，これら5行の呼び方を中国銀行業監督管理委員会が「国有商業銀行」から「大型商業銀行」と変えたのは賢明といえる．また，本章において国有・非国有との間で際立った質的な差を見いだすことができなかったのは当然のことかもしれない．

　付記　本章は，2012年度中央大学特別研究期間制度による研究（課題「中国本土と香港・マカオ・台湾との経済的相互依存関係の研究」）の成果の一部である．

1) WTO, "Statistics database" に基づく．2012年に世界の輸出総額に占める中国の輸出シェアは11.13%で第1位，第2位は米国で8.40%，第3位はドイツで7.65%であった．また，世界の輸入総額に占める中国のシェアは9.78%で第2位，第1位は米国で12.56%，第3位はドイツで6.2%であった．さらに輸出入総額に占める中国の輸出入シェアは10.45%で第2位，第1位は米国で10.49%，第3位はドイツで6.96%であった．
2) 本章で中国というときは，香港・澳門・台湾を含まない大陸中国の意味で用いる．大陸中国のGDPが日本のGDPを越えたのは2010年であるが，大陸中国と香港を一緒にした場合のGDPは2009年段階で日本のGDPを越えていた．
3) シャドーバンキングは，中国語では「影子銀行」といい，日本語では「影の銀行」と呼ばれることもある．

4) Erber, G., "German-Chinese Economic Relations: Opportunities and Risks," *DIW Economic Bulletin*, 3, 2012, pp.27-31 参照.
5) Bloomberg News, "China Shadow Banking Returns as Growth Rebound Adds Risks", Sept.11, 2013.
6) J.P.Morgan, *Thought: Perspectives for 2013*, Winter 2013, p.14.
7) Bank for International Settlements, "International Banking and Financial Market Developments," *BIS Quarterly Review*, Sep. 2013, p.10.
8) ロイター「UPDATE 1 – 上海短期金融市場－人民元金利が一時急騰, 中銀が『影の銀行』抑制」2013年6月21日 (http://jp.reuters.com/article/marketsNews/idJPL3N0EX1R420130621); 同「WRAPUP 1－中国人民銀, 必要に応じ銀行に資金供給 市場金利妥当な水準に誘導へ」2013年6月26日 (http://jp.reuters.com/article/wtInvesting/idJPL3N0F132Q20130625).
9) Ma, Guonan and Chang Shu (2013), "Interbank Volatility in China," *BIS Quarterly Review*, Sep., pp.10-11.
10) たとえば, みずほ総合研究所「シャドーバンキング規制の国際的動向」,『みずほリポート』, 2013年8月15日; Kodres, Laura E., "What is Shadow Banking?," *Finance & Development*, June 2013 などを参照.
11) FSBのウェブサイト (http://www.financialstabilityboard.org/about/overview.htm) 上での説明による.
12) 日本は日本銀行・金融庁・財務省の3組織, 米国は連邦準備制度理事会・証券取引委員会・財務省の3組織, 中国は中国人民銀行・銀行業管理監督委員会・財政部の3組織が参加している.
13) Financial Stability Board (2011), *Shadow Banking: Strengthening Oversight and Regulation*, Oct.; (2012) *Global Shadow Banking Monitoring Report 2012*, Nov.; (2013) *Strengthening Oversight and Regulation of Shadow Banking: An Overview of Policy Recommendations*, Aug.; (2013) *Strengthening Oversight and Regulation of Shadow Banking: Policy Framework for Addressing Shadow Banking Risks in Securities Lending and Repos*, Aug.; (2013) *Strengthening Oversight and Regulation of Shadow Banking: Policy Framework for Strengthening Oversight and Regulation of Shadow Banking Entities*, Aug.
14) Financial Stability Board (2011), *Shadow Banking: Strengthening Oversight and Regulation*, Oct., p.1.
15) Claessens, S., Z. Pozsar, L. Ratnovski, and M. Singh (2012), "Shadow Banking: Economics and Policy," IMF Staff Discussion Note, Dec.
16) Kodres, Laura E. (2013), "What Is Shadow Banking?," *Finance & Development*, Jun., Vol. 50, No. 2.

17) Financial Stability Board (2012), *Global Shadow Banking Monitoring Report 2012*, Nov., p.6.
18) ここでの用語説明は，Financial Stability Board (2011), *Shadow Banking: Strengthening Oversight and Regulation,* Oct., pp.10–12 および Kodres, op. cit., p.42 に負う．
19) Financial Stability Board (2012), *Global Shadow Banking Monitoring Report 2012*, Nov.
20) 以下の数値は，20 の管轄地域（19 カ国＋香港）とユーロ圏の合計である．
21) その他金融仲介機関とは，銀行，保険会社・年金基金，公的金融機関を除いたもの．
22) Financial Stability Board (2012), *Global Shadow Banking Monitoring Report 2012*, Nov., pp.8–11.
23) 『日本経済新聞電子版』「『影の銀行』改革，米が要求　中国と戦略対話 金融システムの安定重視」，2013 年 7 月 11 日 (http://www.nikkei.com/article/DGXNASGM1005P_Q3A710C1FF2000/).
24) 『日本経済新聞電子版』「財務相，中国の影の銀行『経済成長率に大きな影響与える可能性』」，2013 年 7 月 16 日 (http://www.nikkei.com/article/DGXNASFL160HK_W3A710C1000000/).
25) Bloomberg News (2013), "China Shadow Banking Returns as Growth Rebound Adds Risks", Sept.11.
26) 金融界「摩根大通：影子銀行規模 36 万亿　不是太大是太小」2013 年 6 月 27 日 (http://finance.jrj.com.cn/2013/06/27202815456994.shtml).
27) Moody's Investors Service (2013), "Announcement: Moody's: China's shadow banking continues to weigh on the banks' credit profiles," 13 May.
28) 『日本経済新聞』「中国『理財商品』残高が急増　昨年末比 28％増　大手銀，経営に重荷　『影の銀行』規制効果薄く」2013 年 8 月 30 日朝刊．
29) 百度百科「理財産品」(http://baike.baidu.com/link?url=u0Loq3p0SMeOr9ZIDGdZJdDxuyO2-THMkcSC8V3Y6nEJov2dmUzeQ0GSBNWX3cKCERvfhf-7dKrf_I5_ru2xiK).
30) 中国銀行業監督管理委員会「銀監会招開 2013 年上半年全国銀行業監督管理工作会議暨経済金融形勢分析会議」2013 年 7 月 31 日 (http://www.cbrc.gov.cn/chinese/home/docView/F974A65515094F6884A60330792192BA.html).
31) 貸付資産，信託貸付，委託債権，引受手形，信用証，未収金，各種受益（収益）権，買い戻し条件付き株権融資など．
32) たとえば，『日本経済新聞』2013 年 6 月 30 日電子版記事は「金融当局も実態を把握できていない」としている．
33) 以下の数値は，中国人民銀行のサイト (http://www.pbc.gov.cn/) で公表されている統計データである．

34) http://guangzhou.pbc.gov.cn/publish/guangzhou/1367047967389/_fileupload/5E6D3874.txt より引用.
35) http://guangzhou.pbc.gov.cn/publish/guangzhou/1367047967389/_fileupload/5385B04A.txt より引用.
36) 米国や日本における金融自由化や金利自由化の過程では異業種間・異業態間の金融商品開発競争が生じ,それが規制緩和や自由化の推進要因となった.
37) ただし,IMFの研究者が指摘するように,シャドーバンキングが規制下の裁定（regulatory arbitrage）のように見えるとしても,特定のサービスが純粋な経済的機能を果たすものなのか,それとも規制下の裁定の産物なのかどうかを実際に述べることは難しいという面もある.Claessens et al., op. cit., p.4.
38) 中華人民共和国審計署「2011年第35号：全国地方政府性債務審計結果」,2011年6月27日.
39) 中華人民共和国審計署「2013年第24号公告：36個地方政府本級政府性債務審計結果」,2013年6月10日.
40) 「退出類平台」公司とは,公司と地方政府のリスクを隔離した上で,通常の商業会社として機能することが求められている融資平台公司である.
41) 中華人民共和国財政部「陝西専員弁：退出類平台公司政府性債務風険不可忽視」（http://www.mof.gov.cn/mofhome/shanxig/lanmudaohang/dcyj/201211/t20121114_694786.html）.
42) 「国務院関于加強地方政府融資平台公司管理有関問題的通知」（国発［2010］19号）（http://www.gov.cn/zwgk/2010-06/13/content_1627195.htm）.
43) たとえば,中央政府から地方政府への補助金として,一般補助金の「一般性移転支出（一般性転移支付）」や特定補助金の「専項移転支出（専項転移支付）」の交付を通じて.
44) Financial Stability Board (2012), *Global Shadow Banking Monitoring Report 2012*, Nov., p.20.
45) 以下で取り上げる国有商業銀行は,銀行業監督管理委員会の統計では,大型商業銀行とも呼ばれる.中国工商銀行,中国建設銀行,中国農業銀行,中国銀行,交通銀行の5行から構成される.以下でも国有商業銀行ないし国有銀行という場合にはこれら5行を指すものとする.
46) 中国工商銀行と以下の中国農業銀行の不良債権の動向については,谷口洋志(2013)「4大国有銀行は復活を遂げたのか?」斎藤道彦編『中国への多角的アプローチⅡ』中央大学出版部,243-271ページを参照.ここで用いる数値は,各行の年次報告書に基づく.
47) 以下の表で取り上げる銀行は,営業収入や純利益などにおいて株式制商業銀行の上位行にランクされるものである.

48) かつては不良貸付率の数値が大きい上に，銀行間で大きな差があった．たとえば2005年の株式制商業銀行内では，中国光大銀行の9.57％から上海浦東発展銀行の1.97％まで5倍近い差があった．2008年の国有銀行内では，中国農業銀行の4.32％から交通銀行の1.91％まで2倍以上の差があった．
49) 中国産業地図編委会・中国経済景気監測中心・新華財経編（2011）『中国金融産業地図2010-2011』社会科学文献出版社．
50) すなわち，固定資産貸付管理暫定規則（固定資産貸款管理暫行辨法），流動資金貸付管理暫定規則（流動資金貸款管理暫行辨法），個人貸付管理暫定規則（個人貸款管理暫行辨法）およびプロジェクト融資業務指針（項目融資業務指引）のことを「3つの規則と1つの指針」（三個辨法和一個指引）という．
51) 以下の数値は，新華網（xinhuanet）に掲載された2011年3月30日および同年3月31日，2012年3月6日および同年3月30日，2013年3月28日のニュースに基づく．
52) http://cn.reuters.com/article/companyNews/idCNL4S0BY0PL20130306.
53) ただし，交通銀行の2009年年度報告では，2009年中に融資平台向け融資が激増したことが記載されているので，中国工商銀行の2009年数値は10％を超えていた可能性がある．
54) ただし，中国工商銀行の場合は表形式で示されているのに対し，交通銀行の場合は「管理層の討論と分析」の中で提示されているものである．
55) これらの数値より，2010年末の融資平台向け貸付残高は1351.45億元，貸付総額の10.04％，不良貸付率は0.25％であったことが判明する．
56) 谷口洋志（2013）「4大国有銀行は復活を遂げたのか？」斎藤道彦編『中国への多角的アプローチⅡ』中央大学出版部，249ページ，表5を参照．

第10章　韓国の金融システムの再編と地域金融

1. はじめに

　韓国は1997年のアジア通貨危機以後，国内においては金融・資本，企業，労働の各分野における制度・規制をグローバル・スタンダードに合わせてきた．その一方で対外的には米国，EUなどとFTAを結びその経済を開放し，厳しい国際競争の下に自国経済をさらし，対処することによって国際競争力の急速な向上を図ってきた．この結果，最も代表的な成果は三星電子をはじめとする財閥系大企業の成長であり，これらがプレイヤーとして担う携帯電話，半導体，ディスプレイ装置などの先端IT産業，そして自動車，造船，製鉄，石油化学などの重化学工業は今や世界一の国際競争力を持つに至ったといっても過言ではない．しかし，こうしたグローバル企業の出現の一方，国内ではこれら大企業と中小企業の競争力・生産性格差，そしてソウルなどの首都圏とその他の地方圏との経済力と金融資産・金融仲介機能の格差，こうした原因によって生ずる資産・労働からの所得格差，たとえば本来なら余剰主体である家計の債務超過と債務比率の上昇などのグローバル化の下での世界的に共通した深刻な問題にも直面している．

　本章ではこうした課題に対する分析の対象として金融システムに焦点を絞り，特にアジア通貨危機後の金融システムの変容，とりわけ地域金融が如何に変化しており，地域経済の変化にいかにかかわり，その課題は何なのかを明らかにしようとするものである．

　韓国は開発年代（1962年以降）の開始以来，中央集権的な重化学工業化政策をとり，特に慶尚道を中心とする地方拠点開発方式をとり，さらに他の地方に

もその工業拠点を拡大してきた．しかし，重化学工業化の一層の高度化による先端産業化とサービス産業の発展とともに，産業と人口の首都圏への一層の集積が進む結果となった．一方，実体経済の変化とともに金融システムにおける外資の進出などグローバル化の進展は金融機関の大型化と寡占化を進行させ，金融サービスの対象が一部の大企業と大都市の住民向けの住宅ローンなどに集中し，金融サービスが国民の広範囲なニーズ，とりわけ地方の企業と住民のニーズに応えられなくなってきたといえよう．こうしたグローバル化の下での金融システムの変化を明らかにし，その変化による限界をいかに乗り越えようとしているのか，とりわけ地域に密着した地域金融機関がいかなる変化をしてきたのかを明らかにする．また，新種の金融仲介機能としてユニークな零細企業や困窮した家計向けの韓国型マイクロファイナンスの試みなどの実態を取り扱うことにする．

その前にまずここで扱う地域金融とは，地域の住民や企業および地方公共団体などへの金融ニーズに対応して金融サービスを提供することである[1]．地域金融機関は地域の資金を地域内に還元し，域外の資金を域内に流入させ地域の産業資金として流通させる重要な役割を担う．そして，その役割を担当するのが地方銀行や都市銀行の地方支店などであるが，ここでは地方銀行など地域金融機関を主な分析対象とし，また急速に伸びている貸金業，さらに上述のマイクロファイナンスにも言及する．

本章では以下のような順序で展開することにする．

まず，2節において97年の経済危機以降，金融システムが再編される過程で地域金融が縮小してきた事実を指摘する．3節では，こうした地域金融が弱体化して脆弱な資金供給にとどまっていることを明らかにする．4節ではこうした地域金融の変化の下で，地域の資金需要に応える貸金業の成長と新たな試みである韓国版マイクロファイナンスについて述べる．最後に全体のまとめと展望を行う．

2．金融システム再編と地域金融機関

(1) 韓国の金融機関の種類

　金融システムの再編を述べる前に，まず，韓国の金融機関の種類について整理しておく．韓国銀行によると，韓国の金融機関は大きく6つのグループに分けられる．すなわち，銀行，非銀行預金取扱い機関，金融投資業者[2]，保険会社，その他の金融機関，金融補助機関である[3]（表1）．そこで地域金融と関わりのある銀行と非銀行預金取扱い金融機関についてその種類をみてみよう．

　まず，銀行は「一般銀行」と「特殊銀行」に分かれ，一般銀行の中には「市中銀行」（日本の都市銀行と類似）と「地方銀行」，「外国銀行支店」が属する．特殊銀行は個別の根拠法によって設立された国策銀行であり，韓国産業銀行や輸出入銀行，中小企業銀行などがある．次に非銀行預金取扱い機関は「相互貯蓄銀行」，「信用協同機構」，「郵便局預金」，「綜合金融会社」などがあり，信用協同機構にはまた「信用協同組合」，「セマウル金庫」，「相互金融（農協や水協など）」がある．

　上記の銀行と非銀行預金取扱い金融機関のうち，地域金融を主に担っているのは，地方銀行と地域密着型金融機関といわれる相互貯蓄銀行，信用協同組合，セマウル金庫，相互金融の5種類の金融機関である．

(2) 経済危機以降の金融機関の再編

　韓国の金融システムは日本と同様，銀行を中心とする間接金融システムが特徴であるが，1997年に発生した経済危機を乗り越える過程で，多くの金融機関が倒産や吸収合併に追い込まれた．当時，政府の金融構造改革の基本方針は，経営危機に陥った大手金融機関には公的資金を投入し[4]，正常化を図る一方，相対的に規模の小さい地域金融機関に対しては認可の取り消しや大手行への吸収合併を推し進めることであった．それ以降も2000年代に地域金融の改革を進め，大手金融機関による地域金融機関の吸収・合併の統合化が進み，金融機関の大型化が進んだ．

表1　韓国の金融機関の種類

大分類	中分類	小分類
(1) 銀行	一般銀行	・市中銀行
		・地方銀行
		・外国銀行支店
	特殊銀行	・韓国産業銀行
		・韓国輸出入銀行
		・中小企業銀行など
(2) 非銀行預金取扱機関	相互貯蓄銀行	
	信用協同機構	・信用協同組合
		・セマウル金庫
		・相互金融（農協，水協等）
	相互金融会社	
	郵便局預金	
(3) 金融投資業者	投資売買	・証券会社
	仲介業者	・先物会社
	集合投資業者（アセットマネジメント会社）	
	投資一任諮問業者（投資顧問業者）	
	信託業者	
(4) 保険会社	生命保険	
	損害保険	
	郵便局保険	
	共済機関	
(5) その他の金融機関	金融持株会社	
	与信専門金融会社	
	韓国政策金融公社	
	韓国住宅金融公社	
	韓国資産管理公社等	
(6) 金融補助機関	韓国金融監督院	
	預金保険公社	
	金融決済院	
	韓国取引所	
	信用保証機関等	

(出所)　韓国銀行（2011），29ページの表1-3を一部修正して作成．

表2 銀行数の推移

(単位：行)

区分	市中銀行 行数	増減	地方銀行 行数	増減	特殊銀行 行数	増減	合計 行数	増減
1997年	16	1	10	−	7	△1	33	−
1998年	12	△4	8	△2	6	△1	26	△7
1999年	11	△1	6	△2	6	−	23	△3
2000年	11	−	6	−	5	△1	22	△1
2001年	9	△2	6	−	5	−	20	△2
2002年	8	△1	6	−	5	−	19	△1
2006年	7	△1	6	−	5	−	18	△1
2012年	7	−	6	−	5	−	18	−

(注)1. 各年末の数値である．
   2. △はマイナスを意味する．
(出所) 韓国金融監督院『銀行統計年報』各号より作成．

表2は1997年から現在に至るまでの銀行数の変化を表している．銀行の全体数は1997年末に33行であったが，2012年末には半減し，18行へ縮小している．特に，市中銀行数は1997年末に16行と過去最多であったが[5]，その後，吸収合併が繰り広げられ，2012年末現在，7行へと激減した．2006年の新韓銀行による朝興銀行の買収以降，市中銀行数は7行を維持しているが，2010年にハナ銀行が外換銀行の株式51％を取得しており，今後も市中銀行のさらなる再編はありうると予想される[6]．

また，地方銀行は地域経済の発展を目指して，1967年に政府の「一道[7]・一地方銀行」の発表を契機に，1968年から71年にかけて全国に10行が設置されたが[8]，市中銀行へ吸収合併され，現在は6行になっている[9]．

(3) 地域密着型金融機関の変化

地方銀行に続いて地域密着型金融機関について検討する．まず，相互貯蓄銀行は1972年相互信用金庫法によって設立され，貸金業の顧客より信用度の高

表3 地域密着型金融機関の推移

(単位:行,社)

区 分	1997年末	2012年末	増減
相互貯蓄銀行	231	93	△138
信用協同組合	1,666	949	△717
相互金融(農協,水協等)	1,757	1,390	△367
セマウル金庫	2,743	1,420	△1,323
合 計	6,397	3,852	△2,545

(注) △はマイナスを意味する.
(出所) 韓国金融監督院,セマウル金庫中央会の公表資料により作成.

い庶民を対象に取引を行っている.そして,信用協同組合,相互金融,セマウル金庫はそれぞれ法的根拠は異なるが,小規模の地域単位の組合員を対象にした信用機構である.

ところで,地域密着金融機関も1997年の経済危機以降,継続してその数が減少している(表3).1997年に全体で6,397だったのが2012年末には約40%減少して2,545になっている.相互貯蓄銀行は231行から93行へ138行も減少した.信用協同組合も1,666組合から949組合へ717組合減少し,相互金融は1,757組合から1,390組合へ367組合が減少した.そして,セマウル金庫は2,743金庫から1,420金庫へ1,323金庫も減少した.

このように地域密着型金融機関が大きく減少したのは,経済の低成長と地域経済の停滞に対応できず,多額の不良債権や資産運用に失敗が重なったからである.それに資産の健全性の強化など金融監督が厳しくなったことも響いている[10].地域密着型金融機関は相対的に規模が小さく,専門人材の不足から情報収集や新規事業への妥当性評価など,信用格付けの評価能力が不足している.それに金融再編の中でリレーションシップに依存した貸出も収益性と経営の健全性に必ずしも良い結果をもたらしていない.さらに地域の中小企業や自営業者の業績悪化が地域金融機関の経営悪化へ繋がる悪循環が形成されてきたのである[11].

3．地域への脆弱な資金供給とその原因

(1) 脆弱な資金供給

　地方銀行と地域密着型金融機関の数が縮小される中で，地域への資金供給はどのような状況になったのか検討する．

　まず，図1は預金銀行の与信の中に占める地方銀行の割合の推移を表している．預金銀行の与信残高は1997年の200兆ウォンから2012年には1100兆ウォンへと5倍も増加している．しかし，全体の与信の中に占める地方銀行の割合は1997年の10.8％から次第に低下していることがわかる．特に地方銀行が4行もなくなった1998年と99年の比率の低下が著しい．

　次に，地域経済を支える中小企業向け貸出について検討しよう．図2は国内銀行の中小企業向け貸出残高に占める市中銀行と地方銀行の比重を表しているが，市中銀行の割合は次第に低下し，地方銀行は10％水準を維持するに止まっている．すなわち，市中銀行の大型化が進む中で地域へ資金供給が狭まってい

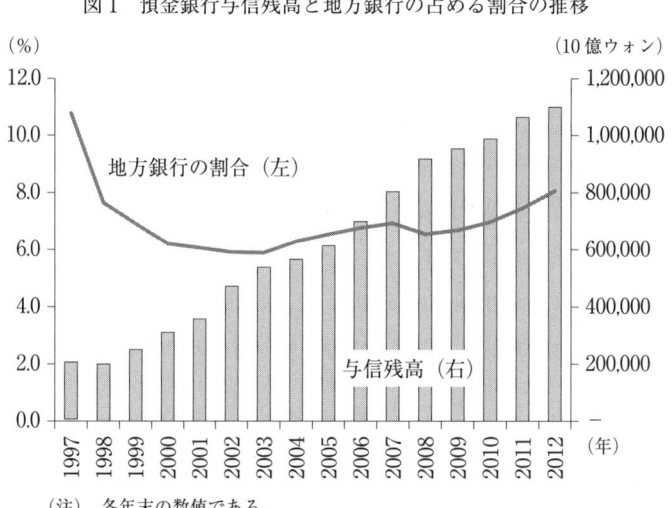

図1　預金銀行与信残高と地方銀行の占める割合の推移

（注）　各年末の数値である．
（出所）　金融監督院『銀行経営統計』各号より作成．

240 第2部 アジア諸国の地域金融と国家

図2 国内銀行の中小企業向け貸出残高に占める比重

(注) 市中銀行と地方銀行以外に中小企業銀行などの特殊銀行がある．
(出所) 金融監督院『銀行経営統計』各号より作成．

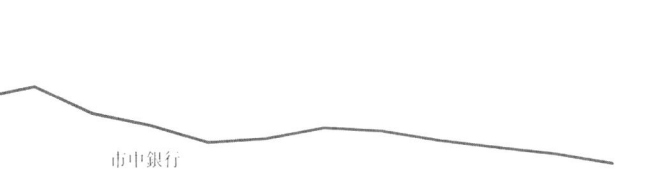

ることがわかる．

しかし，注目すべき点は全体的に中小企業向け貸出額が減少している中でも地方銀行が存続している地域の中小企業貸出比重は相対的に高い水準を維持していることである．図3は2012年末現在，預金銀行の地域別中小企業貸出の比重を示しているが，地方銀行が存続している釜山市，大邱市，光州市，全羅北道，慶尚北道，済州道の比重が他の地域よりも相対的に高いことがわかる．

一方，地域密着型金融機関をみると（図4），金融構造改革による金融機関が縮小される2000年前後を過ぎてから与信残高が増加傾向にある．しかし，預金銀行の与信残高が1997年200兆ウォンから2012年の110兆ウォンへ5.2倍も増加したが，地域密着型金融機関の与信残高は同時期3倍の増加に止まっている．

以上のように地方銀行と地域密着型金融機関の地域への資金供給は絶対額としては若干伸びているものの，韓国全体の資金供給よりは相対的に低い水準であるといえる．

第 10 章　韓国の金融システムの再編と地域金融　241

図 3　預金銀行の地域別中小企業向け貸出の比重

(%)

地域	比重
ソウル	33.9
釜山	51.8
大邱	56.7
仁川	39.4
光州	56.5
大田	39.5
蔚山	48.0
京畿	40.0
江原	47.4
忠北	48.1
忠南	45.8
全北	56.2
全南	57.3
慶北	60.5
慶南	59.1
済州	63.5

全国平均　41.7

(出所)　韓国銀行『地域金融統計』各号より作成.

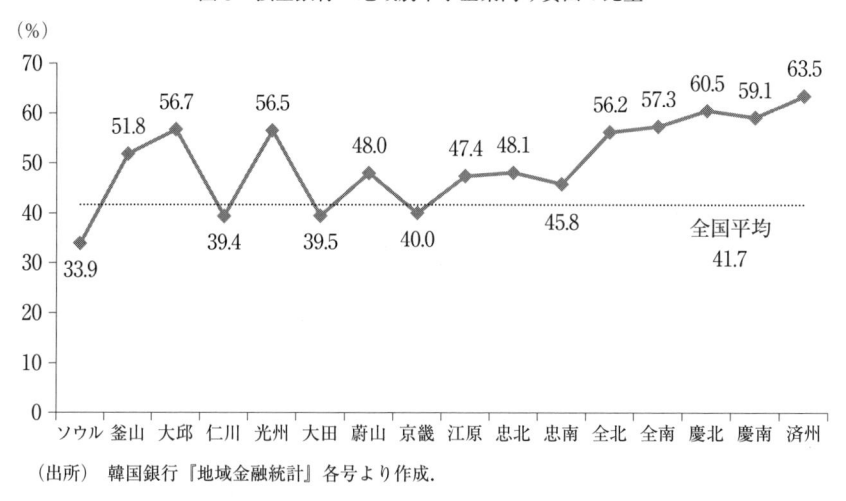

図 4　地域密着型金融機関の与信残高の推移

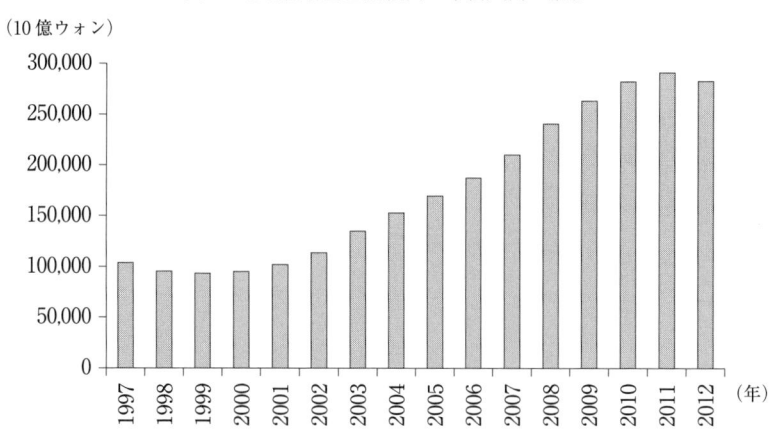

(10億ウォン)

(注)　各年末の数値である.
(出所)　韓国銀行『地域金融統計』各号により作成.

242　第2部　アジア諸国の地域金融と国家

(2)　格差が広がる地域金融

　地域への資金供給の縮小はソウルと地方との格差を広げる結果を招いている．そこで，金融産業の発展の度合いを図る指標として金融連関比率（金融資産／域内総生産）を地域別にみてみよう（図5）．まず，ソウルの金融連関比率は2011年末現在5.97であるのに対して，ソウルを除いた地方の平均は2.17でソウルの半分以下に過ぎない．過去の推移をみてもソウルは2004年に4.55から2011年まで31.2％も増加したのに対して，地方平均は2004年の1.82から2011年まで19.3％の増加に止まった．ソウルと地方との格差は次第に拡大していたのである．これは国内地域金融の資産蓄積度が低く，地域金融が地域経済を十分に支えていないことを表す．

　また，域内総生産（Gross Regional Product）に占める金融産業の割合をみてもソウルと地方との大きな格差がみられる．図6は域内総生産に占める金融産業の比重を表している．2011年現在，ソウルの金融産業の割合は14.1％を占め，全国平均6.2％の倍以上となっている．そして，全国平均が6％の水準で横這いに推移しているのに対してソウルは12％から14％へと次第に増加している．

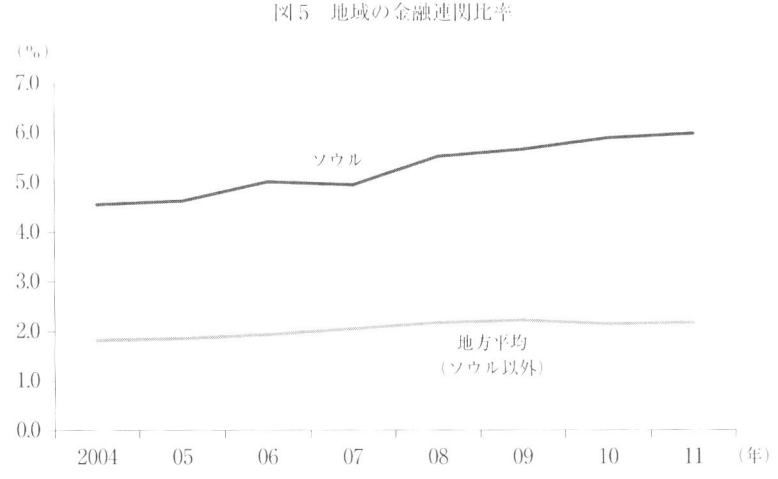

図5　地域の金融連関比率

　　（注）　地域別金融連関比率＝金融資産（受信＋与信）／GRDP（地域内総生産）．
　　（出所）　韓国統計庁 KOSIS「地域統計」，韓国銀行 ECOS「地域別与受信統計」より作成．

図6 域内総生産に占める金融産業の割合

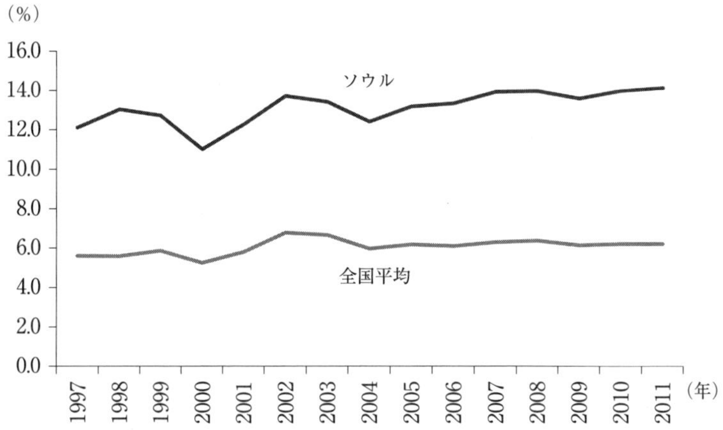

(出所) 韓国統計庁 KOSIS「地域統計」より作成.

(3) 脆弱な地域金融の原因

このように脆弱な地域金融の理由として，まず挙げられるのが貸し手の問題として資金の域外流出が挙げられる．表4は地域密着型金融機関の域外流出額と全体の資金流出率を表している．まず，全体の資金流出率の動向をみると，1997年までは20％以下の水準であったが，2000年代前半には30％後半まで上昇し，最近は30％前半になっている．経済危機以降，リスクの高い地域の中小企業には貸し渋り，余る資金を域外で運用した結果である．特に政府の規制により地域金融機関も資産のリスク管理を強めたことで相対的にリスクが高い地域の零細企業への資金供給が弱まった半面，投資が活発なソウルでの運用が増加したと予想される．ソウルへ資金が集中する要因の1つに，多くの企業が地域に工場があっても本社をソウルにおき，資金調達や運用はソウルの金融機関を活用するケースが多いからである．

また，資金流出を金融機関別にみると，農協などの相互金融とセマウル金庫の資金流出額が非常に大きいが，それは地域で集めた資金をソウルを拠点とする農協中央会やセマウル金庫中央会へ預託するケースが多いからである．

表4 地域密着型金融機関の域外資金流出の現状

区分	資金流出額（単位：10億ウォン）					資金流出率
	相互貯蓄銀行	信用協同組合	相互金融	セマウル金庫	合計	
1995年	-166	1,206	8,982	4,039	14,062	15.30%
1996	231	2,317	11,692	5,684	19,924	17.90
1997	975	2,126	11,977	5,837	18,964	15.40
1998	3,606	5,365	24,790	11,292	45,053	32.00
1999	3,759	4,464	28,024	13,981	50,228	31.90
2000	3,026	5,315	31,258	15,796	55,394	36.80
2001	3,822	7,376	34,399	17,352	62,948	38.20
2002	3,190	6,079	37,698	16,132	63,098	35.70
2003	2,476	5,287	35,840	13,981	57,584	29.90
2004	2,298	6,612	36,927	17,082	62,919	29.10
2005	1,716	6,940	41,318	20,723	70,696	29.40
2006	1,800	7,332	50,925	25,065	85,121	31.30
2007	3,277	5,729	40,280	21,589	70,875	25.20
2008	6,160	6,205	38,656	21,982	73,003	23.30
2009	8,741	11,881	55,467	29,842	105,931	28.70
2010	12,047	14,336	67,532	34,844	128,759	31.30
2011	12,773	12,513	69,322	26,259	120,867	29.30
2012	10,537	16,681	81,091	35,315	143,623	33.70

（注）資金流出額＝受信額－与信額，資金流出率＝資金流出額／受信額．
（出所）韓国銀行『地域金融統計』各号より作成．

次に，地域金融機関のモラルハザードと不透明なガバナンスが地域金融を萎縮させる要因の1つであることを指摘しておきたい．金融監督院が2012年に発表した横領など金融関連の各種事故をみると，全体で184件あるが，そのうち庶民金融会社の件数が75件で全体の40.8％を占めており（表5），金額では304億ウォンにも上る．庶民金融機関の金融事故のうち，横領が54件，184億

表5　金融関連の各種事故発生状況

(単位：億ウォン)

区　分	2008年	2009年	2010年	2011年	2012年
銀　行	557　(47)	388　(48)	5,865　(58)	534　(74)	283　(59)
中小庶民金融	301　(76)	333　(64)	635　(70)	600　(49)	304　(75)
金融投資	200　(13)	473　(7)	387　(17)	71　(12)	124　(14)
保　険	27　(87)	51　(80)	29　(46)	35　(44)	36　(36)
合　計	1,085　(223)	1,246　(199)	6,916　(191)	1,240　(179)	747　(184)

(注)　括弧内の数値は件数である．
(出所)　韓国金融監督院（2012）『2012年金融事故の現状と監督の対応について』．

ウォンで一番多く，次に，背任14件，88億ウォン，詐欺5件，32億ウォンである．

　このような金融事故が相次ぐ理由として，不透明なガバナンスが挙げられる．地域金融機関はそれぞれの根拠法が異なり，管轄する部署も異なることから規制も異なる．今後，経営の透明性の向上と効果的な監督が求められる．

　最後に借り手の問題として，地域を拠点する中小・零細企業や家計の信用度が相対的に低く，金融機関の貸出条件に適合してない点が挙げられる．まず，企業の不渡り率をみると，2012年12月現在，首都圏が0.17％であるのに対し，非首都圏は0.46％と首都圏の2倍を超えている．また，過去20年間のトレンドをみても（図7），非首都圏の不渡り率は常に首都圏の比率を超過している．

　企業に続いて個人の信用状況をみてもソウルと地方との格差がみられる．2010年3月現在，個人の平均信用格付けは4.49であるが[12]，ソウルの平均は4.42で全国平均を下回る．しかし，幾つかの大都市部を除いてはほとんどの地域が平均を上回っている．さらに，全体の借主に対する延滞者の比率は，2010年3月現在，全国平均が4.85であるが，ソウルはそれを下回る4.09％である．そして，個人信用格付けと同様，一部の地域を除けばほとんどの地域が平均を上回っている[13]．

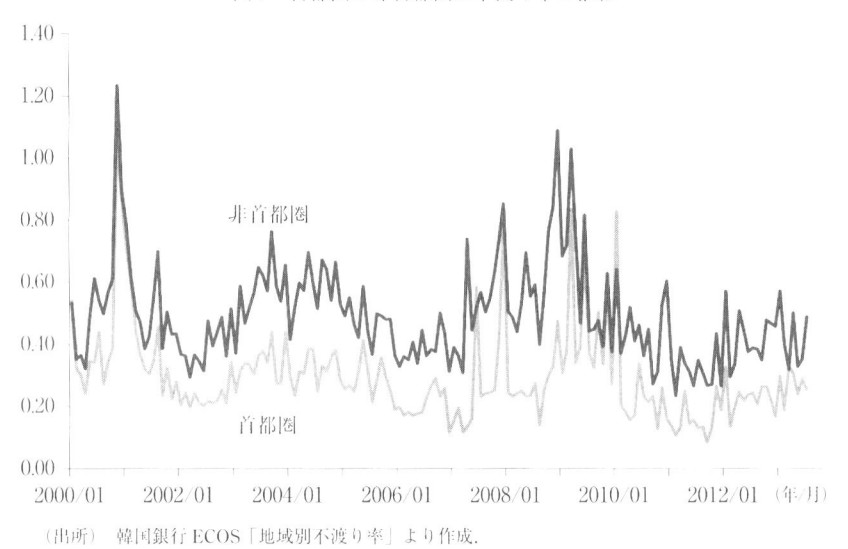

図7 首都圏と非首都圏の不渡り率の推移

(出所) 韓国銀行 ECOS「地域別不渡り率」より作成.

4. 地域金融の縮小による庶民金融の変化

(1) 貸金業への依存の高まり

2000年代に地域密着型金融機関の数が急激に縮小する中で,地域の資金ニーズに答えながら急成長を遂げているのが貸金業である.1997年に経済危機に直面して資金繰りが悪くなった家計や自営業者,零細企業からの貸金業の利用が急速に広まった.貸金業は地下経済の1つとして,その実態がなかなか把握されず,高金利や不当な債権要求などで当時社会の問題となっていた.そこで政府は2002年に「貸金業法」を制定し,地方自治体へ登録を義務付け,不法営業の監視を許可した.そして,上限金利を66%から2008年には49%へ,2010年には44%へ引き下げ,さらに,2011年には39%まで引き下げた[11].

政府の厳しい監督や上限金利の引き下げにより,貸金業数は2006年12月末の15,380社から2012年12月に10,895社まで激減した.しかし,利用者数は逆に年々増加しており,2012年末現在251万人にも達している(表6).また,

表6 貸金業の登録数と利用者の推移

区分	事業所数	貸出残高 (億ウォン)	利用者数 (万人)	平均金利 (%)	格付7～10等級 の割合(%)
2006年	15,380	-	-	-	-
2009年	14,783	59,114	167	-	-
2010年	14,014	75,655	221	37.7	-
2011年	12,486	87,175	252	34.2	87
2012年	10,895	86,904	251	32.7	85

(注)1. 各数値は年末の数値である．
　　2. 格付はNICE CBの情報による．
(出所) 金融監督院『貸金業実態調査』各号より作成．

貸出残高も8兆6,902億ウォンであり，2009年の約6兆ウォンから3年の間に2.7兆ウォンも増加した．貸金業を利用する人の信用格付けは7～10等級以下が全体の85.7%を占めており，1～6等級は14.3%に過ぎない．1人当たりの平均貸出額は338万ウォンで，利用する職業は会社員が63.4%，自営業者が21.9%，学生・主婦が6.3%を占めている．貸出の目的は生活費が47.5%を占めるが，事業資金も19.2%に達している[15]．

貸金業は地方に約4割が，首都圏に約6割が登録しているが，大手貸金業の場合，全国に支店があるので地域に関係なく利用されている．現在，資産が100億ウォンを越える大手の貸金業は87社あり，これらの貸出残高は全体の87%を，利用者数では91%を占めている[16]．

ここで問題になるのは，個人信用格付けの低い人が貸金業を利用する人の大半であることである．格付けの低い人の場合，地域密着型金融機関の利用もできず，高金利の貸金業に依存せざるをえない．現在，個人格付けが7～10等級の人数は約600万人に上るが（表7），そのうち，40%の251万人が既に貸金業を利用している．少なくとも350万人の潜在顧客が存在し，今後貸金業の利用は拡大していくと思われる．

表7　信用格付別の分布

等級	NICE 評価情報		KCB	
	該当者(万人)	比重(%)	該当者(万人)	比重(%)
1	651	15.50	402	9.80
2	651	15.50	602	14.70
3	421	10.00	715	17.40
4	628	14.90	621	15.10
5	817	19.40	636	15.50
6	459	10.90	519	12.60
7	221	5.30	299	7.30
8	166	4.00	194	4.70
9	143	3.40	73	1.80
10	44	1.00	44	1.10
合計	4,201	100.00	4,105	100.00

(出所)　Money Today, 2013.8.21 より作成.

(2)　政府による庶民金融の供給拡大

　2000年代には貸金業の増加とともに，低所得層や低い信用格付者の多重債務や債務不履行が大きな社会問題となった．金融委員会によると，債務不履行者数は2002年に263万人であったが，2004年にピークの361万人まで上った[17]．政府はこれらの問題に対応するために個人に対する信用回復の支援事業を進めるとともに新たに庶民向け資金供給政策を打ち出した．

　まず，「ミソ金融」(微笑金融)は低所得者や低い信用格付の個人を対象に低利の資金を供給し，自立を支援するものである．銀行や大企業が寄付による財源の確保だけではなく，財団を設立して直接事業に参加するのが特徴である．ミソ金融は2008年7月から事業を開始したが，2012年10月現在，76の企業財団，53の銀行財団，33の地域財団が営業をしており，累積83,046件，金額では7,134億ウォンの資金を供給した．金利は年2〜4.5%であり，1人当たり

平均貸出金額は859万ウォンである．ミソ金融は大企業や銀行が寄付とともに直接事業に参加するということで，「韓国型マイクロファイナンス」として注目を浴びている（表8）[18]．

次に，「ヘッサル・ローン」（日差しローン）は相互貯蓄銀行や信用協同組合など地域密着型金融機関を通じて低利の資金を庶民に供給するもので，政府と民間が共同で保証財源を調達して，保証付き貸出を行うものである．主な対象は年所得が2,600万ウォン以下の低所得者か個人信用格付が6～10等級（年所得4,000万ウォン以下）の低格付け者であり，金利は年9～12％である．2010年7月から事業を開始し，現在3,750の地域金融機関で取り扱っている．2012年10月現在，累積で約26万件，2兆3000億ウォンの資金を供給している．

最後に，「新しい希望の種」プロジェクトは低所得者や低い信用格付者のう

表8　政府よる庶民向けの新たな資金供給政策

区　分	ミソ金融 （微笑金融）	ヘッサル・ローン （日差しローン）	新しい希望の種
導　入	2008年7月	2010年7月	2010年11月
財　源	総額2.2兆ウォン ・銀行の休眠預金 ・大企業の寄付金	総額2兆ウォン ・政府1兆ウォン ・相互金融0.8兆ウォン ・貯蓄銀行0.2兆ウォン	銀行独自の財源
貸出目標	10年間2兆ウォン （年2000億ウォン）	5年間10兆ウォン （年2兆ウォン）	銀行利益の10％
貸出機関	ミソ金融支店	6つの地域金融機関	国内銀行16行
貸出対象	個人信用格付 7～10等級 生活保護者	個人信用格付 6～10等級 年所得2.6千万ウォン	個人信用格付 5～10等級 年所得3千万ウォン
貸出金利	年2～4，5％	年10～13％	年6～14％
償還方法	5年以内 元利金均等償還	3～5年均等分割償還	銀行により異なる

（出所）　韓国金融委員会（2012）『庶民金融政策の成果と今後の方向』，信用保証財団中央会（2011）『ヘッサルローン分析報告書』より一部修正して作成．

ち，誠実にローンの返済をしてきた個人に対して，銀行による金利優遇を行うものである．これは銀行独自の財源により，年所得3,000万ウォン以下や個人信用格付けが5～10等級（年所得4,000万ウォン以下）の人を対象にしている．金利は年11～14％である．現在，市中銀行，地方銀行，特殊銀行の16行でサービスを提供している．2010年11月のサービス提供以来，累積708,599件，金額6兆2,430億ウォンの資金を供給している．

以上のように政府による新たな資金供給政策が打ち出されているが，これらは地域経済の活性化のための新たな資金循環を形成するより，多重債務などすでに問題になっている金融取引に対する直接的な支援の性格を有するといえる．

5．むすび

1997年の経済危機は，多くの大手金融機関がその行名をとどめられない程の金融システムの激変を生じさせ，地域金融にも大きな変化，すなわち金融機関数が半減する変化を生じさせたのである．大手金融機関は吸収合併などにより大型化が進む一方，地方銀行・地域密着型金融機関もその多くが吸収合併されて同じく行名をとどめていない．こうしたアジア通貨危機を起点として生じた金融システムの変化は以下のような現象を生じさせたのである．

1) 大手銀行の大型化の進行と少数行への集約，2) 地方銀行数の減少，地域密着型金融機関（相互貯蓄銀行，信用協同組合，セマウル金庫，相互金融）の半減による地方金融仲介機能の低下，3) 以上のような現象による与信に占める地方銀行・地域密着金融機関のシェア低下，4) 預金・貸出残高に占めるソウルを含む首都圏のシェア拡大，5) 地域金融機関資金のソウルなどへの流出，6) 地域金融機関のモラルハザードと不透明なガバナンス，不渡り率の上昇など地方中小企業の業績不振，7) 信用格付けの低い個人の貸金業への依存度上昇と新種のマイクロファイナンス（ミソ金融，日差しローン，新しい希望の種）の資金供給拡大などである．

以上のような地域金融の現状から明らかになったことはグローバル化の進展が国内では立地上，比較優位にあるソウルと首都圏がますます成長地域となっているのに対し，地方は慶尚道などの工業地域と釜山，大邱などの大都市を除き，比較劣位にあり，産業立地上，低成長を余儀なくされている状況である．地域金融も同様な状況にあり，相対的に小さい受信を有効に活用するにしてもソウルなどの成長地域に与信するしかない状況である．しかしながら，高度成長期においても資金偏在は恒常的に生じていたのであり，市場力の反映として考えられる．こうした中で，格差の拡大に対処する金融手段としての貸金業とマイクロファイナンスは補完的な金融仲介機能を果たす積極面が評価できるもののモラルハザードと金融市場を歪めるマイナス面も指摘されるであろう．

　韓国政府はこれまで地域の均衡発展を急速に進める一方，政治・経済的な理由からその進行が遅滞することを繰り返してきた．改めて新たな地域発展政策を樹立し，整合的な地域金融システムを構想し，地方経済の独自的発展と格差是正を目指す必要があると思われる．

　本研究では韓国の地域金融とその地域経済における役割をデータから分析することを行ったが，地域における個別事例を取り上げ，より踏み込んだ調査・研究を行って上記課題への取り組みに資することが次の課題である．

1) ベ・グンホ（2010），72ページ．
2) 金融投資業者は2009年に施行された「資本市場と金融投資業に関する法律」によって定義された金融機関である．従来の証券会社やアセットマネジメント会社，先物会社，信託会社を統合して呼ぶ呼称である．同法律は投資家を保護し，資本市場のさらなる発展を狙って資本市場に関連する6つの法律を統合してできたものである．すなわち，証券取引法，先物取引法，間接投資資産運用法，信託業法，綜合金融会社に関する法律，韓国証券先物取引所法の6つの法律を1つの法律に統合した．
3) 韓国銀行（2011），27-29ページを参照．韓国の金融機関の分類は業種別分類というより，各金融機関の根拠法を中心に主な業務が類似する金融機関をグループ化しているのが特徴である．

4) 政府は数年間、約160兆ウォンの公的資金を注入した。韓国銀行 (2011)、23ページ。
5) 1980年代末から90年代前半にかけて銀行の新規設立が許され、銀行数が急増した。
6) 2013年9月現在、国内で営業をしている銀行は、KB国民銀行、ウリー銀行、新韓銀行、ハナ銀行、外換銀行、SC銀行、韓国シティ銀行、である。
7) 韓国の地方行政区域は、1特別市・1特別自治市・6広域市・8道・1特別自治道に区分される。韓国の「道」という行政区域は日本の「県」に当たる。道の下には「市・郡」が置かれ、特別市や広域市の下には「区・郡」が置かれる。
8) リュウ・トクイ (2011)、2-3ページ参照。
9) 2013年9月現在、営業をしている銀行は、釜山銀行、大邱銀行、慶南銀行、光州銀行、全北銀行、済州銀行、である。
10) 政府は金融機関の経営体質の強化のために、経営健全性に対する規制を1998年1月に銀行、証券会社、総合金融会社に適用し、同年6月には保険会社へ、99年には相互貯蓄銀行、2003年には信用協同組合へ拡大した。韓国銀行 (2011)、24ページ。
11) ベ・グンホ (2010)、79-80ページ。
12) 個人信用格付けは1等級から10等級まであり、数値が高いほど信用度が悪いことを意味する。
13) KDI国際政策大学院 (2010)、32-34ページ。
14) 韓国金融監督院 (2013b)、1ページ。
15) また、貸出残高のうち、信用貸出が7兆3,152億ウォンであり、担保貸出は1兆3,752億ウォンである。韓国金融監督院 (2013b)、8-9ページ。
16) O my News、2013年9月4日記事、「暴利で稼ぐ貸金業、利子だけで2兆8,000億ウォン」。
17) 韓国金融委員会 (2012)、10ページ
18) 韓国金融委員会 (2012)、4-10ページ。

参 考 文 献

(＊すべて韓国語の文献である)

KDI国際政策大学院 (2010)『地域金融の活性化方案』
イ・ゴンボム (2010)「地域経済成長のための地域金融の役割」『動向と展望』通巻78号、韓国社会科学研究会
韓国銀行 (2011)『韓国の金融制度』
韓国銀行 (2013a)『地域金融統計』
韓国銀行 (2013b)『地域経済報告書』

韓国金融監督院『金融統計月報』各号
韓国金融監督院（2013a）『2013年銀行経営統計』
韓国金融監督院（2013b）『2012年下半期の貸金業実態調査結果』
韓国金融委員会（2012）『庶民金融支援の成果と今後の計画』
キム・グンス，イ・サンフン，ムン・ミソン（2013）『地域金融の再照明―金融疎外階級のための地域金融の役割―』京畿開発研究院
コン・ジュンハク（2010）『地域経済活性化のための地域金融発展の方法に関する研究』（水源大学博士学位論文）
国会立法調査処（2011）『貸金業の現状と制度改善の方向：日本の貸金業政策との比較を中心に』
セマウル金庫中央会（2013）『セマウル金庫統計2012年版』
ソン・ウク，パク・ジャンホ（2011）「地域金融システムの活性化のための政策提言」『韓国経済研究』第29巻第3号，韓国経済研究学会
ベ・グンホ（2010）「地域金融の現状と活性化方案」『調査研究REVIEW』第32号，金融監督院
ホン・シュンヨン（2005）「地域金融の現状と活性化のための課題」『KOSBI政策フォーラム』第7号，中小企業研究院
リュウ・トクイ（2011）『地域金融政策パラダイムの変化と大田忠南地域金融の活性化』韓国銀行

第11章　グローバル化とインドネシア金融部門
──中央と地方の銀行部門──

1．はじめに

　インドネシア政府は，1980年代に金利の自由化および銀行参入の自由化などの典型的な金融自由化政策を進め，金融部門は急速に発展した．インドネシアでは金融部門の大半は銀行部門によって占められており，債券市場や株式市場はそれほど大きなシェアを占めていないので，ここでは銀行部門の活動に絞って議論を進め，金融部門というときは特に断りのない限り銀行部門を指している．1980年代は国際的金融においてもグローバル化が進展しており，インドネシアにも海外資本が大量に流入した．その後1997年にはアジア金融危機にみまわれ，銀行部門は資産の約3分の2を不良資産として失うという大打撃を受けた．その危機から10年以上を経た2010年時点においても，銀行の対民間部門向け貸出は対GDP比でみると26％と，危機以前の半分以下にとどまっており，銀行貸出は回復していない．この銀行の機能の停滞が，経済回復の遅れをもたらす一因となっているのではないか，というのが本章の第1の問題意識である．第2の問題意識は，金融グローバル化と危機の影響はジャカルタと地方の銀行部門に，どのように異なる影響を与えたのかを検討することである．第3の問題意識は，インドネシア県別データから，金融的な発展の水準と経済発展の水準の間に，強い正の因果関係が見いだせるかという点である．

2. 金融自由化とグローバル化の始まり――1980 年代初めからアジア金融危機まで

インドネシアにおける金融のグローバル化は1970年代初めから始まっていた。人口の5％弱を占める中国系の人々がインドネシア民間経済の50％から80％を担ってきたといわれ，彼らの資金は以前からインドネシア国内とシンガポール，香港，台湾など海外との間でかなり自由に移動してきた。しかし，本格的に内外の資本移動が行われるようになったのは，インドネシアで金融自由化政策が導入された1980年代以後である。この時期には香港，シンガポールなど近隣の国際金融市場も発達しており，欧米，日本からの資本もインドネシアに急激に流れ込み始めた。

インドネシアは，1980年代における金利自由化政策と銀行参入自由化政策に代表される金融自由化政策の導入により，典型的な金融抑圧から金融自由化へとドラスティックに転換した国である[1]。金融抑圧の解消によって，預金および貸出金利は，市場メカニズムにしたがって上昇した。実質金利は，金利自由化政策を導入した1983年を境にマイナスからプラスに転換し，その後1997年の危機に至るまで大幅なプラスの値を維持してきた。実質金利の上昇は，海外からの資本の流入を促進するとともに，国内の金融的な貯蓄を増大させた。金融的発展度を計る代表的指標である M2 対 GDP 比率は，自由化が始まる前の1980年の17％から，金融危機直前の1996年の52％へと上昇した。（表1参照）この点からも明らかなように，金融自由化政策は金融部門の急速な発展をもたらした。また銀行部門の預金の急速な上昇に伴って，銀行の貸出も急速に上昇した。銀行部門の総民間部門向け貸出（総民間向け貸出の中には国営企業向け貸出が含まれる）の GDP 比率は，1980年の9.7％から1996年の55.4％へと上昇している。このような銀行部門の預金と貸出の上昇は，国民所得ベースでみた貯蓄や投資の対 GDP 比率の動きとも整合している。（表1の最後の2つの欄を参照）世界銀行「東アジアの奇跡」に書かれているように，インドネシアは金融自由化政策によって経済ファンダメンタルを正しく保ち，高貯蓄と高投資によって

表1 M2/GDP, 民間向け貸出の GDP 比　　　　　(％)

	M2/GDP	民間向け貸出 （GDP 比）	貯蓄率 （GDP 比）	投資率 （GDP 比）
1980	17.0	9.4	29.2	20.9
1985	23.6	17.6	29.8	28.1
1990	40.1	46.1	36.6	36.1
1995	48.0	53.5	30.6	31.9
1996	52.2	55.4	30.1	30.7
1997	55.4	60.8	31.5	31.8
1998	59.5	53.2	26.5	16.8
1999	57.6	20.3	19.5	11.4
2000	53.4	19.4	31.8	22.4
2001	50.2	17.7	31.5	22.0
2002	47.4	18.9	26.8	20.9
2003	46.9	21.0	24.6	25.3
2004	45.7	23.8	32.2	23.3
2005	43.4	25.1	27.5	25.1
2006	41.4	25.4	28.7	25.4
2007	41.7	25.4	28.2	24.9
2008	38.3	28.2	31.0	28.0
2009	38.2	24.9	31.7	31.0
2010	38.5	26.0	34.2	32.5

（出所）　IMF, IFS Yearbook 2005 および IFS May 2006, IFS CDROM Sep.'08, Nov'09, Jan. 2013.

高成長を実現したと考えられてきた[2]．M2 対 GDP 比率にみられる金融貯蓄の上昇と，民間向け貸出対 GDP 比率にみられる金融仲介の上昇は，この時期の高経済成長率を支えた重要な要因であったと考えられる．

　しかし，銀行部門の急速な発展はいくつかの問題をもたらした．その第1は，1980 年代終わりから 1990 年代初めまでの銀行部門の貸出のスピードが速く，これに対して銀行部門の健全性ルールの整備と実施，検査体制などが十分に追いついていかなかったことである．このため銀行部門は急速に拡大したが，その資産内容は質的にはかなりの問題を含んでいた．第2に，金融自由化によって，M2 対 GDP 比率に代表されるように，量的には金融的な発展が進んだが，

表2　商業銀行指標（実数）

	預貸比率	国債SBI比率	準備率	資本金比率
1985	0.98	0.03	0.16	0.12
1990	1.31	0.01	0.06	0.11
1995	1.23	0.02	0.04	0.14
1996	1.16	0.02	0.06	0.14
1997	1.20	0.05	0.07	0.13
1998	0.97	0.10	0.09	-0.18
1999	0.39	0.58	0.12	0.07
2000	0.41	0.74	0.10	0.19
2001	0.40	0.66	0.12	0.21
2002	0.45	0.59	0.12	0.25
2003	0.51	0.53	0.12	0.25
2004	0.63	0.48	0.15	0.22
2005	0.68	0.45	0.17	0.20
2006	0.67	0.39	0.16	0.21
2007	0.70	0.37	0.17	0.19
2008	0.77	0.28	0.13	0.16
2009	0.73	0.27	0.14	0.19
2010	0.76	0.33	0.24	0.21

（注）1. 本表の数値は，IMF, IFSからの推計値であり，中央銀行の公式発表とは必ずしも一致しない。しかし，数値のおおよその正確性は中央銀行に確認してある。
2. 各項目の定義は次のとおり．
総預貸比率＝民間向け貸出／総預金額
国債SBI比率＝（政府向け貸出＋中銀債券保有）／総預金
準備率＝準備額／総預金額
資本金比率＝資本金／民間向け総貸出額
3. 上記（2）の定義のとおり，総預貸比率には，国営企業向け貸出が含まれており，第3節のジャカルタとジャカルタ以外で使用されている「民間向け貸出／総預金比率」とは一致しない。
4. IMF, "International Financial Statistics"に改訂があったため，国債SBI比率は2001年以後とそれ以前は必ずしも連続しない。

（出所）IMF, International Financial Statistics, CD-ROM Sep. 2008, 2009 and 2013.

銀行制度および銀行市場のプレーヤーの行動様式は，近代的なものに変わっていなかったという点である。言い換えれば，国営の銀行は引き続き国営銀行の特徴を維持し続け，また金融自由化で新たに設立された華僑を中心とするビジネスグループの銀行は，ビジネスグループ企業に対する資金の導管という性格

を持ち続けていた[3]．第3に，民間部門向け貸出と預金総額の比率である預貸比率が1980年代半ばの1.0強から1990年代半ばには1.3前後に上昇したことである[4]．（表2参照）このことは預金の増大をはるかに上回る貸出が行われていたことを意味するが，その差の大きな部分は海外からの借入によってファイナンスされた．第4に，海外資本の流入に伴って銀行部門の短期の外貨建負債が増大し，資金の調達と貸出の間の為替ミスマッチと貸出との満期のミスマッチ（銀行部門の資金調達は短期外貨建て，貸出は中長期ルピア建て）が拡大したことである．

3．グローバル化とアジア金融危機

1997年の金融危機による海外資本の逆流，為替レートの大幅下落，そして経済の急激な縮小によって，インドネシアの銀行部門は機能不全に陥った．為替レートの下落と海外への資本逃避によって，銀行部門からは巨額の資金が流出し，経済は流動性危機に陥り，同時に多数の銀行取付けが発生した．また，為替のミスマッチのため，為替レートの切り下げによって商業銀行バランスシートの負債側の海外借入が（ルピア建てで）急速に膨らみ，純資産を急激に低下させた．インドネシアの企業部門は，銀行部門以上に海外借入に依存しており，資金流入の突然の停止，為替ミスマッチ，経済の急速な縮小などによって企業は経営困難に陥った．これらの結果，銀行部門の不良資産は急速に膨らみ，銀行の多くが機能不全，実質的な倒産状態に陥った．商業銀行部門のバランスシートを見ると，銀行部門の不良資産引き当てが始まる前の1998年6月時点では，対民間向け貸出残高は669兆ルピアであったが，引き当てがほぼ完了した1999年12月時点では226兆ルピアへと3分の1以下に減少している．すなわち，銀行部門の対民間貸付の約3分の2が，不良資産となったと考えられる．この不良資産の償却の過程で，銀行部門の資本金は，1999年6月にはマイナス215兆ルピアと大幅マイナスなり，政府が国債発行によって資本金を注入し，銀行部門の再建を行った．この後政府による資本注入と銀行再建がほ

ぼ完了した2000年末の商業銀行部門のバランスシートの構造は次のようなものである．総預金673兆ルピアに対して民間向け貸出が273兆ルピア，政府の資本注入による国債保有が430兆ルピアとなり，資産の大半が国債保有となっていることがわかる[5]．

その後の銀行部門の状況をみてみると，経済が落ち着きを取り戻した2000年前後から，対民間向け貸出は徐々に増加し，政府国債保有は減少してきている．この動きを総預貸比率（総民間部門向け貸出の総預金に対する比率）でみると，同比率は危機前の1990年の1.3がピークであり，危機後不良資産の償却によって1999年には0.39まで低下し，その後2005年には0.68，2008年0.77と徐々に回復基調にあるものの，総預貸比率は2010年時点0.76にとどまっており，銀行の仲介はいまだに十分に回復していない．

一方で，銀行部門の国債保有およびSBI（中央銀行が発行する証券）の総預金に対する比率は，危機前のゼロから2000年のピークには0.41に達した．国債保有の大半は，危機に際しての銀行部門の不良資産償却とそれに伴う資本注入によるものである．その後，国債およびSBI保有比率は徐々に低下し，2008年では0.28に下がったものの，2010年では再び0.33と預金の33％に上っている．2010年においても銀行部門の預金のうち33％が国債と中央銀行証券であるSBIに投資されており，民間企業向け貸出は十分に回復していない．このことから銀行部門の金融仲介機能は引き続き停滞したままであることが確認できる．

次に銀行の準備率の推移をみると，1980年代後半から1990年代半ばにかけて，銀行は貸出を急速に増加させたため，準備率は法定準備率ギリギリの水準の3.4％に低下した．危機以後は，銀行は危機の経験から貸出に慎重になり，一転して高い流動性を維持している．2005年の準備率は約17％，2010年は24％で法定準備率の3から5倍に達する過剰な準備を保有している．

次に資本金比率（CAR）をみると，危機以前は13％から14％と予想より高い．これは多分に会計基準や不良資産の定義が明確でなく，不良資産の分類がきちんとできていなかったためであろうと思われる．危機後には不良資産が急増し

資本金で引き当てを行ったため，1998年，1999年には資本金比率は大幅なマイナスになった．ということは，危機後の銀行部門は大幅な負の純資産を抱えており倒産状態にあったことを示している．その後政府の資本注入政策により，同比率は20％前後の水準にまで回復し，最近までこの水準が続いている．インドネシアでは，大手銀行の法定資本金比率はBIS規制に基づく8％であるから，2倍以上の資本金を持っていることになる．すなわちインドネシアの銀行部門は，法定準備率の3倍の過剰な流動性と，法定資本金の2倍の資本金を抱えていることになる．これは銀行部門の収益率，特に資本収益率（ROE）を圧迫する原因となっている[6]．

　アジア金融危機後，銀行部門が過剰流動性を抱え，金融仲介機能を大きく低下させたままでいることの理由は以下の2点であると考える．第1は，危機で大手銀行と大手の企業を中心に大きな打撃を受けたことである．第2は，銀行のバランスシート上では預金は政府のブランケット・ギャランティー（blanket guarantee）と呼ばれる預金保護政策で全面的保証がなされたが，貸出債権については巨額の不良資産の償却が行われた点である．この結果，銀行は従来型の企業向け貸出についてはきわめて慎重になるとともに，借り手企業の借入需要も減退したため，銀行部門は国債や中央銀行債SBIを保有し続け，銀行部門に過剰な流動性が発生したと考えられる．

　このような状況の中で，アジア金融危機以後の2000年代の銀行活動は，中央と地方の間で異なった回復過程をたどっているように思われる．次節ではその点を検討しよう．

4．アジア危機の中央（ジャカルタ）金融部門と地方金融部門に与えた影響

（1）ジャカルタと地方の民間部門向け貸出構造の推移

　前節までは，グローバル化とアジア金融危機がインドネシアの金融部門全体にもたらしたマクロ金融的影響について検討してきた．本節では，グローバル

化とアジア金融危機がインドネシアの中央（ジャカルタ）と地方の金融部門にどのような影響を与えたのかについて検討してみよう．ここではデータの制約などからジャカルタとそれ以外の県（地方）との2つに分けて分析を進めよう．本章ではジャカルタを「中央」または単に「ジャカルタ」と呼び，それ以外の県を「地方」と呼ぶことにする[7]．

中央銀行が毎月発行している統計月報，"Indonesian Financial Statistics"には，商業銀行の県別の民間向け貸出残高[8]と預金残高が発表されている．この統計に基づいて，ジャカルタとそれ以外の地方に分類した．ジャカルタとそれ以外の地方に分類した理由は，グローバル化によって活発化した内外の資金移動の大半は，ジャカルタに存在する大手の銀行に集中しており，グローバル化とアジア危機の影響は，ジャカルタとそれ以外の地方では顕著に異なると推測されるからである．なお，本節での民間向け貸出には，国営企業向け貸出は含まれておらず，民間部門向け貸出のみである．このため，ここでの民間貸出額は，前節の総貸出額より小さい．

まず商業銀行の基本的機能である貸出と預金について，中央と地方の別に推移を検討してみよう．金融自由化が始まった初期の時点である1985年をみると，民間向け総貸出額20兆ルピアのうち51％がジャカルタ向け，残りの49％が地方向けであった（表3）．民間向け貸出のほぼ半分がジャカルタ，残り半分が地方に向けられていたということになる．しかし，その後1980年代後半から1990年代の半ばにかけては，ジャカルタ向けの民間貸出が急速に伸びたため，アジア金融危機直前の1996年には，ジャカルタ向けの割合が67％に上昇し，地方向けの割合が33％に低下している．この時期のインドネシアの高成長とそれを支えた金融は，ジャカルタ向けの民間貸出が中心的役割を果たしていたことがわかる．

1997年に発生したアジア金融危機は，インドネシア経済に大打撃を与え，同国の金融部門をほとんど崩壊させるほどの影響をもたらした．民間向け貸出総額は1999年末には，ピーク時487兆ルピアから225兆ルピアに減少した．これをジャカルタと地方に分けてみると，ジャカルタはピーク時1998年末の

表3 銀行貸し出し，ジャカルタとジャカルタ以外

(10億ルピア，各年末)

	民間向け貸出合計	ジャカルタ	%	ジャカルタ以外	%
1985	20,490	10,444	51.0	10,046	49.0
1991	112,825	63,422	56.2	49,403	43.8
1992	122,918	71,152	57.9	51,766	42.1
1993	150,271	93,481	62.2	56,790	37.8
1994	188,880	119,648	63.3	69,232	36.7
1995	234,611	153,652	65.5	80,959	34.5
1996	292,921	196,355	67.0	96,566	33.0
1997	378,134	257,970	68.2	120,164	31.8
1998	487,426	346,748	71.1	140,678	28.9
1999	225,133	136,587	60.7	88,546	39.3
2000	269,000	117,274	43.6	151,726	56.4
2001	307,594	120,331	39.1	187,263	60.9
2002	365,410	142,923	39.1	222,487	60.9
2003	437,943	164,636	37.6	273,307	62.4
2004	553,548	200,751	36.3	352,797	63.7
2005	698,694	245,457	35.1	453,237	64.9
2006	796,769	281,408	35.3	515,361	64.7
2007	1,004,174	362,048	36.1	642,126	63.9
2008	1,313,874	483,948	36.8	829,926	63.2
2009	1,446,810	520,439	36.0	926,371	64.0
2010	1,783,601	697,877	39.1	1,085,724	60.9
2011	2,223,685	743,686	33.4	1,479,999	66.6
2012	2,738,054	896,903	32.8	1,841,151	67.2

(注)1. 2005年以降はrural banksを含む，差はわずかである．
    2. 1999年まではEast Timorを含む．
    3. 民間向け貸出には国営企業向け貸出は含まれない．
(出所) Bank Indonesia, "Indoneisan Financial Statistics"各版およびホームページ．

346兆ルピアから2000年には約3分の1の117兆ルピアに低下した．これに比べて地方は，ピーク時1998年末の140兆ルピアから1999年末にはその3分の2の88兆ルピアの低下にとどまった．アジア危機による不良資産（償却された銀行資産額）は，インドネシア全体では約250兆ルピアに達したが，この内訳はジャカルタで約200兆，地方で約50兆ルピアであり，地方はジャカルタ

264　第2部　アジア諸国の地域金融と国家

図1　民間向け銀行貸出
(10億ルピア)

(出所)　表3より作成.

の22%程度でであったことがわかる．以上の点からアジア金融危機は，ジャカルタ地域でより深刻だったと推測できる．

　次に危機以後の銀行部門の民間向け貸出の推移をみてみよう．前節までにみたように，銀行の民間部門向け貸出合計のGDP比率は危機直前の1996年55.4%，1997年60.8%から不良資産償却後の2001年には17.7%に低下し，その後も2005年25.1%，2010年26.0%と危機前の半分以下の水準にとどまっている（表1参照）．このように2010年に至っても銀行部門の貸出が低迷し，長期の金融不仲介が継続しているが，その原因はどこにあるのだろうか．銀行部門の対民間貸出を中央と地方の別にみてみると，かなりはっきりとした特徴を見出すことができる（表3および図1）．アジア危機後不良資産を償却し，大幅に低下したジャカルタ地域の民間向け貸出は回復が遅れているのに対して，地方での貸出額はかなり順調に回復していることがこの図1から読み取れる．危

機前の 1996 年には民間向け貸出のシェアは，ジャカルタが 67％，地方が 33％であったのに対して，危機の不良資産処理を終えた 2001 年にはジャカルタが 39.1％，地方が 60.9％となり，地方向け貸出が大幅に増え，シェアは大きく逆転している．そして，その後のジャカルタ向け貸出の回復が低迷したのに対して地方向け貸出は比較的順調に回復し，2012 年時点では，ジャカルタ向けのシェアが 32.8％，地方向けが 67.2％と，地方のシェアは全体の貸出の 3 分の 2 に達している．アジア危機後のインドネシアの金融部門が金融不仲介に陥っている原因は，ジャカルタの貸出が低迷していることにある．ここから推測できることは，ジャカルタ地域の特徴として，特に大手銀行の大手企業向けの貸出が長期にわたって低迷を続けていると考えられる．これに対して地方では危機の影響はあったものの，その影響はジャカルタに比べると格段に小さく，その後は順調に貸出を伸ばしている．地方の金融部門は，危機後 2010 年に至るまで比較的順調に貸出を伸ばし回復を遂げているようにみえる．

以上 1980 年代から最近までの銀行部門の推移をまとめておこう．グローバル化とそれに伴う資本の流入によって，インドネシアの大手の金融機関と企業は大きく成長したが，その後のアジア危機によってほとんどが壊滅的な打撃を受けた．危機後の回復過程をみると，最近の 2010 年まではジャカルタ地域を中心に大手の銀行と企業はその影響を引きずり，金融仲介の本格的な回復が遅れているようにみえる．それに対して地方経済は，これまで金融的な発展が遅れており，海外資本に組み込まれる度合いも低かったために，アジア危機の影響も相対的に小さく，危機後は徐々に金融部門の発展が進みつつあるようにみえる．

(2) ジャカルタと地方の預金構造の推移

次に銀行預金のジャカルタと地方のシェアの推移をみてみよう（表 4 および図 2）．グローバル化が始まる前の 1985 年時点では，銀行預金の 67.8％がジャカルタで，32.2％が地方で集められていた．1991 年にはジャカルタのシェアが若干低下し 62.3％，地方が 37.7％となるが，アジア危機直前の 1996 年には

266　第2部　アジア諸国の地域金融と国家

表4　銀行預金，ジャカルタとジャカルタ以外

(10億ルピア，各年末)

	預金合計	ジャカルタ	%	ジャカルタ以外	%
1985	20,151	13,655	67.8	6,496	32.2
1991	95,118	59,291	62.3	35,827	37.7
1992	114,850	71,489	62.2	43,361	37.8
1993	142,679	90,056	63.1	52,623	36.9
1994	170,406	107,731	63.2	62,675	36.8
1995	214,764	135,334	63.0	79,430	37.0
1996	281,718	182,009	64.6	99,709	35.4
1997	357,613	240,629	67.3	116,984	32.7
1998	573,524	351,766	61.3	221,758	38.7
1999	625,618	373,807	59.8	251,811	40.2
2000	720,379	425,261	59.0	295,118	41.0
2001	809,126	445,171	55.0	363,955	45.0
2002	845,015	466,123	55.2	378,892	44.8
2003	902,325	482,914	53.5	419,411	46.5
2004	965,079	499,268	51.7	465,811	48.3
2005	1,076,110	535,682	49.8	540,428	50.2
2006	1,229,133	577,044	46.9	652,089	53.1
2007	1,462,864	702,339	48.0	760,525	52.0
2008	1,682,160	796,373	47.3	885,787	52.7
2009	1,913,575	924,411	48.3	989,164	51.7
2010	2,304,875	1,137,259	49.3	1,167,616	50.7
2011	2,736,415	1,341,495	49.0	1,394,920	51.0
2012	3,163,519	1,539,697	48.7	1,623,822	51.3

(注)1.　Up to August 2000, data based on reporting banks, afterward based on collectingbank (sub-branches7 code).
　　2.　1999年までは East Timor を含む.
　　3.　2005年以前と以後のデータに違いがある.
(出所)　表3に同じ.

ジャカルタが64.6%，地方が35.4%になっている．金融自由化とグローバル化によってインドネシア金融部門が急速に拡大したこの時期，預金の急増はジャカルタ中心に進んだことがわかる．この時期に巨額の海外資本の流入があったことと併せて考えると，海外資本流入の一部はジャカルタにある大手銀行の預

図2 民間銀行預金

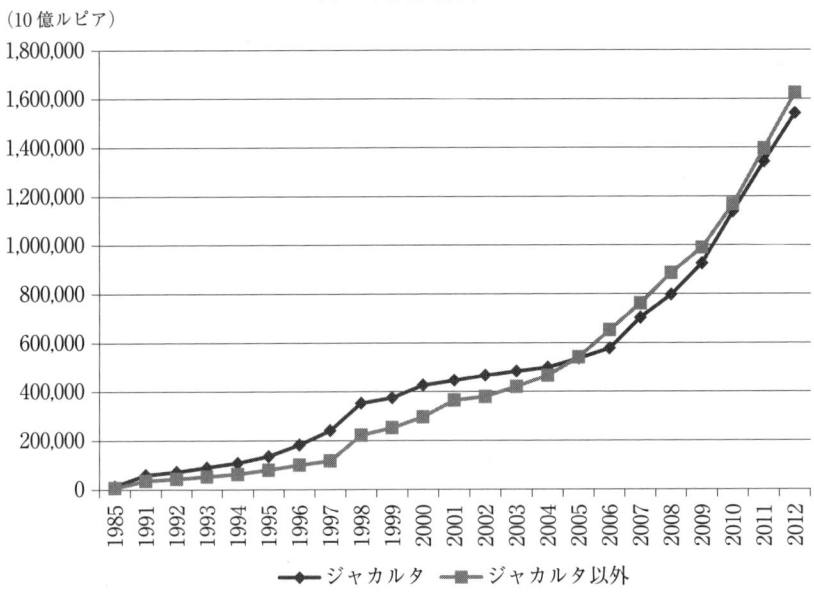

(出所) 表4より作成.

金を中心に流入していたのではないかということも想像される．1990年から1996年の間の金融自由化と経済成長にともなう銀行預金の動員はジャカルタにおいて最も急速に進んだようである．

驚くことに，危機に際しても預金額は絶対額では減少していない．それはアジア危機にともなって発生した資本逃避と銀行取付け（bank run）を防ぐため，インドネシア政府が預金の全面的保護（blanket guarantee）を実施した結果である．このため預金額は危機に際しても減少することなく伸び続けている．しかし，危機後の預金の推移をみると，ジャカルタでの預金の回復は比較的ゆっくりであるのに対し，地方での回復はかなり急速である．その結果，2012年では預金のシェアはジャカルタが48.7％であるのに対して，地方では51.3％となり，近年では地方での預金のシェアがジャカルタのそれを上回っている．これは第4節（1）で説明した，ジャカルタでの貸出の回復がゆっくりであるのに

対して，地方の貸出が比較的早いスピードで回復していることと密接に関連しているであろう[9]．

インドネシアの地方経済は，グローバル金融に深く組み込まれていなかったがゆえに，そして経済構造に占める一次産業の比重が比較的大きく，近代化が進んでいなかったがゆえに，アジア危機の影響も比較的少なく，経済部門も金融部門も発展初期の段階から徐々に近代化の道を歩んでいるようにもみえる．他方ジャカルタを中心とする銀行部門では，金融自由化とグローバル化の下で海外資本の流入の恩恵を受けたが，アジア危機による資本流出によって大きな打撃を受け，いまだその影響を引きずりつつあり，預金の動員もまた金融仲介機能も回復できずにいるようにみえる．

(3) 金融的発展と経済的発展

古くはゴールドスミス，ガーレイ＝ショウ，近年ではフライ，キング＝レヴァインなどの論文では，金融的な発展と経済の発展は密接に結びついていることが知られている．特に近年のキング＝レヴァインによる，世界の発展途上国を対象にした大規模な実証分析では，この関係が実証的に示されている[10]．

インドネシアにおいても，1980年代の金融自由化とその後の金融部門の急速な発展が，アジア危機に至るまでの経済の高成長を支えたと考えられている．すなわちこの時期には高い金融的な発展が高い経済成長をファイナンスするという関係が存在していたと考えられるのである．そして，2000年以後のインドネシアの金融部門ではアジア危機の影響が長引き，金融部門の回復，金融仲介機能の回復が遅れたことと経済の回復が遅れたこととの間には，密接な関係があったとも考えられている．以上の点から，キング＝レヴァインの実証分析結果と同様に，インドネシアにおいても，金融部門の発展と経済の発展との間には，プラスの関係が存在すると考えることができる．

そこでキング＝レヴァインの研究にならって，インドネシアの県別データをもとに金融的発展と経済発展の間に正の関係があると考え，分析を行ってみた．キング＝レヴァインの研究では，金融的発展の水準を表す指標としてM2

図3 県別民間預金／GRDPと1人当たり所得（1990年）

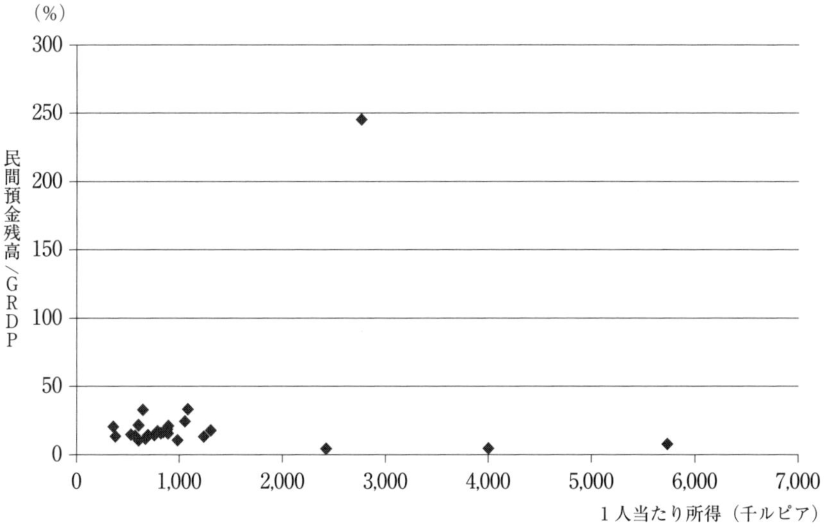

（出所）付表1および付表2.

／GDP比率，また経済発展の水準の指標として1人当たり所得を用いて，世界各国を比較し，両者の間に強い正の関係があることを確認している．ここでは，インドネシアの県別データをもとに，1人当たり県別生産額（gross regional domestic product, GRDP），すなわち1人当たり所得の水準と，金融の発展度として県別の預金残高を県別生産額で除した比率を使用した．銀行預金／県別生産額の比率と各県の1人当たり所得水準の関係をプロットしたのが図3から図5である．キング＝レヴァインの研究にならえば，金融的発展の進んでいる県は，1人当たり所得水準も高いと想像される．しかし，いずれの観察年をとっても，これらの図からは両者の間の正の関係を見出すことができない．この図からは，ジャカルタが異常に高い金融発展度を示しているので（outlier），それを除いて比較すると，金融的発展度と1人当たり所得水準は，むしろ負の関係にあるようにもみえる．このほか，金融的発展度と経済の成長率などについても両者の関係をみてみたが，明確な正の関係は見いだせなかった．

270　第2部　アジア諸国の地域金融と国家

図4　県別民間預金／GRDPと1人当たり所得（2000年）

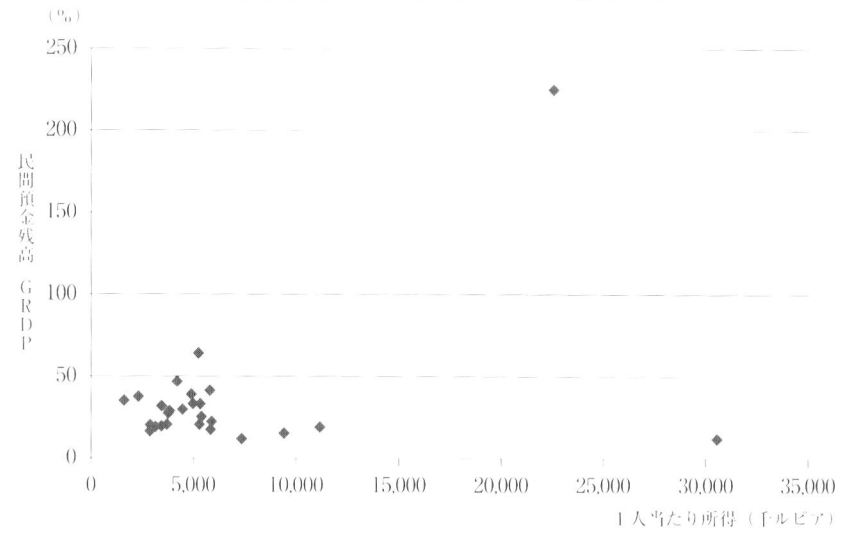

(出所)　図3に同じ．

図5　県別民間預金／GRDPと1人当り所得（2010年）

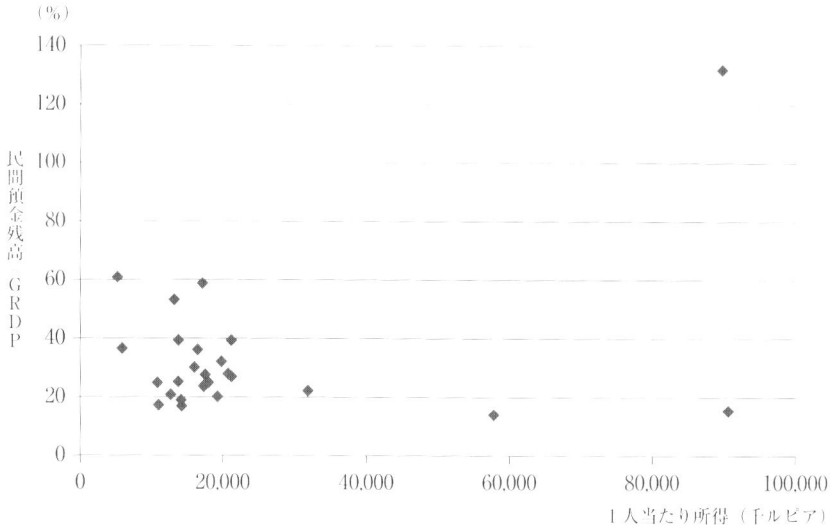

(出所)　図3に同じ．

そこで次に1人当たり所得水準の最も高い5県と最も低い5県を取り出して，その預金残高／県別生産額の比率に顕著な差があるかどうかを検討してみた．その結果を2010年で比較してみると，ジャカルタを含む所得の高い5県の預金残高生産額比率の平均値は44.57％，最も所得の低い5件の平均値は32.06％となり，所得の高い5県の方が金融発展度も高い．しかし，ジャカルタは金融的には特殊な地域であり金融的な発展度もやや異常な高さを示していることを考えると，ジャカルタを同等に取り扱って比較するのは適切ではない．そこで所得水準の最も高い5県からジャカルタを除いて平均値を求めると，所得水準の高い4県の金融的発展度は22.73％となり，最も所得水準の低い5県の平均値32.06％よりもはるかに低いことがわかる（表5）．所得水準が最も低い5県の方が所得水準の最も高い4県よりも金融発展度は高いのである．そしてこの結果は1990年でも所得水準上位4県8.6％，所得下位5県13.99％，2000年では上位11.4％，下位25.48％となり，歴史的にみても同じ結論が得られた．キング＝レヴァインなどの研究から予測された結論とは正反対の結果となったが，方法を変えてみても結果は変わらず，これが事実であろうと思われる（また，県別の預金／GRDP比率の変化とGRDP成長率，すなわち両者の変化率，についても検討を行ったが，両者の間には明確な関係は見いだせなかった）．

この事実をどのように理解すべきなのだろうか．より詳細なデータの分析が必要であるとは思うが，暫定的には筆者の理解は次のようなものである．まず所得水準の高い県をみてみるとジャカルタ以外にはカリマンタン，リアウなどが挙がっている．カリマンタンは石油やガスの油田などの資源が豊富に存在しており，それが所得水準を大きく引き上げていると考えられる．また，リアウ

表5　民間預金／1人当りGRDP（上位5県および下位5県）

	上位5県	Jakartaを除く上位4県	下位5県
1990	55.94	8.6	13.99
2000	56.5	14.4	25.48
2010	44.57	22.73	32.06

（出所）　付表1および付表2から作成．

はシンガポールのすぐ南に位置する経済特区に指定された島々であり，その結果1人当たり生産額が高水準になっていると考えられる．県別生産額には当然石油資源などの生産額が含まれることになるが，その見返りとなる石油代金の預金先，または特区で生産され支払われる所得の振込先はカリマンタンやリアウに所在する銀行ではないのかもしれない．またこれらの地域の発展をファイナンスする資金は，必ずしも同一県内の預金が必要とされるわけではなく，海外企業やジャカルタの銀行部門によるものではないかと推測される．

インドネシアのように一次産品などに大きく依存し，経済発展の早い段階においては，このような特殊事情が県別の1人当たり生産額と預金構造にも大きく影響していると考えられる．したがって，かならずしもキング＝レヴァインが想定しているように，当該県の経済が金融部門によって支えられて発展してきたものではないのではないかと考えられる．

5．むすび

第2節で述べたようにインドネシアでは，1980年代以前から国の内外の資本移動は頻繁に行われていたと考えられる．インドネシア民間経済の50％から80％を占めてきたといわれる中国系の人々は，その時々の政治的経済的動機に基づいて国の内外に資本を移動させてきたのである．1980年代に急速に推し進められた金融自由化政策によってインドネシア金融部門のグローバル化が本格的に推進されることになった．このような金融のグローバル化と金融自由化政策は，1997年のアジア金融危機に至るまでのインドネシア経済の急速な発展を支えてきたと考えられる．しかし，1997年のアジア金融危機は，インドネシア金融部門をほとんど崩壊させたといえるほどの打撃を与え，経済は長期にわたって停滞することになった．2010年頃からインドネシア経済は内需に支えられて比較的堅調に推移しているとみられているが，そこに至るまではインドネシア経済は近隣の諸国と比べて経済回復は立ち遅れていた．本章の論点の第1は，このような立ち遅れの原因は，危機で崩壊の危機に瀕した銀行

部門の仲介機能の回復が遅れたこと，民間の銀行部門および企業部門を担っていた中国系のビジネスグループの多くが危機に際して大きな打撃を受けたことにあったということである．

　本章で確認した第2の点は，このような金融機能の崩壊と仲介機能の回復の遅れは，ジャカルタにおいて発生しているという点である．そこから推測されることは，ジャカルタにおいて大手の銀行の金融不仲介と大手の企業の借入需要の低迷が顕著にみられるのではないかという点である．一方で地方においては，危機後も金融仲介機能は着実に進んでおり，金融的な発展が確認された．

　本章で確認した第3の点は，インドネシアの県別のデータをみる限り，県別の1人当たり生産額（所得水準）と金融発展の水準の間には正の関係がみいだせないという点である．キング＝レヴァインなどの研究を代表として，金融的な発展（ここでは預金の県別生産額で除した比率）と1人当たり生産額は，金融仲介をとおして正の関係にある，というのが広く確認されている仮説である．しかし，インドネシアの県別データに基づく分析では，1990年，2000年，2010年のいずれの観察時点においても両者に正の関係はみいだせなかった．このことは筆者にとって驚くべき事実であったが，よく考えてみれば，地方におけるインドネシア経済はまだ発展段階の初期にあり，鉱物資源などの一次産品に大きく依存しているため，金融部門との関係が大きな意味を持っていないものと考えられる．しかし，そのことはインドネシアのこれからの経済発展にとって金融仲介機能が重要ではないということを意味しているわけではないであろう．インドネシアが経済発展を続けていくためには，金融仲介機能の回復と改善は必要不可欠である．今後もインドネシアは，グローバル化の激しい荒波と華僑問題という同国の政治的社会的センシティブな諸問題の下で，健全な金融部門育成して行くという難しい課題に挑戦していかなければならない．

1) インドネシアでは1983年までは典型的な金融抑圧政策をとっていた．金融抑圧政策の内容は，預金および貸出金利の上限規制と国営銀行を通ずる特定分野への優

過貸出，民間銀行に対する貸し出し規制である．
2) 世界銀行（1994）参照．
3) 銀行の行動様式については，小松（1998）参照．
4) 表2の脚注にもあるとおり，総預貸比率には国営企業向け貸出が含まれているため，第3節の民間向け貸出／総預金比率とは一致しない．
5) 詳細については小松（2008）を参照．
6) 本節の銀行貸し出し関係の指標は，IMF，IFSの統計をもとに筆者が推計したものであり，中央銀行の公式発表によるものではない．しかし，中央銀行職員とのインタビューなどの中で，これらの数値のおおよその正確度は確認してある．
7) インドネシアは現在33県に分かれているが，経済発展の過程で分離した県や，東ティモールの独立などがあるため，過去にわたって整合的にデータを比較する必要上，ここでは過去からデータの取れる26県ベースのデータに集約しなおしている．
8) 貸出残高は貸し出し案件の所在別に分類されている．
9) 銀行の信用創造の理論にあるとおり，貸し出しは預金を作り出すからである．
10) King, Robert and Ross Levine (1993), "Financial Intermediation and Economic Development" in Mayer, Colin and Xavier Vives ed., *Capital Markets and Financial Intermediation*, Cambridge, Cambridge University Press.

参 考 文 献

小松正昭（1998）「インドネシア金融部門―金融自由化政策と今日の金融の背景」大蔵省財政金融研究所編『ASEAN4の金融と財政の歩み―経済発展と通貨政策』大蔵省印刷局13章

小松正昭（2008）「インドネシア金融部門の発展と金融政策」，寺西十郎・福田真一・奥田英信・三重野文晴編『アジアの経済発展と金融システム―東北アジア編』東洋経済新報社第2章

世界銀行（1994）『東アジアの奇跡―経済成長と政府の役割』白鳥正喜監訳，東洋経済新報社

King, Robert and Ross Levine, "Financial Intermediation and Economic Development" in Mayer, Colin and Xavier Vives ed., *Capital Markets and Financial Intermediation*, 1993, Cambridge, Cambridge University Press

第11章　グローバル化とインドネシア金融部門　275

付表1　県別1人当たり GRDP　　　　　　　（ルピア）

	1990	ランク	2000	ランク	2010	ランク
Aceh	2,426,655	4	7,357,915	5	17,351,282	
North Sumatera	1,056,262		5,807,889		21,236,780	5
West Sumatera	824,168		5,286,612		17,995,232	
Riau	4,004,533	2	11,147,919	3	57,814,215	3
Jambi	699,468		3,837,144		17,403,648	
South Sumatera	1,309,710	5	5,895,384		21,225,106	
Bengkulu	674,390		2,896,447	23	10,871,119	24
Lampung	534,551	24	3,441,447		14,244,576	
Special Capt.Region of Jakarta	2,767,249	3	22,537,301	2	89,728,232	2
West Java	886,215		4,976,226		17,570,429	
Central Java	760,477		3,771,595		13,732,413	
Special Region of Yogyakarta	652,419		4,193,740		13,196,156	
East Java	897,149		4,878,173		20,774,630	
Bali	1,086,418		5,239,333		17,140,777	
West Kalimantan	849,326		4,453,963		13,762,907	
Central Kalimantan	985,624		5,847,865		19,267,285	
South Kalimantan	895,428		5,398,599		16,495,035	
East Kalimantan	5,739,169	1	30,553,887	1	90,597,220	1
North Sulawesi	607,967		5,334,467		19,840,636	
Central Sulawesi	574,196		3,714,462		14,162,784	
South Sulawesi	607,495	23	3,445,834		16,036,394	
South East Sulawesi	608,615	22	3,146,220	22	12,706,803	22
West Nusa Tenggara	382,822	25	2,885,813	24	11,012,769	23
East Nusa Tenggara	358,612	26	1,608,580	26	5,922,243	25
Maluku	793,635		2,313,038	25	5,239,802	26
Papua	1,241,393		9,411,651	4	31,903,860	4

（出所）インドネシア統計局（BPS）ホームページ．

付表2 民間預金 GRDP

(%)

	1990	1995	2000	2005	2010
Aceh	4.4	7.73	11.62	17.15	23.55
North Sumatera	24.32	31.88	41	36.37	39.31
West Sumatera	15.68	18.76	20.38	19.11	24.94
Riau	4.65	10.74	18.86	16.01	14.02
Jambi	14.22	21.98	28.52	24.62	24.08
South Sumatera	17.68	22.06	22.18	21.62	26.97
Bengkulu	11.7	15.09	20.09	17.95	24.83
Lampung	14.67	17.01	19.21	20.79	16.94
Special Capt.Region of Jakarta	245.16	193.21	224.92	123.47	131.92
West Java	18.52	24.05	33	24.43	27.59
Central Java	14.14	19.19	27.19	23.29	25.2
Special Region of Yogyakarta	32.62	29.93	46.69	46.38	53.14
East Java	20.93	27.09	38.85	27.95	27.9
Bali	33.2	33.1	63.91	50.7	58.77
West Kalimantan	16.48	18.7	29.46	29.36	39.26
Central Kalimantan	10.53	10.5	17.3	17.75	20.1
South Kalimantan	15.48	16.1	25.03	25.78	36.1
East Kalimantan	7.68	10.22	11.98	12.83	15.1
North Sulawesi	21.64	24.39	32.98	26.48	32.06
Central Sulawesi	13.74	17.43	20.27	18.04	18.94
South Sulawesi	21.27	24.09	31.56	29.03	30.16
South East Sulawesi	10.35	13.36	18.95	16.42	20.86
West Nusa Tenggara	13.33	13.45	16.21	14.25	17.27
East Nusa Tenggara	20.39	25.61	34.86	29.79	36.48
Maluku	17.09	22.52	37.27	55.8	60.86
Papua	13.09	11.26	15.11	18.17	22.2

(出所) Bank Indonesia, "Indonesian Financial Statistics", 各版, およびホームページ.

第12章 How Did Malaysia Go Global
—— Emphasis on the Role of Growth Enclaves ——

1. Introduction

Malaysia's gross domestic product (GDP) in terms of purchasing power parity (PPP) amounted to US$501 billion in 2012 and it ranked 28 among 180 member nations of the World Bank. Although its per capita GDP in the same year was US$10,381 and it ranked 66th among 192 members, it is considered as an upper-middle income country. Though it commands such a low position, it is considered as one of the most globalized countries in the Asian region (Vicziany and Puteh, 2004) as well as in the world. Its share of import and export to GDP has increased; FDI stock, foreign currency reserve have increased; balances of trade and payments have improved; poverty incidence has decreased; and economic integration has increased, which are all signs of globalization. This paper examines how this country went global over a period of four decades and achieved a meticulous position in the world. As a research method, it depends on secondary and archival sources.

The paper proceeds as follows. Firstly, it makes a brief examination of the theories of international business to see how a nation goes international by internationalizing its business and economy. Secondly, it investigates into the case of globalization of Malaysia based on several rankings done by different institutions and organizations. Thirdly, it makes a brief examination of the various country-specific and other advantages that this country maneuvered over time to achieve its globalization. Finally, it makes an examination of how the industrial enclaves, which this country developed over four decades to build up its industry and economy, led to its modernization and globalization. Throughout the paper, the author takes resort to inductive and deductive logics to establish his arguments and draw conclusions.

2. Causes and Strategies for Going Global: Theoretical Aspect

Scholars from a wide variety of disciplines, namely international business and management, economics, international economics, development economics, industrial organization, and others have done enormous theoretical and empirical research to identify the nature and causes of internationalization of business and economic activities, and the underlying strategies. Classical economists Adam Smith and David Ricardo were the pioneers in identifying those causes. Through his doctrine of absolute advantages, Adam Smith explained how a country due to its absolute advantages from its resource endowments fetch cost advantages in producing goods and sends those to markets abroad (Smith, 1776/1908). David Ricardo, on the other hand, opposed Smith's view, and extended his doctrine of comparative advantages to show that comparative, rather than absolute, advantages in utilizing scarce resources propels internationalization of trade, and leads to the mobility of factors of production among countries (Ricardo, 1817/1888). Heckscher-Ohlin argues that uneven distribution of factors of production among countries and intensities in using those factors initiate trade, especially of those factors in which a country abounds in (Jones, 1956). All such trade theories and their underlying propositions assume a perfect competition in the market and argue for country-specific advantages as the cause of business globalization.

Unlike these trade theories, FDI theories show a different picture of firms or economies going global or international. Hymer (1976) argues that firm-specific advantages create intangible corporate wealth and provide the leeway for internationalization of large MNCs, especially. Krugman, the Nobel Prize Winner in Economics in 2008, however intertwines firm-specific variables with country-specific variables (variables here imply advantages), and concludes that these generate transaction cost incentives by integrating vertical and horizontal production processes inside a firm or a country, and MNCs move across borders to benefit from unequal factor prices (Krugman 1990). Dunning (1988) has further broadened this scenario in that a firm after going international carry three different sets of advantages, namely ownership-(O), location-(L), and internationalization-(I), and based on those go to seek market, asset, and efficiency.

Vernon (1966), however, explains that, like human beings, industrial products possess life-cycles and pass through stages such as new product (or introduction), standardization, and maturity before production is stopped and replaced with new version. The first of these stages took place in industrially and technologically advanced countries, and products then move from developed country to developing and less developed countries in search of market, cost efficiency, and other advantages. According to Porter (1990) national development occurs in competitive stages (namely factor driven stage, investment driven stage, innovation driven stage, and wealth driven stage), and nations induce constant upgrading of competitive advantages, where governments play dominant roles in creating competitive advantages for their economies and firms. Especially firms use their national advantages for international expansion and competition.

Aharoni (1966) postulates that during the growth of a firm, its geographical horizon, which can be local, sub-national, or national, changes due to transformation in its internal and external environmental forces and motivates it to go international. In that situation, three sets of variables, such as, conditioning variables, motivation variables, and control variables influence a firm's decision to select a location abroad. During entry to foreign locations, national economic development policies of import-substituting and export-oriented industrialization, which historically emphasize creating of industrial enclaves, entice MNCs and non-MNCs to establish business facilities abroad (Khondaker 2006). Such policies and facilities indeed imply creation of artificial factors or advantages to augment national natural endowments.

In his core-periphery model, Gilpin (1975) assumes the presence of a powerful nation as the core of defense and business purposes and a number of its peripheral countries which depend on it. In that situation, the powerful nation, in addition to its military power, creates an environment of economic interdependence, and ultimately goods, firms, and investments flow from its location or base to peripheral countries.

Fayerweather (1969) advances the approach of transferring management technologies in that a firm can transfer its superior technology in general management, product, process, information, quality control, and technology in a package with its foreign investment, and these may create new factor endowments or advantages for it in other countries.

In view of the above theoretical background of business and economic internationalization, we will see whether assumptions and principles of these theories worked in the case of Malaysia's economic development, and more importantly in the case of its globalization.

3. Malaysia's Globalization: Some Facts and Figures

Historically, Malaysia possessed an ambitious goal for its economic development and globalization, in that all its national plans and policies from the first Malaysian development plan (1966-1970) to the tenth plan (2005-2010) have eloquently outlined policy objectives and strategies to develop and modernize the economy, to establish linkage with the regional and world markets, and to foster internationalization (for details, see Table 1). Policy objectives and strategies placed importance to the use of its natural endowments, expansion of economic base, reduction of dependence on imported raw materials, increase of exporting of manufactured goods, production of new industrial and agricultural items, substitution of domestic products for import, enlarging of government and private sector cooperation, promotion of internationally competitive economy, achievement of structural transformation and balanced development, and moving towards a capital intensive and technologically sophisticated economy. Especially in the 2000s, a very high emphasis was placed on the responsiveness to challenges and opportunities from global competition, hosting cost-effective FDI and advance management knowledge, formation of new skills, and development of human capital.

During this long journey to development and globalization, Malaysia

Table 1 Focus of Development Polices, Plans, Strategies, and Objectives in Malaysia

Period	Objectives and Strategies	Policies
PRE-NEP, 1960-1970	Fuller and more efficient use of natural resources. Expansion of economic base to reduce dependence on raw material exports.	· Import substitution policy · Promotion of traditional and new export possibilities · Industrial development led by private sector · Favourable investment climate, industrial estates, and transport; power and communication provided by government · Foreign private entrepreneurship and capital welcomed · Protective tariff for selected infant
First Malaysia plan, 1966-1970	Generation of higher income through expanding domestic production and increasing exports of manufactured	

	products.	industries. · Tax intensives and subsidies to facilitate industrial development
NEP; OPP1, 1971-1990	Based on two pronged approach of i. Poverty eradication and ii. Restructuring of society	· Increased direct government participation in industrial development · Improved export incentives / Export oriented policies
Second Malaysia Plan, 1971-1975	Increased production for export, including new industrial and agricultural items.	· Free trade and export processing zones established · Promotional and publicity efforts by government to attract foreign capital and expertise.
Third Malaysia Plan, 1976-1980	Greater processing of raw materials.	· Promotion and domestic production of intermediate and capital goods
Fourth Malaysia plan, 1981-1985	Further substitution of domestic production for import.	· Emphasis on productivity increased and more intensive production methods · Progressive and selective privatization of government services
Fifth Malaysia Plan, 1986-1990	Malaysia incorporated emphasizing cooperation between government and private sector.	· Overall protection in industry reduced to reasonable level · Encouraging joint ventures with international corporations, using foreign technology and local resources · Ensuring availability of finance for exports · Liberalized equity guidelines
NDP; OPP2, 1991-2000	Promotion of a balanced, broad-based, resilient and internationality competitive economy.	· Accelerating productivity and efficiency, primarily through private sector initiatives · Accelerating the diversification of industries
Sixth Malaysia plan, 1991-1995	Enhance potential output growth, achieve further structural transformation and attain balanced	· Reorienting industries of target production for the world market · Encouraging large-scale production for the economies of scale

Seventh Malaysia plan, 1996-2000	development. Moving towards capital-intensive and technology sophisticated industries.	· Further liberalization and deregulation of industries · Development of a modern, competitive and technologically innovative small and medium industry (SME) sector Greater role of trade and industry associations to improve standards and quality · Establishment of new trade and networks, especially within regional trade blocs · Development of industrial estates
NVP; OPP3, 2001-2010 Eighth Malaysian Plan, 2001-2005 Ninth Malaysian Plan, 2006-2010	Greater responsiveness to challenges and opportunities from global competition. Enhance position as strategic and cost-effective location for foreign investment. Improve knowledge management, accumulate new skills, change mindsets, and human capital development.	· Developing domestic industries to be globally competitive · Strengthening resilience to external shocks · Focus on more efficient use of labour and capital as well as improvement in skills, technology, and managerial capability · Greater application of information and communication technology and knowledge · Increased intra-regional trade using AFTA and other bilateral arrangement mechanisms · Identifying and developing new sources of growth, particularly in services, to become the regional centre or hub.

Source: UNDP, Malaysia (Khondaker *et al.*, undated).

implemented economic and industrial development polices with focus on substitution of import, promotion of traditional and new exportables, nourishing of favorable investment climates, and development of industrial enclaves. In order to attract foreign capital and expertise, various promotional activities were undertaken in collaboration with the private sector. Protections to industries were reduced and liberalization and deregulation were done earnestly to make the economy globally attractive. Industries were oriented to produce goods for the global market. New trade networks were established within the framework of regional and intra-regional trade blocs using ASEAN Free Trade Area (AFTA) and various bilateral agreement mechanisms.

Consequent upon all such policies and strategies, Malaysia has achieved a massive globalization of its nation and economy, which has received a wide admiration and attention from different quarters. To explain the condition of its globalization, reference here is made to the *KOF Globalization Index* and A.T. Kearney's *Foreign Policy Globalization Index*. In the *KOF Globalization Index* for 181 countries (for details, see Tables 2 and 3), Malaysia ranked 23rd in 2004 (data published in 2007) and 35th in 2007 (data published in 2010). In the A. T. Kearney's *Foreign Policy Globalization Index*, it ranked 18th in 2003, 20th in 2004, 19th in 2005, and 19th in 2006 (Table 4). Among the top 20 most globalized countries in the world in 2005 and 2006, Malaysia achieved a cutoff point.

Based on A.T Kearney (2004), Vicziany and Puteh (2004) bring to light that Malaysia possessed a high level of globalization, and its economic integration ranked 8th, personal integration 11th, political integration 46th, technological integration 26th, with total integration of 20th in the world. It was ahead of many developed countries, namely Canada, USA, New Zealand, Austria, and Denmark and many second tier most globalized countries, namely Sweden, UK, Australia, France, Portugal, Norway, and Germany. We can find other indices and rankings where this country occupies a highly commendable position.

Table 2 KOF Index of Globalization (2007)
Top 50 Countries

Rank	Country	Globalization Index	Rank	Country	Globalization Index
1	Belgium	91.96	26	New Zealand	73.46
2	Austria	91.6	27	Slovakia	72.58
3	Sweden	89.89	28	Estonia	72.11
4	UK	89.29	29	Israel	70.83
5	Netherlands	89.15	30	UAE	70.39
6	France	87.71	31	Russia	69.91
7	Canada	87.49	32	Chile	69.91
8	Switzerland	85.53	33	Croatia	69.3
9	Finland	84.84	34	Slovenia	68.82
10	Czech Rep.	84.46	35	Iceland	67.75
11	Denmark	84.27	36	Bulgaria	65.51
12	Ireland	83.09	37	China	65.26
13	Portugal	83.06	38	South Korea	64.82
14	Spain	82.52	39	Jordan	64.74
15	Germany	82.48	40	Japan	64.22
16	Singapore	82.14	41	Argentina	64.12
17	Hungary	81.15	42	Malta	63.78
18	Australia	80.91	43	Kuwait	63.51
19	USA	80.83	44	Turkey	63.45
20	Italy	80.61	45	Romania	63.34
21	Poland	78.22	46	Lithuania	63.3
22	Norway	77.75	47	Jamaica	62.87
23	Malaysia	75.81	48	Cyprus	62.48
24	Greece	74.94	49	S. Africa	62.45
25	Luxembourg	74.18	50	Ukraine	61.83

Source: KOF Globalization Index.

Table 3 KOF Index of Globalization (2010)

Top 50 Countries

Rank	Country	Globalization Index	Rank	Country	Globalization Index
1	Belgium	92.95	26	Estonia	79.49
2	Austria	92.51	27	USA	78.8
3	Netherlands	91.9	28	Slovenia	78.78
4	Switzerland	90.55	29	Croatia	76.85
5	Sweden	89.75	30	Malta	76.42
6	Denmark	89.68	31	Greece	75.83
7	Canada	88.24	32	Bulgaria	75.41
8	Portugal	87.54	33	Lithuania	74.73
9	Finland	87.31	34	Chile	73.74
10	Hungary	87	35	Malaysia	73.69
11	Ireland	86.92	36	Jordan	71.74
12	Czech Rep.	86.87	37	Latvia	71.61
13	France	86.18	38	Israel	71.58
14	Luxembourg	85.84	39	Romania	71.51
15	Spain	85.71	40	Iceland	70.66
16	Slovakia	85.07	41	Bahrain	69.37
17	Singapore	84.58	42	Russia	68.91
18	Germany	84.16	43	Qatar	68.87
19	Australia	83.82	44	Mauritius	68.29
20	Norway	83.53	45	Japan	68.16
21	Cyprus	82.45	46	Ukraine	68.15
22	Italy	82.26	47	Kuwait	67.79
23	Poland	81.26	48	Panama	67.66
24	UK	80.18	49	Costa Rica	66.51
25	New Zealand	79.56	50	El Salvador	66.26

Source: KOF Globalization Index.

Table 4　Malaysia's Globalization Relative to Other Selected Countries

A.T. Kearney : Foreign Policy Globalization Index

Country	2006	2005	2004	2003	Country	2006	2005	2004	2003
Singapore	1	1	2	4	Greece	32	29	28	26
Switzerland	2	3	3	2	Poland	33	31	31	32
USA	3	4	7	11	Chile	34	34	37	31
Ireland	4	2	1	1	Taiwan	35	36	36	34
Denmark	5	7	10	6	Uganda	36	33	38	36
Canada	6	6	6	7	Tunisia	37	37	35	39
Netherlands	7	5	4	5	Botswana	38	38	30	33
Australia	8	13	13	21	Ukraine	39	39	43	43
Austria	9	9	9	8	Morocco	40	40	47	29
Sweden	10	8	11	3	Senegal	41	41	40	42
New Zealand	11	11	8	16	Mexico	42	42	45	51
UK	12	13	12	9	Argentina	43	47	34	50
Finland	13	10	5	10	Saudi Arabia	44	45	41	41
Norway	14	14	17	13	Thailand	45	46	48	49
Israel	15	17	22	19	Sri Lanka	46	43	51	45
Czech Rep.	16	15	14	15	Russia	47	52	44	46
Slovenia	17	20	19	25	Nigeria	48	44	42	37
Germany	18	21	18	17	South Africa	49	48	49	38
Malaysia	19	19	20	18	Peru	50	53	52	60
Hungary	20	23	26	23	China	51	54	57	53
Panama	21	24	27	30	Brazil	52	57	53	58
Croatia	22	16	23	22	Kenya	53	49	54	44
France	23	18	15	12	Colombia	54	51	50	56
Portugal	24	22	16	14	Egypt	55	59	60	48
Spain	25	26	24	20	Pakistan	56	50	46	52
Slovakia	26	25	21	27	Turkey	57	56	55	47
Italy	27	27	25	24	Bangladesh	58	58	56	55
Japan	28	28	29	35	Venezuela	59	55	58	61
South Korea	29	30	32	28	Indonesia	60	60	59	59
Romania	30	35	39	40	India	61	61	61	57
Philippines	31	32	33	54	Iran	62	62	62	62

Source: A. T. Kearney, Foreign Policy Globalization Index.

4. Advantages of Malaysia and its Globalization

Malaysia possesses a colonial past which evidences its economic and business internationalization, but in true sense its economic and business modernization as well as internationalization started with the *New Economic Policy* which was promulgated in 1969. From 1957–1968, it promoted import-substitution policy, from 1968–1980, export-oriented policy, and from the 1980s onward, a resource- and heavy-industry based industrialization policy. The *Pioneer Industry Ordinance of 1958* and the *Investment Incentive Act of 1968*, and the *Industrial Master Plan* of 1984 were the most effective measures in transforming the style of industrialization and development and of courting foreign capital and technology (Khondaker, 1996). These paved the way for internationalization of business and economy in this country.

Malaysia had a population of 29.3 million in 2012; its income is almost evenly distributed among the middle and rich class consumers. It is rapidly transforming in to a high consumption society with brisk demands for consumer durables and high priced goods and services. The size of its working population was 10.4 million and the rate of unemployment was 3.1 percent in 2011, which is one of the lowest among the Association of South East Asian (ASEAN) nations. Its GDP per capita in 2012 was US$ 10,298. The sector-wise distribution of GDP in 2006 was: agriculture 8.7 percent, mining 15.2 percent, manufacturing 30.5 percent, electricity and water 2.9 percent, construction 3.1 percent, trade 13.2 percent, transport and communication 6.5 percent, finance 10.5 percent, public administration 7.1 percent, and others 2.3 percent. In 2011, the share of agricultural value added in GDP was 12 percent, of industry 40.7, and of services 47.3 (ADB, 2012). This high share of the manufacturing and tertiary sectors and conversely a low share of the primary sector indicated robustness of the economy, especially in nurtured factors of endowment. The gross domestic saving rates ranged from 34.4–43.3 percent between 1990 and 2005.

Historically, Malaysia has maintained positive current account surplus which stood at US$20 billion in 2005, and trade surplus of US$33 billion with US$141 billion exports and US$108 billion imports in the same year. Its international reserve (minus gold) increased constantly from 1980 and stood at US$82.13 billion in 2006, and current transfer account was US$4.5 billion in 2005 which constantly increased showing its strength in the repatriation of earning and capital by foreign expatriates and MNCs, especially. After the 1997 Asian currency crisis, it maintained its foreign exchange reserves at a basket ratio to subdue exchange rate vulnerability, and the financial crisis of 2008 did not bring any calamities of unmanageable volume. The national currency ringgit has managed a constant exchange ratio with all major international currencies, and especially the US dollar with an average of 3.8 ringgit for one US dollar. A constant or increasing trade balances together with a favorable payment balances supported this robust position of the ringgit. Taking 2000 as the base year, consumer price indices increased only 13 percent, making income dispense at lucrative position for foreign expatriates, industrial users, and visitors.

Expenditures in the government sector increased at an accelerated rate over years, the bulk of which went to the development of infrastructure and facilities, communication and information technology, and education and human resources. Malaysia is one of the few countries in the world that sends a big number of students ever year to the higher educational and training institutions in the developed and technologically advanced countries.

Global Competitiveness Index (GCI) ranking of the 142 countries/economies compiled by the World Economic Forum (WEF) shows that in 2011–12 Malaysia ranked 21st with a score of 5.1 out of 7. In 2006, it ranked 25th and was surpassed only by Hong Kong SAR, Taiwan, and South Korea among developing countries. Its notable competitive advantages were (are) good institutions and infrastructure, high national saving and low interest, good health and primary education, efficient government with high compliance, less wastefulness, transparent and efficient decision making, and protection to minority shareholders' interest, flexible and efficient market, technological readiness, high business sophistication, and innovativeness. In terms of business competitiveness, it ranked 20th with high sophistication of its companies in their operations and strategies and high quality of its national business environment. Especially, its technological readiness counted in terms of FDI and technology transfer, laws relating to information and communication technologies (ICT), firm-level technology absorption, and innovation indices in terms of government procurement of technology products, company spending on R&D, university-industry research collaboration, and quality of scientific research institutions were very high. Although Singapore, Japan, Israel, and three aforementioned Asian nations surpassed it, in almost all respects Malaysia exceeded many developed countries in providing an excellent business environment for both domestic and foreign investors and businesses (Lopez Claros, et al. 2006). In 2011-12, its competitiveness further improved in terms of financial market development, market efficiency, labor market efficiency, efficacy of corporate boards, investor protection, protection of minority shareholders, inflation, interest rate spread, staff training, availability of research and training interest, and agricultural policy cost. It also gained further strength in legal right index, government procurement of advanced technology products, regulation of securities exchanges, FDI and technology transfer, and foreign market size index (Sala-i-Martin, 2011).

Malaysia has transformed it from an agrarian and primary goods producer to a secondary goods manufacturer and trading nation. As of 2012, exports of manufactured goods accounted for 76.4 percent and non-manufactured goods for 23.6 percent. The list of manufactured-good export included machinery and transport equipments, basic manufactures (e.g., non-ferrous metal, iron and steel products, metals, textile yarn and fabrics, wood/cork and furniture, and non-metal mineral manufacture), chemicals, and electrical machinery, apparatus and appliances, motor vehicles, scientific/medical and optical instruments, clothing and accessories, miscellaneous goods, and that of non-manufactured goods included mineral fuels (petroleum, crude oil, petroleum products, LNG and LPG), fish and fish preparations, meat, cereals, animal/ vegetable oils and fats, crude minerals, food and live animals, and beverage and tobacco. Especially with Japan, 24 Malaysia made products ranked as number one export.

Malaysia's major trade (import and export) partners included Japan (10.8 percent), USA (16.0 percent), EU 27 Countries (12.2 percent), China (9.5 percent), South Korea (4.4 percent), and its ASEAN neighbors (25.4 percent); these in aggregate accounted for more than 80 percent of the trade in 2006. It is trying to consolidate its market in the South and East Asia, especially China and ASEAN. For example, during 2000 to 2006, trade share with Japan and USA, once the top two partners, declined respectively from 16.7 percent and 18.8 percent to 10.8 percent and 16.0 percent; whereas trade with China increased from 3.5 percent to 9.5 percent and with ASEAN remained almost steady. In 2006, its top ten import partners in order of ranks included Japan, USA, China, Singapore, Thailand, South Korea, Germany, Indonesia, Hong Kong SAR, and Philippines, and top 10 export partners included USA, Singapore, Japan, Thailand, Hong Kong SAR, Netherlands, South Korea, India, and Australia.

In the case of FDI, Japan, USA, EU countries, Singapore, Hong Kong SAR, China, Australia, Bermuda, Taiwan, Canada, and New Zealand make the bulk of investment to Malaysia. Sector-wise, it draws FDI in electronics and electrical products, chemical and chemical products, basic metal products, non-metal mineral products, food and beverage, plastic products, scientific and measuring equipment, machinery and equipment, iron and no-ferrous metals, petrochemicals, wood and wood products, rubber products, transport equipment, construction, textiles, paper and printing, furniture and fixture, leather and leather products, finance, insurance and services sectors. Although as the receiver of FDI, some industries have reached the level of saturation, the government is promoting high value added products, especially IT sectors by refurbishing its incentive mechanism for the foreign investors in these fields and keeping its industrial locations steadily competitive. To accommodate investors in the IT sector, the Multimedia Super Corridor (MSC) was established in 1991. During 1995-2005, Malaysia's cumulated FDI on balance of payments basis was the second among ten ASEAN members with US$44.65 billion, compared with US$142.79 billion of Singapore, US$37.43 billion of Thailand, US$18.22 billion of Vietnam, US$13.7 billion of Philippines, US$11.84 billion of Indonesia, US$8.99 billion of Brunei, US$3.97 billion of Myanmar, US$2.13 billion of Cambodia, and US$0.55 billion of Laos (1000 million = 1 billion) (UNCTAD, 2006). It's inward FDI stock was US$10.32 billion in 1990, US$52.75 billion in 2000, and 114.56 billion in 2011 (UNCTAD, 2012).

Malaysia has joined the group of major Asian investing nations since 1995, and it is implicit that while using modern foreign technologies, its companies have gained experience in terms of modernization of management, technology, and skill to go international. Its outward FDI stock accounted to US$753 million in 1990, US$15.88 billion in 2000, and US$106.217 billion in 2011 (UNCTAD, 2012). Although its major investment destination is neighboring ASEAN countries, it is gradually making inroad to other developed and developing nations.

ASEAN as a whole and Malaysia in particular is an internationally renowned destination of both inbound and outbound tourists. Although Malaysia now possesses a small population, its tourism industry is thriving enormously. It sent 962,957 tourists to Indonesia, 9,634,506 to Singapore, 1,900,839 to Thailand, 340,027 to Japan, 158,177 to South Korea, 352,089 to China, 265,346 to Australia,

240,030 to UK, and 151,354 to USA in 2005 (ASEAN-Japan Centre, 2006). It received 24,577,196 tourists in 2010 from all over the world, of which 18,826,276 were from ASEAN countries, 1,130,261 from China, 690,849 from India, 580,695 from Australia, 429,965 from UK, 415,881 from Japan, 264,052 from South Korea, 232,965 from USA, 211,134 Taiwan (ASEAN-Japan Centre, 2011). Germany, Iran, Netherlands, France, Canada, Saudi Arabia, New Zealand, Sweden, Italy, Russia, Switzerland, South Africa, UAE, Denmark, and Norway also send huge tourists to it. It also accommodates a sizable number of foreigners as long-term residents, most of who arrive as business expatriates, dependants, and second-home owners. The balance of payments from this industry in 2010 amounted to US$10.32 billion with receipts of US$18.32 billion, and payments of US$7.94 billion. In terms of contribution to GDP and creation of employment, the position of this industry has remained enormously high and sustainable.

Malaysia is at a stone's throw from Singapore, which is Asia's biggest financial hub, the second biggest stock market, and the biggest free port. It stands on the Strait of Malacca, one of world's busiest sea and cargo shipment routes, which connects all developed and developing countries in Asia, Africa, Australia, and Europe. Its seaports Penang, Klang, and Kuala Lumpur operate round the clock; are navigable throughout the year; possess deep-water anchorage facilities for huge marine vessels; and provide hassle-free custom and clearance facilities. International airports in Kula Lumpur (KIA), Subang, Penang, and Kota Kinabalu are equipped with wide runaways and cargo handling concessions for take-off and landing of all-size passenger and air-cargo planes. Air-transport links with ASEAN countries and most of the international airports have reduced the distance barrier, and thus the cost of running business by air.

Previously called Kuala Lumpur Stock Exchange (KLSE), Bursa Malaysia operates integrated exchange related services including trading, clearing, settlement and depository services. It possesses a wide range of products and services including equities, derivatives, offshore listings, bonds, and Islamic offerings. Its main market enlists 832 companies, and ace market 117 companies. MNCs operating in Malaysia can enlist in this market. Foreign brokers, stock dealers, and investors actively deal in this market. This market receives boost over from dealers in the stock markets of Singapore, Hong Kong, Mumbai, and Tokyo. Furthermore, offshore banking facilities are available to the foreign investors at reasonable costs.

Over the decades, states and central governments in Malaysia have enforced measures to energize the economy, adopted strategies to create structural adjustments, and activated policies and mechanisms to deregulate industry and finance sectors. Except a few discouraged fields, the whole industries and services sectors are open to FDI. FTZs are open for making 100 percent investment and joint venture of any proportional arrangement. FDI applications are processed expeditiously at one-stop service point, and permits and licenses of both state and federal governments are issued hurriedly to facilitate quick launching of business without much lead time.

Malaysia is a member in United Nations (UN), World Trade Organization (WTO), International Labour Organization (ILO), United Nations Environment Programme, (UNEP), United Nations Development Programme (UNDP), United Nations Conference on Trade and Development (UNCTAD), Organization of Petroleum Exporting Countries (OPEC), Organization of Islamic Countries (OIC), and many other international trade and investment promoting organizations. Memberships in Asian Development Bank (ADB), Islamic Development Bank (IDB), International Bank for Reconstruction and Development (IBRD), etc. facilitate international remittance of profits and repatriation of investments. Memberships in international and regional trade and economic forums and blocs, namely ASEAN, AFTA, Asia-Pacific Economic Cooperation (APEC), and Asia Europe Meeting (ASEM) have expanded business and economic links. Inter-regional or inter-forum links have further broadened the horizon of collaboration and cooperation. Bilateral and multilateral trade and investment agreements have further amplified trade liberalization. Though Malaysia's colonial past and current engagement in the British Commonwealth show its favorite position in Pax Britannica bloc, its internationally renowned policy "the Look-East", which aims at economic development by gaining advantages of Japan's investment and technology and imparting its work ethics, has indeed brought it into the main stream of Pax Americana bloc, and has widened its international presence.

Malaysia's international position has made its industrial estates (IEs), free trade zones (FTZs), and industrial parks (IPs) safe haven for doing business on a global scale. As mentioned before, Malaysia's endowments in natural resources, cheap domestic labor resources, federal and state orchestrated development policies and reforms, and especially its export-oriented industrialization drives have created a robust multiplier effect on its industry, trade, and investment. FTZs and other industrial enclaves work as robust mechanism in all these and their internationalization.

Some other success indices of Malaysia are added here from MSC-Malaysia (2013). Malaysia's Internet penetration per 100 is 62, which is ahead of Brazil (33), China (22), India (6.9), Indonesia (13), the Philippines (6), Russia (32), Thailand (18) and Vietnam (23). In terms of high-tech exports as a percentage of all exports, it ranks 4th, ahead of Brazil (37), China (8), Germany (25), India (50), Indonesia (44), Singapore (5), South Korea (7), the UK (21) and the US (13). With regard to the government leading the introduction of new and advanced technology, Malaysia is ranked 9th, and is ahead of Australia (42), Brazil (60), China (13), Hong Kong (28), India (68), Indonesia (34), Japan (49), the Philippines (119), Russia (69), South Korea (15), Thailand (58) and Vietnam (11). Last but not least, Malaysia's National IT Agenda (NITA) elucidates its commitment to using IT as a tool for education and as a driver towards an equitable knowledge-based economic development.

5. Growth Enclaves as a Strategy for Economic and Business Globalization

The economic and industrial development process of most of the developed and fast developing countries follow stereotype strategies of resource-based industrialization to utilize domestic factor endowments, import-substitution industrialization to replace imports by domestic production, export-oriented industrialization to explore foreign markets, and technology-intensive industrialization to achieve high-value adding industrialization. Growth poles or growth enclaves development strategies, namely free ports, FTZs, custom free zones, bonded zones, industrial free zones, foreign trade zones, free export zones, special economic zones (SEZ), IEs, EPZs, licentiate manufacturing warehouse (LMW), bonded zones, industrial parks (IPs), science parks, etc. are adopted in a nation depending on its necessity and resource availability. Such strategies are adopted to create incremental factors or advantages through deliberate plan, policy, guidance, and supervision of the government. Intertwining natural factor endowments with artificially created advantages or endowments, an environment of push-and pull-factors are generated that induces globalization of business, companies, trade, and investment.

Especially for motivating MNCs to establish plants and operations in Malaysia, a number of barriers, namely political instability, corrupt administrative mechanisms, restrictive business regimes, inflation, vulnerable currency, inefficient banking, unscientific custom and trade barrier, and inappropriate telecommunication and transportation facilities were removed to facilitate smooth business operation, movement of goods, remittances for import and export, and repatriation of profit and investment. During the Mahathir regime, many of such barriers were removed through denationalization of prominent public sector enterprises, deregulations of the economy, removal of trade barriers, establishment of investment incentives, and guaranteeing of measures against nationalization. Measures were also adopted to promote bhumiputera entrepreneurship and provide additional support to the ethnic Chinese entrepreneurs. Malaysian business chambers also extended all out supports to domestic enterprises and investors to promote their investment and trade linkage with foreign MNCs. Consequent upon all these, MNCs have found needful Malaysian partners to enter into and operate business inside Malaysia.

Malaysia has developed its IEs, FTZs, and other growth enclaves over a period of four decades in order to develop its industrial base. As of today, there are 296 such enclaves, and a statewise breakdown of those is as follows: Johor 23, Kedah 27, Kelantan 7, Malacca 25, Negeri Sembilam 17, Pahang 17, Penang 15, Perak 30, Perlis 4, Sabah 11, Sarawak 11, Selangor 92, and Terengganu 17. Most of the FDI financed industries are located in IEs, FTZs, and other industrial enclaves, which offer diverse competitive incentives. MNCs operating business from such enclaves make substantial contribution to the export of manufactured goods and import of machinery of equipment, machinery, industrial raw materials, and other inputs.

In order to attract foreign investors to its IEs and FTZs, Malaysia offers a wide variety of incentives, such as, tax holidays, cheap tariffs and duties, free import of parts and machinery, hassle-free custom and shipping facilities, cheap labors, cheap port facilities, and access to foreign markets through bilateral and multilateral trade and investment agreements. This country has used these tools to attract foreign producers seeking low-cost manufacturing bases to produce labor-intensive products, such as, garments, textiles, apparels, and toys, and more sophisticated assembly products, such as, electronics, automotive parts, and software (Omar and Stoever 2008). Its IEs and FTZs play dynamic roles to accommodate international Greenfield investments for exploiting industrial and business potentials which range from the domestic sector to the regional bloc of ASEAN.

Using the benefit-cost analytical framework, Jayanthakumaran (2002) conducted a study on the performance EPZs, and found that EPZs in South Korea, Malaysia, Sri Lanka, China, and Indonesia were economically efficient and generated returns well above their estimated opportunity costs. Especially, in Malaysia FTZs attracted huge FDI, and one of the reasons for this was that it gave top priority to exports by firms located in those zones. Its FTZs were most successful in attracting FDI placing it among the top ten economically most globalized countries.

In Malaysia, FTZs and similar other strategies are catalysts for transition to international or global. It discerns FTZs as an innovative scheme for motivating MNCs to invest and establish plants and business operations. These pave the way for its developing economy to go global and achieve economic boost from international trade, investment, and technological advancement. FTZs are purpose-built industrial parks with dedicated infrastructure designed to suit the needs of foreign investors, especially MNCs (Madani, 1999; McCallum, 2011). As a developmental tool, it helps achieve three interrelated objectives, namely creation of jobs and income, earning of foreign exchange from exports, and procurement of technology (Warr, 1987 and 1989). Further benefits result from various backward linkages that the firms and MNCs create and training and education that MNCs impart to employees and managers.

FTZs in Malaysia provide immense new and improved infrastructures to MNCs investing into these and other areas in the periphery. Included in those are improved ingress and egress roads, developed industrial plots/land, standard factory buildings, warehouse and storage facilities, modern tele-communication facilities, industrial water supply and sewerage facilities, information facilities, on-site custom clearance facilities, and factory accommodations for subcontracting business, producers, and marketing distributors. Consequently, business operations become much comfortable. MNCs and local companies produce goods without much hindrance and can concentrate time and resource for the development and promoion of domestic and international markets. At present, several thousands of MNCs and other companies have established their operations in FTZs and IEs, and many foreign managers and engiers work in those companies. MNCs empower local economies to gain multiple capabilities and go global.

6. A Case of Multimedia Super Corridor Industrial Park

Envisioned in 1991, the Multimedia Super Corridor (MSC) is currently called MSC-Malaysia, and was officially inaugurated in 1996. It has grown so far into a thriving information and communication technology (ICT) hub. In the Ninth Malaysian Plan (2006-2010), it was projected that MSC-status companies would increase from 621 (locally owned 410, foreign owned 198, and 50-50 joint venture 13) in 2001 to 1,421 (locally owned 1,033, foreign owned 349, and 50-50 joint venture 39) in 2005, and 4,000 in 2010 (Malaysia, 2006). In the first phase from 1996 to 2003, 742 companies including 50 foreign companies were given MSC status. In the second phase from 2004 to 2010, it increased to 1482. In 2010, the MSC accommodated 2,520 companies with MSC status (Injau, 2011). As of December 2011, there were 2,954 MSC-status companies, of which 2,220 were Malaysian owned, 651 were foreign owned, and 83 were 50-50 joint (MSC Malaysia, 2012).

Leading MSC-status foreign companies include Alcatel-Lucent, Dell, EDS, Fujitsu, HP, IBM, Intel, Mastek, Microsoft, Motorola, NEX, Panasonic, Satyam, SchlumbergerSema, Siemens, Silicon Graphics, Tata Consultancy, Wipro, ZTE, and some leading international banks, petroleum giants, and telecommunication companies. Leading local MSC status companies include Basis Bay, BriteSoft Solutions, CWorks Systems, Custommedia, Extol MSC, Fifth Media, Microlink Worldwide, Measat, N2N Connect, Nexustel, SCAN, SNT, Sunamatix, and XYBase. All these companies focus mainly on multimedia and communications products, solutions, services, and research and development.

As Malaysia's former Prime Minister Mahathir Mohammad articulated, the MSC was paramount to leapfrog Malaysia into the 21st century and to achieve its Vision 2020. It was created to endeavor the best environment to harness the full potential of the multimedia without any artificial limits. It was a global test bed (hub), where the limits of the possible could be explored and new ways of living, working, and playing in the new area of the Information Age could be experienced (Mohamad, 1991). A Multimedia Development Corporation (MDC) is established to look after the development and operation of the MSC.

The MSC-Malaysia provides companies with a world class physical and information environment and allows unrestricted employment of local and foreign knowledge workers. It ensures ownership freedom by exempting companies with MSC Malaysia Status from local ownership status. Companies located in MSC can procure capital and borrow funds globally. A lot of competitive financial incentives including pioneer status, which means 100 tax exemption for up to ten years or an investment tax allowance for up to five years and complete exemption of duties on the importation of multimedia equipment, is granted. Protections are also provided against Intellectual Property and Cyberlaws. All Internet facilities are immune from censorship and communication tariffs are kept at globally competitive rates.

With its unique facilities and incentives, MSC-Malaysia attracts leading ICT companies of the world to locate their industries in it. Those companies offer new products, undertake R&D to develop new products and technologies, and export from this base. The government has designed a new National Innovation Model to transform the country into an innovation-led economy that promotes knowledge acquisition and a knowledge-economy. This model will ultimately infiltrate in to all fields from biotechnology and ICT to agriculture. To cite a success story, in 2009 MSC's Creative Multimedia Cluster (CMC) of 190 companies recorded over US$1 billion in revenues and over US$60 million in exports, created 7,028 jobs, spent over US$40 million on R&D, and protected 390 intellectual properties (MSC Malaysia, 2013).

Thus, it is seen that MSC-Malaysia has gone a long way to attract enormous FDI and domestic investment, bring leading foreign and domestic companies, procure cutting-edge information technology, employ knowledge workers, and bring educational institutions, entrepreneurs, and business executives together. It has turned into a regional ICT hub and is gradually transforming into a global hub. During 2004-2010, it contributed RM34.7 billion to the GDP, created 99,590 knowledge-based jobs, earned RM33.1 billion of export revenue, generated RM1,512 million of R&D investment, and registered 5,721 new intellectual properties (IPs). All its development and operational projects are aimed at transforming Malaysia into a knowledge-economy (K-economy) through the use of ICT including education, healthcare, industry, commerce, and government (Injau, 2011).

7. Conclusion and Remark

Malaysian economy has achieved its globalization in many ways and over a period of more than four decades. Its globalization started with the export of its primary products in which it had (has) abundance. Then it proceeded with an export-oriented development policy which made it possible to receive MNCs, FDI, and foreign technology. As a result of this policy, industrial products from this country made inroads to world markets and finally captured a solid position there. In this and subsequent phases, it introduced the policy of industrial enclaves (IEs, FTZS, IPs, etc.) development throughout the country. To provide strategic support to this policy, it extended lavish incentives to industrial investors and MNCs in particular. Consequently, MNCs found Malaysia as a lucrative place for their investments and rushed to this country.

Another important impetus to Malaysia's FDI came from various bilateral and multilateral investment agreements, which it inked with all major foreign investing countries. Similar agreements concerning trade and tariff helped it expand its industrial and primary product markets all over the world. All these efforts to industrial and economic development received further impetus from its increasing interests in joining regional, continental, and transnational trade, security, and economic blocs and forums. Lastly, Malaysia has entered into Economic Partnership Agreements (EPA) with a number of countries to further broaden the base of its trade and investment.

Underlying all these were a large number of economic development and modernization programs, plans, policies, and strategies from all national and state administrative agencies and authorities. In order to achieve a balanced and sustainable national development, plans were formulated for all sectors of the economy and those were intertwined into the broad national development plan. The national Vision 2020 has added new breakthroughs in those programs and actions. Policies and plans were envisioned for an all-encompassing development ranging from social and ethnic aspects to law and order issues, education, science and technology, industrialization, tele-communication, digitalization, and many other known and perceivable dimensions of national development and modernization. The long effort of the government and the nation has finally borne fruit and has paved the way for recognition of its globalization, which is witnessed in various world indices and rankings. As envisaged, the existing tempo of globalization will further continue and prosper instead of evaporating in the short span.

References

Aharoni, Yair (1966), *The Foreign Investment Decision Process*, Boston: Harvard Business School

ASEAN-Japan Centre (2006), *ASEAN-Japan Statistical Pocketbook 2006*, Tokyo: ASEAN-Japan Centre

ASEAN-Japan Centre (2011), "Tourists Arrival in ASEAN, 2010", http://www.asean.or.jp (accessed on September 5, 2013)

Asian Development Bank (2012), *Key Indicators for Asia and the Pacific 2012*, Metro Manila: Asian Development Bank

Dunning, J.H. (1988), "The Eclectic Paradigm of International Production: A Restatement and Some Possible Extensions", *Journal of International Business Studies*, Vol. 4, No. 1

Fayerweather, J. (1969), *International Business Management: A Conceptual Framework*, New York: McGraw-Hill

Gilpin, R. (1975), *U.S. Power and the Multinational Corporation - The Political Economy of Foreign Direct Investment*, New York: Basic Books

Injau, Hamsha Bin (2011), "Evaluation of Multimedia Super Corridor (MSC Malaysia) Contribution to Malaysian Economy", MSc Thesis (unpublished), Beppu: Ritsumeikan Asia Pacific University

Jayanthakumaran, K. (2002), "An Overview of Export Processing Zones: Selected Asian Countries", in N. Nitungkorn (ed.), *An Overview of Export Processing Zones: Selected Asian Countries*, Bangkok, Thailand, pp. 1-25

Jones, R. (1956), "Factor proportions and the Heckscher-Ohlin theorem", *Review of Economic Studies*, Vol. 24, pp. 1-10

Kearney, A.T. (2004), "Foreign Policy Globalisation Index", Foreign Policy Magazine, March-April, http://www.foreignpolicy.com (accessed on September 10, 2013)

Khondaker, M. R. (1994), "Foreign Direct Investment and Malaysia's Economic Development", Economic Conflict Discussion Paper No. 69, Economic Research Institute, Nagoya University, Nagoya, Japan

―――(2006), "Theorizing Japanese FDI to China", *Journal of Comparative International Management*, Vol. 9, No. 2

――― et al. (undated), "How, Why, and What of Malaysia's Economy Going Global", Unpublished paper

Krugman, P. (1990), *Rethinking International Trade*, Cambridge, Mass.: MIT Press

Lopez-Carlos, et al. (2006), *The Global Competitiveness Report 2006-2007*, Geneva: World Economic Forum

Madani, Dorsati (1999), *A Review of the Role and Impact of Export Processing Zones*, Washington, D.C.: PREM EP, The World Bank, http://www.worldbank.org (accessed on September 10, 2013)

McCallum, Jamie K. (2011), "Export processing zones: Comparative data from China, Hondurus, Nicaragua and South Africa", Working Paper No. 21, Geneva: ILO

Malaysia (2006), *Ninth Malaysia Plan, 2006-2010*, Kuala Lumpur: EPU

Mohamad, M. (1991), "The way forward: Vision 2020", http://www.epu.jpm.my (accessed on April 23, 2013)

MSC Malaysia (2012), "MSC Malaysia Annual Industry Report 2010-2011", http://www.mscmalaysia.my (accessed on September 12, 2013)

—— (2013), "Official Portal - Multimedia Development Corporation", http://www.mscmalaysia.my/technology (accessed on September 12)

Omar, Karima and Stoever, William A. (2008), "The role of technology and human capital in the EPZ life-cycle", *Translation Corporations*, Vol. 17, No. 2

Porter, M.E. (1990), *The Comparative Advantages of Nations*, New York: Free Press.

Ricardo, David (1817/1888), "Principles of Political Economy and Taxation", in J.R. McCulloch, (ed.), *The Works of David Ricardo*, London: John Murray

Sala i Martin, Xavier (2011), *The Global Competitiveness Report 2011-2012*, Geneva: World Economic Forum

Smith, Adam (1776/1908), *An Inquiry into the Nature and Causes of Wealth of Nations*, London: Routledge

UNCTAD (2006), *World Investment Report 2006*, New York: United Nations

—— (2012), *World Investment Report 2012*, New York: United Nations

Vernon, Raymond (1966), "International Investment and International Trade in the Product Cycle", *The Quarterly Journal of Economics*, Vol. LXXX

Vicziany, Marika and Puteh, Marlia (2004), "Vision 2020, The Multimedia Super Corridor and Malaysian Universities", Paper presented to the 15th Biennial Conference of the Asian Studies Association of Australia, 29 June-2July, Canberra, Australia

Warr, P. (1987), "Malaysia's industrial enclaves: benefits and costs", *Developing Economies*, Vol. 35

—— (1989), "Export processing zones: the economics of enclave manufacturing", *The World Bank Research Observer*, Vol. 4, No. 1

第13章　カンボジアのドル化と経済発展
──制度形成のメカニズムと展望──

1．はじめに

　経済発展における金融部門の役割については多くの先行研究があるが，近年は金融制度形成のメカニズムとプロセスが注目されている[1]．特に，1980年代以降は途上国の開発金融システムについて研究が本格化し，東・東南アジア諸国を対象とした研究も蓄積されてきた．

　世界経済のグローバル化は，途上国開発金融の研究に新しい課題を提供している．その一つは，国内取引に外国通貨が貨幣として利用されるようになるという「ドル化」問題である．グローバル化の進展に伴って，ドルやユーロなどの国際的に信認が高い通貨への重要が高まり，これらの通貨が多くの途上国で事実上の貨幣として利用されるようになっている．ドル化の現象は，中央アジア，中南米諸国，アフリカ諸国など広範囲で観察されており，東南アジア地域でもインドシナ3カ国，即ちベトナム，カンボジア，ラオスで顕著である．通貨制度は金融制度の根幹であることから，ドル化のメカニズムやその是非をめぐって多くの論議が展開されている．

　現在のカンボジアでは，きわめて自由な規制環境の下で，自然発生的に通貨・金融制度が形成されてきた[2]．その結果として，米ドルをはじめとしてベトナム・ドンやタイ・バーツが国内で広く流通し，ドル化比率は2011年末値で90％を超している（NBC, 2012）．また，商業銀行やマイクロ金融機関として外国金融機関の活動も活発で，海外資金や国内外貨資金を原資とした金融活動は同国内で大きな比重を占めている．このような急激なドル化や海外金融機関

の活発な活動は、潤沢な海外資金の流入を促すと同時に、カンボジア経済の安定化と金融システムの発展にポジティブな影響を与えていると肯定的に評価されている（Duma, 2011）。信認の高い国際通貨である米ドルが国内でも流通することが、ポル・ポト政権下で破壊された貨幣経済に対する信頼を回復させ、国内金融活動の拡大に大きく貢献したと考えられる。また、国際的に評価の高い海外金融機関の存在も、金融機関への信頼を取り戻し金融部門を発展させるのに役立っているといえる。さらに、経済がドル化し金融取引が自由であることが、製造業・観光業への海外からの投資を誘引する要因となっており、海外資金の流入が続いている背景ともなっている。

しかしながら、このようなドル化の進行は、潜在的には金融システムの安定性に対して大きな危険性を内在している（Duma, 2011, Im et al., 2007）。たとえば、ドル現金の流通量が管理できないことや、ドル金利の連動を通じて国内金利が海外要因に影響されやすくなることが、カンボジアにおける自立的な金融政策の実施を厳しく制約する。また、金融機関のバランスシートがドル化することは、中央銀行による最後の貸し手機能を著しく弱め、銀行を中心とする金融システム全体の安定性を損なう。さらに、ドル化経済の成長に必要な資金が将来不足する恐れもある。カンボジアはこれまで国際機関や先進諸国からの多額の外貨援助を受け入れることで、ドル建て成長資金を確保してきた。しかし今後、従来のように成長を維持するに足るだけ潤沢にドル資金が流入し続けるか否か疑問がある。

本章では、カンボジアで進行してきたドル化の事例を利用して、グローバル化した世界経済において開放的な途上国の金融システムがどのように形成されうるのか、またそこで形成される制度が経済の安定化と資源配分の効率化をめぐるバランスをいかにとりうるのかについて、制度経済学的な視点を援用して考察を試みる[3]。以下では第2節で、カンボジア経済のドル化の特徴を概観し、同国におけるドル化と経済発展が相互促進関係にあることを述べる。第3節では、カンボジアにおいて自然発生的に進行してきたドル化のメカニズムを、家計・企業・金融機関といった市場の主要なプレーヤーのそれぞれの観点から観

察し，ミクロ的な視点からドル化の合理性を説明する．第4節では，マクロ的な視点からカンボジアのドル化の合理性を検討し，今後のカンボジアがこれまでどおりドル化の過程をたどるのか，あるいは一定範囲で非ドル化が始まるのか，複数の経路選択の可能性がありうることを指摘する．第5節では，カンボジアがドル化からの制度転換を図る場合を想定し，そのための政策的な課題について若干言及する．

2．カンボジア金融発展とドル化

(1) カンボジアの金融部門の発展

　カンボジアでは，1975年から1979年までのポルポト政権の下で，銀行部門は破壊され通貨リエルは使用が停止された (Ty, 2007)．ポル・ポト政権崩壊後，1979年に，カンボジア国立銀行が中央銀行として再建され，外国貿易銀行 (Foreign Trade Bank) が完全国家所有の銀行として商業銀行業務を再開した[4]．1980年にカンボジアの新通貨リエルが再導入され，1991年にカンボジアは計画経済から市場経済への移行を開始した．市場経済への移行開始後，NBCとの合弁銀行としてあるいは外国銀行支店として民間商業銀行の設立が始まり，その大半は外国民間資本と合弁の地場銀行であった．カンボジアではきわめて急速に金融部門の民営化が進行し，このことがカンボジアを他の近隣の旧社会主義経済と区別する重要な特徴となっている (Unteroberdoerster, 2004)[5]．

　1998年からカンボジア国立銀行は大規模な改革を開始し，金融機関は3つのカテゴリー，すなわち，最低払い込み資本金13百万ドルの商業銀行，最低払い込み資本金2.5百万ドルの専門銀行，および免許・登録マイクロ金融機関に，分類されることとなった．同時に金融機関の経営健全化も進められ，カンボジア国立銀行の不良資産償却が行われるとともに，金融機関の整理が進みその数はほぼ半減した[6]．

　銀行および金融機関法によれば，銀行業務は以下の3つに集約される．第1は，リース業務，ならびに保障業務を含む与信業務，第2は，一般公衆からの

預金の吸収，第3は，支払い手段の提供と自国通貨および外国通貨による決済業務である．これらすべての業務を行える金融機関は商業銀行，融資業務だけを行える金融機関は専門銀行と呼ばれる．マイクロ金融機関は，預金業務と融資業務を行うが特定の領域にのみ限定的に携わる金融機関である．銀行の法的形態は，カンボジアの現地法人と外国銀行支店の2種類がある．このうち現地法人としては，100％外資銀行，地場資本との合弁銀行，外国銀行子会社がある．

カンボジア銀行部門は，図1のように，2000年代以降，概ね順調な拡大を

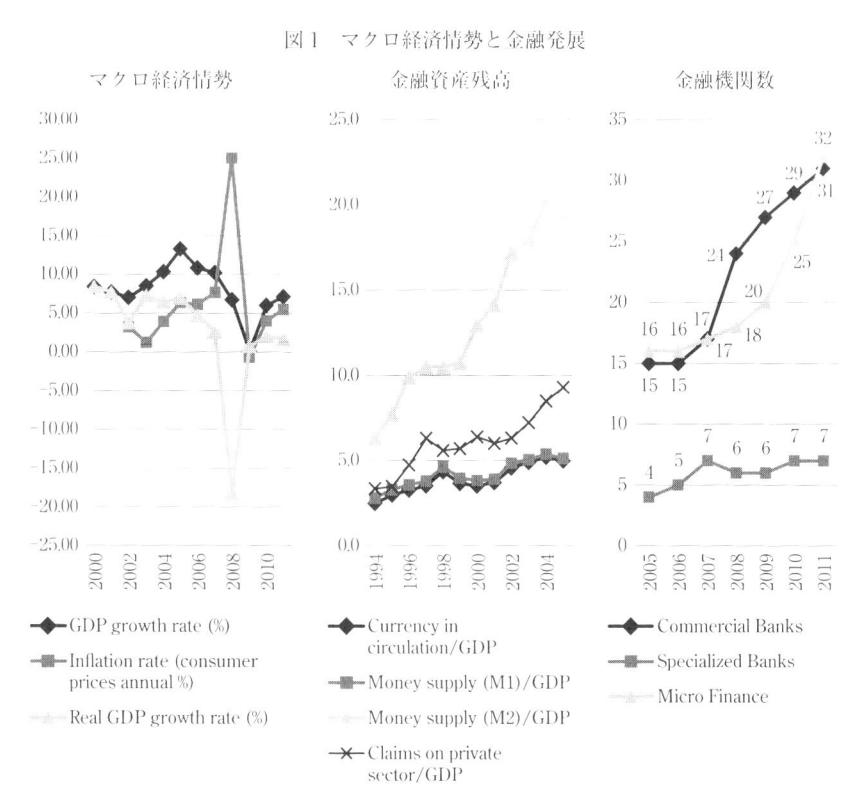

図1 マクロ経済情勢と金融発展

マクロ経済情勢　　　金融資産残高　　　金融機関数

- GDP growth rate (%)
- Inflation rate (consumer prices annual %)
- Real GDP growth rate (%)

- Currency in circulation/GDP
- Money supply (M1)/GDP
- Money supply (M2)/GDP
- Claims on private sector/GDP

- Commercial Banks
- Specialized Banks
- Micro Finance

(出所)　NBC (2011) より作成．

続けている (NBC, 2012). 2006年から2011年にかけて, 銀行部門総資産残高は対GDP比で26%から63%へ, 預金者数は286,000人から1,266,000人へ, 借入人数は165,000人から295,000人へそれぞれ増加する一方で2000年代後半には融資が急増し, 資産運用比率が100%から120%に増加し流動性比率が108%から83%に低下した. しかし銀行部門の健全性は改善傾向にあり, 同期間に不稼働資産対融資残高比率は9.87%から2.43%に低下し, 関係者向け融資比率は1%台で安定的であった. また固定資産比率は19.0%から10.7%へ, 不動産向け融資残高比率は15.9%から9.8%に低下した.

(2) ドル化と金融発展

ラ米・アジア・アフリカの地域を問わず, 途上国では自国通貨への信認が低く, 米ドルなどより信認の高い外国通貨が, 自国通貨に代わって流通し使用されることが珍しくない. このようないわゆる「ドル化」には, 価値尺度機能と決済機能と価値保存機能がそれぞれドルによって行われる「実物ドル化」と「支払ドル化」と「金融ドル化」の3つがある (Ize et al., 2003). ここで使用される外国通貨は, 必ずしもドルである必要はなく, 自国通貨に代わって利用される外貨の全体を総称して便宜的にドルと呼ばれるのが慣例である.

カンボジアでは, 1970年代後半のポルポト政権下で, 原始共産制を目指して貨幣と金融制度が廃止された (Im et al., 2007). ポル・ポト政権が崩壊後, 再び自国通貨としてリエルが再発行されたが, 歴史的な経験からリエルに対する信任は著しく低いものであった. 当時カンボジアでは, 国際連合カンボジア暫定統治機構 (UNTAC) の下で, 大規模な国際的な支援が実施され, 大量のドル現金が援助資金として流入しつつあった. このため, 再建された経済ではドルが経済取引に広範囲に利用されることとなり, 「実物ドル化」と「支払ドル化」と「金融ドル化」が同時に進行することとなった.

カンボジアでは, 国連の暫定統治の終了後も, 政情不安定のため経済活動は低迷を続けた (IMF, 2011). その後2000年代に入って, カンボジア経済も世界経済の好調さに支えられ漸く成長軌道に移ることとなり, 経済の安定化を背景

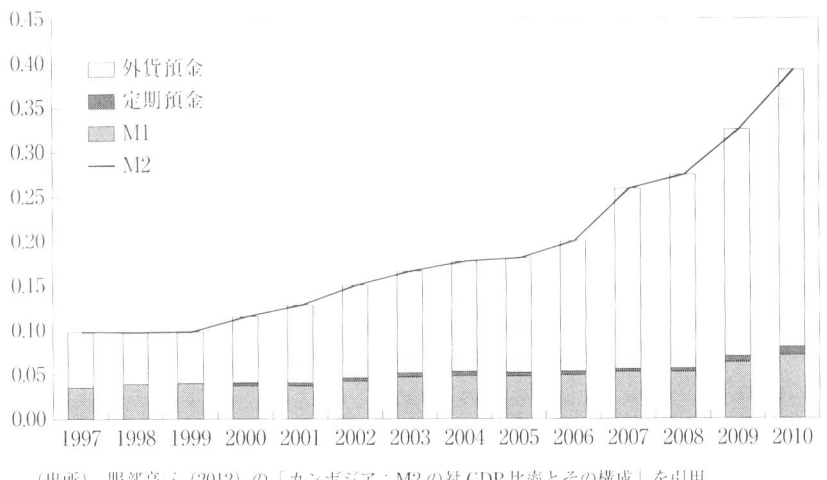

図2　金融発展とドル化の進展

(出所)　服部亮三 (2012) の「カンボジア：M2の対GDP比率とその構成」を引用．

として国内金融活動が急速に拡大した．しかし安定的な経済情勢にもかかわらず，自国通貨の利用以上に外国通貨の利用が進んだため，ドル化は一層進行した．カンボジアでの法定貨幣は自国通貨リエルであり，リエルと同等の意味でドルを公式の法定通貨として認めているわけではないが，カンボジアの通貨使用の状況は「事実上のドル化」となっている[7]．

一般に，ドル化の程度は，使用されている貨幣と預金の残高の合計に対して，ドル現金とドル建て預金の残高がどのくらいあるかという比率で測られる．実際にはドル現金の残高は計測が不可能であるため，リエル現金とリエル建て預金にドル預金を加えた合計に対して，ドル建て預金の残高がどの位の比率を占めているか (すなわち，外貨預金残高の対M2比率) で表示される．図2はその比率を示したものであるが，経済の好調と安定化にもかかわらず近年急激にドル化比率が高まっていることが明瞭である．

3．ドル化の制度形成メカニズム——ミクロの合理性

カンボジアのドル化は，金融規制がきわめて緩い制度環境の下で，30余年にわたって自然発生的に形成されたものである．カンボジアのドル化は家計・企業・金融機関など個別経済主体の自発的な選択行動の結果として実現したものであるから，その形成過程は，個別主体にとってミクロ的な合理性を備えているはずである．また，長期にわたって安定的に形成されてきたものであるから，安定的な制度が持つはずのナッシュ均衡としての性質も満足しているはずである（グライフ，2006）．本節では，ドル化形成過程のミクロ的なメカニズムについて検討したい．

(1) ドル化と金融発展の相互促進関係

カンボジアのドル化の経緯は他国の事例と大きく異なっている．通常のドル化事例では，インフレ率上昇などマクロ経済情報が悪化するにつれて自国通貨への信認低下から「金融ドル化」が進み，さらに外国通貨の利用が進むと「支払ドル化」や「実物ドル化」も行われるようになるとされる（Nicolo et al., 2005）．しかし，カンボジアにおけるドル利用は，国際連合カンボジア暫定統治機構による経済再建開始と同時に始まり，貨幣の機能としては価値尺度・決済・価値保存のすべての機能を担ってきた．すなわち，「支払ドル化」と「実物ドル化」と「金融ドル化」が同時に進行してきたといえる．

また，一般のドル化事例では，経済情勢が不安定化し，特にインフレ率が上昇して自国通貨の価値が毀損されるにつれて進行が進むとされている．しかし，カンボジアでは経済の安定化が実現しインフレ率が低位安定化したにもかかわらず，外貨預金の残高が急速に増加し「金融ドル化」がさらに昂進している．このことは隣国のベトナムとラオスの状況と比較しても特徴的である．2000年代初頭にカンボジア，ラオス，ベトナムのインドシナ3カ国の金融ドル化比率は，それぞれ70％，80％，40％程度であった．その後，ベトナムとラオスでは，経済情勢の好転と政府による脱ドル化政策の実施によって，ドル

化比率はそれぞれ20％程度また50％程度まで大幅に低下した．一方カンボジアでは，経済情勢の好転にもかかわらず，ドル化比率は90％を超える水準まで昂進した．

カンボジアのドル化のメカニズムは，「金融ドル化」から，「実物ドル化」と「支払ドル化」へと進むとされる他の途上国における一般的なドル化の経験とは異なっている．カンボジアでは，国際連合カンボジア暫定統治機構のドで，経済の再建と再貨幣経済化が進む中で，ドルが決済通貨として自国通貨リエルよりも先に浸透・普及し，「実物ドル化」と「支払ドル化」が「金融ドル化」よりも先行するか，もしくは同時に始まった．その後の経済発展の過程においても，ドルは常に自国通貨リエルよりも決済通貨として優越した地位を維持してきた．以上の意味において，カンボジアのドル化は，「実物ドル化」と「支払ドル化」を前提としつつ，「金融ドル化」と並んで進んできたといえる．「実物ドル化」と「支払ドル化」が前提となっている場合には，インフレ率が低下して自国通貨の価値保蔵手段としての機能が改善しても，ドル保有の動機は弱まらない．自国通貨とドルの価値保蔵手段としての機能が同等であるならば，価値尺度と決済の機能が上回るドルを引き続きより多く保有しようとするからである．カンボジアの近年の状況は，以上のような「実物ドル化」と「支払ドル化」の持続を前提とすることで理解できる．

(2) 貨幣のネットワーク外部性

「金融ドル化」は自国通貨が価値保蔵機能においてドルに劣っているために発生する．一方「実物ドル化」と「支払ドル化」が発生するのは，その通貨を使う人が増えれば増えるほど通貨の使用価値が高まるという，貨幣の持つ「ネットワーク外部性（network externality）」が原因である．すなわち自国通貨よりもドルを使用する人が多くなるほど，一層ドルを利用する価値が高まり，より一層多くの人々がドルを使用するようになるのである（Eichengreen, et al. ed., 2005）．

カンボジアではポルポト政権崩壊後の経済再建の開始とともに，高い信任を持つドルが決済通貨として利用され，貨幣経済への復帰と金融活動の再開が開

始された．その後，貨幣経済が拡大し金融活動が活発になるとともに，より多くの人々がドルを決済通貨として利用するようになり，金融発展が「実物ドル化」と「支払ドル化」とともに進んだ．この結果，経済が安定化し金融発展が進むほど，また貨幣経済と金融活動が都市から地方へと浸透し拡大するにつれて，ドルを利用する人々が増加した．この過程で，ドルの取引ネットワークは拡大し，その外部性が強化されていったと考えられる．いうまでもなくドル取引が法的に禁止されている場合には，ドルのネットワーク外部性は強く制約される．しかしカンボジアではドル保有，ドルと自国通貨との自由交換が法的に認められており，法的な面でドルのネットワーク外部性が制約を受けることはなかった．

　ネットワークの形成過程は複雑であるが，価値尺度と決済手段としてのドル使用の浸透度を考えるには，次のような複数のディメンジョンに注目することが有効であろう．第1は地域性である．カンボジアでは，金融が発展している地域ほど，また金融活動を盛んに行っている人々ほどドルのネットワーク外部性のメリットを強く受けていると考えられる．ただしカンボジアでは，金融制度が未発達で依然として現金決済が広く行われているので，「実物ドル化」と「支払ドル化」のためには多額のドル現金が必要である．したがって，ドルのネットワーク外部性のメリットは，豊富にドル現金の供給が可能な人々または地域ほど強いと考えられる．具体的には，近年急成長している縫製業などの輸出産業や，国際的観光地であるアンコールワット周辺など，海外取引に携わる産業や人々の多い地域ほど，ドル現金の入手が容易であり，ドルのネットワーク外部性のメリットが大きいと予想できる．

　第2は，輸入商品の流通経路に沿ったドル化の浸透である[8]．カンボジアでは，原則として輸入品は，ドル建て決済で海外から輸入される．輸入業者は為替リスクを回避するために販売代金をドル建て回収することを望むため，リエル建て価格よりもドル建て価格が有利になるような支払い方法が取られ，国内の販売も原則としてドル建て決済がされることが多い．製造業が未発達なカンボジアでは，日常雑貨品でも輸入品が多く，これらの商品も輸入業者はドル建

てで売上代金を回収することを望む．これらの商品が卸売商，小売商，店頭のどの段階までドル建てで代金回収が行われるかは，売り手と買い手の交渉力や，商品に対する需要の高さ，都市か農村かという地域性によって異なってくる．

第3は，輸出商品の流通経路に沿ったドル化の浸透である．輸出商品の場合は，輸出代金はドル建てで支払うため，輸出業者は為替リスクを回避するために国内での購入代金をドル建てで支払うことを望む．国内購入代金がどの程度ドル建てとなるかは，商品の売り手の通貨選好や売買取引における交渉力に依存しようが，都市地域あるいは輸出業者（買い手）の交渉力が強い場合は，ドル建てで支払いが行われることになる．

「実物ドル化」と「支払ドル化」の程度はプノンペンなど都市地域では高いが農村地域では低く，また海外取引と関連が強いほど高い[9]．都市は主要輸出品である縫製業などの立地場所とも近く，輸入品の中心的な消費地でもあることから，ドル化のディメンジョンの3軸が重なる場所である．このことは，カンボジアにおけるドル化がネットワーク外部性に基づく「実物ドル化」と「支払ドル化」に強く相関していることの傍証といえる．

(3) 金融機関の行動

ドル化のメカニズムには，家計や企業だけでなく，金融機関の行動も深く関係している．金融機関がドル建てのサービスを提供するほど，ドル化の促進要因になるからである．金融機関の行動は，「金融ドル化」だけでなく「実物ドル化」と「支払ドル化」とも係わりを持っている．

カンボジアでは証券市場が未発達であり，商業銀行・専門銀行・マイクロ金融機関が金融仲介機関として主要な役割を果たしている．これらの金融機関の金融仲介行動は大別して2つある．1つはドルが大半であるが一定部分はリエルでも資金を仲介するタイプで，ドル預金とリエル預金を原資としてドル貸出とリエル貸出を行っている．他の1つは，もっぱらドル資金だけの仲介を行うタイプで，ドル預金を原資としドル貸出を行っている．

前者のタイプとしてはカンボジアで資産規模第1位のACLEDA Bankを挙

表1　貸出残高の通貨建て別構成

	ACLEDA	ANZ Royal	PRASAC
預金	リエル　9% 米ドル　89% バーツ　1%	米ドル　ほぼ全額	リエル　10% 米ドル　89% バーツ　1%
貸出	リエル　9% 米ドル　89% その他　2%	米ドル　ほぼ全額	リエル　2% 米ドル　93% バーツ　5%
(備考)	業界最大の238営業拠点 (内74支店) を展開し農村地域でも営業.	資本金以外は都市部でドル預金を調達. 信用力を反映してドル預金金利は最低水準. 外資系企業を含む優良顧客へ融資.	ドナーからの外貨資金に加えて都市部で主としてドル預金を調達し, 農村地域で主にドル建貸出.

(注)　比率はACLEDA (2010年末値), ANZ (2012年6月聴取), PRASAC (2013年5月末値).

げることができる．同銀行はマイクロ金融機関から発展したもので，全国に238の営業拠点を持ち，農村地域でも積極的な融資活動を行っている[10]．ドル預金とリエル預金の残高比率はほぼ9：1であり，ドル貸出とリエル貸出も9：1となっており，預貸のリエル資金とドル資金の過不足分は，銀行間市場が未整備なため，中央銀行NBCとの貸借で調整している（表1参照）．プノンペンなど都市部では預金と貸出の双方ともドル建てが中心であり，農村地域では預金と貸出に占めるリエルの比率が比較的高い．また，都市部では資金余剰があるため，資金は都市から農村に仲介される流れになっている．なおドル融資のシェアはマイクロ事業向け融資で約50%，小規模事業融資と中規模・企業向け融資ではほぼ100%となっている．

　海外ドナーが出資するマイクロ金融機関であるPRASAC Microfinance Institutionも前者のタイプに含めることができる．PRASACは海外から持ちこまれたドル資金にプノンペン周辺で吸収したドル余剰資金を加えて，金融サービスの不足している農村地域でマイクロ金融を行っている．原資がドル資金であるために，ドル化比率の低い農村地域でも貸付は9割以上ドル建てで実施し

ている（表1参照）．

　後者のタイプとしては，外国銀行の現地合弁法人である ANZ Royal Bank (Cambodia) を挙げることができる．同銀行は18支店を開設しているが，そのうちの11店をプノンペンに配置し，もっぱら都市に集中した事業展開となっている[11]．また，預金と貸出はすべてドル建てであり，リエル建ての取引は行っていない（表1参照）．融資の対象は主として外資系企業を中心とする大規模企業であり，原資は資本金とカンボジア国内で調達したドル預金で賄っている．プノンペン周辺は最もドル化が進んだ経済先進地域であり，名の通った外国銀行であることから相対的に低い預金金利でドル余剰資金を吸収することができている．

　これらの金融機関は，利潤最大化という目的達成のために，個別に主体的な判断を下しているだけであるが，その行動が家計や企業の金融活動を誘導する役割を果たす結果になっている．カンボジアの国内資金移動は，一般的に都市部のドル余剰資金を農村地域に移動する資金フローであるとされている[12]．現在のカンボジアの銀行部門は，部分的にはリエル建て資金仲介および決済の機能を維持しているものの，全体としては，ドル化促進の装置となっていると言えよう．

4．ドル化の得失と持続可能性——マクロ的な合理性

　自然発生的に形成されたカンボジアのドル化制度は，個別経済主体の選択行動に支えられたナッシュ均衡と考えられ，ミクロ的には合理的な性質を持っている．しかしながら，そのような制度でも，マクロ的にみて合理的な性質を持っているとは保証されない．本節ではカンボジアのドル化の合理性を，マクロ的な視点から検討したい．

(1) ドル化の得失

1）カンボジアにおけるドル化のメリット

自国通貨に対する信任が著しく失われ，そのために金融活動が大きな制約を受けている場合には，「実物ドル化」と「支払ドル化」と「金融ドル化」によって金融仲介活動を回復できることが指摘されている（渡辺，2004）．カンボジアのこれまでの経験は，正しくドル化による金融仲介活動の急激な回復であったと考えることができる．ポル・ポト政権化で破壊された貨幣経済への信認が短期間で回復したのは，「実物ドル化」と「支払ドル化」によってドルという国際的信任を持つ通貨が利用されるようになったからであった．近年の急速な金融資産の蓄積と金融活動の拡大は，「金融ドル化」によって価値保蔵機能が保障されたからであった（Kang, 2005）．

ドル化はカンボジア経済にとって財政規律を維持し，安定的マクロ経済を実現するのにも役立った（Im et al., 2007）．途上国の財政はしばしば政治的な理由などから規律を失い，貨幣増発によるインフレを誘発してマクロ経済政策を破綻させてしまう．カンボジアでも一時放漫財政が危惧される事態となったが，ドル化が政府財政にある種の規律を掛ける歯止めとして機能することになり，マクロ経済の安定化に貢献した．

経済主体がドル資産（負債）とリエル負債（資産）の双方を持つ場合，通貨のミスマッチがあると為替変動によるバランスシート効果から債務超過に陥る危険性がある．この問題は，あらゆる経済主体で発生するものであるが，特に金融機関の債務超過については，貸出先企業の連鎖倒産や預金者の資産消滅を招き経済全体の混乱に結びつくことから最も危惧される．カンボジアではすでにドル化比率は90％を超えており，「実物ドル化」と「支払ドル化」と「金融ドル化」のすべてが同時に進行したため，通貨のミスマッチは容易に避けることができる．この結果，ドル化に伴うバランスシート効果による問題は回避されている[13]．

カンボジアのドル化は，2000年代に入ってからの直接投資の流入拡大の重要な誘因となった．ドル化経済であることから，進出企業は為替リスクを回避

した営業が可能であり，低廉な人件費の魅力とともにカンボジアへ直接投資を呼び込む働きをした．直接投資はそれ自体がドル資金の流入となるだけでなく，海外への製品輸出を拡大によるドル資金の獲得にも貢献した．ドル化したカンボジア経済が成長するには必要資金をドル建てで賄いし続ける必要があるが，経済がドル化することによってドル資金の流入が一層拡大するという好循環が発生したのである．

   2) カンボジアにおけるドル化のデメリット

 経済のドル化は，マクロ的にみて問題も生み出す．第1のデメリットは，金融政策の実施が難しくなることである (Zamaroczy et al., 2002). たとえば，ドル現金の流通量は計測できないため，金融情勢の判断が困難になる．また，ドル建て金利は米国市場で決定されるため，カンボジア国内のドル建て金利は海外の金利動向によって大きく変化する．理論上は，ドル預金の準備率を操作することによって国内ドル金利を操作することが可能であるが，実際にはカンボジアの各銀行はドル預金に関して法定準備率を大きく上回る準備を積んでおり，準備率操作によるドル建て金利の操作は機能していない．

 第2のデメリットは，「最期の貸し手」としての中央銀行の機能が果たせなくなり，銀行システムの安定性の維持が困難になることである (Zamaroczy et al., 2002). 銀行経営がドル化している場合，万が一銀行が経営危機に陥った場合にはドル資金による救済が必要となる．理論上は，公的な外貨準備を利用して中央銀行がドル建て救済融資をすることが可能であるが，実際には急増する金融機関のドル資産に対して外貨準備の積み増しは不十分であり，融資能力は十全ではない．

 中央銀行の「最期の貸し手機能」が十全でないことは，各銀行が個別に経営の安定性を担保しなければならないことを意味する．実際にカンボジアの銀行は，法定準備率をはるかに上回る多額の準備金をドル建て流動資産として保有しており，そのことが市場の信認を裏づけるシグナルとなっている．しかしながら，超過準備の積み上げは金融仲介の過程で利用可能な資金を減少させるので，マクロ的にみて金融仲介が非効率化する重要要因となっている．

(2) 制度形成の経路
  1) 当面の経路
　カンボジアでは，当面はこれまでどおりドル化の進行が続くと予想される．これまできわめて自由な規制環境の下で，家計・企業・金融機関が相互に促進的な形でドル化の制度形成が進んでおり，安定的な経済制度の特徴とされるナッシュ均衡が基本的に成立していると考えられる．すでにカンボジアのドル化比率は90％を超えており，ネットワーク外部性に関してはドルが圧倒的に優位性を持っている．地域的にみるなら，貨幣経済が浸透し金融活動が活発なプノンペンなど都市地域では決済通貨は事実上ドルである．また産業別にみても成長率が高い製造業や観光などサービス業では取引はドルで行われている．ドルの供給が成長に見合うだけ供給されるなら，ドルの利用は農村地域や非貿易財の取引でも高まり，「実物ドル化」と「支払ドル化」は当面は持続すると考えられる．
　価値尺度としての機能と決済機能がドルによって担われていることから，「金融のドル化」も引き続き進むと思われる．カンボジアの金融部門は急速に拡大しているが，貯蓄性預金の大半はドル預金であり，この傾向が当面変化する要因はない．銀行の貸出をみても，マイクロ金融を除いてリエル建て取引はほとんどない．またマイクロ金融が銀行融資の全体に占める割合は非常に限定的であり，大口の企業向け融資はほとんどドル建てで行われている．銀行にとっても，ドル預金を原資としドル建て融資をすることで，通貨のミスマッチを回避して営業を拡大することができるであろう．
  2) ドル化のメリットの維持可能性
　長期的にみれば，ドル化が維持できるか確かではない．カンボジアがドル化によって今後もデメリットを上回るメリットを享受するためには，成長に必要なドル資金の流入を確保し続けることが不可欠だからである（Jacome et al., 2010）．カンボジアは金融制度の発展が遅れているので現金決済が多く，「支払ドル化」を維持するのには膨大なドル現金の流通を確保しなくてはならない．また，「支払ドル化」のためのドル決済用預金と，「金融ドル化」のためのドル

貯蓄性預金についても，ドルの準備金が必要である．ドル化経済では中央銀行が最後の貸し手として十分に機能できないために，銀行は預金準備率を相当高い水準に維持することが必要となる．

しかしながらカンボジアがドル成長資金を中期的に調達できるかどうかは必ずしも明確でない．これまでカンボジアは低所得開発途上国として国際機関や先進諸国からの多額の外貨援助を受け入れることで，また近年は労働集約産業の対米輸出の成長や観光業の発展によって，ドル成長資金を確保できていた．しかしながら，これからカンボジア経済が発展し所得が上昇すれば，援助資金は先細りになるであろう．また先進諸国，特に依存度の高い米国経済の景気後退が起これば，対米輸出は不調になり観光業は低成長になるであろう．さらに，経済発展が進み賃金が上昇しても輸出を拡大していくためには，持続的に労働生産性の上昇を実現しなければならない．以上の意味において，ドル化による成長資金確保は，必ずしも万全とはいえない（初鹿野，2012）[14]．

中期的に成長資金をドル資金で調達できない場合，カンボジア経済は成長に制約を受けることになる．ドル化経済を維持したままで問題に対処する策としては，限りあるドル資金をできるだけ有効に利用できるように制度整備を行うことである．たとえば，銀行間市場の整備による，ドル資金の有効活用である．現在カンボジアには銀行間市場が整備されておらず，銀行間の資金余剰と資金不足の調整が効率的に行われていない．銀行間でドル資金の過不足を調整できるようにすることは，成長力を高めるのに寄与するであろう．あるいは，統合・合併を促進して銀行の経営規模を拡大し経営効率を高めることも有効であろう．銀行業では規模経済性が存在するといわれ，カンボジア銀行業の実証研究の結果からも，そのことが裏づけられている[15]．現在，カンボジアでは多数の小規模銀行が営業しているが，銀行数を集約し経営規模を拡大することで，ドル資金を有効活用してより効率的な資金仲介を行うことができるようになる．このほかにも，銀行の経営効率を高めるための設備投資や技能向上，金融市場の制度的な環境整備として情報の透明性の改善や法規制の近代化，金融発展の遅れた地域や産業への金融整備などの政策が望まれる．

5．むすび——リエル使用の拡大と経路移行の可能性

(1) リエル使用の拡大

ドル資金制約による成長の抑制を回避する根本的な方法は，国内通貨リエルによる金融サービスの提供である[16]．カンボジアでは，依然として農村地域への金融サービスや都市地域でも零細事業向け金融サービスは浸透が不十分であり，潜在的に強い需要がある．また，これらの地方や事業ではドル資金ないしドル収入へのアクセスが乏しいことから，自国通貨リエルへの重要が相対的に強い傾向がある[17]．現実には，これらの潜在顧客は，フォーマル金融へのアクセスが難しく，アクセスできる場合でもドル建てサービスを受容せざるをえないことが多い．したがって，これらの潜在ニーズを的確にとらえることができれば，リエル建て金融サービスの提供は経済活性化に役立とう．

具体的には，リエル建ての農村開発金融あるいは零細企業向け金融を提供するとともに，地域のリエル建て預金の吸収を拡大することで，「支払リエル化」と「金融リエル化」が期待される．政策のターゲットとする地域や業種あるいは事業は，国内での農産物取引など元来ドル金融に馴染まないものであるから，リエル建て決済や金融の提供は経済的にも一定の合理性が裏づけられるはずである．リエル建て金融の拡大によって，リエル使用の決済ネットワークが形成されれば，その先にネットワーク外部性に基づくリエル使用の一層の拡大が期待できよう．

「支払リエル化」と「金融リエル化」の拡大は，成長資金制約を緩和するうえでは効果があるが，政策が成功するためには慎重に前提条件を満たさなければならない[18]．第1に，リエルの信認を維持するためにリエル価値の減価を起こさないように注意し，リエルの対ドル為替相場を安定的に維持するように適切なマクロ経済安定化政策を実施する必要がある．第2に，リエル金融を利用する家計・企業・金融機関が，為替相場の変動に起因するバランスシート効果を回避させるよう，通貨のマッチングを適切に行うことが必要である．特に，金融機関はドルとリエルの調達原資と運用資金とのマッチングを適切に行うこ

とがきわめて重要である．第3に，企業や金融機関がドルとリエルの為替取引を円滑に行い通貨のミスマッチを回避できるように，レポ市場・先物市場を整備すると同時に銀行間市場の整備を行う必要がある．

(2) 経路依存性と政府の介入

制度経済学によれば，経済制度の発展過程には経路依存性（path dependence）が働くため，制度転換には大きな抵抗力が生じる．カンボジア経済を，現在までのドル化経済から，よりリエル使用比率を高める経済に移行することは，経済システムを転換させる経路移行の問題を引き起こす．現在のカンボジア経済は，「実物ドル化」と「支払ドル化」と「金融ドル化」の下で一定の経済合理性を持った経済システムとして機能し，問題は抱えながらもマクロ的にみて比較的良好な経済パフォーマンスを達成してきた．リエル使用比率を高めようとする政策は，ドル決済のネットワーク外部性と矛盾するため大きなフリクションを引き起こし，発展経路を基に引き戻そうとする強い反作用力が働くことになる．

したがって，現行のドル化経済の中でリエル使用を拡大しようとする場合には，政府による支援が必要になる．カンボジアに隣接するベトナムとラオスでも高水準で経済のドル化が続いていたが，近年，ドル化比率は大幅に低下した．これについては，経済情勢が安定化した時期を捉えて，ドル建て価格表示の禁止など「実物ドル化」や「支払ドル化」に対して厳格な規制を導入したことが，ドル使用のネットワーク外部性を低下させるうえで効果が大きかったと考えられる．カンボジアについても，将来の政策課題として，同様の政策を実施するタイミングと具体的な内容について検討を進めるべきであろう．

謝辞　本稿作成にあたってJICAおよびAMROから情報と助言をいただいたことに謝意を表します．

1) わが国における東南アジアの開発金融メカニズムに関する先駆的な研究として，岸（1990）は代表的なものである．
2) 2000年代初頭までのカンボジアを含むインドシナ3国については，渡辺（2004）の先行研究がある．
3) 制度分析のアプローチとしては，安定的制度をナッシュ均衡として捉えるグライフ（2006）の視点を利用する．
4) カンボジア国立銀行が設立されたのは，1954年である．
5) 中国・ベトナム・ラオスなど近隣諸国では，国有銀行が依然として銀行市場で大きな市場シェアを有しているのに対して，カンボジアでは政府出資比率が過半数を占める銀行は現在1行のみである．
6) その後も金融機関の改革は継続して進められ，銀行制度の健全化と透明化を目指して，2005年には外国貿易銀行（FTB）が独立民営化された．また信用の過剰拡大の防止とインフレ圧力に対応するべく，商業銀行の必要資本金38百万ドルへの引き上げが行われた．
7) 「公式的ドル化」を採用した国としてパナマ（360万人，9,918ドル），エクアドル（1,470万人，5,310ドル），プエルトリコ（370万人，10,950ドル）などがある．カッコ内は2011年の人口と2012年の1人当たり所得である．同時期のカンボジアの人口は1,400万人，1人当たり所得は933ドルである．
8) 米のような国内で生産され消費される商品は，リエル建て取引が多い．一方，都市向けの野菜販売などは，ドル建てで行われる．国内商品の取引における決済通貨の選択は，売り手と買い手の通貨選考と交渉力により多様である．
9) ASEAN＋3マクロ経済リサーチオフィス（AMRO）での筆者の聴き取りによる．
10) 2013年6月現在．
11) 2011年12月現在．
12) カンボジア国内の各地域における資金仲介の実態は不明であり，今後各地域間の資金フローを正確に把握するために，銀行の情報開示が望まれる．
13) Kang（2005）参照．
14) 福地（2013）と堀江（2013）も参照した．
15) カンボジア金融機関のミクロ経済分析は，奥田・チア（2013）を参照されたい．
16) カンボジア政府は，将来のリエル使用拡大を目指して，2013年にAction Plans and Measures to Promote the Use of Rielを発表した．カンボジアの脱ドル化に関する研究としては，Menon（2008a, 2008b）がある．また，岸（2005）はグローバル下の地域金融の振興策について有益な示唆を与えている．
17) JICAでの聴き取りによれば，地方の農村では村内の取引決済はリエル建てで行われている．この場合，都市への農産物・家畜の販売で得たドル建て収入も，村内ではリエルに換えて利用している．銀行預金の利用は限定的で，金が貯蓄手段として

広く利用されている。
18) 脱ドル化政策を評価した Garcia-Escribano et al.（2011）によれば，マクロ経済安定化の達成だけでは脱ドル化は困難であり，自国通貨の対ドル為替相場の増価と自国通貨建て取引をドル建て取引よりも優遇する規制が，脱ドル化を実現するのに有効である。

参 考 文 献

奥田英信・チア・ボーレン（2013）「カンボジア主要金融機関の経営特性」『一橋経済学』Vol.7, No.1, 101-117 ページ

岸真清（1990）『経済発展と金融政策―韓国・タイの経験と日本』東洋経済新報社

岸真清（2005）「グローバル下の地域金融」『経済研究』，Vol.20, No.3, 19-38 ページ

アブナー・グライフ（岡崎哲二監訳）（2006）『比較歴史制度分析』NTT 出版

初鹿野直美（2012）「カンボジア：高成長の持続可能性」『国際問題研究』No.615, 国際問題研究所, 7-16 ページ

服部亮三（2012）「カンボジアのドル化」アジアンインサイト, 大和総研（2012 年 1 月 19 日 http://www.dir.co.jp/consulting/asian_insight/）

福地亜希（2013）「カンボジア経済の現状と展望」『BTMU ASEAN TOPICS』（No. 2013-4），Bank Tokyo-Mitsubishi UFJ

堀江正人（2013）「カンボジア経済の現状と今後の展望」『調査レポート』三菱 UFJ リサーチ＆コンサルティング

渡辺慎一（2004）「インドシナ 3 国における「ドル化」と金融システムの発展」国宗浩三・久保公二編『金融グローバル化と途上国』研究叢書 No.536, アジア経済研究所, 21-44 ページ

Duma, Nombulelo (2011), "Dollarization in Cambodia: Causes and Policy Implications," IMF Working Paper (WP/11/49), IMF

Eichengreen, Barry and Ricardo Hausmann ed. (2005), *Other People's Money: Debt Denomination and Financial Instability in Emerging Market Economy*, Chicago: University of Chicago Press

Garcia-Escribano, Mercedes and Sosa, Sebastian (2011), "What is Driving Financial De-dollarization in Latain America?" IMF Working Paper (WP/11/10), IMF

Ize, Alain and Eduardo L. Yeyati (2003), "Financial Dollarization," *Journal of International Economics*, Vol. 59, pp.323-347

International Monetary Fund (2011), "Cambodia: Staff Report for the 2010 Article IV Consultation", IMF Country Report No.11/45

Im, Tal Nay and Michel Dabadie (2007), "Dallarization in Cambodia," NBC Note MD

117-14, NBC

Jacome, Luis I. and Ake Lonnberg (2010), "Implementing Official Dollarization," IMF Working Paper (WP/10/106), IMF

Kang, Kiwon (2005), "Is Dollarization Good for Cambodia?" *Global Economic Review*, 34, pp.201-211

Menon, Jayant (2008a), "Cambodia's Persistent Dollarization," *ASEAN Economic Bulletin*, 25, pp.228-237

Menon, Jayant (2008b), "Dealing with Multiple Currencyies," *Journal of the Asia Pacific Economy*, 13, pp.131-146

National Bank of Cambodia (2012), *Annual Report 2011*

Nicolo, Gianni de, Patrick Honohan, and Alain Ize (2005), "Dollarization and Bank Deposits: Causes and Consequences," *Journal of Banking and Finance*, Vol.29, pp.1697-1727

Ty, Vann (2007), *Reforming Its Financial System toward Economic growth,* Master Thesis, Tokyo University

Unteroberdoerster, Olaf (2004), "Banking Reform in the Lower Mekong Countries," IMF Policy Discussion Paper (PDP/04/5), IMF

Zamaroczy, Mario de and Soponha Sa (2002), "Macro Economic Adjustment in a Highly Dollarized Economy: The Case of Cambodia," IMF Working Paper, (WP/02/92), IMF

第14章　社会開発も担うクウェート政府系ファンド

1．はじめに

　変動相場制移行後，金融政策の重要性が高まった．そして世界金融危機から5年が経過しても，米連邦準備制度（FRB），欧州中央銀行（ECB），日本銀行は各中央銀行が許されたスキームで，かつてない金融緩和を続けており，われわれはまだ世界金融危機後の「集中治療室」におかれている．

　日本銀行は白川総裁時代から，国債のほか，上場株式投資信託（ETF），上場不動産投資信託（REIT）の買入れをはじめ，2013年3月の黒田総裁就任後，4月4日に初めて開かれた金融政策決定会合で，異次元と評される金融緩和に踏み切った．黒田総裁は「資産価格のプレミアムに働きかける観点から，ETFおよびJ-REITの保有残高が，それぞれ年間1兆円，年間300億円に相当するペースで増加するよう買入れを行うこととしました」などと説明した[1]．これは，「企業や家計の資金調達コストを低下させるとともに，資産効果を通じて，企業・家計の投資・消費活動の活性化につながる」と説明されている[2]．

　政策効果の評価は本稿の範囲を超えるものの，高速道路，新幹線建設，各種補助金など財政資金の配分に過大な期待を抱きがちな地方都市でも，インフレ目標という言葉が浸透し始めた可能性がある．アベノミクスや黒田総裁の就任によって，金融政策やマクロ指標への一般的な関心を喚起した意義は少なくない．政策の透明性，国民の理解は当然，世界への影響力を確実に増加している新興国でも重要性を帯びている．

　本章は，政府系ファンドの用語の変遷や定着などを簡潔に整理したうえで，クウェート投資庁について事例研究を進める．共同研究グループ『グローバル

化の地域経済活性化と金融システム』の中で，クウェート投資庁が多少なりとも，地域経済活性化に関連した事例が，まずは1990年代初めのイラクによる侵攻による油田の破壊で，将来に備えて資金を蓄積していたファンド資金が活用されたことだ．そしてもう1つは，自国の若者に対する人材開発や，同じイスラーム圏[3]で資金不足に陥りやすいパキスタンへの投融資という経済・社会開発の原資にも利用されていることである．とかく不透明な巨額資金で先進国が変われるような論調もあるが，こうした政府系ファンドの一面にも触れながら報告する．

2．「政府系ファンド」の定着

豊富な資金を持つ投資家が，情報の非対称性や，リスク（＝リターン）が膨らむ可能性のある対外投資をするという投資行動には400年以上の歴史がある．オランダ東インド会社[4]は，1602年3月20日にオランダで設立され，世界初の株式会社といわれる．貿易など商業活動のみでなく，条約の締結権，軍隊の交戦権・植民地経営権などの権益を与えられ，スラウェシ（現在のインドネシア）から香辛料を，平戸や長崎の日本の貿易・決済拠点からは銀や磁器などを，それぞれ輸入していた．島原の乱では，江戸幕府の依頼を受けて，オランダは農民らが立てこもる原城跡を砲撃している．一方，オランダ東インド会社の株式は平戸に「商館」が建設される1609年以前に，アムステルダムで流通市場が形成されていた[5]．

東インド会社設立から400年以上が経過して，政府系ファンドの名前を発信したのはロシア出身の資産運用のプロフェショナルだった．米運用会社ステート・ストリート・グローバル・アドバイザーズ（SSGa）のシニア・マネージャー，アンドリュー・ロザノフである．2005年5月，研究誌「セントラル・バンキング・ジャーナル」に投稿している[6]．この研究誌の中で，ロザノフは「ソブリン・ウェルス」と「ファンド」を巧みに組み合わせている[7]．

政府系ファンドの名前が定着した後，フランス預金供託公庫（Caisse des

Dépôts) を最古の政府系ファンドとして言及する研究者が増えた[8]．

次のセントラルバンカーの発言も影響したとみている．「政治的論争は，SWF が新しいという事実から派生して始まったのではない」と，スイスの中央銀行，スイス国立銀行のフィリップ・ハイルダー副総裁[9]は，シンガポール政府投資公社（GIC）[10]をはじめ政府系ファンドの欧米金融機関への出資が明らかになった直後の 2007 年 12 月 18 日，ジュネーブにある国際金融研究センター（International Center for Monetary and Banking Studies）における講演で強調している[11]．

政府系ファンドによる先進国における投資が政治的論争となり，金融保護主義が高まることがあれば，世界的な経済厚生を犠牲にするとの懸念を表明したものである．

ハイルダー総裁は「世界最初の SWF はフランスで 1816 年にできた」と政府系ファンドの歴史に言及している[12]．

ただし，フランス預金供託公庫は，ナポレオン後のルイ 18 世，つまり王政復興の時代に創設された．ただし，ルイ 18 世の支持を受けた国会はフランス初の財政法も成立させている．フランス預金供託公庫は，経済の早急な再建，革命後に蓄積した公的債務の清算，戦時賠償金の支払いを目的としていた．原資としては，税金不足を市民からの預金などで補うことを期待していた．フランス預金供託公庫はあくまで資金不足の財政を補うための政府系ファンドで，資金余剰から生まれ，将来世代の財源となる中東の政府系ファンドとは，明らかに対照的である[13]．

さて 2007 年 8 月 9 日，パリバ・ショック以降，世界的な金融危機政府系ファンドをテーマにした著作は内外で増加しているものの，同一の著者によってまとめられたものは管見するところ，限られている[14]．その 1 人，政治経済学者で北京大学准教授の Balding（2012）は，中東で生まれた石油輸出の資金を蓄積したファンドを安定化基金（Stabilization Fund）と位置づけて，シンガポールや中国の非商品ファンド（non-commodity fund）について，自国内の国有企業などの株式を保有することなどから，利益相反（conflict of interests）の懸念を

指摘している．メディアの中にも変化がみられる．英国の海外通信社ロイターは政府系ファンドのうちクウェート投資庁について，景気調整ファンド（rainy day fund）[15]と表現するようになった．ロイターが各ファンドの特徴を判断しながら，使い分けをしている可能性があることを指摘していく．

3．クウェート投資庁を中心とする事例研究

（1） クウェート経済の特徴

次に，本節では，クウェートや同国の経済を簡単に報告した後，KIAの事例研究に移っていく．

クウェートは1899年英国の保護国となり，その後，1938年にブルガン油田が発見され，クウェートは1961年6月19日，英国から独立している．

ブルガン油田は，クウェートの首都クウェート市のすぐ南に位置し，現在でも同国最大で，世界2位の埋蔵量とされる大油田である[16]．英米企業のクウェート・オイル・カンパニー（Kuwait Oil Company）が1938年に発見し，1946年に生産が開始された．石油収入がGDPの約50%，政府歳入の約80%，輸出の約95%を占めている[17]．

クウェートは，イラクとサウジアラビアに挟まれた四国ほどの面積に約3百万人の人口を抱えている．このうち3分の2は大量の出稼ぎ労働者の受け入れで，クウェート人はわずか約100万人しかいない．主要な政府系ファンドを保有する国（表1）としては，シンガポールとともに小さな経済圏である．

また，クウェートは，政治的には湾岸協力会議（GCC）の中では民主的とされている．1960年代，GCC諸国の中で議会を有していたのはクウェートのみであった．1970年代以降，独立を達成した他のGCC諸国のいくつかの国では諮問議会が設置された．しかし，普通選挙によって議員を選出し，かつ立法権を有した議会は，バハレーンを除いて近年までクウェートの国民議会のみであった（バハレーンの議会は1973年に設置されたものの，2年後の1975年には停止され，2002年まで再開されなかった[18]．

表1　主要政府系ファンドと日本の年金積立金管理運用独立行政法人の比較表

(単位：10億ドル)

資金別	国名	ファンド名	運用資産	対総計	設立年
Oil	Norway	Government Pension Fund-Global	737.2	13%	1990
Oil	Saudi Arabia	SAMA Foreign Holdings 1	675.9	12%	不明
Oil	UAE-Abu Dhabi	Abu Dhabi Investment Authority	627.0	11%	1976
Non-Commodity	China	China Investment Corporation	575.2	10%	2007
Non-Commodity	China	SAFE Investment Company 1	567.9	10%	1997
Oil	Kuwait	Kuwait Investment Authority	386.0	7%	1953
Non-Commodity	China-Hong Kong	Hong Kong Monetary Authority Investment Portfolio 1	326.7	6%	1993
Non-Commodity	Singapore	Government of Singapore Investment Corporation	285.0	5%	1981
Oil	Russia	National Welfare Fund 3	175.5	3%	2008
Non-Commodity	Singapore	Temasek Holdings	173.3	3%	1974
		Other Funds	5,848.7	100%	
石油・ガス合計			3,436.2	59%	
その他合計			2,412.5	41%	
総　　計			5,848.7	100%	
参　　考	Japan	Government Pension Investment Fund 2	1,210.1		1986

(注)1. 外貨準備高が推計に含まれる可能性がある．
　　2. 年金積立金管理運用独立行政法人，運用資産は1ドル＝100円で換算（以上，筆者）．
　　3. the oil stabilization fund of Russia を含む．運用資産は2013年6月末現在のSWF Institute 推計値も含む．
(出所)　年金積立金管理運用独立行政法人，SWF Institute (http://www.swfinstitute.org/fund-rankings/（アクセス日：September 10 2013))．

(2) クウェート投資庁の概要

クウェート投資庁は政府系ファンドで最も古い組織である．クウェート投資庁の前身，クウェート投資委員会（Kuwait Investment Board）は1953年，ロンドンで設立された．さらに1982年，国会で法令（47号法）に基づいて，クウェート政府の資産を管理する責任が，財務省から移管される形で，クウェート投資庁（Kuwait Investment, KIA）が設立された[19]．

そしてクウェート投資庁は，主として一般準備基金（General Reserve Fund, GRF）と将来世代基金（Future Generations Fund, FFG）の2つの基金を運用・管理している．前者が主に国債などに投資するほか，各種資金の受け入れ勘定の役割を担うのに対して，後者は長期間の収益を目指す積極運用を目的とする．財務省から毎年，歳入（主に石油収入）の10％[20]が将来世代基金に移転されていたが，クウェート政府は2012年9月，2012年度の歳入の移転割合を25％に増額することを公表している[21]．2011年度予算は当初，原油価格1バレル＝60ドルの想定で予算を編成したものの，実際には110ドルとなり，大幅な財政黒字を記録した[22]．クウェート政府・議会は当初予算では原油価格を低めに予想して歳出が歳入を上回る赤字予算を編成して，期中に修正するのが通例になっている[23]．

また法令による場合を除いて資金を引き出せないとされている．

(3) ミッション

クウェート投資庁は，将来の世代が自信を持って不確実性に対峙できるように，また，原油埋蔵量の代替財源を提供するため，余剰資金から長期的に利益を上げることを方針として掲げている[24]．

(4) 運用方針

クウェート投資庁は，3年間の移動平均を用いて，その合成ベンチマークを超えること，投資の収益率を達成することを目指している．リターン追求とリスク管理を伴った資産配分を，設計および，維持していく．

実際のベンチマークは株式ならMSCIなど欧米の機関投資家同様，代表的な使用が選ばれている．

図1のように，近年は上場株式への資産配分ウエイトが低下し，その他が30％近くある．株式ウエイトは2004年3月時点，71％から，2007年3月時点で58％まで低下した．2010年3月時点では52％と半分程度にとどまっている．エマージング市場は2004年3月時点のゼロから，2007年3月時点では6％となり，2010年3月時点では8％としている[25]．

香港，台湾を含むグレーター・チャイナの投資が5年前の22億ドルから100億ドルに拡大し，中国本土に対しては同じ期間，ゼロから56億ドルに拡大している[26]．

なお，その他にはプライベート・エクィティ，不動産投資などが含まれているとみている．また，2005年から，運用の外部マネージャーの見直しも活発化させている．2005年当時，25の外部マネージャーに45のポートフォリオを委ね，近年では62の外部マネージャーに120のポートフォリオの運用を任せ

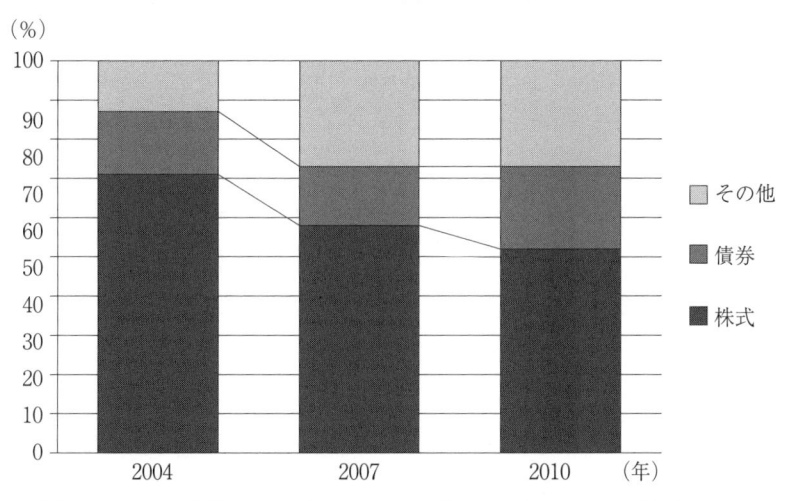

図1 クウェート投資庁の戦略投資配分

（出所）クウェート投資庁（http://www.kia.gov.kw/En/Press_Room/Speach_MD/Documents/ABANA%20FINAL%20[02.10.2011].pdf（アクセス日：2013年9月20日））．

ている。この結果，2010年度で，外部マネージャーの64%がベンチマークを上回り，12ベーシス・ポイントの超過収益を獲得している[27]。

(5) マネージング・ディレクター

クウェート投資庁のマネージング・ディレクターのバデル・ムハンマド・アル・サアド氏は2004年12月から現職に就いた[28]。1982年以来，6代目のマネージング・ディレクターとなる。任期は10年に及び，歴代で最長記録である。原油の高騰期で運用資産が拡大し，しかも世界的に政府系ファンドの注目が高まるなど組織改革の実行者としての意義は大きい。クウェート投資庁を分析する1次資料は，彼のスピーチ原稿となっている。

地元クウェート大学で会計学を学び，1980年に卒業した後，地元銀行で為替トレーダーとなり，チェースマンハッタン銀行やファースト・ナショナル・バンク・オブ・シカゴ（ともに現JPモルガン・チェース）に出向し，トレーニングも受けた。

為替ディーラーだった頃は午前3時（日本の午前9時）に起床し，東京時間の為替取引に参加していた。プラザ合意を挟み，円相場が歴史的な上昇過程にある中だった。1980年代，円相場（対ドルレート）は277円から121円の間で，大きく動いた。「YENのおかげで毛髪の色が白くなった」とインタビューで答えている[29]。

アル・サアド氏は日本経済がバブル崩壊に入った1990年代を迎え，為替ディーラーを卒業し，地元の投資銀行に転職することになった。投資銀行で業務を重ね，漠然と，ファンド・ビジネスに関心を持ち出していった。そんなとき，財務相からクウェート投資庁のポジションをオファーされ，会長に次ぐナンバー2のポストに就任した。会長は財務相が兼務するため，事実上はナンバー・ワンだ。

「石油が枯渇したら，資産運用しかないだろう。われわれは中国のような安い労働力，スイスのようなサービス産業，シンガポールのように効率的な国ではない」[30]。アル・サアド氏は産油国の将来を決して楽観視していない。それ

だけに，就任時，「運用資産を倍にしたい」と意欲的な目標を口にした．低金利・低成長の日本で，資産を2倍にすることは，なかなか実感できない[31]．

(6) 運用収益率

クウェート投資庁も，アブダビ投資庁同様[32]，運用資産の金額については，情報を開示していない．アブダビ投資庁は資産別の目標ポートフォリオ，地域別の目標ポートフォリオを公開し始めた．

クウェート投資庁は広報部門を設置しているものの，結局はアル・サアド氏のスピーチ原稿やメディア・インタビューが希少な情報源となっている．以下で，そうした限られた情報から運用収益率について整理を試みる．

まず，先述したようにポートフォリオに占める株式ウエイトは低下している．不動産やプライベート・エクィティへの投資を増やしている可能性がある．この目標ポートフォリオの変更が投資収益を押し上げる可能性ある．

さて，アル・サアド氏は，2005年12月の日本経済新聞のインタビューで次のように答えている．「高い運用益を狙って大きなリスクを取ることはしない．石油はいずれ枯渇する．われわれは国家の安定運営や将来の世代のために，30年以上先を見据えて投資している」．

2005年のインタビューでは，「過去10年の平均運用利回りが9.2％」と，トラッキングレコードを明らかにした．

アル・サアド氏は2007年のインタビューで，クウェート投資庁の収益率を2001年，2002年はともにマイナスで，2005年が11.4％，2006年が13.2％と答えている．

2007年のインタビューでは，資産配分にも言及している．株式は60％，国別では，欧米の比率を90％から70％に引き下げた[33]．欧米の株式を売却し，新興国やアジアにシフトさせた．「経済成長率8％の国（中国やインド）があるのに，なぜ2％成長の国（先進国）に投資するのか」と問いかけた．

不動産投資は2.5％，プライベート・エクィティは1.5％という．上場株式以外では，2006年，中国最大の銀行，中国工商銀行のIPOに向けた株式売り出

しで，7億ドルを出資した．2007年には，米国のプライベート・エクィティにも3億ドルを投資した．プライベート・エクィティについては，「過去2年の実績は過去20年を上回る」と，胸を張った．

そしてアル・サアド氏は2011年9月，米国で講演し，過去20年の収益率は8.5％であることを明らかにしている[31]．

(7) 政府系ファンドによるイラク戦争復興支援

一方，クウェートは，イラク侵攻によって，政府系ファンドの財政破綻リスクへの対応力を初めて示すことになった．戦争の影響はすさまじい．実質経済成長率は1990年，26.2％，翌1991年は41.0％と，大幅なマイナス成長を記録した．1991年以降，クウェートを上回る経済成長率のマイナスを経験したのは，1994年のルワンダのマイナス50.3％だけだ．

アル・サアド氏は2008年4月9日，ルクセンブルグで開かれた会議の席上，「イラク侵攻で700もの油田が戦火に見舞われ，その後，クウェートは3年間にわたり収入を絶たれた．われわれは800億ドルをクウェートの解放や復興のために支出した」と語っている．

イラク侵攻以前，クウェート投資庁の運用資産は1,000億ドルを超えていたとされる．800億ドルの財政への支出によって，その大半を失ったことになる．

(8) クウェート，アフリカの重債務国への支援

ロンドンで設立された最古の政府系ファンドの広範な活動の一端が，アフリカの債務問題で明らかになった．

国際金融には，HIPC（Heavily Indebted Poor Countries）という略称が登場する．重債務国，最も貧しい途上国の中で最も借金返済にあえぐ国を示している．HIPCの認定基準は，① 1993年の1人当たりのGNPが695ドル以下，② 1993年時点における現在価値での債務残高が年間輸出額の2.2倍もしくはGNPの80％以上とされる．IMFや世界銀行は2008年7月現在，41カ国をHIPCに認定している．

この中には，アジアのアフガニスタン，ネパール，中南米のガイアナ，ボリビア，ホンジュラス，ニカラグアのほか，シェラネオーネ，スーダン，ルワンダなど大部分のアフリカ諸国が含まれている．こうしたアフリカ諸国の中には，原油，銅，鉄鉱石，金，ダイヤモンドなど先進国の工業製品，ファッションを支えている資源国も含まれている．支援の枠組みが決まった33カ国で，債務救済額は1,170億ドルにのぼる[35]．債権国とアフリカなど債務国との多国籍交渉は10年にも及んだ．債権国，債務国との意見の違いのほか，債権国内部の国益，政治的思惑が複雑に交錯した．

IMFは2007年，新たに協力に参加した数少ない国として，クウェートを挙げた．クウェート投資庁の傘下で，クウェートアラブ経済開発基金（KFAED）を通じて，3億3,220万ドルの債務救済を表明し，すでに71％にあたる2億2,800万ドルの支援を実施している．先進国以外では，表明額では台湾に次いで4位，実施額では2位となっている．支援の枠組みが決まった33カ国に対するクウェートの債務残高は4億6,200万ドル．国別では，ニジェール4,700万ドル，セネガル4,400万ドル，コンゴ4,000万ドルなどとなっている．

KFAEDは，クウェートが建国した1961年の12月，誕生した．5,000万クウェート・ディナール（1億4,000万ドル）の基金でスタートし，段階的に基金の積み増しを実施し，1981年3月には20億クウェート・ディナールに増額している．長期の低利融資のほか，無償援助，技術協力を提供し，先進国以外では，初めての開発途上国向けの援助機関となった．低利融資は101カ国に対して総額37億2,700万クウェート・ディナールを供与している．セクター別では，交通インフラやエネルギーなどに融資されている．現在では，GNPの4％の援助を目標としており，先進国が目標とする0.7％を上回っている．

クウェート投資庁は，イスラーム圏でアフガンと国境を接するパキスタンにも資金供給した．同投資庁はUAE中央銀行などとともに，パキスタン中央銀行へ預け入れを実施した．クウェート投資庁は2億5,000万ドル，UAE中央銀行は1億5,000万ドル規模だった．

クウェート投資庁はパキスタン国家銀行と各50％出資で，パキスタン・ク

ウェート投資会社を設立している．日本の格付け会社JCRのパキスタン合弁会社からも最高位格付けのAAAを取得している．金融機関への融資，株式投資など総資産は2007年6月末で，277億パキスタン・ルピー（約1億5,700万ドル）にのぼる．シンジケート・ローン，イスラーム金融の金融機関への出資，ファンドへの出資など，長期の資金を供給している．

(9) 海外ビジネススクール奨学金

クウェート投資庁は，自国の学生が，海外ビジネススクールへの正規留学を財政的に支援している．公務員の雇用機会が豊富なクウェートで，あえてクウェート投資庁は，若者を欧米流の競争機会へ促している．対象は20名で，2年間で約150万円程度の奨学金である．留学先のビジネススクールは，英国のビジネス紙「ファイナンシャル・タイムス」のランキングとほぼ同じ内容で，ハーバード，スタンフォード，ペンシルバニア，ロンドンなど19校が指定されている．アジアからは2校（欧州系のアジアキャンパス）選ばれている．ビジネススクールの授業料，欧米の生活費を考えると，2年間で150万円と決して潤沢な金額ではない．

それでも，米国式の著名ビジネス・スクールに進めば，欧米でのキャリア形成の可能性も高まる．留学後のクウェート投資庁での勤務義務など課されていないようだが，ウォール街やロンドン・シティで資産運用の経験を積んで，企業経営者やクウェート投資庁に参加するような人材開発も期待できる．またクウェート投資庁は2005年，出資先のダイムラーとクウェートの人材開発で合意をし，同社から講師を招き，自動車生産に関するセミナーを開催している．

4．むすび

クウェートには約300万人のうち自国民は100万人に過ぎない．潤沢な石油収入から税金の心配がないどころか，自国民の多くは公務員として雇用される．毎年，潤沢な歳入の10%がクウェート投資庁の原資として移転され，将

表2 2013年の奨学金指定ビジネス・スクール一覧表

1	Harvard Business School	US
2	Stanford University (Graduate School of Business)	US
3	University of Pennsylvania (Wharton)	US
4	London Business School	UK
5	Columbia Business School	US
6	INSEAD	Singapore
7	IESE Business School	Spain
8	Hong Kong University of Science & Technology	China
9	MIT: Sloan	US
10	University of Chicago: Booth	US
11	IE Business SchoolFeatured business school	Spain
12	University of California at Berkeley: Haas	US
13	Northwestern University: Kellogg	US
14	Yale School of Management	US
15	Ceibs	China
16	Dartmouth College: Tuck	US
17	University of Cambridge: JudgeFeatured business school	UK
18	Duke University: Fuqua	US
19	IMD	Switzerland
20	New York University: Stern	US

(注) INSEADはフランスにもキャンパスがあるが,記載されていない.
FTのGlobal MBA Ranking 2013から,11位のIE Business SchoolFeatured business school (Spain) を除くとクェート投資庁の指定ビジネス・スクール一覧表と同一になる.
(出所) クウェート投資庁（http://www.kia.gov.kw/En/MD_Office/Training_Dep/MBA/Pages/default.aspx（アクセス日：2013年9月11日））.

来世代に備えた長期の運用がなされている．MSCIなど欧米の機関投資家が利用するベンチマークを活用した運用目標の管理手法などをみると，年金基金や投資信託の基金と大差がない．

クウェート投資庁は近年，積極的に外部マネージャーに運用委託を図り，最近の運用では中国など新興国への投資ウエイトを高めながら，株式投資全体のウエイトを低下させている．不動産やプライベート・エクイティなどで超過収益を獲得している．

ただ課題としては，運用資産や投資収益率などについて，開示度が低く継続性もないことである．世界的にみても事実上，世界初めての政府系ファンドだけに，情報開示の分野でも寄与していくことを期待している．

最後に，クウェート投資庁は1990年代初めのイラクによる侵攻による油田の破壊で，将来に備えて資金を蓄積することの重要性を示した意義がある．そしてもう1つは，自国の若者を対象にして海外著名ビジネススクールや，同じイスラーム圏で資金不足に陥りやすいパキスタンへの投融資という経済・社会開発の原資にも利用されていることである．

1) 小原篤次（2013）「黒田総裁，次回から日銀会見を生中継してください」『朝日新聞 WEBRONZA』2013年4月10日（http://astand.asahi.com/magazine/wrbusiness/2013040800007.html（アクセス日：2013年9月20日））．
2) 森本宜久「わが国の経済・物価情勢と金融政策　岩手県金融経済懇談会における挨拶要旨 」，8ページ（http://www.boj.or.jp/announcements/press/koen_2013/data/ko130829a.pdf）．
3) 日本の新聞では，イスラムと表記されるものの，地域研究者を中心にイスラームと表記されている．
4) オランダ語でVereenigde Oostindische Compagnie，略称VOC，英語でDutch East India Company．オランダ東インド会社が設立した頃はすでにアムステルダムで，公共，民間部門の資金調達が盛んだった．
5) オランダ東インド会社の資金調達やアムステルダム証券取引所については，Gelderblom, Oscar and Jonker, Joost (2004), "Completing a Financial Revolution: The Finance of the Dutch East India Trade and the Rise of the Amsterdam Capital Market, 1595-1612," The Journal of Economic History, Vo.64, No3. September, pp.641-672, Gelderblom, Oscar, de Jong Abe, and Jonker, Joost (2012), "The Formative Years of the Modern Corporation: The Dutch East India Company VOC, 1602-

1623," CGEH Working Paper Series 36（Center for Global Economic History, Utrecht University）.〈http://www.cgeh.nl/sites/default/files/WorkingPapers/CGEH％20WP％20No36％20Gelderblom％20deJongJonker％202008％202012.pdf（アクセス日：2013年9月20日）〉, Petram Lodewijk（2011）, "The world's first stock exchange: how the Amsterdam market for Dutch East India Company shares became a modern securities market, 1602-1700," PhD diss., University of Amsterdam〈http://dare.uva.nl/document/201694（アクセス日：2013年9月20日）〉を参照した.

6) Rozanov, Andrew（2005）, "Who holds the wealth of nations?, *Central Banking,* May.
7) 小原篤次（2009）『政府系ファンド』, 119 ページ.
8) 小原（2009）, 46 ページ. XU, Yi-Chong and Bahgat, Gawat（2010）, *The Political Economy of Sovereign Wealth Funds,* Hampshire "Palgrave Macmillan, p.1, p.251.
9) フィリップ・ハイルダーはその後, スイス国立銀行総裁に就任し, 2012年1月まで総裁を務めた. 現在はブラックロックの副会長で中東, アジア太平洋の機関投資家担当〈http://www.blackrock.com/corporate/en-us/about-us/leadership/philipp-hildebrand（アクセス日：2013年9月20日）〉.
10) 2007年12月10日.
11) Coeuré, Benoit（2008）, "Faut-il Avoir Peur Des Fonds Souverains?" Les Cahiers, Le Cercle des économistes〈http://benoit-coeure.net/media/bc-swf.pdf（accessed September 10 2013）〉. ECB役員会（ECB Executive Board）なお, ブノワ・クーレ氏は2012年1月から, 欧州中央銀行理事.
12) Hildebrand, Philipp M.（2007）, "The Challenge of sovereign wealth funds," *BIS Review* No.150, p.2.
13) フランス預金供託公庫については以下URLによる〈http://www.caissedesdepots.fr/en/the-group/governance.html（アクセス日：2013年9月20日）〉.
14) Anderson, Eric C.（2009）, *Take the money and run: sovereign wealth funds and the demise of American prosperity,* Westport, Conn : Praeger Security International, Balding, Christopher（2012）, *Sovereign wealth funds: the new intersection of money and politics,* New York: Oxford University Press, Bassan, Fabio（2011）, *The law of sovereign wealth funds,* Cheltenham: Edward Elgar, Bazoobandi, Sara（2013）, *The political economy of the Gulf sovereign wealth funds: a case study of Iran, Kuwait, Saudi Arabia and the United Arab Emirates,* London: Routledge, Schneidman, Leonard（2013）, *Sovereign Wealth Funds: A Legal, Tax and Economic Perspective,* New York: Practising Law Institute, Loh, Lixia（2010）,*Sovereign Wealth Funds: States Buying the World,* Enfield: Global Professional Publishing, Shemirani, Manda,（2011）, *Sovereign Wealth Funds and International Political Economy,* Farnham: Ashgate, Truman, Edwin M.（2010）, *Sovereign wealth funds: threat or salvation?,* Washington, D.C.: Peterson

Institute for International Economics などがある．

15) Reuters (reuters.com), Financial Times (ft.com), Wall Street Journal (wsj.com), Bloomberg (bloomberg.com) の4つの経済・金融ニュースサイトで確認する限り，インタビュー相手が rainy day 例はしばしばみられるが，ロイターでは，見出しや本文で使用するなど SWF との併記が定着しつつある．バーナンキ FRB 議長は，FRB や州政府ベースの基金に対して，rainy day を用いることがある．議長候補時の下院公聴会でも使用している．"NOMINATIONS OF BEN S. BERNANKE TO BE A MEMBER AND CHAIRMAN OF THE BOARD OF GOVERNORS OF THE FEDERAL RESERVE SYSTEM," January 31 2006 (http://www.gpo.gov/fdsys/pkg/CREC-2006-01-31/html/CREC-2006-01-31-pt1-PgS348.htm（アクセス日：2013年9月20日））．

16) 油田の埋蔵ランキングは，Robelius, F. (2007) "Giant Oil Fields-The Highway to Oil. Giant Oil Fields and their Importance for Future Oil Production," PhD diss., Acta Universitatis, p.79 を参照している (http://uu.diva-portal.org/smash/get/diva2:169774/FULLTEXT01（アクセス日：2013年9月20日））．

17) Bacon, Robert and Tordo, Silvana, Experiences with Oil Funds: Institutional and Financial Aspects, Washington, D.C.: World Bank, p.116.

18) 小杉泰（2005）「民主化と安定に向けて―イラク戦争後の湾岸」日本国際問題研究所（編）『湾岸アラブと民主主義―イラク戦争後の眺望』日本評論社，1-17ページ．平松亜衣（2007）「現代クウェートにおける社会変容と民主化―イスラーム・部族・女性問題を論点として―」『イスラーム世界研究』第1巻2号，353-366ページ．

19) 日本では，年金福祉事業団（現在の年金積立金管理運用独立行政法人）が1986年度から，財政投融資借入による年金資金の運用で，年金資金運用事業を開始し，2001年度から，財政投融資制度の改革が実施され，年金積立金の自主運用が実施されるようになった．以上，年金積立金管理運用独立行政法人資料による (http://www.gpif.go.jp/（アクセス日：2013年9月20日））．クウェートは日本より公的資金の運用の経験が長いといえるだろう．

20) 将来世代基金関連法によると，1976年度から歳入の10％が配分されている．

21) *Reuters*, September 17 2012.

22) *AFP*, October 8 2012.

23) *AFP*, October 8 2012 によると，クウェート政府は過去13年，赤字予算を編成している．

24) ミッションは次の URL による (http://www.kia.gov.kw/En/About_KIA/Mission_Principles/Pages/default.aspx（アクセス日：2013年9月20日））．

25) Al Sa'ad, Bader M., speech at ARAB Bankers Association of North America, September 26 2001 (http://www.kia.gov.kw/En/Press_Room/Speach_MD/Documents/ABANA%20FINAL%20[02.10.2011].pdf（アクセス日：2013年9月20日））．

第14章　社会開発も担うクウェート政府系ファンド　343

26) アル・サアド氏は2011年9月26日の米国スピーチで，2005年度と2010年度に言及しており，10月10日の中国スピーチにおける5年前は2005年度の可能性がある．Al Sa'ad, Bader M., specch at the Opening of the Kuwait Representative Office, Beijing, October 10 2011（http://www.kia.gov.kw/En/Press_Room/Speach_MD/Documents/MD％20Speech％20KIRO.pdf（アクセス日：2013年9月20日））．
27) Al Sa'ad, specch at ARAB Bankers Association of North America, September 26 2011 http://www.kia.gov.kw/En/Press_Room/Speach_MD/Documents/ABANA％20FINAL％20[02.10.2011].pdf（アクセス日：2013年9月20日）．
28) *Wall Street Journal,* August 24 2007.
29) *Wall Street Journal,* August 24 2007.
30) *Wall Street Journal,* August 24 2007.
31) ただ，世界的な資産価格の上昇期での発言だけに，決して不可能な目標とも言えない．収益率の違いが，長期的に運用資産の格差につながるか．わかりやすくするために，たとえば，1000億ドルを原資として，年率10％で運用を続けると，8年で2,144億ドル，同20％では4年で2,074億ドルに達する計算となる．一方，年率6％で運用を続けると，運用資産が2倍になるには12年かかる．ちなみに日本の年金積立金管理運用独立行政法人の市場運用部分のリーマン・ショック前，過去5年間（2003年度〜2007年度）で，5.79％のため，6％の複利計算が最も近い．1％の運用を続けたとすると，どうなるか．30年運用しても，1,000万円は1,348万円にしかならない．30歳で運用開始して，30年後は現在の平均的な定年年数だ．同じ30年でも6％運用で5,743万円，10％だと，1億7,449億円になっている．

　クウェート投資庁のアル・サアド氏が掲げた資産倍増計画は，決して夢物語ではないだろう．マネージング・ディレクターの任期4年での達成はともかく，2期8年の計画ならば，中立的かやや積極的な目標と評価してよい．ただ，あくまで2004年の就任時点での投資シミュレーションだ．リーマン・ショック後では，「年間20％のリターンを4年間，続ける」と公約しても，財務相や議会は納得しなかっただろう．
32) アブダビ投資庁については，小原篤次（2013）「「第二世代」の機関投資家としての中東の政府系ファンド」『企業研究』第23号，119-135ページを参照．Al Sa'ad, Bader M., specch at the Opening of the Kuwait Representative Office, Beijing, October 10 2011（http://www.kia.gov.kw/En/Press_Room/Speach_MD/Documents/MD％20Speech％20KIRO.pdf（アクセス日：2013年9月20日））．
33) *Wall Street Journal,* 24 August 2007.
34) Al Sa'ad, Bader M., specch at the Opening of the Kuwait Representative Office, Beijing, October 10 2011（http://www.kia.gov.kw/En/Press_Room/Speach_MD/Documents/MD％20Speech％20KIRO.pdf（アクセス日：2013年9月20日））．

35) IMF (2008), "Heavily Indebted Poor Countries (HIPC) Initiative and Multilateral Debt Relief Initiative (MDRI)".

参 考 文 献

アンソニー・H. コーデスマン (2012)『21世紀のサウジアラビア：政治・外交・経済・エネルギー戦略の成果と挑戦』明石書店

太田英明 (2012)『資本規制の経済学』日本評論社

大野早苗・黒坂佳央 (2013)『過剰流動性とアジア経済』日本評論社

小原篤次 (2013)「中国政府系ファンド・中国投資 (CIC) の投資戦略」『研究紀要』長崎県立大学国際情報学部, 第14巻

岸真清・島和俊・浅野清彦・立原繁 (2006)『市民社会の経済政策』税務経理協会

岸真清 (2013)『共助社会の金融システム』文眞堂

小杉泰 (2006)『現代イスラーム世界論』名古屋大学出版会

首藤恵・井村進哉 (2002)『アメリカ型企業ガバナンス』東京大学出版会

寺西重郎・福田慎一・奥田英信・三重野文晴 (2008)『アジアの経済発展と金融システム：東南アジア編』東洋経済新報社

中村みゆき (2013)『政府系ファンドの投資戦略と投資家動向』税務経理協会

日本経済調査協議会 (2009)『政府系ファンド (SWF) の役割と政策的インプリケーション』日本経済調査協議会

福田安志 (1996)『GCC諸国の石油と経済開発』アジア経済研究所

松尾昌樹 (2010)『湾岸産油国 レンティア国家のゆくえ』講談社

山口直彦 (2010)『アラブ経済史』明石書店

Eichengreen, Barry (2006), *Global Imbalances and the Lesson of Breton Woods*, Cambridge: The MIT Press (翻訳は, 松林洋一・畑瀬真理子 (2010)『グローバル・インバランス』東洋経済新報社).

※注に掲載したものは除いている.

第 3 部
地域と地域を結ぶ途

第15章　グローバルな地域発展戦略と原子力発電の市場アプローチ

1．はじめに

　1980年代から急激に進展した世界規模での経済活動の拡大は，各国の国民経済社会に大きな影響を与える．世界的規模の競争社会において，勝者と敗者の差が明確になる．競争に基づく資源配分は一時的な正当性が与えられるだけであり，資源再分配の検討対象となる．市場における資源配分における公正の評価に基づき，資源の再分配を実行することは政府に与えられた重要な役割である．市場競争における規模と変化の速度が大きくなると，国民は生活のスタイルおよび仕事の内容において大きな変化に直面する．現代社会の便利さの象徴であった携帯電話はスマートフォンやiPhoneの登場によって，2010年代のわずか数年のうちに世界の多くの国において，日常生活の中で主役の座を降りることになった．競争は世界的な規模で展開され，各国が競争の渦中で経験を積み重ねて，独自に市場の管理を実施する意欲と能力を向上させる．各国は国内の企業の競争力を高めるための企業育成政策を実施する．日本のエコカー減税や中国における太陽光パネルの生産に対する助成政策は，米国における各国企業の競争条件に有利に作用した．この社会構造の変化は経済の拡大という成果と同時に，失業，家庭の問題あるいは社会保障など負の側面への社会的関心を拡大する．この社会的な課題の解消は最終的には，政府の政策課題として政府に委ねられることになるが，社会に種々の予防的な仕組みあるいは政府を補完する組織機能を整えることによって，社会的なインパクトは弱められ，結果として，政府による政策の選択肢は拡大する[1]．

国民は議会などの民主的な手段を通じて，市場の失敗と関連する社会的なニーズの実現を目指す．その一方で，社会的企業，協同組合や非営利組織などの活動が，政府とは異なる別の経路において，社会的なニーズを達成することも可能である．あるいは企業によるCSR活動の強化などは市場の失敗を減少させる効果を有しており，結果として，政府の対応が必要な社会的ニーズを削減させることにもつながると考えられる[2]．

　急速に変化する社会環境に対応して，国民の暮らしを政府が適正にサポートすることは容易ではない．公共財供給に関する政府の負担あるいは責任を軽減することが重要な国家的な課題となる．市場の失敗が少なくなるような取組みは，緊急な対応が求められる社会的ニーズ自体が縮減する効果を有すると考えられる．グローバルな社会で展開される市場競争は，国民経済をベースに組立てられてきた経済学の教科書で紹介される伝統的な競争モデルとは異なる性質を有する．いいかえると，市場競争の覇者が独占者として市場の支配を可能にする制度を構築するモデルは必ずしも成立する保証はない．この独占的市場構造の下では，市場社会は安定した構造を形成することが容易になる．市場を支配する一部の企業に関係する企業を頂点とする協力あるいは共存の社会が形成される．これに対して，グローバルな競争を基礎とする社会では，安定的な社会グループの形成が困難になり，市場構造の流動性が増大する．国民にはその生活の基盤を確保することがより大きな課題となる．また，国境を越えた企業の活動は，企業活動において税負担の軽減をその主要な目標の1つに加える．競争の激化に伴い企業が獲得する利潤が増加しないだけでなく，法人税など企業が負担する税額はこの変化のなかで，国民1人1人が安定的な生活と環境を確保することは重大な社会的なニーズとなる．この課題の解決のための負担に関する国際社会での共通の理解が構築される必要がある[3]．

　国内の政策課題についていえば，社会を構成する住民の年齢の幅が拡大するとともに，少子化の傾向，単身者の増加，改善の見通しの立たない格差の問題などに対応するために教育や種々のタイプの社会保障などが多様な社会的ニーズとして増大する．社会の活力を担う企業誘致に成功しても，グローバルなレ

ベルでの企業間の競争は拡大して，その帰結は一握りの勝者と大量の敗者の存在をもたらす．この社会全体の構造に及ぶ歪みが国内とグローバル社会の双方で大きな混乱の潜在的な原因となる可能性がある．グローバル社会の持続可能性のためには，世界規模での所得の再分配が必要になるが，これまでの歴史の中で構築されてきた再分配の枠組みをグローバル社会全体に一気に拡大するシステム改革を実現することは容易ではない．現代社会での，所得移転は1960年代の開発援助とは規模が異なるだけではなく，市場による関与の増大は避けられない．金融危機が生じるときには，政府の債務不履行（default）が頻発する[4]．このとき多くの場合，通貨の価値の切り下げが付随する．このような強制的で大規模に国家単位で実施される緊急な取得再分配は，多くの社会的な課題の解決を一時的に延期するだけである．このように緊急処置によって，多様化した社会的なニーズへの対応が国家に課せられた責務であるという事実は変わらない．2008年から2009年の世界的な金融危機後の経済活動の不振に伴う緊急の財政的な支出と税収の落ち込みなど各国の財政に大きな負荷が加えられた．経済社会のグローバル化はこのシステム改革を推進するための財政的な負担を税収の増加として各国に自動的に分配する仕組みを経済社会の中に内蔵しているわけではない．

　ある程度の期間をかけた試行錯誤の調整過程において，国際的な協調に基づく制度改革が実施され，財政の収支のバランスが改善するような解決の道筋を見出すことが当面の目標となる．逆にいえば，政府が積極的に社会的なニーズの実現のためにその体制を強化し続けることは困難である．というのも，社会的なニーズに対応しようとする政府の試みが，財政の悪化の原因の1つであるということができるからである．

　グローバル経済の拡大とともに，その機能を補うために，公正な競争と確固とした協調を兼ね備えた仕組みが構築されなければならない．この過程において，都市間連携はその重要性を増してくる．グローバル都市の間での結合に基づき良好に機能する社会システムは，将来的には，重要な資本としての役割を果たすと期待される．グローバル都市の間での結合に基づき良好に機能する社会システムは，将来的には，重要な資本としての役割を果たすと期待される．

本章において、グローバル社会における地域的な課題とその対策が論じられる．地域社会の問題の解決には住民と政府と企業との間での問題解決のための民主的な合意に基づくプロセス形成が重要になる[5]．以下では、ロンドン市による金融産業支援戦略と日本の原子力発電に関して国家や地域を超えた合意を形成するための条件整備が論じられる．

2．ロンドン原則とロンドン・アコード

1980年代から規制緩和、経済の自由化あるいは小さな政府などの一連の政策は、地球規模における経済活動の拡大をもたらしたが、その副産物として、経済活動の拡大を牽引する多国籍企業による環境破壊や反社会的な行動が引き起こされた．1990年代に入ると、気候変動枠組み条約の制定など、経済社会活動への地球規模における規制の導入を推進する動きが勢いを増してきた．また、企業経営においても、環境に関してISOなどのマネジメントの手法を導入して自主的な対応を進める取組みが定着してきた．企業の社会的責任（CSR）や社会的責任投資（SRI）など企業による社会的な貢献活動の必要性も認識され、2000年には、その活動を推進するためGRI（Global Reporting Initiatives）などのガイドラインが整備された．

Shaxson（2011）による『タックスヘイブンの闇』は、国家権力とは独立しながら企業活動を支援する組織としてThe corporation of London（ロンドン市）の行動を分析するが、ロンドン市と英国政府と英国の基幹産業である金融業はグローバル経済の拡大と変動のなかで、協力しながら、地域の産業と社会の活動を発展に導く戦略を構築する．2000年代に入り、各種の国際会議において、それまでNGOからの攻撃の対象であった多国籍企業と各国政府は、NGOと協力して、会議の主導権を握りながら、積極的な提案を行う対応が明確になった．その転機となったのが、2002年にヨハネスブルグで開催された地球サミット（WSSD; World Summit on Sustainable Development）であった．ロンドン市はシティの中核を形成する金融機関との緊密な連携をとりながら、環境・食料・地

域省 (DEFRA; Department for Environment Food and Rural Affairs) と民間のシンクタンク (Forum for the Futures) と共同で,経済的な繁栄,環境保護,社会発展に関する7項目を柱とするロンドン原則 (London Principles) を発表した[6].英国は基幹産業である金融業の力を活用して,地球規模における持続可能な社会構築の先頭に立つという目標を有していた.2005年1月には,ロンドンで欧州排出量取引制度 (EU-ETS: European Union Emission Trading Scheme) のもとで,炭素の排出量市場が開始されるなど,金融を環境問題の解決のために使用する仕組みが構築されたが,発足当初は1トン当たり炭素価格が30ユーロの水準を保っていたが,2006年後半以降10ユーロを下回る状況が生じた.この価格の低迷を回避して市場の機能が発揮されるためには,市場における取引が活性化する需要を保証する炭素の削減規制強化のために国際的な合意が必要であるとの認識が広まった.この対策は,気候変動に関する国際会議における CO_2 削減の強化を推進する要因の1つになった.気候変動問題に関する国家間の利害調整が難航する中で,市場の枠組みを活用する仕組みの重要性が再認識され,実行可能性が緊要な検討課題となっている.

このロンドン原則のその後の検証において,原則5である環境の技術革新への金融の役割と原則7である国際的な所得格差の解消に寄与する金融とリスク管理の手法が十分に機能していないことが明らかになった[7].この取組みを加速させるために,2007年に,ロンドン市は,持続可能な社会を実現するための投資銀行,民間の研究組織,学術機関,NGOなどの開かれた協働体 The London Accord を組織して,気候変動問題や国際的な貧困問題の解決に取り組む.地球規模の課題解決のために,市場の機能を活用して,生産や社会の仕組みに関する革新をもたらす取組みの前提として,市場活動に伴うリスクや価格に対応する信頼できる指標を確立することが不可避である.

3. 2008～2009年の世界金融危機と経済社会の再構築

2008～2009年の世界金融危機以降において,世界の社会経済システムは不

安性を増しており，金融危機以降，急激に収縮する民間の資金供給に起因する社会的な需要不足による深刻な失業を避けるために，世界の主要国は積極的なGlobal Green New Dealにおける新しい産業の創生を目指した．金融資本によって世界規模で引き起こされた経済的な混乱に関する研究は進められているが，資本の本来の機能から逸脱した投資活動が存在することも議論の焦点となった．シャドウ・バンキングと呼ばれるような金融取引の規制の対象とならない機関による取引から，経済的な破綻が生じるリスクも明らかにされた．短期間の保有で資本価値の増加を狙う投資姿勢から，世界的な金融危機の防止とイノベーションを推進する長期的な視点に基づく投資行動へのシフトの重要性が認識される．London Accord は Long Finance の Web site を併設して，環境技術のイノベーションを推進するための基礎研究には，地球規模での課題となる気候変動と資源エネルギー問題を解決する環境新技術開発の推進だけでなく，新産業の創生による新しい需要と雇用の創出とこのイノベーションを長期間安定的に供給するための条件が付け加えられた．

The London Accord は，環境分野における投資リスク軽減のための環境技術の評価に関する研究に積極的に取り組んできたが，炭素市場を活用することだけではなく，より大規模な投資機会の創出を積極的に目指して再生可能エネルギー分野におけるイノベーションをもたらす情報の共有を世界規模で実現するために，投資銀行などによる情報の提供を要請する．

London Accord の取組みを支援するために，筆者は田中 (2004) などを発展させたいくつかの研究のレポートを London Accord に投稿した．この研究活動はロンドン市と The Z/Yen Group との継続する議論の中で展開された．この共同研究の中で，グローバル経済社会の発展にとって評価された研究は以下の6本であり，環境と金融に関する分野に分類される内容であった．

(1) グローバル経済社会における不安定性要因を解明するモデルの提示：Tanaka (2009)．
(2) 2国モデルを用いた炭素削減のための国際共同基金の提案：Tanaka (2010)．
(3) 新エネルギーの投資への補助金の必要性と補助金投入に関する指標；

Tanaka（2011a）．
④ イノベーションをもたらす都市ネットワーク構造の解明；Tanaka（2011b）．
⑤ ソーシャル・イノベーションを組織としての営利企業，非営利企業，社会的企業の役割の評価；Tanaka（2012）．
⑥ 経済的な変動がグローバルな都市の構造に与える影響を分析するモデルの提案と検証；Tanaka（2013）．

　これらの一連のモデル分析はグローバルな課題を解決するための基礎理論としての役割を果たすことが期待されるが，2008年から2009年の世界金融危機に直撃された経済社会の課題を多角的に考察する．

4．エネルギー供給と市場メカニズム

　前節では，ロンドン市におけるグローバル社会と連動する地域再生戦略が論じられた．議論の中心は再生可能エネルギーに関するイノベーション戦略であった．日本のエネルギーに関する議論では，2011年の東日本大震災のときに発生した福島原子力発電所事故による放射能による汚染問題が日本全体に大きな影をもたらしている．原子力発電の問題は日本社会全体の危機管理とも直結する重大な政治的課題であるが，エネルギー政策の一環として議論される必要がある．原子力発電の問題と再生可能エネルギーの問題を同じレベルで論じられる必要がある．エネルギーに関するイノベーションが分析されるとき，市場メカニズムの機能が発揮されることが期待される一方で，住民の同意を得ることが可能な解決方法が社会から求められる．地域における住民の政治的な決定力と市場に基づく資源配分が両立するメカニズムが模索されることになるが，以下ではその基礎となる理論モデルが提示される．

　エネルギーの供給体制が考察されるとき，われわれはいくつかの制約条件の下で社会的厚生を最大化する問題を解かなければならない．エネルギーの問題では，住民の合意と市場機構で実現される効率性という2つの目標の同時達成が目指される．われわれは理論分析において，住民によって承認される市場均

衡解を考察する．

　本章において，理論的な分析の対象となる状況が明確にされる[8]．社会は原子力発電を推進する住民（グループ1）と原子力発電に反対の立場の住民（グループ2）の2つの利害あるいは意見が対立するグループに分けられる．グループ1と2の1人当たり利用可能な電力の供給量はx_1，x_2で表示される．各グループの人口はn_1，n_2である．各グループの代表的個人は単位価格で私的財をy_1，y_2消費する．そのメンバーの所得と効用関数はM_1，M_2とuで表示される．エネルギー発電の社会的費用は2つのグループの間で同じではない．市場機構が有効に機能するために，グループ1のメンバーはzだけ他の地域（グループ2）で生産される原子力や再生可能エネルギーからの供給の切り替えることに同意する．グループ1の住民は地域あるいはグループ内で生産されるエネルギーx_1を消費するが，そのうちzが供給を受ける他の地域の住民との合意が必要な電力である．この電力供給の体制の下では，グループ1の代表的個人は市場機構において電力料金の上乗せなどによって市場によって決定される価格pを用いて，pzの所得再配分に応じる．pzは原子力発電を継続するあるいは再生可能エネルギーを推進するための補助金あるいは補償金を意味する．

　社会にとって電力の総供給量xは（1）式で表示される．

$$x = n_1 x_1 + n_2 x_2 \tag{1}$$

グループ2の個人が補助金を受け取ることに注意すれば，各グループの個人に関する効用関数と所得制約条件は（2）〜（5）で定式化される．

$$u(n_1 x_1 + n_2 x_2,\ y_1,\ n_1(x_1 - z)) \tag{2}$$

$$M_1 = x_1 + y_1 + pz \tag{3}$$

$$u(n_1 x_1 + n_2 x_2,\ y_1,\ n_2 x_1 + n_1 z) \tag{4}$$

$$M_2 = x_2 + y_2 - pzn_1 / n_2 \tag{5}$$

社会全体の電力あるいはエネルギーの総供給量と私的財の消費量に関して効用関数は増加関数である．また，各地域あるいはグループ内での電力発電において，放射能の発生の恐れや環境破壊の可能性が存在することから，第3番目の変数の増加は社会的費用を発生して，効用を低下させる．式のうえでは，各変数に関する偏微分係数は次の不等式を満足すると仮定される．

$$u_1>0, \ u_2>0, \ u_3<0$$

この不等号式は，住民が電力の供給が増強されるのには賛成であるが，社会的な費用が高い電力の供給には反対の態度を表している．原子力発電に皆が反対すると，電力の供給は需要に追いつかない，電力不足が発生する可能性が存在する．エネルギー供給における供給不足を発生させない仕組みが導入されなければならない．グループ1の各変数 $x_1, \ y_1, \ z$ に関する所得制約条件(3)の下で，個人の効用関数(2)の最大化の一階条件は(6)と(7)式で整理される．

$$n_1\frac{u_1}{u_2}+n_1\frac{u_3}{u_2}=1 \tag{6}$$

$$n_1\frac{u_3}{u_2}=-p \tag{7}$$

同様にして，第2グループの個人に関する効用最大化の一階条件は

$$n_2\frac{u_1}{u_2}+n_2\frac{u_3}{u_2}=1 \tag{8}$$

$$\frac{u_3}{u_2}=-\frac{p}{n_2} \tag{9}$$

で表示される．(6)〜(9)式は (10)式に簡略化される．

$$n_h\frac{u_1}{u_2}=1+p, \ h=1, \ 2 \tag{10}$$

(3)式が

$$M_1+x_2-pz=x+y_1$$

図1　市場均衡と住民間の交渉

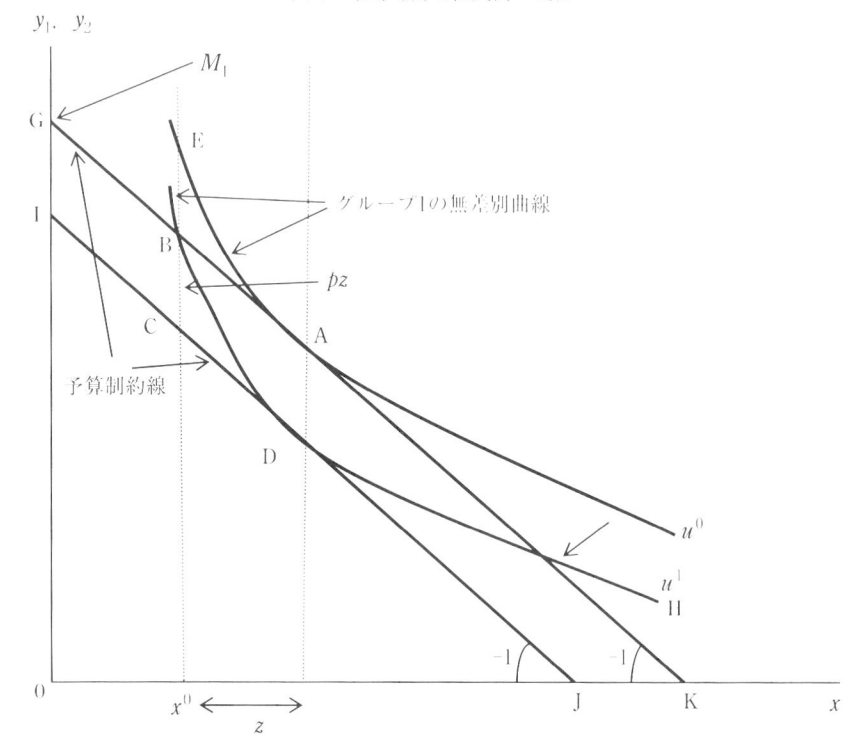

(出所)　著者作成.

に変形されることに注意すれば，交渉が成立する場合は図1で示される．グループ1の個人は便利な生活と地域内の発電量を抑制して安全を確保することを両立させることを目指す．p が正の値であるので，$1+p>1$ が成立して，市場と交渉を組み合わせた最適消費量は点Bで示される．グループ1の住民が社会的費用を直接的に負担するときの最適点が点Dであるとすれば，この2つの点は無差別であることを活用して，無差別曲線BDの線上のいずれかの点において，市場均衡が得られる．グループ1の住民は電力の地域間調整に関する需要を表明する．

これに対して図1と対になった図2を用いてグループ2による電力の地域間

調整での供給の仕組みを解説しよう．地域間調整が始まる前の段階では，グループ2は点Aが最適消費行動を行う．グループ2には，エネルギー供給をすることで，供給に関するコストの一部の負担などの補助が支出される．所得制約条件は直線IJから直線GHに上方向にシフトする．グループ2の最適消費の点は点Bにシフトする．図1と図2のzを市場で集計される額が均等すれば市場均衡が成立する．しかしながら，図1と図2はこのような均衡が得られる可能性を示したものであり，このような仕組みをどのようにして設計するかについて具体的に解答を与えることはない．ここでの分析はこのような交渉による均衡が得られるための条件が難しいことを示していると解釈することが

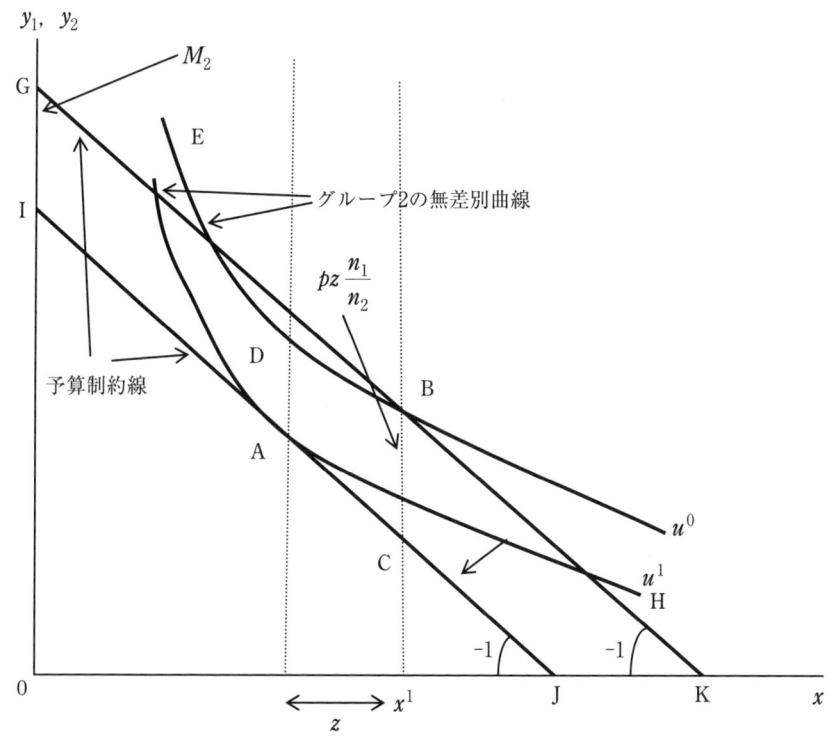

図2　エネルギー供給と住民の対応

(出所)　著者作成.

5. むすび

　地域の持続可能性を実現するための金融産業とロンドン市の共同のイノベーション戦略が考察された．日本の産業政策の事例として，原子力発電の政策における社会的費用が市場機構において国民の間で分担される可能性が論じられた．いいかえると，グローバル経済における課題とその対応の方法の事例が本章において論じられた．グローバルな経済社会の発展とともに，地球上で利用可能な資源および環境を持続可能なように共有する仕組みの確立が重要になる．英国の産業政策は産業革命の時代から世界の標準となる技術あるいは制度の確立を目的としてきた．環境技術のイノベーションは何回目かの産業革命の始まりをわれわれに予測させる．この環境技術革新を中核とするイノベーションは新たな社会の制度や文化を育成すると考えられる．日本の原子力発電は大きな混乱を引き起こしたが，社会的な合意の可能性が存在することが本章で明らかにされた．われわれは，限られた可能性を明らかにしながら，混乱による社会的費用の発生を抑制しながら，市場均衡と住民の合意が両立する解決方法を模索しなければならない．

1) 田中（2010b）．
2) Becchetti and Borzaaga（2010）と Nyssens（2006）を参照．
3) 社会的ニーズと公共財供給の関係は Windrum と Koch（2008）で理論的に整理される．
4) Jhonson と Kwak（2010）は政府規制と金融危機との関係を具体的な事例に基づいて説明する．
5) 公民協働の取組の具体例は田中（2010a）で紹介される．
6) Financing Future（2002）．

7) The London Principle: Three Years on from Johannesburg（2005）.
8) 本節の分析は田中（2001）において定式されたモデル分析を電力の供給に応用しものである．関数の性質などモデルの詳細は田中（2001）において詳細に説明される．

参 考 文 献

田中廣滋（2001）「公共財としての廃棄物最終処分場の整備」田中廣滋編（2001）『環境ネットワークの再構築—環境経済学の新展開—』中央大学出版部，143-166 ページ

田中廣滋（2010a）『持続可能な地域ガバナンスと公民協働』中央大学教育 GP（http://www2.chuo-u.ac.jp/econ/gp/img/publish/2009houkokushoindex.pdf）（2010 年 5 月 29 日）

田中廣滋（2010b）『気候変動問題と環境技術革新戦略』中央大学教育 GP（http://www2.chuo-u.ac.jp/econ/gp/img/publish/2009bookletindex.pdf）（2013 年 10 月 1 日）

Becchetti, L. and C.Borzaga (2010), *The Economics of Social Responsibility: The World of Social Enterprises,* New York, Routledge

Jhonson, S.and J.Kwak (2010), 13 Bankers, Random House Inc. New York. 村井章子訳（2011）『国家対巨大銀行—金融の肥大化による新たな危機』，ダイアモンド社

Nyssens, M.(2006), *Social Enterprise: At the crossroads of market, public policies and civil society,* New York, Routledge

Shaxson, N. (2011), Treasure Islands, Random House Inc. New York. 藤井清美（2012）『タックスヘイブンの闇—世界の富は盗まれている』朝日新聞出版

Tanaka, H. (2009), "The Sustainable Framework for Climate Change and the Financial Crisis", *London Accord,* pp.1-19（http://www.longfinance.net/component/yuidt/index.php?option=com_content&view=article&id=214&Itemid=157）（2013 年 10 月 1 日）

Tanaka, H. (2010), "A Global Cost Sharing Scheme to Prompt Innovation in Environmental Technology," *London Accord,* pp.1-16（http://www.longfinance.net/component/yuidt/index.php?option=com_content&view=article&id=225&Itemid=157）（2013 年 10 月 1 日）

Tanaka, H. (2011a), "Global Public Supports for Innovation in Environmental Technology," *London Accord,* pp.1-12（http://www.longfinance.net/component/yuidt/index.php?option=com_content&view=article&id=402&Itemid=157）（2013 年 10 月 1 日）

Tanaka, H. (2011b), "Sustainability and Network Effects in Global Cities," *London Accord,* pp.1-24（http://www.longfinance.net/programmes/london-accord/396-report-

template.html）（2013 年 10 月 1 日）
Tanaka, H. (2012), "Social Responsibility, Social Enterprise and Social Innovation in the Stakeholder Communities," *London Accord* pp.1-16（http://www.longfinance.net/images/reports/pdf/chuo_socenterprise_2012.pdf）（2013 年 10 月 1 日）
Tanaka (2013), "A Theoretical Model Analysis of Urban Transformation after Global Financial Crisis 2008" *London Accord* pp.1-18（http://www.longfinance.net/images/reports/pdf/chuo_urbantransfo_2013.pdf）（2013 年 10 月 1 日）
Windrum, P. and Koch, P. (2008), *Innovation in Public Sector Services: Entrepreneurship, Creativity and Management*, Chettenham, Edward Elgar

第16章　アジア通貨統合への道
——1990年代と2000年代の比較より——

1．はじめに

　第2次世界大戦後，世界経済は統合への道を歩んでおり，特に1990年代以降，モノ，カネ，ヒトといった各側面での地域統合の動きが顕著である．ヨーロッパや南北アメリカをはじめとする世界各地において経済統合の動きが活発で，加盟国の増加といった水平的広がりとともに，垂直的な統合の深化が進んでいる．特にヨーロッパにおいては通貨統合（ユーロ）という画期的な経済統合も実現している．アジア地域もその例外ではなく，1990年代以降，ASEANやEPA協定という形で貿易統合の進展がみられた．さらに，金融の面でも統合の動きがみられ，アジア通貨危機の教訓から通貨統合の可能性も取りざたされている．

　こうした状況から，学界においてもアジア通貨統合の可能性・蓋然性に関して活発な議論が行われてきた（Goto and Hamada, 1994；Eihengreen and Bayoumi, 1996；Goto and Hamada, 2001などを参照）．これらの研究は，1980年代・1990年代のデータを用いて，少なくとも「経済的」な前提条件に関する限りアジアはヨーロッパに比べて遜色のないほど通貨統合の可能性が高いことを示唆している．

　本研究の目的は，Goto and Hamada（1994）やGoto and Hamada（2001）と同様に，主成分分析と呼ばれる手法を用いてアジア地域における通貨統合の経済的前提条件を分析することである．しかし，本研究は次の2点において従来の研究を発展させようとするものである．

① 中国を明示的に通貨統合のメンバーに加えていること

1980年代においては世界経済全体における中国のシェアが小さなものであったこともあり，従来の研究では経済体制が著しく異なる中国は想定されている通貨統合のメンバーとはされていなかった．しかし，近年，中国のGDPは日本を上回っており，こうした世界第2位の経済大国を包含することなく通貨統合を論じてもその意義は薄い．したがって，本研究では，中国，日本，韓国，およびASEAN5の8カ国のデータを用いて分析することにする．

② 1990年代と2000年代との比較を行っていること

2000年代においては，世界経済はリーマン・ショックをはじめとするさまざまな危機に遭遇しているが，そうした激動の2000年代において通貨統合の経済的可能性が強まったのか弱まったのかを分析することはきわめて重要であるため，本研究では1990年代と2000年代を比較する形で分析することにする．

以下の分析で明らかになるように，2000年代におけるさまざまな経済危機を経ても，アジア地域における通貨統合の「経済的」前提条件は1990年代より強まっているようである．ただ，最近の日中韓の軋轢に代表されるような「政治的」前提条件が，必ずしも好ましい状況ではなくなってきているのが懸念材料だといえよう．

2．方法論について

(1) 最適通貨圏の理論

本研究は，Goto and Hamada (1994) などと同様に，アジアが最適通貨圏たりうるか否かを主成分分析という手法によって分析しようとするものである．通貨統合の前提条件を分析するに当たっては，アジアの国々（またはそれらのサブセット）が通貨統合（またはそれに向けての金融協力）を進めていくうえで適正なグループのであるのか否かという問題を検討するため，Mundel などによっ

て始められた「最適通貨圏の理論」が重要な理論的基礎となる．以下では，これまでに提唱された最適通貨圏の基準をきわめて簡単に振り返ることにする．

　Mundel (1961) は，最適通貨圏か否かの判断基準として，実物経済に加わるショックの同期性を強調した．異なる外生的な経済的ショックにさらされている地域は，それぞれ別個の金融政策をとる必要があり，このため別々の通貨を有していることが望ましいわけである．たとえば，もしA国とB国が，違う実物経済に対するショックにさらされており，かつ賃金が硬直的であるならば，両国は別々の金融政策を取る必要があり，そのため別個の通貨を有しているほうが望ましいのである．このことを逆にいえば実物経済に対するショックが似ている国同士では，別個の金融政策をとる必要性が少なく，通貨統合がそれだけ容易というわけである．

　McKinnon (1963) は，経済の開放度を重要な基準として強調している．つまり，シンガポールのように経済の開放度が非常に高い国においては，自国の賃金率がすぐに国際価格にアジャストし独立した金融政策をとることの意義が小さい．したがって，通貨フロートのメリットもそれだけ少なく他国との通貨統合も容易というわけである

　Mundel や Ingram (1973) などは生産要素の国際的流動性を強調している．もしA国が不況でB国は好況という経済状態の乖離が生じたとしても，両国の労働市場が統合されておりA国での失業者がB国に容易に移動することができる場合には，A国が拡大的B国が緊縮的という別個の金融政策をとる必要性はそれだけ少ないわけである．同様のことは資本の国際移動の容易さについてもいえる．

　Goto and Hamada (1994) は，1960～89年のデータを使って上述の最適通貨圏のための3つの基準を検討し，アジア地域における通貨統合のための経済的前提条件はかなり満たされており，場合によってはヨーロッパよりもみたされている程度が強いということを見出した．しかし，1990年代にはAFTA，EC92，ユーロなど経済統合へ向けての動きが非常に活発化した．同時にラテンアメリカやアジアは深刻な為替危機に見舞われた．こうした中で Goto (2001)

は，1980年代までのデータに基づいたGoto and Hamadaの研究結果が90年代にも当てはまることを示している．

(2) 主成分分析

本研究では，アジア地域における外生的経済ショック（ISショック）の動きが密接に同期しているかどうか，またこうした同期性の程度が2000年代において強まっているか否かを検討することを目的としている．もし2つの変数の同期性，たとえば中国のISショックと日本のISショックの関連性を知ることだけが目的であれば，両者の相関係数を求めればよい．しかし，検討する変数の数が2を超える場合，たとえば8カ国のISショックの同期性を知るためには相関係数はあまり役に立たない．従来の研究の中には，2変数間の相関係数の平均をとるといった手法を用いるものもあるが，それでは極端な値に大きく依存し，全体としての同期性を測定するのにはあまり役にたたない．

そこで，本章では，Goto and Hamada (1994, 2001) によって提唱された主成分分析（Principal Component Analysis）という手法を用いて東アジア諸国のマクロ経済的指標がどの程度密接に関連した動きをしているかを調べることにする．m個の元の変数における主成分というのは，人工的に形成されたm個の変数でそれぞれオーソゴナルな関係にある．そして，第1の主成分は元の変数の分散のできるだけ多くを説明するように選ばれ，第2の主成分は第1の主成分によって説明されなかった残りの分散のできるだけ多くを説明するように選ばれ，こうしたことをくりかえしてm個の主成分を得ることができ，m個すべての主成分によって元の変数の分散の100％が説明されるわけである．そこで，第1の主成分によって説明される分散の割合で元の変数の同期性・関連性の程度を測定しようというのである．こうした試みの妥当性は以下のようなものである．まず，もし元の変数が完全に同期したものであれば，第1の主成分によって分散の100％を説明することができる．逆に，元の変数が全く無関係に動いているような場合には，第1の主成分（その他の主成分も同様）はm分の1（たとえばmが20のときは5％）の分散しか説明できない．そして，元の変数

の同期性が高ければ高いほど，第1の分散によって説明される分散の割合が大きくなる．つまり，主成分分析の手法は，相関係数の多変数版と考えることができるわけである．

本章においては，こうした主成分分析を用いて日本，中国，韓国，インドネシア，マレーシア，フィリピン，シンガポール，タイの8カ国のISショックの同期性がどの程度であるかを検討し，こうした同期性の程度が1990年代から2000年代にかけてどのように変化してきたかを分析する．そして，アジア経済の同期性を示す主成分が，最大の貿易パートナーである米国とどのように関連しているかを検討し，アジア通貨統合には米国を含むべきか否かについても考えてみることにする．

3．データと分析結果

(1) ISショック系列の推計

以下では，アジア諸国における実物経済にかかる経済ショック（ISショック）の同期性に関して主成分分析を行うことにする．マンデルがつとに指摘したように，実物経済にかかるショックが同期している，つまりA国が不況であるときにはB国も不況であり，A国が好況のときにはB国も好況であるというような状況においては，A国とB国が独自の金融政策を行う必要は少なく，したがって通貨統合を行っても弊害が少ない．つまり，ISショックの同期性は最適通貨圏形成の重要な基準だからである．

ここでは，日本，中国，韓国，インドネシア，マレーシア，フィリピン，シンガポール，タイの8カ国について，まず投資関数を推計し，その残差（ε_t）をISショックとみなした．GDPに占める割合は投資よりも消費の方が大きいが消費は比較的安定しているため，大きく変動する投資の方がISショックをよく捉えていると考えられるため投資関数を用いた．実際に用いた投資関数は具体的には以下のようになる．

$$\ln I_t = \beta_0 + \beta_1 r_t + \beta_2 \ln Y_{t-1} + \beta_3 T + \varepsilon_t$$

ここで　　$\ln I_t$－時点 t における実質投資額の自然対数，

　　　　　r_t－時点 t における実質金利

　　　　　$\ln Y_{t-1}$－時点 t－1 における実質 GDP の自然対数，

　　　　　T－タイムトレンド

　　　　　ε_t－残差

推計の結果は概ね満足のいくものであり係数の符号も予想されるもの（つまり $\beta_1<0$, $\beta_2>0$）であった．したがって，各国の推計式における残差を実物経済にかかるショック（IS ショック）の代理変数として用いた．

(2) IS ショックの同期性の高まり

表 1 は，1990 年代（1991～2000 年）における上記 8 カ国における実物経済に対するショックがどの程度のものであるかを知るため，各主成分によって説明される分散の割合を示したものである．

表の読み方は次のようなものである．たとえば，1990 年代におけるアジアの第 1 の主成分の数値は 51.497%，第 2 の主成分の数値は 74.137%，第 3 の主成分の数値は 87.1373% となっているが，これは 90 年代のアジア地域における実物経済に対するショックの分散全体のうち，第 1 の主成分が 52% と半分以上を説明でき，第 2 の主成分がさらに 23%（累計では 74%）を説明し，第 3 の主成分がさらに 13%（累計では 87%）を説明しうるというわけである．すでに述べたように，もし元の変数が完全に同期したものであれば，第 1 の主成分によって分散の 100% を説明することができる．逆に，元の変数が全く無関係に動いているような場合には，第 1 の主成分（その他の主成分も同様）は 12.5%（8 分の 1）の分散しか説明できない．そして，元の変数の同期性が高ければ高いほど，第 1 の主成分（P1）によって説明される分散の割合が大きくなる．したがって以下では，第 1 の主成分によって説明された分散の割合をもって同期

表1 1990年代におけるISショックの同期性

主成分	1990年代	
	分散の%	累積%
P1	51.497	51.497
P2	22.640	74.137
P3	13.000	87.137
P4	8.375	95.512
P5	3.751	99.263
P6	0.516	99.779
P7	0.165	99.944
P8	0.056	100.000

(出所) 筆者による推計，詳しくは本文参照．

表2 2000年代におけるISショックの同期性

主成分	2000年代	
	分散の%	累積%
P1	59.169	59.169
P2	18.869	78.037
P3	13.809	91.846
P4	4.430	96.277
P5	2.463	98.739
P6	1.041	99.781
P7	0.193	99.973
P8	0.027	100.000

(出所) 筆者による推計，詳しくは本文参照．

性の程度を判断することにする．

同様にして，2000年代（2001〜2010年）の結果を示したものが表2である．

表1および表2に示されているように，最初の主成分は1990年代と2000年代のアジアにおける実物経済にかかるショックの分散全体の50%強の分散を説明している．もし同期性がなければ12.5%しか説明し得ないことにかんがみれば，ISショックの同期性は非常に強く，マンデルのいう最適通貨圏の基準をかなり満たしていることがわかる．さらに，1990年代の51.5%から2000年代には59.2%へと8%ポイントの上昇がみられ，リーマン・ショックに端を発する世界金融危機にもかかわらず，アジア地域における経済的前提条件はさらに強まっていることがわかる．

(3) アジア8カ国の位置づけとアメリカ合衆国の役割

さて，次にアジア地域の通貨統合の前提条件をより仔細に検討するために「ファクターローディング」をみてみよう．ファクターローディングというの

はある主成分ベクトルと元の変数との相関係数である．表3は，1990年代と2000年代のアジアにおける実物経済にかかるショックについての最初の主成分のファクターローディングを示している．ファクターローディングは，それぞれの主成分と元の国における実物経済にかかるショックとの相関係数と解釈することができるが，いくつかの興味深い事実を観察することができる．

まず，1990年代，2000年代ともに，中国とフィリピンが他のアジア諸国と異なった動きを示していることが観察される．つまり，韓国，インドネシア，マレーシア，シンガポール，タイ，日本の6カ国のISショックは強い同期性を示しているのに対し，中国とフィリピンのISショックは他の6カ国とは負の相関を持った動きを示している．この理由に関しては今後の研究に待たれるが，①中国は他の国々とは経済体制が大きく異なり，他のアジア諸国との同期性が小さいこと，②フィリピンはかつての宗主国であるアメリカ合衆国の影響を強く受けており，近隣アジア諸国経済よりもアメリカ経済と密接に関連していること，などが考えられるかもしれない．

表3にはアジア8カ国経済の同期性を検討するだけではなく，大きな貿易

表3 ファクターローディング

	1990年代	2000年代
中国	−0.184	−0.233
インドネシア	0.968	0.951
韓国	0.955	0.97
マレーシア	0.96	0.862
フィリピン	0.287	−0.456
シンガポール	0.003	0.835
タイ	0.984	0.857
日本	0.516	0.671
(アメリカ)	−0.625	−0.362

パートナーであるアメリカ合衆国とどの程度強い相関関係を持っているかをみるために，アメリカ合衆国における実物経済にかかるショックと主成分ベクトルとの相関係数をも掲示してある．いうまでもなく，アジアにおける主成分ベクトルを求める際には，米国は含まれていない．表に示されているようにアジア諸国の実物経済ショックの第1の主成分ベクトル（P1）と，米国の実物経済に対するショックとの間の相関係数をみると，1990年代2000年代を通じて負となっている．つまり，純粋にISショックの同期性に注目した最適通貨圏の理論からみると，アジア通貨権に米国が参加することは得策ではないのかも知れない．しかし，米国はアジア各国に関し重要な貿易パートナーであり，別の基準からみれば必ずしも米国抜きの統合が提唱されるわけではないということに留意する必要があろう．

4．むすび

本章は，マンデルによって開始された最適通貨圏の理論の観点から，日本および中国をも含めたアジアにおける通貨統合の経済的前提条件を分析してきた．分析のために用いたのは主成分分析という手法で，これは心理学や社会学では好んで用いられるが，経済学ではこれまであまり用いられてこなかった手法である．この主成分分析をISショックの同期性に適用し，アジア諸国のISショックは強い同期性を持っていること，こうした同期性は90年代よりも2000年代の方が強くなっているということを見出した．つまり，リーマン・ショックなどの経済危機にもかかわらず，2000年代には通貨統合のための「経済的」前提条件はさらに強固なものになってきたということができるわけである．

しかし，本研究は，「経済的」前提条件の分析に限定したものであり，「政治的」前提条件に関して検討したものではない．昨今の日中韓の軋轢をみていると，政治的にみればアジア通貨統合の前提条件が強まったか否かについては議論の余地があろう．アジア通貨統合の現実的可能性の評価のためには，経済的

前提条件だけでなく政治的前提条件をも検討し，アジア通貨統合のための「総合的」前提条件の分析が不可欠であり，これに関しては，さらなる研究が待たれるところである．

参考文献

Eihengreen, B. and Bayoumi, T. (1996), "Is Asia an Optimal Currency Area? Can It Become One? Regional, Global and Historical Perspective on Asian Monetary Relations," Conference Paper

Goto, J. and Hamada, K. (1994), "Economic Preconditions for Asian Regional Integration," in T.Ito and A. Krueger (eds.), *Macroeconomic Linkage*, The University of Chicago Press

Goto, J. and Hamada, K. (2001), "Is East Asia an Optimal Currency Area?," in P. Drysdale and K. Ishigaki (eds), *East Asian Trade and Financial Integration*, Asia Pacific Press

Mundell, R. (1961), "The Theory of Optimum Currency Areas", *American Economic Review*, vol.51, pp.657-664

Rose, A. J., "One Money, One Market: Estimating the Effect of Common Currencies on Trade," NBER Working Paper 7432

第17章　金融のグローバル・スタンダードについて

1．はじめに

　近年グローバル・スタンダードという言葉がしばしば使われるようになった．この問題は今に始まったことではないが，近年ますますその重要性を増していると考えられる．特に，金融においてその感が強い．今日グローバル・スタンダードないしはこれを求める力は，人類の世界を変えてゆく最も基本的な力，仕組みの1つだといってもよい．にもかかわらず，これに対して日本社会はあまりにも無自覚なように思われる．こうした状況を抜本的に改善してゆかないと，今後においてもこれまでと同様の間違い，失敗が繰り返されることになりかねない．本章では，金融のグローバル・スタンダードの中でも，非物的な，文化的ないしは制度的なものにしぼって，若干の考察をしてみたい．

2．スタンダードということ

　人間は昔からスタンダードというものを作り，これを用いてきた．今2人の人がいて両者の間で何かを繰り返して行う場合，行うたびに最初からやり方を相談するより，「この次からもこのやり方でしよう」と約束しておいた方が手間がかからないことが多い．もっとも，この程度の約束ではまだスタンダードとはいわず，たかだか「慣行」「慣習」といったところかもしれない．しかし，次に第3の人が現れ，2人と関係のある活動を行いたいという場合には，「慣行に従います」といった方が，けんかにならず，仲間とみなしてもらいやすい．また，第3の人自身，新たに慣行を作るために自らの手間を取られない方がよ

いと思うかもしれない．さらに第4の人が現れると，「第3の人のときもそうだったのだから，君も以前からの慣習に従ってくれ」ということになりやすかろう．こうなってくると，当初の慣行はスタンダードとして仲間を拘束しているとの実感が生じてくるのではないか．このようにして，スタンダードというものは，人間関係を律する最も基本的な要素として，存在してきたと考えられる．

　物資や人間の交流が深まるにつれ，さまざまな分野で新たにスタンダードを作る動きが生じる．物の交流が深まれば，物に関するスタンダードが生じ，人やお金の交流が深まれば，文化的なスタンダードができる．また，交流が広がればより広い範囲に適用されるスタンダードを作ろうという動きが強まる．地理的な広がりに着目すれば，ローカル・スタンダードから一国に共通のナショナル・スタンダード，アジア，欧州といったエリアにおけるスタンダード，さらにはグローバル・スタンダードへと変化してゆく．ナショナル・スタンダードからエリアやグローバル・スタンダードへの移行に際しては，参加国，担当官庁は当該分野に関する自国での専決権限を失うことになる．

　スタンダードはなぜ必要なのかであるが，物的，技術的な理由については比較的わかりやすい．1つには，消費者の側からのニーズがある．たとえば人々が国をまたがって移動するようになると，自国で使っているカードを他国でも使えれば便利である．これについてはISO（国際標準化機構）において国際標準が決められている．今1つは，生産面からのニーズがある．企業が自社の製品・サービスを世界に販売しようとする場合，国ごとに規格を変えねばならないとすれば，それだけ管理に手間とコストがかかる．同じ規格の製品を世界に売れれば，そうした困難を回避することができる．しかし，非物的，文化的，制度的なスタンダードが必要とされる事情は，これとは少し異なることが多いようである．たとえば，ある種の規制は一国だけで行おうとしても，国外を利用して迂回されてしまうので，他国にも同調を求めざるをえなくなる．オフショア・センターに対して先進国がグローバル・スタンダードを守るよう求めるというのは，その例であろう．また，他のルールは，一国だけで実施しようとす

ると，自国産業を競争上不利な立場に立たせることとなるため，他国にも同じルールの実施をもとめるということになる．後に述べるBIS規制はそうした側面を強く持っている．

なお，より広い範囲で通用するスタンダードができる過程では，以前からあったスタンダードは，そのうちの1つがより広い範囲で通用するスタンダードに転化してゆくか，あるいは廃棄されるかせざるをえない．

3．グローバル・スタンダードの例

(1) 英　　語

金融に関する非物的なグローバル・スタンダードの典型的な例としては，意外に思われるかもしれないが，英語を挙げることができるかもしれない．金融を含むビジネスにおいては，交渉相手と話し合うときにも，また決められた契約の内容を書き出すときにも，関係者が相互に理解可能な言葉が必要になる．もちろん，話し言葉の場合には通訳に，書き言葉の場合には翻訳家に，ある程度橋渡しを依頼することはできる．しかし，その場合にでも，当事者の母国語を直接相手の母国語に訳せる人がいるとは限らない．いない場合には，双方の通訳，翻訳家が共通に理解し，使いこなせる第3の言葉を利用し，双方の言葉をいったんその言葉に訳し，それをさらに相手方の言葉に訳すといった工夫が行われる．その場合，第3の言葉には英語が選ばれることが多い．いずれにせよ，そのような間接的なやり方では，意思疎通には限界がある．その壁を乗り越えるためにはやはり当事者自身が共通に使いこなせる言葉を用いて直接話したり，書いたりすることが必要となる．このような場合に登場するのも英語であることが多い．特に最近発展したデリバティブ取引などにおいてはそうであろう．

英語は，いうまでもなく，もともとアングロサクソン民族という一民族の言語である．それが世界で広く使われるようになったきっかけは，第1に大英帝国の世界支配であり，第2にパックス・アメリカーナといわれるようなアメリ

カの世界支配である．しかしながら，大英帝国はつとに没落し，今またアメリカの衰退がいわれている．にもかかわらず，世界各国の人々が会話をするときに使われる言語としては，今や英語を措いてないというのが実態であろう．確かに，今でも国連などでは複数の公用語が定められ，刊行物も何カ国語かの版が公刊される．ここでは，英語はあたかも単に有力国の一言語のような印象を受ける．また，筆者はしばしばスイスのバーゼルにある BIS の会議に出席していたが，当初はたとえばフランス中央銀行から出席している人たちは，なるべくフランス語を用い，英語の使用を避けていたようにみえた．筆者がそう感じたばかりではなく，他の国からの出席者たちの間でも，同様の認識が一般的であり，中には「フランスでは国際会議でフランス語を使うと，そのたびに賞金が出るのだ」などと，まことしやかに話す人もいた．しかし，こうした状態は 1990 年代には劇的に変化した．フランスからの出席者は，同時通訳が引き続き置かれていたにもかかわらず，積極的に英語で話をするようになり，またその会話力が急速に向上していった．欧州中銀（ECB）においては，ドイツのフランクフルトにあるにもかかわらず，設立当初から，公用語は英語であった．英国が不参加で，参加国の中で英語を母国語とする国がほとんどない中での英語の採用であり，また単なる会議用語としてではなく，日常業務における言語としても採用されたところに，参加国の人々の並々ならぬ決意と時代の流れとを感じさせられた．アジアにおいても，母国語の異なる人々が話をする際に多く用いられるのは英語であることが，日本においてもよく知られている．これらのことは，今や英語が，国際間のコミュニケーションにおける事実上のグローバル・スタンダードとして，イギリスやアメリカを超えた存在になっているということを意味している．

　これに対して，日本の対応はどうであろうか．日本企業のグローバル化に伴い，語学教育の重要性一般については一応広く認識がなされている．しかし，英語が国際間のコミュニケーションにおける事実上のグローバル・スタンダードになっていることへの認識，対応はどうであろうか．そもそも英語という日本語自体は，イギリス（人）の言葉という意味であり，そこにはそれが今やグ

ローバル・スタンダードになっているとのニュアンスはない．大学に入ると語学が必須科目となっていて，誰もが受講を迫られる．しかし，英語のことは「外国語」と認識されていて，その言葉からは英語が日本にとって単に"外国"の言葉ではなく，外国人と交流する際にさまざまなやり方で用いざるをえない，その意味で日本自体にとって不可欠の，取り換えの利かない道具，手段になっているとの認識が感じられない．英語以外の主要語のことを「第2外国語」などと呼んでいるのも，こうした認識の欠如の裏返しといってよいであろう．日本の大学では近年「大学のグローバル化」ということが言われているが，そのためにはグローバル・スタンダードについての十分な認識に立って，自らを見直してゆくことが不可欠ではないかと思われる．金融の世界についてはどうみておいたらよいであろうか．金融の分野での言葉の重要性は他の多くの分野に比べて格段に高い．金融の分野では，扱われる商品自体が物的なものでなく，言葉の上での約束に過ぎないことを考えれば，このことは当然であり，回避不可能といえよう．ヨーロッパの人々もそのことを十分に認識していればこそ上記欧州中銀におけるような挑戦に及んだのであろう．これに見合うような挑戦が日本において進行しているようにはみえないが，いかがであろうか．

(2) ド　　ル[1)]

　非物的なグローバル・スタンダードとして第2に挙げられるのは，ドルであろう．ドルは第2次大戦後のブレトンウッズ体制の下ですでに特別の地位を占めていた．世界の通貨のドルとの交換比率が定められ（たとえば1ドル＝360円），ドルと金との比価が固定された．固定為替制度をとりながらも，昔の金本位制と異なり，ドルだけが直接金と結ばれ，他の通貨はドルとの関係においてのみ，その比価が定められた．このような仕組みの背景には，アメリカの圧倒的な経済力があるとされてきた．しかし，1970年代に入ってアメリカの恒常的な経常収支赤字の下で，ドルの金兌換停止が宣言され，また変動為替制度への移行が行われた．これ以降，特にわが国においてはドルの役割がやがて低下してゆくとの論調が続いているようにみえる．しかし，そのような判断は正しいので

あろうか．

たとえば，国際的な金融・資本取引の発展・拡大は主として変動為替制度移行後に生じたものであるが，そこではドルが貿易などの取引に比べてより大きな役割を果たしている．また，国際間の取引においては，その決済のために，いずれかの通貨を用いる必要がある．この通貨はもちろん支払側，受取側双方がその使用に同意しうるものである必要がある．たとえば，近年中国は驚異的な経済成長を遂げ，世界の経済大国となったが，それでは中国の通貨である元がこれに用いられるかといえば，直ちにそうはならない．元については中国政府がさまざまな為替管理を行っており，中国企業以外の主体が支払，受取，取得，売却することに制約があるからである．もしも取引当事者がいずれかの当事者の通貨を用いることを好まないとき，あるいはより便利な通貨が他にあるときには，それが用いられることになる．これを vehicle currency と呼ぶ．vehicle currency としてはまず為替管理のような制度的制約がないことが条件となるが，その条件を満足している通貨の中からさらにその通貨による決済に関する銀行のサービス，決済システムが充実しているものが選ばれる．この分野においては，長い間 vehicle currency としてのドルの役割を現実に支えてきた米銀，ドルの決済システムの優位は動いていない．

このような状況を反映したものとして注目されるのが，今回のアメリカ発の金融危機において，先進国中銀とアメリカの中銀との協力の下で，先進国中銀のリスクの下，各国銀行等に対し，ドルの供給が行われたことである[2]．これまで各国中銀は，自国通貨の問題については自国で対処し，他方他国通貨の問題には関与しない，という原則に基づいて行動してきた．特に，アメリカの中銀はこの原則を強く守ろうとしてきた．にもかかわらず今回この伝統が破られ，ドル，すなわち自国通貨以外の通貨の混乱収拾に主要国中銀が協力し合うこととなった．主要国中銀としては自国金融機関がドル不足に陥るのを自国金融機関の安定の観点からも放置できなかった一方，アメリカの中銀としても有力国の銀行がドル不足に陥れば，金融危機全体の拡大が防げなくなると考えたのであろう．ここにはドルが今や，英語と同じように，アメリカを超えて，通

貨として世界中で格別の意味を持つようになったことを意味している．しかもそれはブレトンウッズ体制の時とは異なり，現実のビジネスに，より密着した形で生じているのである．

(3) 銀行監督をめぐる規制，制度

非物的なグローバル・スタンダードの第3の例としては，規制を含む法的な制度，ルールを挙げることができよう．金融に関しては以前から各国において様々な制度，規制が行われてきた．筆者の若かった頃には，米，英，独，仏など米欧主要国の金融制度を調査し，これと日本の事情とを比較，勘案のうえ，日本の金融制度のあり方を論じる，といったことが盛んであった．各国の金融制度，規制の決定に当たっては，当然のこととして各国の規制当局や議会が主たる役割を演じてきた．ところが，こうした状況には，遅くとも1980年代から，大きな変化が生じた．きっかけは変動為替制度移行に伴うユーロ市場の混乱であった．この過程では，後に述べるようにヘルシュタット銀行の倒産なども生じた．変化はBISにおける活動から始まった．混乱を受けて，BOEが中心となってBISに2つの委員会が立ち上がった．1つはいわゆるバーゼル銀行監督委員会[3]であり，いま1つは支払決済委員会である．以下では銀行監督委員会について考えてみよう．

バーゼル銀行監督委員会では，当初国際的な金融の混乱に際しての先進各国（G10プラススイス）監督当局の役割分担を定めた[4]．混乱は具体的にはユーロ市場で起きたのであり，そのユーロ市場はイギリスの政策の下で発展したものであるから，今更イギリスがそのような提言をするのもおかしな話ともいえたわけだが，アメリカはもちろん，その他の先進国もユーロ市場への依存が拡大していたから，リスク管理の分担，そのためのルールを，決めておくことに同意した．イギリスの外交的努力，能力の産物でもあったといえよう．この成功体験が，後のBIS自己資本比率規制の制定[5]にあたって，大きな支えとなったといえよう．

その自己資本比率規制を含めて，いわゆるBIS規制全体の中身は，概略次

のような内容のものである．ちなみに，委員会はその時点までの合意をまとめたものとして，1997年に「実効的な銀行監督のためのコアとなる諸原則」を公表した．そこでは，25項目にわたる，大変網羅的，かつ具体的なチェック・リストが掲げられている．それは，銀行の設立に際して銀行監督当局の認可を要する，というところから始まる．これが外国銀行の子会社である場合には，母国（当該外国銀行の所在国）の監督当局に事前に同意を得るべきとされている．そして，認可した者は，その後も継続的に監督を続けねばならない．信用リスクをはじめ各種のリスクに対するしっかりした管理を銀行に求め，また自己資本の充実度を常にチェックすべしとされる．そのためには，オフサイトの検査だけでなく，オンサイトの検査ないしは外部監査人の利用を行うべし，とされている[6]．そして，自己資本比率が8％を割った銀行に対しては，国際的な活動からの退出を求める．たとえば自国内からの撤退を求めねばならない．これをみると，いわゆる銀行監督に関する制度的枠組みの大枠が網羅されていることがわかる．ルール参加国は銀行監督の大枠に関する自国の決定権を事実上放棄したといってよい．

　こうしたルールを定めるための議論に参加したのは当初は西側11カ国（G10＋スイス）のみであった．それでも合意に達するのは大変との印象もあった．ところが，議論が始まってみると，欧州各国はきわめて活発に議論に参画し，それなりの速度で議論は進んでいった．欧州各国は会議の当初から，この分野での国際的なスタンダードの設定は不可避と読み，機会を失することなく，自らの発言権を確保し，有利な結論を得るべく努力していたようにうかがわれる．そして，議論の結果が11カ国で実行に移されるようになると，それ以外の国の多くもこのルールに従うこととなった．BIS銀行監督委員会側が世界各地の銀行監督当局に対して働きかけを行ったこともあった．しかし，各国の決断を促したのは，国際的に自国金融産業が信用され，取引当事者として認められるためには，自国がBIS規制を満たしていると言ってゆくことが，最も手っ取り早く，確実であるとの判断であったと思われる．こうしていわゆるBIS規制は，その内容の大きさにもかかわらず，かなり速やかにグローバルスタン

ダードとなっていったといえよう.

しかし,規制,制度面でのこのような変化にもかかわらず,金融の問題は解決の方向に向かったわけではなかった.特に,数年前にはアメリカ発の金融危機が世界を襲った.これを受けて,アメリカでは改めて金融規制,監督の仕組みを改める動きが生じている[7].そして,アメリカには新ルールを単なる国内ルールとしようという考えはなく,これを国際的な議論の場に持ち出し,自国の方針に各国を同調させようとしている.その過程では,議論される事柄の範囲も従来に比べて拡大せざるをえない.たとえば,アメリカでは,大き過ぎて潰せない"too big to fail"銀行をなくすべく,新たなスキームを検討しているが,これを国際的なスタンダードにするとなると,各国の破産関連法に修正を加える必要が生じるかもしれない.伝統的に米欧法律家の間では,破産関連法は各国それぞれの価値観を反映していてその統一化は困難とみなされてきたが,そこに風穴があくようなことになってゆくとすれば,各国で固有と思われていた権限に,より大きく踏み込んだグローバル・スタンダードの登場,ということになろう.

4. グローバル・スタンダードと向き合う

すでに述べてきたことと重なる部分があるが,最後にグローバル・スタンダードとどう向き合ってゆくかということについて,筆者なりの所見を述べておきたい.

第1に,グローバル・スタンダードの影響は一般に大変大きい.それだけでなく,これがひとたび動き出す,いい換えれば現実のものになってしまうと,これに逆らったり,これを無視したりすることはきわめて困難である,との基本認識が不可欠である.逆らったり,無視したりしようとすると,国であれ,企業であれ,世界を敵に回して戦うことになる恐れが強いからである.

第2に,グローバル・スタンダードが形成されるに当たっては,各国に共通の利益がその理由になっている面もあるが,各国の利害が対立する面もある,

という常識を踏まえるべきである．したがって，その形成は各国間の交渉ごとになり，できたスタンダードは妥協の産物という側面を持つ．また，そうした事情もあってか，ひとたび動き出したグローバル・スタンダードは，簡単に破棄されることはないし，むしろさまざまな形で自己増殖する．

　第3に，これへの対応は，グローバル・スタンダードの形成に自らイニシアティブをとるか，形成の可能性を早くから見極め，スタンダードの内容がより望ましいものになるよう，交渉の早いうちから働きかける以外にない．自国内で，あるいは担当部署で決めてきたことを他国に干渉されるのは嫌だ，といった理由で交渉への参加を渋り，後になってこれを受け入れるのは，大変まずいやり方である．

　第4に，グローバル・スタンダードが幅を利かせる世の中は，独立国家の自主決定権といったことを含め，伝統的な，いわゆる近代社会とは非常に異なるものでしかありえない．そうした意味でも常に新たな目で世界をみてゆくことが不可欠であろう．

1) 本節の記述に関連して田所，中北を参照．
2) 日本銀行 2008 年 9 月を参照．
3) 1971 年に発足．渡部参照．
4) これは当時「バーゼル・コンコーダット」と呼ばれた．渡部参照．
5) 1987 年合意，1992 年末完全実施．渡部参照．
6) オフサイトの検査とは，検査員が銀行に出かけることなく，銀行から資料を提出させて調べたり，代表者を呼んで話を聞いたりする方法をいう．一方，オンサイトの検査とは，検査員が銀行に出向き，内部資料やコンピュータ・システムなどを立ち入り調査する方法である．
7) 翁参照．

参 考 文 献

田所昌幸（2001）『アメリカを超えたドル』中公叢書
中北徹（2012）『通貨を考える』ちくま新書，筑摩書房

渡部訓（2012）『バーゼルプロセス』蒼天社出版
日本銀行（2008）『「米ドル資金供給オペレーション基本要領」の制定について』（9月）
翁百合（2010）『金融危機とプルーデンス政策』日本経済新聞出版社

執筆者紹介 （執筆順）

御船　　洋	研究員・中央大学商学部教授
丸尾　直美	客員研究員・尚美学園大学名誉教授
岸　　真清	研究員・中央大学商学部教授
野末　裕史	研究員・全学連携教育機構特任准教授
藤波大三郎	客員研究員・松本大学松商短期大学部教授
井村　進哉	研究員・中央大学経済学部教授
油谷　博司	客員研究員・関西学院大学経営戦略研究科教授
宇野　典明	研究員・中央大学商学部教授
谷口　洋志	研究員・中央大学経済学部教授
伊東　和久	客員研究員・県立広島大学名誉教授
柳　　在廣	三星生命リタイアメント研究所主席研究員
小松　正昭	客員研究員・広島女学院大学国際教養学部教授
ラハマン，コンダカル M.	客員研究員・南山大学ビジネススクール教授
奥田　英信	客員研究員・一橋大学経済学研究科教授
小原　篤次	客員研究員・長崎県立大学国際情報学部准教授
田中　廣滋	研究員・中央大学経済学部教授
後藤　純一	客員研究員・慶應義塾大学総合政策学部教授
黒田　　巖	研究員・中央大学商学部教授

グローバル下の地域金融　　　　中央大学企業研究所研究叢書 35

2014年3月20日　初版第1刷発行

編著者	岸　　真清 黒田　　巖 御船　　洋
発行者	中央大学出版部
代表者	遠山　　曉

発行所　〒192-0393 東京都八王子市東中野742-1
　　　　電話 042(674)2351　FAX 042(674)2354
　　　　http://www.2.chuo-u.ac.jp/up/

中央大学出版部

© 2014　　　　　　　　　　　　　　　㈱平河工業社

ISBN978-4-8057-3234-2